AF657103

महामारी का रोजनामचा

महामारी का रोजनामचा

सोरित गुप्तो

राजकमल पेपरबैक्स

राजकमल पेपरबैक्स में
पहला संस्करण : 2023

राजकमल पेपरबैक्स : उत्कृष्ट साहित्य के जनसुलभ संस्करण

राजकमल प्रकाशन प्रा.लि.
1-बी, नेताजी सुभाष मार्ग, दरियागंज
नई दिल्ली-110 002
द्वारा प्रकाशित

शाखाएँ : अशोक राजपथ, साइंस कॉलेज के सामने, पटना-800 006
पहली मंजिल, दरबारी बिल्डिंग, महात्मा गांधी मार्ग, प्रयागराज-211 001
वेबसाइट : www.rajkamalprakashan.com
ई-मेल : info@rajkamalprakashan.com

यश प्रिंटोग्राफिक्स
नोएडा-201 301 (उत्तर प्रदेश)
द्वारा मुद्रित

मूल्य : ₹599

MAHAMARI KA ROJNAMACHA
Diary by Sorit

ISBN : 978-93-95737-77-7

बाबा के लिए

भूमिका

मानव सभ्यता अब तक 10-12 वैश्विक महामारियों को देख चुकी है। 1918 का स्पेनिश-फ्लू आखिरी वैश्विक महामारी थी। किसी भी महामारी में सबसे पहली मौत इंसानियत की होती है। महामारियाँ इन्सान से उसकी तमाम पहचानों को छीन कर उसे महज एक संख्या में बदल देती हैं। आने वाली पीढ़ियाँ महामारियों को किसी खास रोग और मृतकों की संख्या से पहचानती हैं। लेकिन कोरोना ने खुद को बाकी महामारियों से अलग साबित किया। सूचना तकनीक से समृद्ध आज के वक्त में रहने वाले हम लोगों ने शायद किसी वैश्विक महामारी (कोरोना) को पहली बार उसके विभिन्न पहलुओं में देखा।

24 मार्च, 2020 की रात आठ बजे प्रधानमंत्री टीवी पर राष्ट्र को संबोधित करते हुए राष्ट्रव्यापी लॉकडाउन की घोषणा करते हैं और रात बारह बजे के बाद पूरे भारत में अगले 21 दिनों के लिए लॉकडाउन लग जाता है। दूसरे शब्दों में कहें तो देश की सरकार, देश के 130 करोड़ नागरिकों को अपने अगले 21 दिनों (जो बाद में बढ़ाया भी गया) तक घर के अन्दर रहने की तैयारी के लिए सिर्फ चार घंटे का वक्त देती है।

कितना होता है चार घंटे का वक्त? कोई कितना काम कर पाएगा रात के आठ बजे से बारह बजे तक मिले उन चार घंटों में! जहाँ गाँव-कस्बों की बात तो दूर शहरों-महानगरों में दुकानें आमतौर पर नौ-साढ़े नौ बजे के बाद बंद हो जाती हैं, उन्हीं चार घंटों में देश के नागरिकों को अगले 21 दिनों की जरूरत का पूरा राशन, सब्जी, दूध, दवा और दूसरी जरूरी चीजों को खरीदना था। अपने–अपने घरों से सैकड़ों किलोमीटर दूर नौकरी के लिए गए मजदूरों को रात के आठ बजे से बारह बजे तक अपने-अपने गाँवों में लौटना था।

अगले ही दिन देश भर की सड़कें और नेशनल हाइवे भूखे-प्यासे लोगों की अंतहीन कतारों से भर गए। ये वे मजदूर थे जो अचानक घोषित इस लॉकडाउन के चलते अनिश्चित भविष्य की ओर धकेल दिए गए थे। शहरों में उनके रोजगार के सभी साधन रातोंरात खत्म हो गए थे। अब उनके पास अपने गाँव वापस जाने के अलावा कोई दूसरा उपाय नहीं था। यातायात के सभी साधनों के बंद हो जाने से ये हजारों-लाखों पुरुष-औरतें-बच्चे अपने गाँव तक का सफर पैदल करने के लिए मजबूर थे। ऐसा त्रासद और भयानक दृश्य शायद आखिरी बार भारतीय प्रायद्वीप में सन 1947 के विभाजन के वक्त देखा गया था।

कोरोना महामारी ने समाज के कई पहलुओं पर बरसों से पड़ी चादर को हटाकर उसे यकायक नंगा कर दिया। हमने देखा कि हमारे नेताओं को जिन्हें इस मुश्किल वक्त में जनता के साथ खड़े होना चाहिए था उन्होंने कितनी आसानी से अपनी जिम्मेदारियों से हाथ झाड़ लिया। जब प्रशासन को जनता के प्रति सहानुभूतिशील होना चाहिए था उस वक्त प्रशासन संवेदनहीनता और बर्बरता की हद लाँघ गया। खुद को समाज के जागरूक और शिक्षित वर्ग मानने वाले हम मध्यवर्ग और खासकर शहरी मध्यवर्ग ने इन्हीं दिनों अपनी बची-खुची मानवीय संवेदनाओं को इच्छामृत्यु दे दी। हमने खुद को अपने 'सुरक्षित' घरों में बंद कर लिया जहाँ हम न केवल किसी महामारी बल्कि अपने मजबूर सह-नागरिकों की भूख, दुःख और लाचारी से बहुत दूर और सुरक्षित थे। कोरोना ने यूरोपीय समाज में नारी-पुरुष बराबरी से जुड़ी हमारी एक बड़ी गलतफहमी को भी दूर कर दिया जब लॉकडाउन के दौरान स्पेन, रूस, ब्रिटेन, जर्मनी जैसे देशों से घरेलू हिंसा की खबरों की बाढ़ आ गई।

इसी महामारी के दौरान हमें कुछ खास लोग मिलते हैं। वैसे वे बेहद आम इनसान थे। यह संकलन समर्पित है उन खास 'आम' लोगों को जिन्होंने मौत, हताशा और उदासी से पस्त हो चुके महामारी के दिनों में इंसानियत का परचम उठाए रखा। किसी ने अपनी बीवी के जेवर बेच कर अपने ऑटो को एम्बुलेंस बना लिया ताकि जरूरतमंदों को अस्पताल पहुँचाया जा सके। किसी कमालम्मा ने छः सौ रुपये की अपनी पूरी पेंशन मरीजों के देखभाल के लिए दे दी। किसी ने अपनी शादी के लिए जमा किए पैसों को मजदूरों को खाना खिलाने में खर्च कर दिया। किसी 60 वर्षीय कुली मुजिबुल्लाह ने बगैर एक पैसा लिए हफ्तों-महीनों मजदूरों का सामान ढोया। कोई ज्योति अपने बीमार पापा को साइकिल पर बिठा कर गुड़गाँव से दिल्ली ले आई तो कोई महिला नर्स खुद बीमार होते हुए भी किसी उम्रदराज महिला की देखभाल करती रही।

कहते हैं, प्लेग की महामारी की तबाही के बाद यूरोप में लोगों ने अब तक स्थापित सभी धार्मिक/सामाजिक मान्यताओं पर सवाल उठाने शुरू कर दिए थे। प्लेग से तबाही का असर यूरोप के संगीत से लेकर चित्रकला और साहित्य पर भी पड़ा। कल तक जहाँ ईश्वर की यशगाथा और धर्म/उच्च आदर्शों द्वारा दिखाए रास्ते पर चलने पर जोर दिया जाता था, महामारी के तांडव और जीवन की अनिश्चितता को देखने के बाद वही समाज जीवन और वर्तमान को पूरी मस्ती के साथ जीने पर बल देने लगा। कोरोना महामारी के बाद हम समाज और जिंदगी को क्या किसी नए नजरिये से देखेंगे या नहीं, यह तो वक्त ही बताएगा।

एक किताब में भले ही केवल लेखक का नाम जाता हो पर इस किताब पर काम करते समय मैंने यह सीखा कि एक किताब के बनने में अनगिनत लोग शामिल होते हैं जिनकी मदद के बगैर कोई भी किताब मुकम्मल शक्ल नहीं ले सकती। मैं शुक्रगुजार हूँ राजकमल प्रकाशन के अशोक महेश्वरी जी का। शुक्रगुजार हूँ सुशांत जी, गणेश जी और कुलदीप जी का जिन्होंने एक डायरी को एक किताब की शक्ल दी। शुक्रगुजार हूँ अरुण जी का जिन्होंने पूरे मैटर को न केवल टाइप किया बल्कि शुरुआती संपादन भी किया। मेरे डिजाइनर दोस्त अजीत का शुक्रिया जिन्होंने मुझे इसके लेआउट बनाने में मदद की। शुक्रिया उन मशीन ऑपरेटर और बुकबाइंडर दोस्तों का जिन्होंने इस किताब को यह स्वरूप दिया। इस किताब में अपनी दोस्त तृष्णा और बेटी पीऊ की भूमिका के बारे में इतना ही कहूँगा कि उनकी डाँट-फटकार के चलते ही मुझ जैसा आलसी आखिरकार इसको पूरा कर सका वरना यह आज भी डायरी के पन्नों में कहीं दबी होती।

25 मार्च 20

शहर की नींद किसी ट्रक-बस या बाइक की आवाज से नहीं खुलती। शहर की नींद खुलती है चिड़ियों की चहचहाहट की आवाज से!

ऐसा आखिरी बार कब हुआ था? शहर को याद नहीं। उससे पूछो तो वह केवल इतना बताता है।

...जनता
कर्फ्यू!!!

क्या होता है जनता कर्फ्यू?

20 मार्च के न्यूज बाइट्स वेबसाइट में मुकुल तोमर का लेख बताता है कि प्रधानमंत्री मोदी के गृहराज्य गुजरात के निर्माण में 'जनता कर्फ्यू' का अहम योगदान रहा था। इंदुलाल याग्निक ने पहली बार 'जनता कर्फ्यू' का इस्तेमाल किया था। आजादी के समय गुजरात बॉम्बे राज्य के अंतर्गत आता था और अलग से राज्य नहीं था। धीरे-धीरे गुजराती भाषी लोगों के लिए एक अलग राज्य की माँग उठने लगी। इस आंदोलन को 'महागुजरात आंदोलन' के नाम से जाना जाता है।

अलग गुजरात की माँग को जोर-शोर से उठाने के लिए 1956 में इंदुलाल ने महागुजरात जनता परिषद (एम.जी.जे.पी.) नामक संगठन का ऐलान किया। इस समय मोरारजी देसाई बॉम्बे के मुख्यमंत्री थे और उन्होंने आंदोलन को दबाने की पूरी कोशिश की। पुलिस ने अपनी कार्रवाई के दौरान छात्रों पर गोली तक चला दी और इससे कई छात्रों की मौत हुई। इस घटना के बाद महागुजरात आंदोलन खत्म होने के बजाय और तेज हो गया।

इंदुलाल का ये 'जनता कर्फ्यू' बेहद सफल रहा और लोग अपने घरों के अन्दर ही रहे। अगले दिन जब अखबारों में इसकी तसवीरें छपीं तो पूरा गुजरात स्तब्ध रह गया। मोरारजी देसाई को अपना उपवास खत्म करना पड़ा। इसके बाद इंदुलाल ने 'जनता कर्फ्यू' जैसे कई अहिंसक तरीकों का प्रयोग कर केंद्र और बॉम्बे सरकार को घुटने पर ला दिया।

आखिरकार 1 मई, 1960 को गुजराती भाषियों के लिए गुजरात का जन्म हुआ। मराठी भाषियों के लिए महाराष्ट्र बनाया गया।

लगभग साठ साल बाद एक बार फिर जनता कर्फ्यू का ऐलान किया गया और इस बार भी जाहिर है कि इसका मतलब साफ था कि घर से कोई नहीं निकलेगा। देशभर के सभी लोगों को अपने-अपने घरों में 'स्वेच्छा' से बन्द रहने का हुकुम/सलाह दी गई थी। हुकुम यह भी था कि शाम को 5:00 बजे हम नागरिकों को तालियाँ पीटनी होंगी और थालियाँ बजानी होंगी।

काश कि आज की यह कहानी एक जानवर लिखता तो शायद कुछ ऐसे लिखता कि, "आज की सुबह बड़ी अजीब थी। आसमान खुला-खुला था। न ट्रैफिक की पों-पों, न तो बस-कार या टेम्पो का धुआँ था।"

आज शहर की नींद खुली किसी ट्रक-बस की आवाज से नहीं बल्कि चिड़ियों की चहचहाहट से। कोरोना नाम के एक अनजाने डर ने न केवल शहर बल्कि उसके हर एक नागरिक को बुरी तरह से जकड़ लिया था। पूरे-पूरे दिन हम अपने घरों में कैद रहे। ठीक जैसा कि हमें हुकुम/सलाह दी गई थी। ठीक शाम 5:00 बजे हुकुम के मुताबिक हमने अपनी-अपनी बालकनियों से तालियाँ बजायीं। कुछ उत्साही लोगों ने शंख बजाने भी शुरू कर दिए थे। हमारे थाली-तालियों और शंखों की आवाज से मोहल्ले के सारे कबूतर और दूसरे पक्षी बावलों की तरह इधर से उधर उड़ने लगे।

काश कि यह परिंदे जान पाते, कि इस पूरी कहानी की शुरुआत कुछ यूँ हुई थी—

2019

1 दिसम्बर

चीन के वुहान शहर के स्वास्थ्य कर्मचारियों ने खबर दी कि 10-12 लोगों में निमोनिया रोग के अजीबोगरीब लक्षण पाए गए हैं। जल्द ही चीन के वैज्ञानिकों ने इस रोग के लिए जिम्मेदार वायरस की खोज कर ली। चीन के वुहान शहर से पनपा यह रोग जंगल की आग की तरह फैला और देखते ही देखते एक के बाद दूसरे देश इसकी चपेट में आते चले गए।

11 जनवरी

वुहान के एक 61 वर्षीय नागरिक की इस नए और अनजाने निमोनिया से मौत हो गई। वुहान के स्वास्थ्य विभाग ने जानकारी दी है कि सात अन्य लोगों की हालत गंभीर बनी हुई है।

20 जनवरी

चीन से बाहर दूसरे देशों जैसे जापान, दक्षिण कोरिया, थाईलैंड में इस रोग के मरीज पाए गए हैं।

23 जनवरी

वुहान शहर को चीन के बाकी हिस्सों से अलग-थलग कर दिया गया है। वुहान की जनसंख्या लगभग 11 करोड़ की है। अब तक शहर में रोगियों की संख्या 590 पहुँच चुकी है जिनमें 11 लोगों की मौत हो गई है।

30 जनवरी

चीन में रोगियों की संख्या एक हजार के ऊपर। विश्व स्वास्थ्य संगठन (डब्ल्यू.एच.ओ.) इमरजेंसी की घोषणा की।

31 जनवरी

अमेरिका के राष्ट्रपति डोनाल्ड ट्रम्प ने चीन से ट्रेवेल-रेस्ट्रिक्शन (यात्रा प्रतिबन्ध) की घोषणा की और साथ ही यह भी कहा कि अमेरिका में ऐसे किसी भी व्यक्ति के आने पर प्रतिबन्ध होगा जिसने पिछले 14 दिनों में चीन की यात्रा की है। इस बीच विश्व-भर में इस रोग से अब तक लगभग दस हजार लोग संक्रमित हो चुके हैं। अब तक दो सौ तेरह लोगों की मौत हो चुकी है।

2 फरवरी

फिलिपीन्स में 44 वर्षीय व्यक्ति की इस रोग से मौत हो गई। चीन के बाहर इस रोग से यह पहली मौत है। विश्व-भर में इस रोग से कुल तीन सौ साठ लोगों की मौत।

05 फरवरी

'डायमंड-क्रुसेस' नामक जहाज आजकल काफी चर्चा में है। यह सैलानियों और पर्यटकों का एक क्रूस जहाज है जिसपर कुल तीन हजार छः सौ लोग सवार हैं। बताया जा रहा है पिछले महीने एक इसका एक यात्री हाँगकाँग में उतरा जिसे बाद में कोरोनापोजिटिव पाया गया। उसके बाद इस जहाज को बन्दरगाहों पर आने पर पाबन्दी लगा दी गई है और जहाज को समुद्र में ही क्वारंटाइन करने को कहा गया है। एक दूसरे

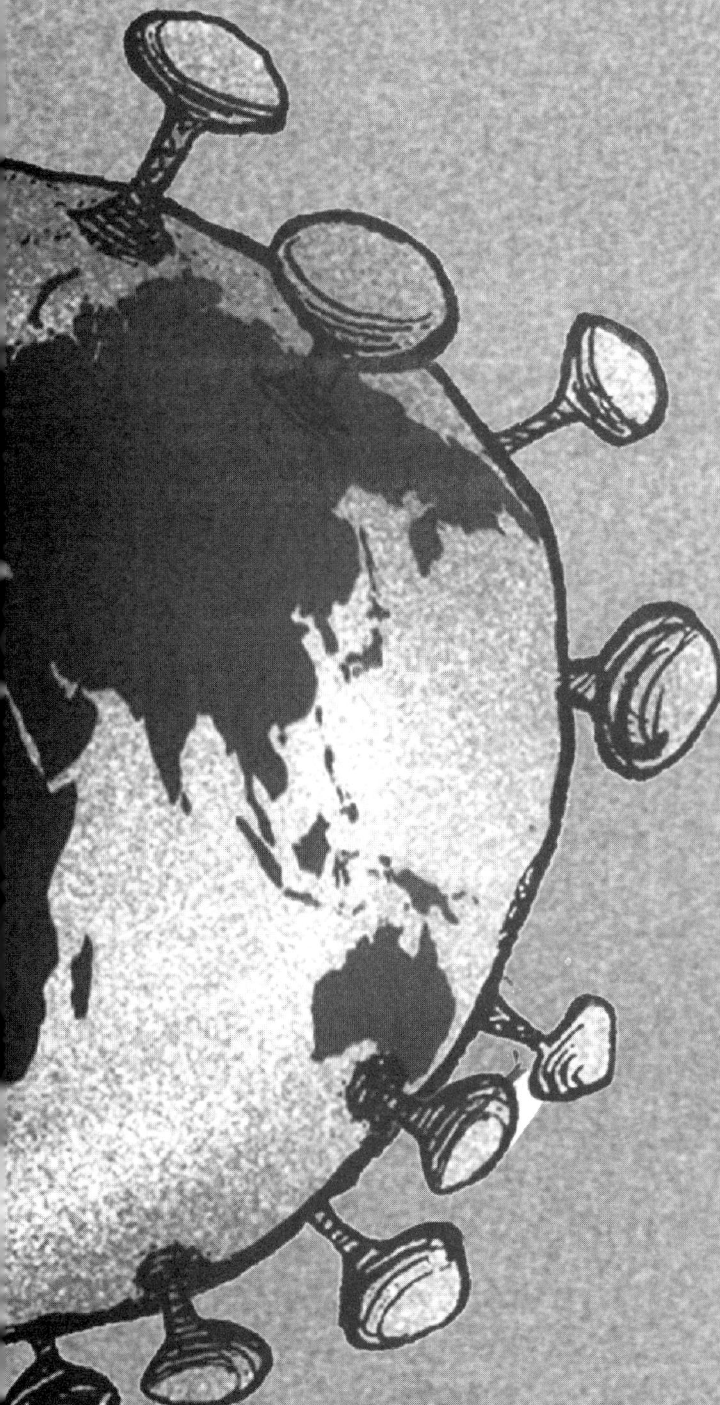

जहाज 'वर्ल्ड-ड्रीम' को भी हाँगकाँग बन्दरगाह में आने पर पाबन्दी लगा दी गई है।

11 फरवरी

विश्व स्वास्थ्य संगठन (डब्ल्यू.एच.ओ.) ने आधिकारिक रूप से इस रोग के वायरस का नामकरण किया है—

कोविड-19 जो कोविड वायरस-19 का संक्षिप्त नाम है।

14 फरवरी

फ्रांस में कोविड से 68 वर्षीय चीनी पर्यटक की मौत।

21 फरवरी

दक्षिण कोरिया के 'शिनचीयोंजी चर्च ऑफ जीसस' नामक चर्च में 300 लोग कोविड-19 से संक्रमित हुए। दक्षिण कोरिया में रोगियों की संख्या 400 तक पहुँची।

19 फरवरी

इरान सरकार ने ईरान में 2 रोगियों के होने की पुष्टि की। कुछ घंटों बाद इन दोनों की मौत की खबर दी गई। दो दिन बाद दो और लोग कोविड-19 से संक्रमित पाए गए।

23 फरवरी

यूरोप में रोग का व्यापक संक्रमण। इटली के लम्बार्दी प्रान्त में कोविड-19 तेजी से फेल रहा है। प्रशासन ने दस शहरों में लॉकडाउन करने का फैसला किया है।

24 फरवरी

इरान में 161 कोविड वायरस के नए केस। अब तक कुल बारह लोगों की मौत। ईरान के अलावा बहरीन, अफगानिस्तान, ओमान, लेबनान कोविड-19 की चपेट में।

26 फरवरी

ब्राजील में इस रोग से पहली मौत।

28 फरवरी

इटली में रोगियों की संख्या बढ़कर आठ सौ। जर्मनी, फ्रांस में रोगियों की संख्या तेजी से बढ़ रही है।

29 फरवरी

कई अफ्रीकी देशों में संक्रमण की खबर। नाइजीरिया में पहले रोगी की पुष्टि।

17 मार्च

फ्रांस में नेशनवाइड लॉकडाउन (राष्ट्रव्यापी बन्द) की घोषणा। यात्रा प्रतिबंध जारी।

भारत में कोविड

30 जनवरी

भारत में महामारी की आहट केरल से मिलती है। केरल के त्रिचुर के सरकारी अस्पताल में चार लोग कोविड-19 से संक्रमित पाए गए हैं। इनमें एक बीस वर्षीय युवती भी है जो वुहान में मेडिकल की पढ़ाई कर रही है और हाल ही में चीन से भारत लौटी है। भारत में कोविड से संक्रमण की यह पहली घटना है।

2 मार्च

असम की भारतीय जनता पार्टी की नेता सुमन हरी प्रिया ने दावा किया कि गोमूत्र पीने से कोविड के संक्रमण से बचा जा सकता है।

देश में दो व्यक्ति कोविड से संक्रमित होने की खबर मिलती है। इनमें एक दिल्ली में और दूसरा तेलंगाना से है।

5 मार्च

केरल में तीन और लोग संक्रमित हो जाते हैं, सभी को 28 दिन के लिए क्वारंटाइन में भेजा जाता है। पेटीएम के गुड़गाँव ऑफिस को पंद्रह दिनों के लिए बन्द कर दिया गया है।

9 मार्च

भारत में कोविड संक्रमित लोगों की संख्या बढ़कर 43 पहुँची।

10 मार्च

दिल्ली में दवा की दुकानों में हैंड-सैनिटाइजर के लिए मारामारी शुरू हो गई है। एक छोटी शीशी हैंड-सैनिटाइजर की बोतल ढाई-सौ से लेकर पाँच-सौ रुपए में बिक रही है।

11 मार्च

केंद्र सरकार का दावा है कि अब तक देश के 30 हवाई अड्डों में कुल 6,49,452 लाख लोगों के कोविड-19 की स्क्रीनिंग हो चुकी है। बाद में पता लगता है कि सरकार के इस दावे में एक बहुत बड़ा झोल है और गलतबयानी है। 'स्क्रीनिंग' के नाम पर रिमोट यानी थर्मल थर्मामीटर से यात्रियों के शारीरिक तापमान की जाँच की गई है। केवल 'थर्मामीटर' से किसी के शारीरिक तापमान की जाँच करके एक अंदाज भर लगाया जा सकता है पर यह दावे से नहीं कहा जा सकता है कि उस इंसान को कोविड-19 है या नहीं।

13 मार्च

केरल सरकार ने अपने सभी स्कूलों को कोविड के चलते बन्द कर दिया गया है पर साथ ही साथ सरकारी कर्मचारी, टीचर वगैरह लोगों के घर-घर जाकर मिड-डे-मील बाँट रहे हैं।

14 मार्च

भारत में कोविड-19 से बचाओ के नायाब तरीकों का आविष्कार किया जा रहा है। कभी कोई रामदास अठवले **'गो-कोरोना-गो'** का जाप करता दिखता है तो कोई गौ-मूत्र पीने की सलाह दे रहा है। दिल्ली में 'हिंदू महासभा' ने हाल ही में दिल्ली में गौ-मूत्र पार्टी का आयोजन किया। उसका दावा है कि गौ-मूत्र पीने से कोरोना-वायरस को भगाया जा सकता है।

18 मार्च

कोविड और गौ-मूत्र पर राजनीति गरमा गई है। खबर संस्था पीटीआई की रिपोर्ट है कि कोलकाता के जोड़ासांको इलाके में स्थानीय भाजपा नेता नारायण चटर्जी ने 'गौ-पूजन' का आयोजन किया और लोगों में गौ-मूत्र वितरित किया। कुछ लोग गौ-मूत्र पीने से बीमार पड़ गए और इनमे से किसी एक ने इसकी शिकायत पुलिस को कर दी। पुलिस ने नारायण चटर्जी को गिरफ्तार कर लिया। बस इसी मुद्दे पर भाजपा और तृणमूल कांग्रेस आमने-सामने आ गए हैं।

आपदा में अवसर?

एक ओर कोविड और गौ-मूत्र पर राजनीति हो रही है वहीं पर दूसरी और कुछ लोगों ने इसी में पैसा कमाने का अनोखा विकल्प ढूँढ़ निकाला है। पश्चिम बंगाल के डानकुनी के एक ग्वाले मामूद अली को पुलिस ने गौ-मूत्र और गोबर बेचने के आरोप में गिरफ्तार कर लिया। पुलिस का कहना है कि मामूद अली ने दावा किया था कि गौ-मूत्र पीने और गोबर खाने से कोविड वायरस नहीं होगा। पुलिस ने मामूद अली को 500 रुपए प्रति लीटर गौ-मूत्र और 500 रुपए प्रति किलो गोबर बेचते हुए गिरफ्तार किया।

भारत में अब तक कोविड पॉजिटिव केस की संख्या 160 पहुँच चुकी है।

दिल्ली आईजीआई एयरपोर्ट में कोविड स्क्रीनिंग के चलते अफरातफरी मच गई जब लंबी लाइनों में घंटों खड़े रहने के लिए यात्रियों का गुस्सा फूट पड़ा। इसी बीच ऑस्ट्रेलिया के सिडनी से आए एक यात्री ने सरदर्द और जी मिचलाने की शिकायत की। उसे सफदरजंग अस्पताल में भर्ती किया गया, जहाँ उसने अस्पताल के सातवें माले से कूदकर आत्महत्या कर ली।

18 मार्च

पंजाब के लुधियाना के पुलिस विभाग में उस समय हड़कंप मच गया जब यह पाया गया कि हाल ही में विदेशों से लौटे 167 लोगों, जिनमें कोविड-19 के संक्रमण का शक था, का पता नहीं चल पा रहा है। खबरों में 'भाग गए', 'पुलिस उनकी तलाश कर रही है' जैसे शब्दों का इस्तेमाल भी किया गया। बाद में पाया गया कि उनमें से कोई भी कोविड-19 से संक्रमित नहीं था।

लो जी, हमने कोविड का इलाज आखिर ढूँढ़ ही निकाला। भारतीय जनता पार्टी के नेता और केन्द्रीय मंत्री कैलाश विजयवर्गीय ने दावा किया है कि भारत में कोविड वायरस कुछ नहीं कर सकता क्योंकि यहाँ 33 करोड़ देवी-देवताओं का वास है। उन्होंने 'कोरोना-नाशी-हनुमान प्रोग्राम' का आह्वान किया है। उन्होंने रंग पंचमी के दिन 'बजरबट्टू' कार्यक्रम की घोषणा की है। उनका दावा है कि हनुमान अपनी शक्ति से कोविड वायरस को भगा देंगे।

19 मार्च

हमारे देश में महामारी और मजाक में बहुत छोटा सा फर्क है। कम से कम कोविड यही साबित कर रही है। महामारी में भी रसूख, पैसे और ताकत का तड़का न लगे ऐसा कभी हो सकता है? आज पश्चिम बंगाल में कोविड वायरस संक्रमण का पहला केस सामने आया। अठ्ठारह वर्षीय यह युवक हाल ही में ऑक्सफोर्ड से कोलकाता लौटा है। बाद में पाया गया कि वह कोविड-19 से संक्रमित है। कोई और मुल्क होता तो शायद इस युवक को एक आम कोविड रोगी जैसे अस्पताल/क्वारंटाइन भेजा जाता जिससे संक्रमण न फैले। पर यह भारत है जनाब!

युवक की माँ राज्य सरकार के एक बहुत बड़े पद पर काम करती हैं। चुनांचे अपनी पहुँच का इस्तेमाल करते हुए इस युवक ने न केवल अस्पताल जाने से मना किया बल्कि उसकी माँ ने भी राज्य सचिवालय में अपना आना-जाना बदस्तूर जारी रखा। केवल यही नहीं इस अठ्ठारह वर्षीय युवक ने अपने लन्दन से दिल्ली और फिर दिल्ली से कोलकाता की यात्रा के दरमियान न ही क्वारंटाइन किया बल्कि कोलकाता शहर के कई जगहों पर गया जिसमें मॉल भी शामिल थे। इसलिए यह बता पाना मुश्किल है कि उक्त युवक ने अब तक कुल कितने लोगों को संक्रमित किया। जब मीडिया में शोर मचा तब राज्य की मुख्यमंत्री ममता बनर्जी ने उक्त महिला को फटकार लगाई। फटकार के बाद युवक को अस्पताल में दाखिल करवाया गया। कहानी यहीं खत्म नहीं होती। दिलचस्प यह है कि यही काम अगर कोई 'आम नागरिक' करता तो वह आज इसी देश के कानूनों की तहत शायद हवालात की हवा खा रहा होता।

अगर खुदानखास्ता गरीब मजदूर होता तो क्या पता उसे पुलिस के डंडे पड़ रहे होते। अगर मुसलमान होता तो मीडिया इसमें एक कम्युनल एंगल ढूँढ़ निकालता। उस नागरिक का नाम, चित्र, पारिवारिक परिचय हत्ता कि पड़ोसी के बारे में सब जानकारी, सब कुछ मीडिया में प्रकाशित होता। अब चूँकि यह युवक एक नौकरशाह का बेटा है, 'हिन्दू' है और ऑक्सफोर्ड से लौटा है इसलिए हम-आप उसे उसके बाकी के परिचय से अलग केवल 'एक युवक' के रूप में पहचानेंगे। हम आम पाठकों को बस इसी से गुजारा करना होगा। (बाकी, पता कर सको तो कर लो!)

प्रधानमंत्री मोदी ने देश के नागरिकों के नाम अपने संदेश में कहा कि भारत कोविड से निपटने के लिए पूरी तरह तैयार है। मोदी ने लोगों से अनुरोध किया कि अपनी कामवाली बाइयों को आने वाले लॉकडाउन के दौरान पेड हॉलिडे दें यानी अगले एक महीने जब कामवाली बाई घर पर नहीं आएगी तब आप घर के काम भी करें और महीने के आखिर में कामवाली बाई को उसकी पगार हँसते हुए दें। यह 'अनुरोध' उस मध्यवर्ग से किया जा रहा है जो रिक्शेवाले से दो रुपए के लिए तोल-मोल करता है, जो मोहल्ले में आए सब्जीवाले पर अपनी वीरता दिखाता है पर मॉल में तीन की चीज हँसते हुए तेरह रुपए में खरीद लेता है। दिलचस्प है कि इस मध्यवर्ग से सिर्फ 'अनुरोध' किया जा रहा है, किसी नियम या कानून के तहत उन्हें मजबूर नहीं किया जा रहा है। जाहिर है मोदी से लेकर आम मध्यवर्ग को पता है कि कामवाली बाइयों को ज्यादातर लोग इस लॉकडाउन के समय के पैसे नहीं देंगे। बगैर पैसे के कामवाली बाइयाँ कैसे अपना गुजरा करेंगी? किसे फिक्र है इसकी?

रविवार को सुबह 7:00 से रात 9:00 बजे तक जनता कर्फ्यू घोषित किया गया। साथ ही यह भी कहा गया कि शाम 5:00 बजे के बाद लोग अपनी बालकनी में आएँ और तालियाँ बजाकर डॉक्टर और स्वास्थ्य कर्मचारियों का शुक्रिया अदा करें। प्रधानमंत्री ने इतनी सारी चीजें कहीं मगर कोविड के आर्थिक पैकेज पर कुछ भी नहीं बोले। वह आर्थिक पैकेज की बात रखना भूल गए।

केंद्रीय मंत्री अश्विनी कुमार चौबे ने कहा है कि धूप में 10 से 15 मिनट बैठने से सारे वायरस खत्म हो जाएँगे। भारत में अब तक कुल 166 लोगों के कोविड-19 से संक्रमित होने की खबर है।

अफवाहों को नए पर मिल रहे हैं। पश्चिम बंगाल की पुलिस ने कोलकाता में कुल 660 लोगों के सोशल साइट अकाउंट को बन्द कर दिया है और साथ ही अफवाह फैलाने के आरोप में कुल चौदह लोगों से पूछताछ की है। पुलिस का आरोप है कि इनमे से किसी ने फेसबुक में पोस्ट लिखा था कि गाय के गोबर और गधे की लीद को इलाइची और कपूर के साथ मिलाकर खाने से कोविड नहीं होगा।

एक डॉक्टर की मौत

07 फरवरी

चीन के वुहान शहर के चिकित्सक डॉ. ली. वेनलियांग की इस रोग से मौत हो गई। कौन हैं डॉ. वेनलियांग? वह पहले डॉक्टर थे जिन्होंने वुहान के स्वास्थ्य अधिकारियों को इस रोग की गंभीरता के बारे में सचेत करने की कोशिश की थी पर वुहान के स्वास्थ्य अधिकारियों ने डॉ. वेनलियांग की चेतावनी को न केवल नजरअंदाज किया बल्कि उन पर दबाव बनाकर उन्हें अपना बयान वापस लेने को मजबूर कर दिया और इस सूचना को दबा दिया। डॉ. वेनलियांग वुहान के अस्पताल में इस रोग के मरीजों का इलाज करते हुए संक्रमित हो गए और उनकी मौत हो गई। बताया जाता है कि ऑक्सीजन की कमी से उनका पूरा शरीर नीला पड़ गया था। वुहान के बाद चीन का दूसरा शहर, हुबेई, कोविड-19 की चपेट में आ चुका है। हुबेई में अब तक कुल चौदह हजार रोगियों की पहचान की गई है।

गो-कोरोना-गो!
गो-कोरोना-गो!!
गो-कोरोना-गो!!!

10 मार्च

कोरोना वायरस को भारत से भगाने के लिए केंद्रीय मंत्री रामदास अठवले, चीन के काऊंसल जनरल तांग-गूवोचाई और बौद्ध भिक्षुओं ने 'गो-कोरोना-गो' का मंत्र जपा।

21 मार्च

इटली में पिछले चौबीस घंटे में 627 लोगों की मौत हो चुकी है। यूरोप में अब तक पाँच हजार लोगों की कोविड-19 से मौत हो चुकी है। केवल इटली में अब तक चार हजार लोगों की मौत हो चुकी है।

23 मार्च

भारत में कोविड-19 की रोगियों की संख्या 396 पहुँच गई है। अब तक कुल 7 मौतें हो चुकी है। इस बीच ट्रेन, बस सर्विस पूरी तरह से बन्द कर दी गई है। आज से सभी धार्मिक स्थलों को बन्द किया गया है। देश के 75 जिलों में पूरी तरह लॉकडाउन (तालाबन्दी) लागू हो गया है। केंद्र सरकार ने साठ प्राइवेट लैब को कोविड-19 के जाँच की मंजूरी दे दी है। इसके लिए प्राइवेट लैब मरीजों से रु. 5000/- प्रति व्यक्ति जाँच के लिए ले सकेंगे। पाँच सदस्य के एक परिवार को 25 हजार रुपए कोविड टैस्ट के लिए खर्च करने पड़ेंगे! यह कैसा मजाक है?

कोविड के लॉकडाउन को देखते हुए आंध्र प्रदेश और उत्तर प्रदेश की सरकारों ने प्रत्येक गरीब परिवार को रु. 1000/- की सहायता राशि देने का ऐलान किया है।

एक खबर बंगलुरु से है। बृहन बेंगलुरु नगर पालिके (बीबीएनपी) ने पिछले दो दिनों में करीब दस हजार लोगों को होम क्वारंटाइन में भेज दिया है और उनके हाथों पर एक स्टैंप भी लगा दिया है। अकसर जेल में कैदियों को यह स्टैंप लगाए जाते हैं। एक महामारी में आम नागरिकों को यह स्टैंप क्यों लगाए जा रहे हैं?

24 मार्च

दिल्ली में शाहीन बाग नाम का एक इलाका है। केंद्र सरकार के नागरिकता कानून के विरोध में पिछले नवम्बर महीने से शाहीन बाग की महिलाओं की अगुआई में धरना चल रहा था। उस धरने को आज दिल्ली पुलिस ने जबरन हटा दिया।

एक सफाई कर्मचारी की मौत

कई राज्यों में कोविड महामारी की रोकथाम के लिए दवाओं और रसायनों का छिड़काव करना शुरू किया गया है। मोहल्ले-बाजारों-सड़क-चौराहों को दवा-रसायनों से रोगाणुमुक्त करवाना कोई नई बात नहीं है। ईरान, चीन वगैरह में हाल ही में कई जगह पर यह करवाया गया है। ईरान, चीन और भारत में फर्क बस इतना है कि इन हानिकारक रसायनों के छिड़काव करने वाले बाकायदा सुरक्षा जैकेट पहन के काम करते हैं। भारत में सुरक्षा के नाम पर कुछ भी नहीं दिया जाता है। बल्कि सुरक्षा जैकेट को विलासिता का पर्याय माना जाता है। भारत में ज्यादातर सफाई कर्मचारी दलित जाति से आते हैं। भारत में करीब 97 फीसदी से अधिक सफाई कर्मचारियों को ठेके पर रखा गया है। उत्तर प्रदेश के फतेहपुर जिला, अलीमऊ गाँव हाथग्राम ब्लॉक का संदीप सफाई कर्मचारी था। उसे हानिकारक दवा के छिड़काव के काम पर रखा गया था मगर उसे कोई भी सुरक्षा उपकरण नहीं दिया गया था। दवाओं के छिड़काव के दौरान वह इन दवाओं से बीमार पड़ गया और उसकी मौत हो गई।

मुम्बई में एक पैंसठ साल के व्यक्ति की कोविड से मौत हो गई। भारत में अब तक इस रोग से मरने की संख्या 10 पहुँच चुकी है।

सरकारी कामकाज के तरीके भी बड़े निराले होते हैं। कल अचानक ही दिल्ली-उत्तरप्रदेश-हरियाणा की सीमा-बन्दी का निर्णय ले लिया गया। मजे की बात ये है कि न तो दिल्ली सरकार ने और न ही उत्तरप्रदेश या हरियाणा की सरकारों ने लोगों को यह जानकारी देने की कोई जरूरत समझी। हत्ता कि पुलिस को भी इसके बारे में पहले से कुछ नहीं कहा गया। इसके चलते हुआ यह कि दिल्ली की सभी सीमाओं पर सुबह आठ बजे से गाड़ियों की लंबी कतारें देखी गईं जो जल्दी अफरातफरी में बदल गईं। पुलिस से लोगों के हाथापाई की भी खबर आ रही है।

रात आठ बजे 'राष्ट्र के नाम अपने सन्देश' में प्रधानमंत्री मोदी ने रात 12:00 बजे से 'पैन-इंडियन-लॉकडाउन' की घोषणा कर दी और यह भी कहा कि देशव्यापी यह लॉकडाउन पूरे इक्कीस दिनों के लिए जारी रहेगा।

दूसरे शब्दों में अगले इक्कीस दिनों के इस देशव्यापी लॉकडाउन की तैयारी के लिए प्रधानमंत्री ने देश के लोगों को पूरे चार घंटों का समय दिया। है न कमाल की योजना? प्रधानमंत्री मोदी को 'आठ' और 'चार' से बड़ा प्रेम है। उन्होंने कभी इसी तरह एक रात आठ बजे आकर नोटबंदी की घोषणा की थी और उसकी तैयारी के लिए भी देश के लोगों को सिर्फ चार घंटे का वक्त दिया था।

चीनी डॉक्टरों के दल का इटली पहुँचने पर वहाँ पर उनका चीनी राष्ट्रगान बजाकर स्वागत किया गया।

बेंगलुरु पुलिस ने 23 वर्षीय एक महिला के नाम एफआईआर दर्ज की है। पुलिस का आरोप है कि कोविड से संक्रमित इस महिला को क्वारंटाइन में रखा गया था और उसे घर से बाहर निकलने की पूरी तरह मनाही थी पर वह महिला घर से निकलकर सुपरमार्केट गई। कोविड के चलते किसी पर एफआईआर होने की भारत में यह पहली घटना है।

2020 के टोक्यो ओलंपिक खेलों को अगले साल तक के लिए टाल दिया गया।

चीन के हुबेई प्रान्त की सरकार ने कल से राज्य भर में कोविड के चलते लागू किए गए लॉकडाउन को हटाने का फैसला किया है। हुबेई को चीन के कोविड संकट का ग्राऊंड जीरो भी कहा जाता है।

अमेरिका के न्यूयॉर्क के गवर्नर एंड्रयू कुओमो ने कहा है कि कोविड के तेजी से बढ़ते संक्रमण को देखते हुए न्यूयॉर्क के अस्पतालों को करीब डेढ़ लाख बिस्तरों की जरूरत होगी।

25 मार्च

प्रधानमंत्री ने कल अपनी घोषणा में कहा था कि रात बारह बजे से अगले इक्कीस दिनों तक के लिए कोई भी घर से ना निकले पर आज सुबह उत्तर प्रदेश के मुख्यमंत्री आदित्यनाथ न केवल घर से निकले बल्कि सुरक्षाकर्मी, अफसरों के हुजूम को लेकर अयोध्या जा पहुँचे। उसी उत्तर प्रदेश की पुलिस को आज दिल्ली से लगे खोड़ा और नोएडा में काम की तलाश में निकले दिहाड़ी मजदूरों पर लाठी बरसाते देखा गया।

बंगाल में दूध लेने घर से निकले व्यक्ति को पुलिस ने इतना मारा कि उसकी मौत हो गई।

खबर बरेली से है। तमन्ना नाम की युवती बरेली में रहती है। उनके पति नोएडा में काम करते हैं। एक ओर देश में लॉकडाउन घोषित हो गया वहीं पर दूसरी ओर तमन्ना को प्रसव पीड़ा शुरू हो गई। जब यह खबर नोएडा पुलिस को पता चली तो पुलिस विभाग के अफसर रणविजय ने तमन्ना के पति को अपनी जिम्मेदारी पर बरेली पहुँचा दिया। अफसर रणविजय की इस मानवीय पहल पर तमन्ना और उसके पति इतना भावुक हो गए कि उन्होंने उस पुलिस अफसर रणविजय के नाम पर अपने बच्चों का नाम रणविजय रखने की इच्छा जताई है।

27 मार्च

अन्तरराष्ट्रीय मुद्रा कोष (आई.एम.एफ.) ने अपने एक बयान में कहा है विश्व अर्थव्यवस्था मंदी के दौर में प्रवेश कर चुकी है।

अमेरिका में पिछले चौबीस घंटे में दस हजार कोविड के केस सामने आए हैं। कोविड में अमेरिका, चीन और इटली से आगे निकल चुका है।

एक ओर मंदी और कोविड दूसरी ओर लॉकडाउन ने अजीब परिस्थिति बना दी है। शहरों में काम बन्द है पर मजदूर चाह कर भी अपने गाँव नहीं लौट पा रहे हैं क्योंकि देश भर में राज्यों की सीमाओं को सील कर दिया गया है। नियमों के अनुसार सील होने के बाद भी पैदल यात्रियों को कोई नहीं रोक सकता है पर कौन किसकी सुनता है? पुलिस इन सैकड़ो किलोमीटर की दूरी पैदल चलने वाले मजबूर थके हारे मजदूरों पर खुलकर डंडे चला रही है।

वहीं दूसरी ओर अपने में डूबे रहने वाले अर्बन मिडिल क्लास की अपनी परेशानियाँ हैं। स्वास्थ्य के प्रति अति संवेदनशील मध्यवर्ग को अपनी गेटेड कम्युनिटी में 'गंदे सब्जीवालों' का घुसना कभी भी नहीं पसंद था। ई-कॉमर्स उन्हें हमेशा से पसंद रहा है। सरकार भी मध्यवर्ग के हितों पर ध्यान देते हुए ई-कॉमर्स को लॉकडाउन की पाबन्दियों से परे रखा है। पर यह पाबन्दी गरीब सब्जीवालों पर सख्ती से लागू की जा रही है। मजे की बात ये है कि एक ओर सरकार कह रही है कि ई-कॉमर्स चालू रहेगा पर पुलिस इनके डिलीवरी बॉयज को दौड़ा-दौड़ा कर पीट रही है।

फेसबुक में एक फोटो खूब चली जिसमें एक युवक ने अपने पीठ पर एक गत्ता झुलाया जिसमें लिखा हुआ है कि, "राशन के लिए निकला हूँ कृपया ना पीटें"

28 मार्च

बड़ी अजीब हालत से हम गुजर रहे हैं। घर में राशन, दवा, फल-सब्जी धीरे-धीरे खत्म हो रही है। सरकार एक तरफ कह रही है कि दुकानों में सभी चीजें उपलब्ध हैं। वहीं दूसरी ओर सामान खरीदने बाहर निकलो तो पुलिस दौड़ा कर मार रही है। इस बीच एक अच्छी खबर है कि उत्तर प्रदेश सरकार ने दिल्ली, राजस्थान से पलायन कर रहे मजदूरों की समस्या पर ध्यान देना शुरू किया है। कहा जा रहा है कि उत्तर प्रदेश सरकार लोगों को उनके घरों तक पहुँचाने के लिए बसों की व्यवस्था करेगी। परेशानी यह है कि एक साथ 60-70 हजार लोगों के लिए बसों का बन्दोबस्त आसान नहीं।

भाजपा के सांसद और कभी पत्रकार रहे बलबीर पुंज ट्वीट कर रहे हैं कि मजदूरों का सैकड़ों किलोमीटर की दूरी पैदल तय करना बस एक बहाना है। उनका कहना है कि मजदूर दरअसल इस बिन माँगे मिली छुट्टी का मजा लूटने के लिए घर भाग रहे हैं।

कोविड से देश को बचाने के लिए सरकार ने अनूठी पहल की है। टीवी पर रामायण, महाभारत और सर्कस जैसे सीरियल का प्रसारण शुरू कर दिया गया है। बेशक यह सीरियल नब्बे के दशक में बहुत लोकप्रिय थे पर अभी अचानक लॉकडाउन में इन सीरियलों के पुनर्प्रसारण कर क्या सरकार यह कहना चाहती है कि देश लम्बी छुट्टी पर जा चुका है? कल से राम मंदिर बनने का काम भी शुरू हो गया है।

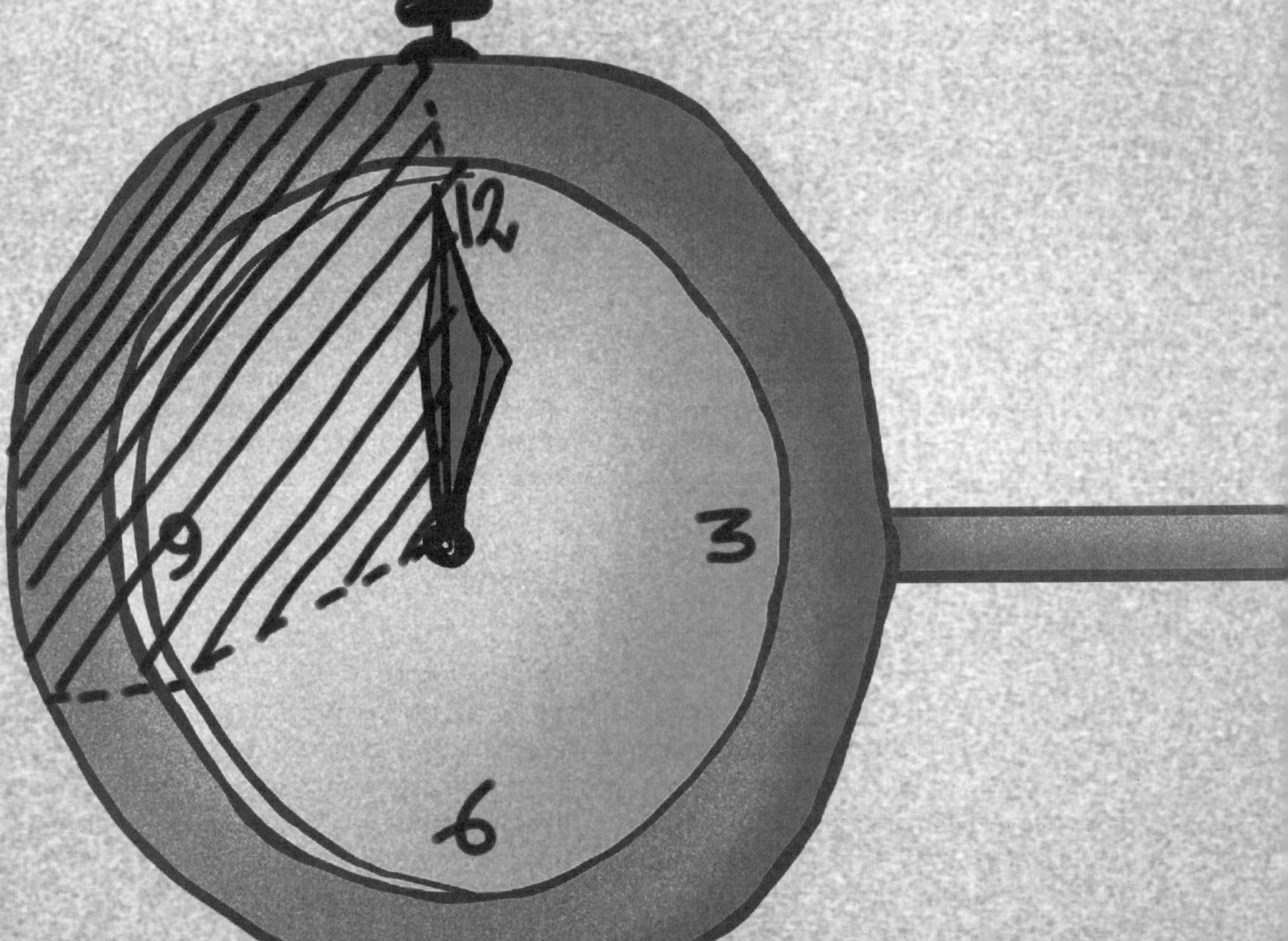
12
3
6
9

24 मार्च

कभी चचा गालिब ने कहा था कि, “इफतारे सोम की जिसे दस्तगा न हो, उस शख्स को जरूरी है रोजा रखा करें। जिसके पास रोजा खोल खाने कुछ न हो, रोजा अगर ना खाए तो नाचार क्या करे।”

देश की जनता को ‘कोरोना—वैश्विक महामारी’ से बचने के लिए प्रधानमंत्री ने घोषणा की, कि रात बारह बजे से अगले इक्कीस दिनों के लिए पूरे भारत में लॉकडाउन हो जाएगा। उन्होंने बार-बार कहा कि आइंदे अपने घर की दहलीज को ‘लक्ष्मण-रेखा’ समझा जाए।

आज से करीब महीने भर पहले दिल्ली के कुछ इलाकों में दंगे भड़क गए जिसमें सैकड़ों की तादाद में घर जल गए, टूट गए, उजड़ गए।

दंगे से प्रभावित लोगों के लिए मुस्तफाबाद की ईदगाह और कुछ और जगहों पर शिविरों का इंतजाम किया गया था।

भीड़ से कोरोना के फैलने के खतरे को देखते हुए आज ईदगाह को भी खाली करवा लिया गया। अब यह हजारों की संख्या में लोग जिनमें बच्चे, बूढ़े और महिलाएँ शामिल हैं वह जाएँ तो जाएँ कहाँ?

रोग-महामारी का कहर हमेशा गरीबों पर ज्यादा फूटता है।

हमारे देश में गरीब होना एक गुनाह है और मुसलमान गरीब होना शायद बहुत बड़ा गुनाह है।

हफ्ते-दस दिन पहले दंगों में सबसे ज्यादा प्रभावित इलाकों में से एक, शिवपुरी नाम के इलाके में गया था। टूटे-जले हुए घरों में अब भला कोई कैसे रह सकता है? इधर प्रधानमंत्री ‘अपने घर की दहलीज को न लांघने’ का सलाह दे रहे हैं।

बेशक सुझाव अच्छा है पर चचा गालिब आज होते तो शायद अपना शेर कुछ यूँ कहते कि,

“घर जिसका सलामत है, उस शख्स को जरूरी है घर में रहा करे।

जिसके पास घर न हो, तो वह नाचार क्या करे...”

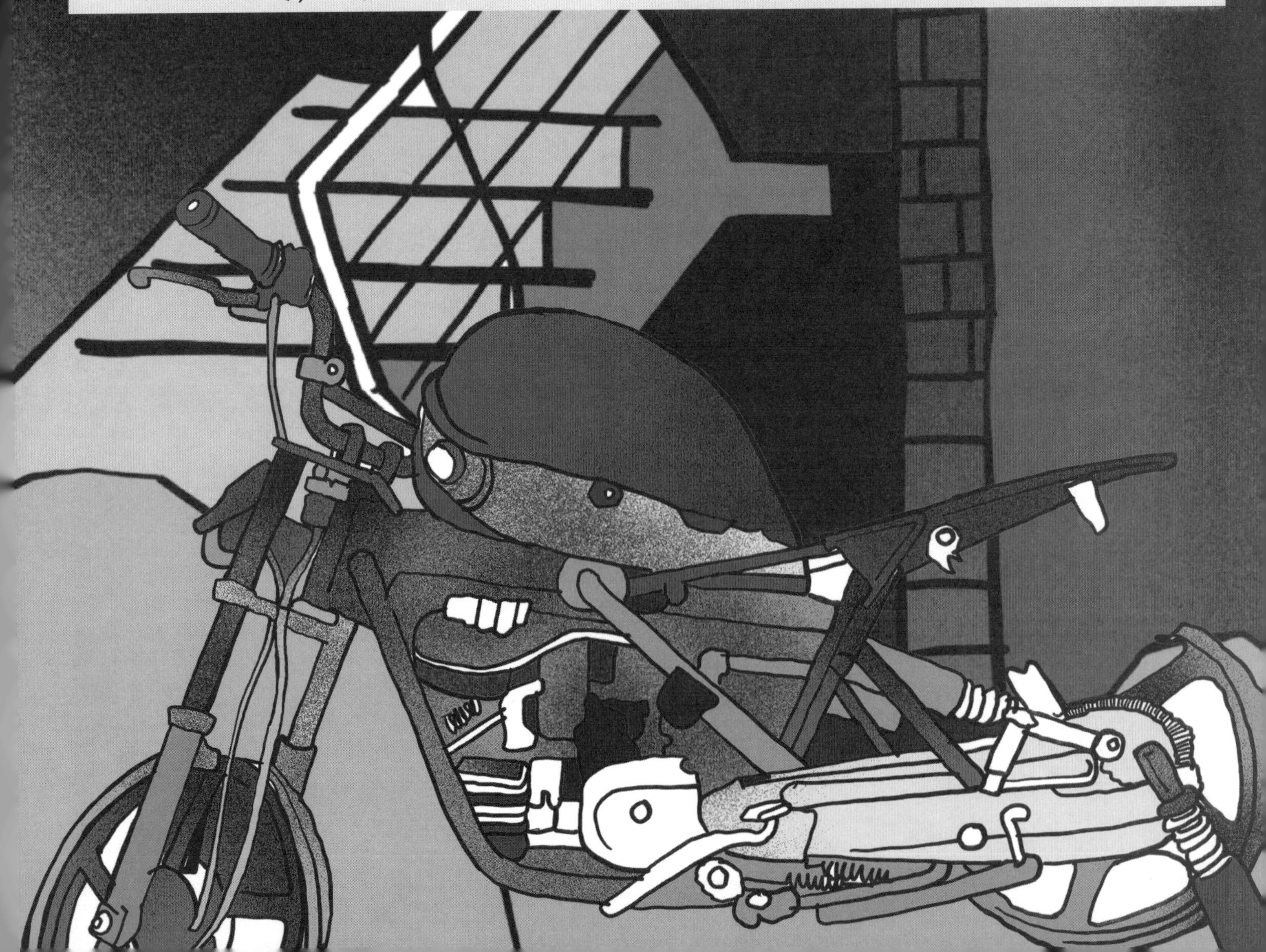

लॉकडाउन और प्रवासी मजदूर-1

26 मार्च

देश के गरीबों और मजदूरों पर कोरोना वायरस की दोहरी मार पड़ी है। लॉकडाउन के लिए एक ओर जहाँ करोड़ों मजदूर बेरोजगार हो गए हैं वहीं दूसरी ओर इस लॉकडाउन के चलते ट्रेन-बस इत्यादि बन्द हैं जिससे मजदूरो इस बात से परेशान हैं कि आखिर वह अपने गाँव वापस लौटें भी तो आखिर कैसे ? आखिरकार यह मजदूर अब पैदल अपने घरों की ओर निकल पड़े हैं। दिल्ली की सड़कों, राजमार्गों पर लोगों के अंतहीन काफिले को पैदल अपने घर जाते देखा जा रहा है। अपने बाल-बच्चों, सामान को सर-कन्धों पर उठाये यह मजदूर सैकड़ों किलोमीटर की अपने गाँव की दूरी पैदल तय करने को मजबूर हैं।

उत्तर प्रदेश पुलिस इन मजबूर और परेशान मजदूरों को दौड़ा कर पीट रही है बल्कि सजा के तौर पर उन्हें उछल-उछल कर चलने को मजबूर कर रही है।

इन्हीं में से एक हैं अहमदाबाद में मजदूरी करने वाले दशरथ यादव जो राजस्थान के बाँसवाड़ा के रहने वाले हैं। अहमदाबाद से बाँसवाड़ा के बीच के सैकड़ों किलोमीटर की दूरी दशरथ अपने बच्चों को कंधे पर उठाए पैदल तय कर रहे हैं। वह अकेले नहीं हैं। उन जैसे हजारों दशरथ पूरे भारत में आज ऐसा करने को मजबूर हैं। शहरों में काम खत्म हो गया है। ऐसे में वह गाँव नहीं लौटेंगे तो जाएँगे कहाँ?

देवा की कहानी

आंध्र प्रदेश के अनंतपुर के पेनुकोंडा, गोरनटला का आठ वर्षीय देवा पिछले कई दिनों से बीमार चल रहा था। कूड़ा बीनकर घर चलानेवाले उसके पापा मनोहर एकाएक हुए लॉकडाउन से बेरोजगार हो गए थे। दी न्यू इंडियन एक्सप्रेस की खबर के अनुसार मनोहर और उनकी बीवी ने अपने बेटे देवा को पहले स्थानीय स्वास्थ्य केंद्र और फिर वहाँ से 22 मार्च को हिन्दुपुर के सरकारी अस्पताल में ले गए। वहाँ से डॉक्टरों ने उन्हें अनंतपुर के अस्पताल में रेफर कर दिया। इस बीच लॉकडाउन हो गया और सारे यातायात के साधन बन्द हो गए। देवा को टांसिल और निमोनिया की बीमारी थी। इलाज के अभाव में देवा की हिन्दुपुर अस्पताल में मौत हो गई। पिछले कुछ दिनों से बेरोजगार मनोहर के पास अर्थी के पैसे भी नहीं थे इसलिए उन्हें अपने बेटे की लाश को अपने हाथों से उठाकर श्मशान घाट तक ले जाना पड़ा। प्रशासन हालाँकि ने कहा था लॉकडाउन से किसी को कोई असुविधा नहीं होगी पर जमीनी हकीकत कुछ और ही है।

26 मार्च

परी चौक कितनी दूर है?

राजधानी की तपती सड़कों पर एक उम्रदराज महिला को देखा गया। यह राजस्थान की रहने वाली 90 वर्ष की काजोदी हैं जो दिल्ली में मजदूरी करने के लिए आई थीं। अचानक घोषित हुए लॉकडाउन के बाद उनका काम धंधा बन्द हो गया। अब वापस घर लौटने के अलावा उनके पास कोई चारा नहीं था। उनका घर दिल्ली से करीब चार सौ किलोमीटर दूर है। लॉकडाउन के बाद यातायात के सभी साधन बन्द हो चुके हैं, ऐसे में दूसरे प्रवासी मजदूरों की तरह काजोदी के पास भी अब यह दूरी पैदल तय करने के अलावा कोई चारा नहीं बचा। ऐसे में 90 साल की काजोदी पैदल चलकर दिल्ली से राजस्थान में अपने गाँव जा रही हैं। वह जिस समूह के साथ हैं, वह लोग उनसे आगे निकल चुके हैं। यह सभी लोग नोएडा सेक्टर-15 में रहते थे और ट्रैफिक लाइट पर खिलौने बेचने का काम करते थे। लॉकडाउन के बाद इन सभी का रोजगार खत्म हो गया है। यह लोग अब राजस्थान के सवाई माधोपुर में अपने गाँव वापस जा रहे हैं।

"परी चौक कितनी दूर है?" काजोदी पूछती हैं।

उनका मानना है कि उन्हें परी चौक से आगरा तक एक वाहन मिल जाएगा, जहाँ से वे मथुरा होते हुए वह सवाई माधोपुर पहुँच जाएँगी।

लॉकडाउन और प्रवासी मजदूर-2

प्रभा तिग्गा की कहानी

29 मार्च

यह खबर फेसबुक से ली गई है। झारखंड निवासी प्रभा तिग्गा मुम्बई में किसी घर में काम करती थीं। उन्हें पिछले दिनों बुखार आया तो मालिक ने उन्हें यह कहकर घर से निकाल दिया कि तुम्हें तो कोरोना है। बाद में अस्पताल में जाने पर पता लगा कि उन्हें आम सर्दी-खाँसी थी पर उन्हें इसके बाद भी मालिक ने वापस काम पर नहीं रखा। वह थाने गईं पर पुलिस ने भी कोई मदद नहीं की। मजबूरन वह अब खार-रोड रेलवे स्टेशन पर रह रही हैं। उन्हें मदद की जरूरत है।

पेड़ पर क्वारंटाइन

'क्वारंटाइन' शब्द अब हमारे लिए अपरिचित नहीं रहा पर परेशानी ये है कि भारत जैसे जनसंख्या बहुल और गरीब देश में क्वारंटाइन या रोगी के लिए एक अलग कमरे की व्यवस्था अपने-आप में उन लोगों के साथ मजाक है जो शहरों की झुग्गियों के तंग कमरों में पूरा परिवार के साथ रहते हैं। गाँव की हालत भी कमोबेश यही है। जहाँ पूरा परिवार एक झोपड़ी में रह रहा हो वहाँ क्वारंटाइन के लिए अलग कमरा आखिर मिले कहाँ से? ऐसे में लोगों को कुछ नायाब तरीके ढूँढ़ने पड़ रहे हैं।

पश्चिम बंगाल के पुरुलिया के बलरामपुर ब्लॉक स्थित वानदिघी गाँव के कुछ लोग चेन्नई में मजदूरी करते थे। लॉकडाउन के बाद वह भी अपने घर वापस आने को मजबूर हो गए। टाइम्स ऑफ इंडिया में छपी रिपोर्ट के अनुसार गाँव के एक निवासी बिजोय सिंह लाचा ने बताया कि चेन्नई से अपने गाँव लौटने पर डॉक्टर ने उन्हें क्वारंटाइन में जाने की सलाह दी। अब चूँकि उनके घरों में अलग कमरे की गुंजाइश नहीं थी। इसलिए बिजोय और उनके साथी पेड़ों पर कपड़े बाँध कर रह रहे हैं।

गोल्ड फ्लैक सिगरेट की डिब्बी 100 से बढ़कर रु.120 प्रति पैकेट के दाम से मिल रही है। दाम में सबसे ज्यादा इजाफा ब्लैक नाम के ब्रांड में हुआ है। ब्लैक की डिब्बी कल तक रु.140 में मिल रही थी आज वही डिब्बी 250 में मिल रही है।

लॉकडाउन में कंडोम

कंडोम भी लॉकडाउन के असर से अछूता नहीं है। कहा जा रहा है कि विश्व के तमाम देशों में चल रही तालाबन्दी के चलते लोग घरों में रह रहे हैं जिससे कंडोम की माँग अचानक बेतहाशा बढ़ गई है। उधर लॉकडाउन के चलते उत्पादन भी ठप्प है। कंडोम उत्पादक कम्पनियों का कहना है कि विश्व में केवल अगले सात दिनों तक के कंडोम का स्टॉक उपलब्ध है। मलेशिया की कारेक्स बीएचडी विश्व की सबसे बड़ी कंडोम उत्पादक कंपनी है। इस कंपनी का कहना है कि तालाबन्दी के चलते एक ओर केवल आधे कर्मचारी काम पर आ रहे हैं और वहीं पर दूसरी ओर कंडोम की माँग में कई गुणा वृद्धि हुई है।

तालाबन्दी बनाम दारूबन्दी

तालाबन्दी इतनी यकायक आई कि घर के बाकी जरूरी सामान जैसे दाल-चावल-चीनी-आटे के साथ आने वाले दिनों के लिए दारू खरीदना या दारू का 'स्टॉक' करना लोग भूल गए। अब जितना जिनके पास था उसी में बाकी दिन काटने हैं। शराब की कमी को पूरा करने के लिए कई तरकीबें आजमाई जा रही हैं। गूगल पर लोग घर में शराब बनने की विधि तलाश रहे हैं। हद तो तब हो गई जब लोगों को पता चला कि सैनिटाइजर में एल्कोहल होता है। लोग अब इस खोज में हैं कि सैनिटाइजर से दारू कैसे निकाली जाए।

उत्तर प्रदेश सरकार ने मकान मालिकों को आदेश दिया है कि वह किरायेदारों से अगले महीने का किराया ना लें, ऐसा न करने पर मालिक मकान पर कानूनी कार्रवाई की जाएगी।

जब कामवाली बाई को कहना पड़ा 'बाई-बाई!'

लोगों को कभी भी अपने घरों के काम जैसे झाड़ू-पोंछा-बर्तन वगैरह करने की न जरूरत पड़ी और न ही हमें इसकी आदत रही। खासकर मर्दों को क्योंकि इसके लिए या तो बीवी थी या कामवाली बाई। मगर इस तालाबन्दी के चलते कामवाली बाई को बोलना पड़ा, 'बाई-बाई!' मजबूरन लोगों (पुरुषों) को अब घर के काम करने पड़ रहे हैं। ऐसे में लोग रोज नई चीजें सीख रहे हैं। मसलन आज हमारे पड़ोसी ने सोसाइटी के व्हाट्सएप्प ग्रुप पर 'आज का ज्ञान भेजा': "झाड़ू पीछे से आगे लगाया जाता है और पोंछा आगे से पीछे की ओर"

29 मार्च

मोदी सरकार की सबसे बड़ी उपलब्धि यह रही है कि सरकार अब आलोचना से परे हो चुकी है। कुछ दशक पहले अमेरिकी राष्ट्रपति जॉन एफ. कैनेडी ने कहा था, 'कभी यह मत सोचो कि देश ने तुम्हारे लिए क्या किया, बल्कि यह सोचो कि तुमने देश के लिए क्या किया!'

24 मार्च की रात 8:00 बजे देश के टीवी पर राष्ट्र के नाम अपने सन्देश में देश का प्रधानमंत्री देश के नागरिकों को महज चार घंटे की मोहलत देकर देश में अगले इक्कीस दिनों के लॉकडाउन की घोषणा करता है। सब बन्द हो जाते हैं। दुकानें बन्द। ढाबे बन्द। यातायात के सभी साधन बन्द। कामकाज बन्द। कितना वक्त होता है चार घंटे का समय? इतने से समय में लोग अपने घरों में अगले इक्कीस दिन रहने की तैयारी करें या अपने गाँव पहुँच जाएं? वह कौन सी बस-ट्रेन हैं जिसकी मदद से वह इन चार घंटों में टिकट काट कर, सामान बाँध कर सपरिवार दूर देश से अपने गाँव-शहर पहुँच जाएगा? अचरज नहीं कि जल्द ही किराये की छत भी साथ छोड़ देती है। ऐसे में कोई चारा नहीं बचता सिवाय इसके कि पैदल अपने गाँव-कस्बों-घर की ओर निकला जाए, जो दो सौ-पाँच सौ-हजार किलोमीटर दूर हैं।

मगर मध्यवर्ग इस पर भी खुश है। आम मजदूरों की परेशानियों से मीलों दूर अपने-अपने फ्लैट्स-घरों और गेटेड कम्युनिटी में सुकून से रहने वाले मध्यवर्ग के लिए दोषी वह लोग नहीं जो भारतीय कोविड को विदेशों से अपने साथ भारत ले आए। क्योंकि यह लोग उन्हीं जैसे मध्यवर्ग के थे। उनके लिए दोषी वह मजदूर हैं जो नौकरी-

रोजगार खोकर बाल-बच्चों समेत सैकड़ों किलोमीटर पैदल चल पड़े हैं। फेसबुक पर पोस्ट आ रहे हैं कि इन बेवकूफ लोगों, यानी गरीबों के जरिए आने वाले दिनों में भारत में कोविड की महामारी फैलेगी।

इस बीच खबर है कि जर्मनी के हेस्से राज्य के वित्त मंत्री थॉमस स्कोफर ने कोविड के डर से आत्महत्या कर ली है। 54 साल के स्कोफर का मृत शरीर उनके घर के पास के एक रेलवे ट्रैक पर पड़ा मिला।

सरकारी राहत की असली कहानी

टीवी पर खबरिया चैनलों के एंकर चीख-चीख कर कह रहे हैं कि उत्तर प्रदेश सरकार ने लॉकडाउन में अपने घरों को जा रहे मजदूरों को मुफ्त बस सेवा उपलब्ध करवाई है। हकीकत यह है कि सरकारी बसों में घर जाने के लिए इन बेबस मजदूरों से 200 से 700 रुपए प्रति सवारी वसूले गए। प्राइवेट बसों ने हजार रुपए से ज्यादा प्रति टिकट वसूले।

दिल्ली सरकार ने दावा किया है कि सरकार रोजाना तीस लाख लोगों को खाना खिला रही है। हकीकत यह है कि कई-कई घंटे लाइन में लगने के बाद लोगों को एक छोटे से दोने में थोड़ी सी खिचड़ी दी जा रही है जिसमें एक वयस्क तो क्या एक बच्चे का पेट भी नहीं भर सकता।

मोदी सरकार ने आदेश जारी किया कि मकान मालिक, किरायेदारों से इस महीने का किराया ना लें। ऐसा करने पर उन पर कानूनी कार्रवाई की धमकी भी दी गई। सड़कों पर मजदूरों का कारवाँ अलग कहानी बयान कर रहा है। बाकी मुल्क के बारे में तो नहीं कह सकता पर दिल्ली में बीस साल किराये के मकान में रहने का तजुर्बा कहता है कि मकान मालिक से ऐसी कोई उम्मीद पालना बेवकूफी होगी।

सरकार ने कहा है कोई अगर अगले 3 महीने ईएमआई नहीं देता तब भी उनके सिविल स्कोर पर कोई प्रभाव नहीं पड़ेगा। ध्यान रहे सरकार ने ईएमआई को बस टाल दिया है। माफ नहीं किया है।

रामायण-महाभारत का सर्कस

विश्व के विभिन्न देश कोविड की रोकथाम के लिए जाने क्या-क्या कर रहे हैं। भारत सरकार ने कोविड की रोकथाम के लिए एक अनूठा प्रयोग किया है जिसके तहत दूरदर्शन पर रामायण-महाभारत और सर्कस जैसे धारावाहिकों का पुनर्प्रसारण शुरू किया है। सूचना और प्रसारण मंत्री बाकायदा घर बैठकर इन धारावाहिकों को देख रही हैं। अपनी इस फोटो को वह ट्वीट कर रहे हैं। केन्द्रीय मंत्री स्मृति ईरानी टीवी पर अंताक्षरी खेल रही हैं और यह सब उस समय की बात है जब भूखे-प्यासे हजारों-लाखों मजदूर शहरों से अपने अपने गाँव पलायन कर रहे थे।

आटा ले जाते ट्रक की लूट

जयपुर राजस्थान के कोटा के पास स्थित कुन्हाडी इलाके में स्थानीय लोगों ने आटा ले जाते एक ट्रक को लूट लिया। इसका वीडियो सोशल साइट्स पर बहुत वायरल हुआ। खबर संस्था वायर को दिए एक इंटरव्यू में ट्रक के मालिक जितेंद्र भाटिया ने कहा है कि, "वीडियो सही है। लोगों ने (ट्रक से)आटा लिया। पर मैं मानता हूँ कि इसमें कुछ गलत भी नहीं है। यहाँ भुखमरी है। लोग मजबूर हैं। सरकार को चाहिए कि तालाबन्दी की वजह से आटे वगैरह की कमी न हो।"

हालाँकि कोटा के एसपी गौरव यादव ने कहा है इस मामले में जल्दी ही दोषियों को गिरफ्तार किया जाएगा और उन पर लूटमार का मुकदमा भी चलाया जाएगा।

केरल जाते सब्जी के ट्रक को बंटादुक्कू मनिमुला के पास कोरिकर में सुबह दस बजे रोक लिया गया। स्थानीय पंचायत अल्टी के भाजपा नेता और उनके साथियों ने ट्रक ड्राइवर को बुरी तरह पीटा और ट्रक की सब्जियों को फेंक दिया।

लॉकडाउन के बाद अपने घरों को लौट रहे 17 मजदूरों की मौत हो गई। थकान और भूख से हुई इन मौतों में 5 बच्चे शामिल हैं।

उत्तर प्रदेश के मुख्यमंत्री योगी आदित्यनाथ ने राज्य में कोविड का जायजा लेने के लिए नोएडा और गाजियाबाद का हवाई सर्वेक्षण किया है। बाढ़, भूकंप या किसी प्राकृतिक आपदा का जायजा लेने के लिए नेताओं के हवाई सर्वेक्षण की बात समझ आती है पर कोविड जैसी महामारी का जायजा लेने के लिए हवाई सर्वेक्षण भारत तो क्या विश्व की पहली घटना होगी!'

लॉकडाउन से देश में सामान-ढुलाई का काम लगभग ठप हो गया है। देश में लगभग तेरह लाख नेशनल परमिट के ट्रक हैं। अचानक घोषित हुए इस लॉकडाउन से करीब चार-पाँच लाख ट्रक सड़क पर खड़े हो गए हैं। हाईवे के ढाबे बन्द है। ऐसे में कोई ड्राइवर आखिर ट्रक चलाए भी तो कैसे? देश में आटे की किल्लत शुरू हो चुकी है। पंजाब में गाँव में लोग केवल चिकन खा रहे हैं। लोगों के घरों में आटा-चावल लगभग खत्म हो रहा है पर चिकन वहाँ पर दस रुपए प्रति किलो बिक रहा है क्योंकि पंजाब से चिकन देश के दूसरे हिस्सों में नहीं जा पा रहा है। सबसे बड़ा संकट दवाइयों को लेकर है। पंजाब, हिमाचल और चंडीगढ़ में दवा का स्टॉक केवल अगले महीने तक ही है।

मोदी लंच पैकेट

तालाबन्दी ने लाखों लोगों को भुखमरी के कगार पर ला दिया है। ऐसे में नागरिक समाज के कुछ लोगों ने अपनी पहल पर लोगों को खाना खिलाने का बीड़ा उठाया और सीमित संसाधनों के बावजूद लोगों को खाने के पैकेट और पानी बाँटा। फेसबुक में एक चलती हुई ट्रेन के यात्रियों को कुछ सिख लोगों द्वारा दौड़ते हुए रोटी-सब्जी देने का वीडियो बहुत वायरल हुआ है।

राजनीतिक पार्टियाँ भला कब तक चुपचाप बैठी रहतीं? आनन-फानन में खाने के पैकेट बाँटने का काम शुरू हुआ। यहाँ तक बात ठीक थी पर अचानक लोगों ने देखा कि खाने के पैकेट पर स्थानीय नेता के नाम, मोदी लंच की पर्ची छपी है। कुछ पर 'मोदी टिफिन' लिखा है। कानपुर में मजदूरों-गरीबों को बाँटे जा रहे पैकेट में कुछ पैकेट ऐसे भी मिले जिसमें लिखा था

मोदी लंच
डॉक्टर बीना आर्य पटेल जी
भाजपा जिला अध्यक्ष
कानपुर दक्षिण के आदेश से

सवाल उठ रहा है कि जब देश भर में तालाबन्दी है तो आखिर इन पर्चियों की छपाई कहाँ और कैसे हो रही है?

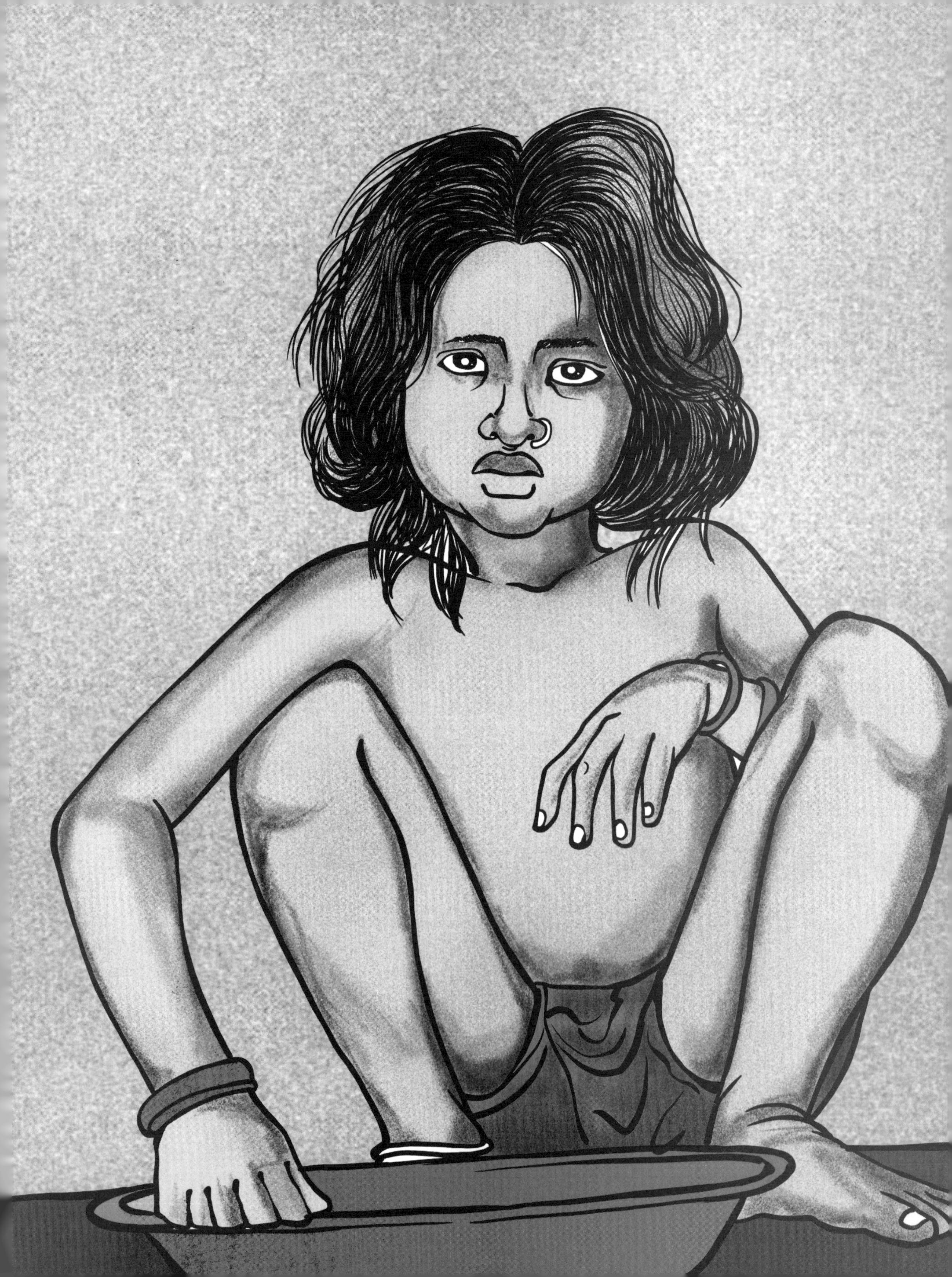

खबर उत्तर प्रदेश के बनारस के पास स्थित कोइरिपुर गाँव, ब्लॉक बरगाँव से है। स्थानीय दैनिक जन सन्देश टाइम्स में विजय विनीत की रिपोर्ट बता रही है कि यह इलाका बेहद पिछड़ा हुआ है और यहाँ मुख्यत: मुसहर जाति के लोग रहते हैं। खबर आगे कहती है कि मुसहर जाति के बच्चे तंगहाली के चलते नमक और घास खाकर दिन गुजार रहे हैं। उनके पास अपनी जमीन नहीं है और खेती करने के लिए पैसे न होने के चलते यह लोग दिहाड़ी मजदूरी का काम करते हैं। लॉकडाउन होने से इनके रोजगार खत्म हो गए और भुखमरी की नौबत आ गई है। गाँव की एक महिला बताती हैं कि पिछले दो-चार दिन से घर में खाने को कुछ भी नहीं है इसलिए बच्चों को वह घास को पानी में उबालकर नमक मिलाकर खिला रही हैं।

यह इलाका देश के प्रधानमंत्री के संसदीय क्षेत्र में आता है। ऐसे में इस इलाके की 'बदनामी' का मतलब है प्रधानमंत्री मोदी की बदनामी। अत: योगी आदित्यनाथ की सरकार ने रिपोर्टर विजय विनीत और संपादक सुभाष राय पर 'फेक न्यूज' फैलाने के आरोप में मुकदमा ठोंक दिया है। बात यहीं खत्म नहीं होती। प्रशासन दावा कर रहा है कि मुसहर बच्चे घास नहीं बल्कि अंकरी खा रहे हैं जो दरअसल दाल की एक किस्म है। अब बहस इस पर शुरू होती है कि अंकरी, घास है या दाल है?

बीएचयू के कृषि विज्ञान संस्थान के प्रोफेसर रमेश कुमार सिंह के अनुसार अंकरी एक घास है। कृषि वैज्ञानिक इसे खर-पतवार की श्रेणी में रखते हैं। आमतौर पर यह घास गेहूँ, चना, मसूर, खेसारी, मटर के साथ उगती है। जिस फसल में उगती है उसका उत्पादन चालीस फीसदी तक कम कर देती है। सरकार ने इसे खाने के लिए रिकमेंड नहीं किया है। यह इंसान के खाने योग्य नहीं है। मवेशियों को अधिक खिलाने पर डायरिया की समस्या हो जाती है। इस घास (या सरकार की माने तो दाल) पर पिछले कुछेक दिनों में इतनी सामग्री और सूचनाएँ आ गयी हैं कि कोई भी इस पर डॉक्टरेट कर ले। पर इन सूचनाओं की भीड़ में मुसहर परिवारों की गरीबी और उनकी मजबूरी खो जाती है।

मैंने लाकडाउन का उल्लंघन
किया है। मुझसे दूर रहना

लॉकडाउन और प्रवासी मजदूर-3

मैंने उल्लंघन किया मुझसे दूर रहना

29 मार्च

छतरपुर मध्य प्रदेश एक महिला पुलिसकर्मी ने घर लौटते एक मजदूर के कपाल पर मार्कर पेन से लिखा '**मैंने लॉकडाउन का उल्लंघन किया मुझसे दूर रहना।**' खबरों के मुताबिक यह घटना गौरिहार थाने के चंद्रपुर की है। मजदूर का नाम नहीं बताया गया है।

पीएम केयर्स फंड की अजीब दास्तान

फेसबुक में नवनीत चतुर्वेदी की वॉल से यह लेख लिया गया है। कोविड से निबटने के लिए पिछले रविवार टीवी पर राष्ट्र के नाम संदेश में एक ओर जहाँ लॉकडाउन की घोषणा की वहीं प्रधानमंत्री मोदी ने 'पीएम केयर्स फंड' बनाने की भी घोषणा कर दी। मोदी ने लोगों और वित्तीय घरानों से दिल खोलकर 'पीएम केयर्स फंड' में दान करने का अनुरोध किया। विडंबना यह है कि अपने अस्तित्व में आते ही 'पीएम केयर्स फंड' विवादों के घेरे में घिर गया। गौरतलब है कि देश में किसी आपातकाल से निबटने के लिए 'प्रधानमंत्री राष्ट्रीय रिलीफ फंड' पहले से ही है और उसमें लगभग 38500 करोड़ रुपए पड़े हैं। ऐसे में सवाल उठाना लाजिमी है कि अलग से 'पीएम केयर्स फंड' बनाने की क्या जरूरत थी? पर यह तो बस सवालों की शुरुआत थी।

चीफ इनकम टैक्स कमिश्नर (एक्सेम्सन) से मिली जानकारी के अनुसार 'पीएम केयर्स फंड' एक ट्रस्ट है। इसका एक पैन नंबर—AAETP3993P भी है। पीएमओ ने 27 मार्च, 2020 को आवेदन किया और सारी औपचारिक प्रक्रिया को पूरी करते हुए (जिसमें आम नागरिक को कम से कम तीन महीने का वक्त लगता है) 27 मार्च को ही आईटी डिपार्टमेंट ने आयकर नियम 80 जी (5)(vi), 1961 के तहत इस फंड में प्राप्त डोनेशन को आयकर से मुक्त कर दिया।

डिपार्टमेंट ऑफ लॉ एंड जस्टिस की रिपोर्ट के अनुसार 31 मार्च को मोदी सरकार एक अध्यादेश लाकर आईटी एक्ट में बदलाव कर देती है और इसे प्राइम मिनिस्टर रिलीफ फंड का दर्जा दे दिया जाता है। सवाल उठता है कि इन दोनों में आखिर फर्क क्या है?

नवीन चतुर्वेदी 31 मार्च रात 9:00 बजे के अपने फेसबुक पोस्ट में लिखते हैं, "इन दोनों के बीच के फर्क को समझने के लिए मैंने दोनों में डोनेशन दिया। इसके जवाब में मेल द्वारा इसकी रसीद भेजी गई।"

अब पीएम केयर्स फंड की कहानी। इसमें दान करने के लिए अलग से किसी वेबसाइट में जाने की जरूरत नहीं है। पीएमओ की वेबसाईट के एक पॉप-अप पेज से डोनेट कर सकते हैं। नवनीत जी ने अपने पेटीएम से रु.10 रुपए पीएम केयर्स में डोनेट किए। मजे की बात यह है कि प्राइम मिनिस्टर रिलीफ फंड की तरह पीएम केयर्स की ओर से कोई रसीद नहीं मिली। इस वेबसाइट पर डोनेट करने वालों से कोई डिटेलिंग भी नहीं माँगी गई है। किस्सा मुख्तसर यह है कि पीएम केयर्स फंड, यानी,

नो डिटेलिंग।
नो रसीद, नो वेबसाइट।
नो सार्वजनिक जानकारी।

1 अप्रैल

जहाँ एक ओर दुनिया भर में लोग कोरोना, बेरोजगारी, मौत, भूख को लेकर परेशान हैं वहीं हमारी हाउसिंग सोसाइटी के लोग एक अजीब चीज को लेकर परेशान हैं और उसका नाम है 'अखबार'! सोसाइटी के वट्सएप ग्रुप में सुबह से लेकर दोपहर बारह बजे तक कुल 60 से ज्यादा पोस्ट इसी विषय पर आए हैं। कुछ लोगों ने कहा है कि अखबार नहीं लेना चाहिए वहीं कुछ लोग सोसाइटी में अखबारवाले को घुसने ही नहीं देना चाहते। उनका कहना है कि इससे कोविड हो जाएगा। बस इसी को लेकर लोग व्हाट्सएप्प पर पोस्ट पर पोस्ट दाग रहे हैं। इस लॉकडाउन ने इंसान को किसी हद तक वेला (बेकार)बना दिया है!

पीएम केयर्स फंड बना नहीं कि उस पर दान देने का सैलाब सा आने लग गया है। एचएएल (हिंदुस्तान एयरोनॉटिक्स लिमिटेड) ने पीएम केयर्स फंड में बीस करोड़ रुपए देने की घोषणा की है। वहाँ के कर्मचारियों ने भी अपनी एक दिन की पगार को इस पीएम केयर्स में देने का निर्णय लिया है जो करीब 25 करोड़ बैठती है। यानी केवल एचएएल से पीएम केयर्स फंड 50 करोड़ रुपए मिलेंगे।

आई.सी.एम.आर. ने जानकारी दी है कि अब तक कुल 34,442 लोगों का कोविड-19 टैस्ट किया गया है।

हिन्दू-मुस्लिम विवाद

(जिंदगी के साथ भी/जिंदगी के बाद भी)

मुम्बई सिविक बॉडी ने एक आदेश जारी किया है जिसके अनुसार कोविड-19 से मरे सभी व्यक्तियों को जलाया जाएगा, फिर वह हिंदू हो या मुसलमान। जाहिर है यह बात मुसलमानों को उतनी ही कचोटेगी जितनी एक हिन्दू को बुरी लगेगी अगर उससे कहा जाए कि आइंदे वह अपने मृतकों को जलाने के बजाए गाड़ें। गौरतलब है कि इंसान को जलाने का मतलब है वायु प्रदूषण, पेड़ों की कटाई और नदी-जल का प्रदूषण। वैसे भी भारत और नेपाल के अलावा दूसरे सभी देशों में मुर्दों को जमीन में दफनाया जाता है। आमतौर पर कब्र की गहराई 6 फीट की होती है। इस गहराई की भी अपनी एक मजेदार कहानी है। कहते हैं कि सन 1635 के प्लेग की महामारी के दौरान लंदन के लार्ड मेयर ने आदेश जारी किया कि ब्लैक-डेथ महामारी से मरने वालों को 6 फुट गहरे गड्ढे में डाला जाएगा। उनका मानना था कि इससे संक्रमण नहीं फैलेगा। बस तब से यह नियम चल पड़ा। बाकी इस बात पर किसी ने सवाल नहीं उठाए कि यह गहराई अगर 5 या 7 फुट होती तो प्लेग क्यों फैलता और 6 फुट की गहराई में ऐसी कौन सी जादुई ताकत है जो महामारी को रोक देती है?

निजामुद्दीन का मरकज मामला ठंडा नहीं पड़ रहा है। मुख्यमंत्री केजरीवाल ने मरकज के मौलाना पर एफआईआर करने का आदेश दे दिया है। यह वही केजरीवाल हैं जिन्होंने दिल्ली दंगों के एक भी दोषी व्यक्ति के खिलाफ एफआईआर नहीं करवाई।

भला क्यों? बूझो तो जाने!

नकली मास्क

बेंगलुरु सेंट्रल क्राइम ब्रांच ने एक गोदाम में छापा मारकर करीब 12300 नकली मास्क बरामद किए। मास्क की किल्लत को देखते हुए लोगों ने नकली मास्क बनाना भी शुरू कर दिया है।

एच.ए.एल. (हिंदुस्तान एरोनोटिक्स लिमिटेड) अब स्टील मंत्रालय ने 250 करोड़ पीएम केयर्स फंड में देने का ऐलान किया है।

बियानदानशान

बियानदानशान चीन के वुहान शहर का कब्रिस्तान है। वुहान से कोविड पनपा जिसने जल्दी ही उसने पूरे विश्व को अपनी गिरफ्त में ले लिया। वुहान प्रशासन ने कोविड की रोकथाम के लिए शहर में लॉकडाउन कर दिया था। इसे अब हटा लिया गया है। लोग एक लंबे समय के बाद सामान्य जिंदगी में वापस लौट रहे हैं। लोगों का कहना है कि बीते दिनों को अगर वह घर से निकले तो केवल अपने प्रियजनों को दफनाने के लिए। लॉकडाउन हटने के बाद शहर के बियानदानशान कब्रिस्तान में खासी भीड़ देखी जा रही है। लोगबाग कोविड में मरे अपने प्रियजनों को श्रद्धांजलि देने के लिए भारी संख्या में कब्रिस्तान में आ रहे हैं।

देश में मेडिकल प्रोटेक्टिव इक्विपमेंट जैसे दस्तानों वगैरह की कमी है पर भारत सरकार ने करीब 90 टन दस्ताने और मास्क को सरबिया को निर्यात किया है।

कर्नाटक के गडक इलाके में शराब की दुकानों के बाहर आज सुबह से लोगों की लंबी कतारें देखी गईं। पूछने पर पता लगा सुबह नौ बजे से बारह बजे तक 3 घंटे के लिए इलाके के सारे ठेके खुले रहेंगे। बाद में पता चला कि लोगों को बेवकूफ बनाने के लिए किसी ने यह अफवाह उड़ाई थी। जाहिर है लॉकडाउन में शराब की किल्लत में उसका यह प्लान बहुत कामयाब रहा।

पंजाब राज्य सरकार ने लॉकडाउन का उल्लंघन करने वालों के गिरफ्तार करके जेल में डालने का निर्णय लिया है। इसके लिए चार टेंपरेरी जेल का निर्माण किया गया है जिसमें फिलहाल 6000 लोगों को रखने की व्यवस्था है।

मैसूंरू के होय्स्लानगर के निवासी 45 वर्षीय आनंद तालाबन्दी के बाद शराब न मिलने से इतने डिप्रेशन में चले गए कि उन्होंने अपना गला रेत कर आत्महत्या करने की कोशिश की।

2 अप्रैल

एक ओर जहाँ निजामुद्दीन के मरकज का मामला ठंडा पड़ता नहीं दिख रहा वहीं दूसरी ओर हरिद्वार में फँसे गुजरात के लगभग दो हजार लोगों को अमित शाह और गुजरात के मुख्यमंत्री विजय रूपाणि के कहने पर लग्जरी बसों में बैठाकर उन्हें उनके घर छोड़ा गया।

दिल्ली में इंडिया गेट के पास दो बसों में सवार विदेशी पर्यटकों को देखकर सभी हैरान रह गए। जब पूरे देश में तालाबन्दी हो तो भला विदेशी टूरिस्ट कैसे और किसके आदेश पर बसों में सफर कर रहे थे? जब पुलिस से पूछा गया तो उन्होंने यह कहकर पल्ला झाड़ लिया कि, 'ऊपर से आदेश है!'

दिल्ली के एम्स के एक डॉक्टर को कोविड का संक्रमण हो गया है। इससे पहले दिल्ली के छह डॉक्टर कोविड की चपेट में आ चुके हैं। दिल्ली के कई अस्पतालों में नर्स और डॉक्टर जिन्होंने रक्षा के पर्याप्त उपकरण जैसे पीपीइ या पर्सनल प्रोटेक्शन इक्विपमेंट, ना होने की शिकायत की उन्होंने इस्तीफा देना शुरू कर दिया है।

3 अप्रैल

जिसकी लाठी उसका मास्क

दुनिया भर में कोविड के बढ़ते संक्रमण के बीच सुरक्षा उपकरणों खासकर फेस मास्क को लेकर अलग-अलग देशों के बीच जबरदस्त मारामारी शुरू हो गई है। डर के इस माहौल में कुछ देश दूसरे देशों के मास्क पर भी हाथ साफ कर रहे हैं। फ्रांस और जर्मनी ने आरोप लगाया है कि चीन से उनके देश आ रहे फेस मास्क को अमेरिका ने जबरन अगवा कर लिया है। समाचार संस्था आरएफआई की रिपोर्ट के अनुसार चीन से फेस मास्क और अन्य पर्सनल प्रोटेक्शन इक्विपमेंट या पीपीई लेकर फ्रांस जाने वाले जहाज को आखिरी वक्त पर अमेरिका भेज दिया गया। कुछ ऐसा ही आरोप जर्मनी ने भी अमेरिका पर लगाया है।

समाचार संस्था आजतक की एक रिपोर्ट के अनुसार भारत में अब तक 50 डॉक्टर कोविड से संक्रमित हुए हैं।

पिछले कुछ दिनों से लॉकडाउन के चलते हवा इतनी ज्यादा साफ हो गई है कि पंजाब के जालंधर शहर के निवासियों को अपने घर की छतों से हिमालय की चोटियाँ दिख रही हैं।

लॉकडाउन और प्रवासी मजदूर-4

मजदूरों पर मच्छर मारने के रसायन का छिड़काव

29 मार्च

गरीब होना जुर्म है। गरीब होने पर आप इंसान नहीं रह जाते बल्कि एक मच्छर का लार्वा बन जाते हैं। उत्तर प्रदेश के बरेली में दूसरे जगह से आए मजदूरों को सैनिटाइज करने के लिए उन्हें एक जगह पर घेरे में बैठा कर उन पर एक दवा का छिड़काव किया गया जो दवा/रसायन डेंगू मच्छर के लार्वों को खत्म करने के लिए इस्तेमाल किया जाता है। मजदूरों के इस झुंड में महिलाएँ थीं। बच्चे थे। इस रसायन के छिड़काव के बाद कई मजदूरों ने आँखों में तेज जलन की शिकायत की। बरेली प्रशासन का कहना था कि कुछ उत्साही अफसरों ने मजदूरों को सैनिटाइज करने के लिए यह कदम उठाया। दोषियों के खिलाफ कड़ी कार्रवाई की जाएगी।

निजामुद्दीन के मरकज की कहानी

दिल्ली पुलिस ने निजामुद्दीन के 'मरकज' धार्मिक सम्मेलन में हिस्सेदारी करने दिल्ली आए हजार से ज्यादा लोगों को कोरोना के संक्रमण के बारे पूछताछ की है। मामला चूँकि मुसलमानों से जुड़ा था इसलिए अखबार/चैनलों को बैठे बिठाए इस कोरोना महामारी को सांप्रदायिक रंग देने का मौका मिल गया। मैं आज अपनी किताबों को प्रिंटर से लेने गया था। वहाँ टीवी पर तबलीगी जमात की खबर पूरे जोर-शोर से चल रही थी। प्रिंटर के लड़कों से लेकर ग्राहक, सब तबलीगी जमात की खबर पर नजर टिका कर बैठे थे। मुझे प्रिंटर वर्मा जी से किताबों के बारे में पूछने पर पता चला कि कुछ मुसलमान कोरोना वायरस को लेकर 'बैठे हुए हैं' और वह पूरे देश में कोरोना की बीमारी फैलाना चाहते हैं।

प्रिंटर वर्मा जी, निजामुद्दीन और खासकर मुसलमानों को जी भर कर कोस रहे थे, "देखो दादा ये मुसलमान क्या कर रहे हैं!"

निजामुद्दीन की कहानी आखिर है क्या? मगर उससे पहले एक बार खबरों की हैडलाइन और उसकी भाषा, शब्दों पर एक नजर डालनी चाहिए—

'वैष्णो देवी में सौ से ज्यादा श्रद्धालु फँसे हुए हैं'

'निजामुद्दीन में मुसलमान छुपे हुए हैं'

एक के लिए 'श्रद्धालु' और 'फँसे हुए' जैसे शब्द और दूसरे के लिए 'मुसलमान और 'छुपे हुए' जैसे शब्दों का प्रयोग किया जा रहा है।

निजामुद्दीन करीब 100 साल पुरानी एक धार्मिक संस्था है। निजामुद्दीन में हर साल इनका एक वार्षिक समायोजन होता है जिसे 'मरकज' कहते हैं। देश विदेश से इस धार्मिक संस्था में विश्वासी हजारों लोग शिरकत करते हैं। ऐसा इस बार भी हुआ पर इस लॉकडाउन ने बाकी चीजों की तरह मरकज का पूरा कार्यक्रम भी गड़बड़ा दिया, वरना बाकी दिल्ली या देश के लोगों की बात तो दूर मुझे भी इस मरकज के बारे में कुछ भी नहीं पता नहीं था। साल के किस महीने में कब यह होता है, कौन यहाँ शिरकत करते हैं, किसी चीज के बारे में कुछ नहीं जानता। पर इस बार यह मरकज, एक धार्मिक सम्मेलन ही नहीं बल्कि उससे कुछ ज्यादा था। निजामुद्दीन और मरकज की कहानी कुछ इस तरह से हुई—

21 मार्च : मोदी ने टीवी पर आकर 22 मार्च इतवार को जनता कर्फ्यू का ऐलान किया। मरकज को उसी समय खत्म कर दिया गया था। मरकज में शामिल लोग अपने देश/घरों में जाने की तैयारी करने लगे पर अचानक पूरे देश में रेलसेवा-फ्लाइट इत्यादि बन्द कर दी गई।

22 मार्च : पूरे देश में 'जनता कर्फ्यू' लग गया, जिसके मुताबिक सुबह सात बजे से रात नौ बजे तक किसी को भी घर से बाहर निकलने पाबन्दी थी। ऐसे में मरकज के लोग चाहकर भी कुछ कर नहीं सकते थे। जब तक मोदी का जनता कर्फ्यू खत्म होता दिल्ली सरकार ने 23 से 31 मार्च के लिए 'दिल्ली लॉकडाउन' की घोषणा कर दी।

23 मार्च : मरकज के कुछ लोगों को वहाँ से बाहर निकाला गया।

24 मार्च : थाना हजरत निजामुद्दीन से एक आदेश आता है कि मरकज को तुरंत प्रभाव से बन्द किया जाए। तब तक 1500 लोगों को निकाल दिया गया था पर अब भी वहाँ पर हजार के करीब लोग फँसे हुए थे।

25 मार्च : मरकज के लोगों की मेडिकल जाँच होती है।

26 मार्च : मरकज के आयोजकों और पुलिस प्रशासन में बात होती है।

27 मार्च : मरकज में शामिल कुछ लोगों को जाँच के लिए राजीव गांधी कैंसर अस्पताल ले जाया जाता है। (कैंसर अस्पताल ही क्यों!)

30 मार्च : अचानक सोशल मीडिया पर खबर आने लगती है जहाँ पूरी घटना को एक सांप्रदायिक रंग दे दिया जाता है। देखते ही देखते चैनल इसे लपक लेते हैं। अचानक खबरें चलने लगती हैं, निजामुद्दीन में छिपे कोरोना संक्रमित मुसलमानों को गिरफ्तार किया गया।

न्यूज-24 में संदीप चौधरी इस तसवीर का एक दूसरा पहलू पेश करते हैं जिसके अनुसार, 13 मार्च को देश का स्वास्थ्य मंत्रालय कहता है कि कोरोना वायरस से घबराने की जरूरत नहीं है। अगर 13 से 15 मार्च तक पंद्रह सौ लोग तबलीग में शामिल थे तो यह कोई अकेला उदाहरण नहीं था। बहुत से दूसरे धार्मिक स्थल खुले हुए थे और यकायक घोषणा किए गए लॉकडाउन में यह स्वाभाविक भी था कि लोगों को सँभलने का मौका नहीं मिला। मसलन—

सिद्धिविनायक मंदिर : 16 मार्च तक खुला हुआ था

ऊजैन का महाकालेश्वर मंदिर : 16 मार्च तक खुला हुआ था

शिर्डी का साईं मंदिर : 17 मार्च तक खुला हुआ था

सिग्नामपुर का शनि मंदिर : 17 मार्च तक खुला हुआ था

जम्मू का वैष्णो देवी मंदिर : 18 मार्च तक खुला हुआ था, और

काशी विश्वनाथ मंदिर : 20 मार्च तक खुला हुआ था

अचानक घोषित किए लॉकडाउन से जैसे निजामुद्दीन में लोग फँस गए उसी तरह दूसरे धार्मिक स्थलों जैसे शिर्डी, सिद्धि विनायक, वैष्णो देवी मंदिरों में भी लोग फँस गए और यही स्वाभाविक भी है। पर भारत की मीडिया खासकर हिंदी मीडिया लोगों के धर्म के आधार पर शब्दों को चुन रही है। लॉकडाउन में फँसे मुसलमानों के लिए कहा जा रहा है 'छुपे हुए' पर हिंदुओं के लिए कहा जा रहा है 'श्रद्धालु फँस गए हैं'!

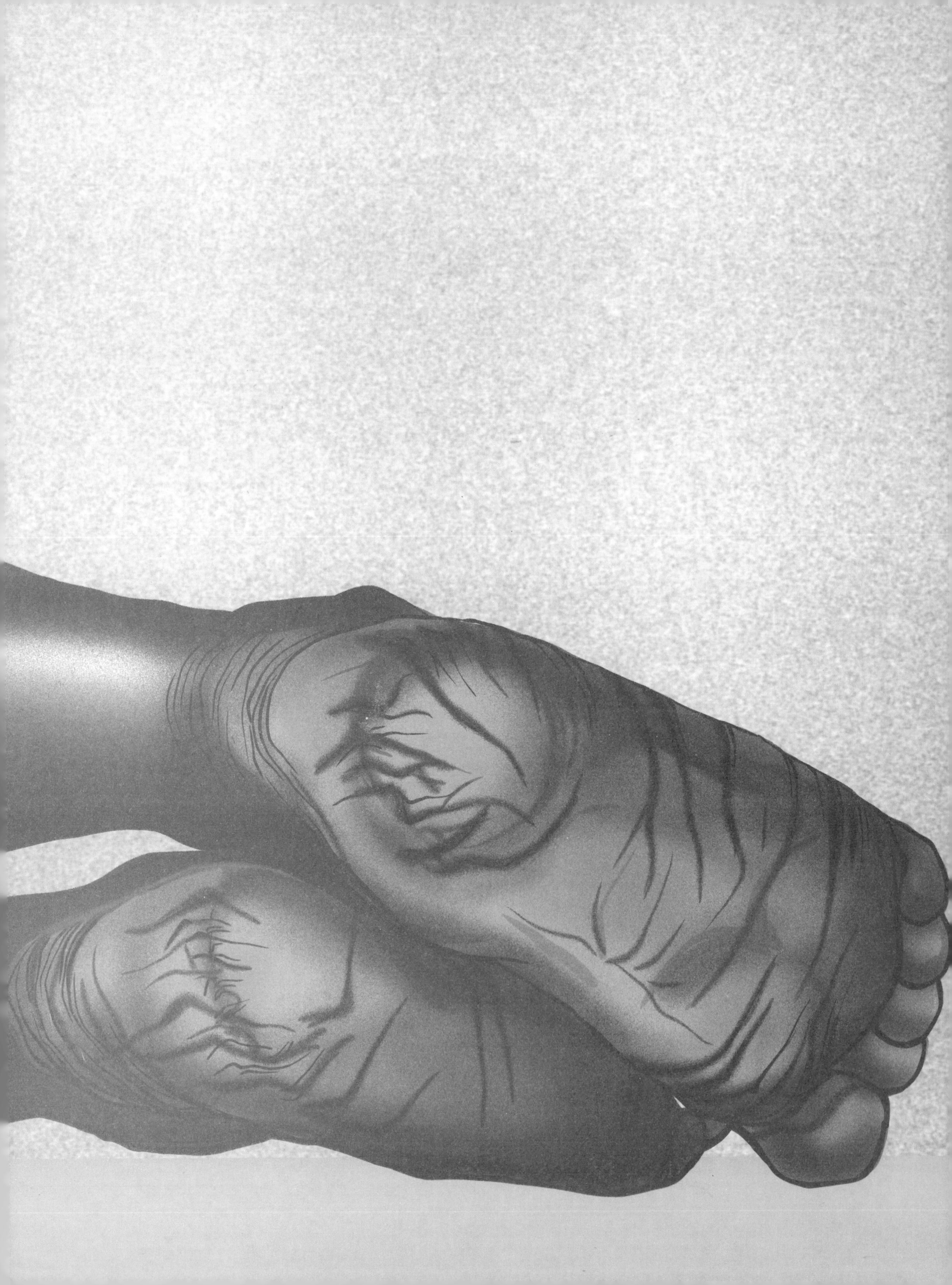

लॉकडाउन और प्रवासी मजदूर-5

पैदल घर जाते मजदूरों की मौत

2 अप्रैल

बिहार के वैशाली जिले के भगवानपुर गाँव का रहने वाला मधुर विलास महतो इलाहाबाद में नौकरी करता था। लॉकडाउन के बाद काम छूट गया और रेल-बस सारी चीजें बन्द हो गईं। मजबूरन विलास को इलाहाबाद से वैशाली पैदल ही निकलना पड़ा। बीच रास्ते में उसके पेट में तेज दर्द उठा और उसकी मौत हो गई। उसके साथियों का कहना था कि उसे पिछले कुछ समय से अपेंडिसाइटिस की बीमारी थी।

मीडिया विजिल की एक रिपोर्ट बता रही है कि लॉकडाउन में अब तक सड़क दुर्घटना और मेडिकल इमरजेंसी में कुल 25 लोगों (मजदूरों) की मौत हो गई। दूसरे स्रोतों से यह संख्या 35 तक जा सकती है।

तालाबन्दी में पहली मौत 24 मार्च तमिलनाडु में हुई जिसमें सड़क दुर्घटना में एक बच्चे समेत चार की मौत हो गई। यह मजदूर केरल- तमिलनाडु सीमा में फँसे थे। बसें बन्द होने से यह पैदल चल रहे थे। हिंदू की रिपोर्ट के अनुसार थेनी जिले के रसिंग्पुरम के पास जंगल में आग लग गई जिससे 5 लोग मर गए।

27 मार्च : हैदराबाद के बेटा गोलकुंडा के पास सड़क दुर्घटना में 8 लोगों की मौत हो गई जिसमें 2 बच्चे शामिल थे।

28 मार्च : मुम्बई अहमदाबाद हाईवे में पारोल गाँव के पास 6 मजदूर सड़क दुर्घटना में मारे गए। इसी दिन वलसाड, गुजरात में दो महिला मजदूरों की लाइन पार करते समय एक मालगाड़ी से टक्कर होने से मौत हो गई।

29 मार्च : कुंडली-मानेसर-पलवल हाईवे पर चार लोगों को गाड़ी ने कुचल दिया।

दिल्ली से मुरैना के लिए निकले एक युवक की आगरा के पास मौत हो गई। युवक का नाम रणवीर था। 26 मार्च को पश्चिम बंगाल के हावड़ा निवासी लाल स्वामी दूध लेने घर से निकला था पर पुलिस ने उसे इतना पीटा कि उसकी मौत हो गई।

क्या रविवार 5 अप्रैल की रात को कुछ बड़ा होने वाला है?

रविवार 5 अप्रैल की रात 9:00 बजे प्रधानमंत्री मोदी ने देश के निवासियों को अपने-अपने घरों की सभी बत्तियों को 9 मिनट के लिए बुझाने का अनुरोध किया है। बेशक 'रात नौ बजे और नौ मिनट' अपने-आप में एक अनुप्रास की झलक देता है पर इस अनुप्रास ने अच्छा खासा विवाद पैदा कर दिया है। वैसे देखा जाए तो इन अजीबोगरीब अनुरोधों का एक सकारात्मक पहलू भी है। ऐसी बेतुकी बातों से लॉकडाउन में अपने-अपने घरों में खाली बैठे लोगों को सर खपाने का मौका मिल जाता है। अब पाँच अप्रैल के 'बत्तियाँ बुझाओ/कोविड भगाओ' कार्यक्रम की बात को ही ले लीजिए। इलेक्ट्रिक इंजीनियरों का मानना है कि इस अनुरोध को अगर लोगों की इच्छा पर छोड़ दिया जाए तो अलग बात है मगर यदि ग्रिड को बन्द कर दिया गया तो इसके गंभीर नतीजे सामने आ सकते हैं। कोलकाता निवासी दुर्जोय का कहना है कि किसी इलेक्ट्रिक-ग्रिड के काम करने की क्षमता उसके डिमांड और सप्लाई पर और खासकर एसी करंट की आवृत्ति पर निर्भर करती है। उल्लेखनीय है कि एसी करंट, ग्रिड से 50 हट्र्ज की आवृत्ति पर एक जगह से दूसरी जगह भेजी जाती है। हमारे सभी एसी उपकरण 50 हट्र्ज पर चलते हैं। पावर-ग्रिड बिजली के आवृत्ति के मामले में बहुत संवेदनशील होते हैं। महज 1.5 हट्र्ज के हेर-फेर से पूरा ग्रिड ठप्प हो सकता है। अगर अचानक ही नौ मिनट के लिए लोग अपने-अपने घरों की बत्तियों को बन्द रखते हैं तब इस बिजली आपूर्ति की आवृति में बदलाव आना तय है। ऐसे में ग्रिड ऑटो ऑफ हो जाएगा। एक बार बन्द होने के बाद ग्रिड को वापस चालू करने से हमें बहुत बड़ी कीमत चुकानी पड़ेगी जैसा कि 2012 में एक बार हम देख चुके हैं। आज ही स्थिति और भयंकर है क्योंकि ग्रिड के बैठ जाने का मतलब है अस्पतालों में बिजली आपूर्ति रुक जाना।

इसी पोस्ट के कमेंट में एक दूसरे इलेक्ट्रिकल इंजीनियर का कहना है कि भारत की औसत बिजली डिमांड 130 गीगावाट है। पिछले कुछ दिनों के लॉकडाउन से बिजली की माँग घट कर केवल 100 गीगावाट रह गई है। ऐसे में देश भर में सभी लाइटों को इस 'नौ बजे-नौ मिनट' के चलते अगर एकाएक बुझा दिया जाता है तो वोल्टेज में यकायक बहुत बढ़ोत्तरी हो जाएगी। इसे तकनीकी जुबान में ट्रांसिएंट कहते हैं। हालाँकि ट्रांसिएंट एक आम बात है जिसे ठीक भी कर लिया जाता है पर एकाएक बढ़ गए इस वोल्टेज से घरों-अस्पतालों के इलेक्ट्रिक उपकरणों के खराब होने का खतरा बढ़ जाएगा।

कोविड-कोविड जुड़वाँ भाई-बहन

भले ही कोविड और कोविड वायरस दुनिया के लोगों के लिए बुरी खबर है पर रायपुर की प्रीति वर्मा के लिए यह नाम खुशी की सौगात हैं। 26 मार्च की रात को प्रीति जी ने जुड़वाँ बच्चों, एक बेटा और एक बेटी को जन्म दिया। चूँकि बच्चे कोविड महामारी के समय पैदा हुए इसलिए प्रीति वर्मा ने लड़के का नाम कोविड-19 और बेटी का कोविड वायरस रखा है।

4 अप्रैल

टीपू मेढ़ा की कहानी

मध्य प्रदेश के गोतानिया गाँव, तहसील महेश्वर, जिला खरगोन के निवासी टीपू मेढ़ा पड़ोस के गाँव गुजारी, जिला धार में अपने दामाद के साथ राशन लाने गए थे। वह राशन की दुकान में अपनी बारी का इंतजार कर रहे थे कि अचानक पुलिस के जवान वहाँ आकर लाठीचार्ज करने लगे। टीपू जी का दामाद किसी तरह वहाँ से भाग आया पर टीपू जी की इस लाठीचार्ज में मौत हो गई।

अमेरिका में कोविड में अब तक मरने वालों की संख्या 9/11 में मरने वालों से ज्यादा हो चुकी है।

भारत में मजदूर/कामगारों की संख्या लगभग 50 करोड़ है। कोविड के लिए किए गए देशव्यापी लॉकडाउन के चलते अर्थव्यवस्था पर बहुत ज्यादा बुरा असर पड़ने और आने वाले दिनों में बड़ी संख्या में लोगों के बेरोजगार होने की आशंका है। आईटी सेक्टर में करीब चार करोड़ लोग काम करते हैं। इन्फोसिस के टी.वी. मोहनदास पाई ने आज आशंका जताई है कि आने वाले दिनों में आईटी सेक्टर से 5 फीसदी लोगों की नौकरियाँ जा सकती हैं।

पंजाब में किसान, मजदूरों की कमी के चलते बुवाई नहीं कर पा रहे हैं। इससे आने वाले दिनों में अनाज के उत्पादन में कमी आने की आशंका है।

आंध्र प्रदेश के कुरनूल जिले के प्रिपल्ली इलाके के एक पुलिस सब इंस्पेक्टर मारुति शंकर ने लोगों में कोविड वायरस के प्रति जागरूकता फैलाने के लिए एक अनोखी तरकीब विकसित की है। वह इसके लिए एक घोड़े की मदद ले रहे हैं। एक सफेद घोड़े पर उन्होंने कोविड वाइरस का चित्र बनाया है और उसे लेकर वह इलाके में जगह-जगह घूम रहे हैं।

भारत को कोविड-19 के बहाने कर्ज लेने का एक और मौका मिल गया है। कोविड के नाम पर भारत ने एशियन डेवलपमेंट बैंक से 6 बिलियन डॉलर का कर्जा माँगा है।

ब्लूमबर्ग की रिपोर्ट बता रही है कि यूरोपीय देशों/अमेरिका से अलग भारत, पाकिस्तान और इंडोनेशिया जैसे देशों की सरकारें अपनी आबादी के एक बहुत ही छोटे से हिस्से की कोविड-19 की जाँच कर रही हैं। इसलिए यह पता लगना लगभग असंभव है कि वास्तव में पूरे विश्व में कोविड-19 से संक्रमित लोगों की वास्तविक संख्या कितनी है?

कोविड-19 पास से लोगों की मुश्किलें बढ़ीं

तालाबन्दी के दौरान लोगों/बीमारों को अस्पताल ले जाने में असुविधा न हो इसलिए राज्य सरकारों ने कोविड-19 पास जारी किए हैं। यह पास स्थानीय थाने से प्राप्त किए जा सकते हैं। एक ओर जहाँ इस पास के दुरुपयोग करने की खबरें आ रही हैं वहीं पर दूसरी ओर जरूरतमंदों को इसके लिए काफी मुश्किलों का सामना करना पड़ रहा है। डेक्कन हेराल्ड के चिरंजीव कुलकर्णी की रिपोर्ट बताती है कि हेब्बल निवासी सिंधु नायक को अपनी 88 वर्षीय माँ को अस्पताल ले जाने में काफी मुश्किलों का सामना करना पड़ा। स्थानीय थाने से अपने और अपनी माँ के लिए पहले पास और फिर एम्बुलेंस बुलाने में उन्होंने काफी वक्त गँवाना पड़ा जिससे लिए शायद उन्हें बड़ी कीमत चुकानी पड़ती। जनस्वास्थ्य विशेषज्ञ डॉक्टर सिलविया करपागम का कहना है कि इस तरह के नियमों के नाम पर लोगों के जिंदगी के साथ मजाक किया जा रहा है। सिल्विया पूछती हैं कि आखिर एक पुलिस अफसर कैसे किसी मेडिकल इमरजेंसी पर फैसला ले सकता है? दुर्घटना, दिल के मरीजों और प्रसव के लिए जाती किसी महिला के लिए एक-एक मिनट बेहद कीमती होता है और लॉकडाउन के समय अकसर आम आदमी को थाने के चक्कर काटने में यह कीमती वक्त गँवाना पड़ जाता है।

जेएनयू और कोविड-19

भले ही अखबारों टीवी चैनल की जगह घेर ली है पर पत्रकार अपने पसंदीदा टॉपिक जेएनयू को नहीं भूले हैं। कोविड-19 तालाबन्दी पर कल जेएनयू के विद्यार्थी के खिलाफ पुलिस ने एफआईआर दर्ज किया है।

सरकार और बिजली विभाग चेतावनी आ रही है कि रविवार रात 9:00 बजे बत्ती बन्द करें पर कृपया पंखे चलाएँ रखें जिससे ग्रिड पर जोर ना पड़े।

5 अप्रैल

लॉकडाउन, भुखमरी से परेशान होकर महिला ने कुत्ते के मुँह से रोटी छीनी

घटना भागलपुर, बिहार की है। सड़क के किनारे एक सूखी-बासी रोटी का टुकड़ा पड़ा था। उस रोटी को खाने को जैसे ही एक कुत्ता वहाँ पहुँचता है तभी वहाँ दो महिलाएँ आ जाती हैं और कुत्ते को वहाँ से भगाकर उस रोटी के टुकड़े को उठा लेती हैं। यह पूरा वाकया पास लगे सीसीटीवी में कैद हो जाता है। खबर को फैलते देर नहीं लगती। जल्द ही महिला को खबरिया चैनल घेर लेते हैं। उनमें से एक महिला का कहना था कि उसके घर में खाने को कुछ नहीं था और बेटा 3 दिनों से भूखा था इसलिए उसने यह काम किया।

भागलपुर बिहार की ही एक और घटना है। तीन अनाथ बहनें लोगों के घरों में काम करके अपना गुजरा करती थीं। लॉकडाउन के चलते तीनों की नौकरी चली गई और तीनों भुखमरी की कगार पर आ गईं। आखिरकार बड़ी बहन गीता को किसी अखबार से पीएमओ का नंबर मिला। गीता ने पीएमओ को फोन कर अपनी बात बताई। इसके बाद प्रशासन हरकत में आया और तीनों बहनों को खाना मुहैया करवाया गया।

6 अप्रैल

मोमबत्ती जलाओ/कोविड भगाओ

पिछले 3 अप्रैल को प्रधानमंत्री मोदी ने राष्ट्र को सम्बोधित किया। सन्देश मजेदार था। मोदी ने देशवासियों से अपील की कि 5 अप्रैल यानी शनिवार की रात को 9:00 बजे 9 मिनट तक अँधेरा करके मोमबत्तियाँ जलाएँ।

रात नौ बजे नौ मिनट तक। अपने-आप में यह किसी कविता की लाइन लगती हैं। जाहिर है, प्रधानमंत्री के इस अनुरोध का लोग अच्छा खासा मजाक उड़ा रहे हैं पर भक्तों ने इस पर पूरा मोर्चा खोल दिया है। फेसबुक में पोस्ट्स और कमेन्ट्स की बाढ़ आ गई है।

एक तबका यह कह रहा है कि कि पहले 8:00 बजे बालकनी में ताली और थाली, फिर 9:00 बजे बालकनी में मोमबत्ती के बाद अब प्रधानमंत्री क़ा अगला अनुरोध होगा कि 10:00 बजे बालकनी से कूद जाओ।

उधर भक्तों की दलील है कि अमेरिकी विरोलॉजिस्ट (विषाणु विशेषज्ञ) ने इसके पीछे के रहस्य का पर्दाफाश किया है। ठीक जैसे अचानक अँधेरे से उजाले में जाने पर या उजाले से अँधेरे में जाने पर इंसान कुछ पल के लिए अंधा हो जाता है ठीक उसी तरह 5 अप्रैल को रात नौ बजे नौ मिनट तक अँधेरा और फिर यकायक उजाला होने से वायरस की आँख का ऑप्टिक नर्व बुरी तरह प्रभावित हो जाएगा और वायरस अंधा हो जाएगा। 'अनुसंधान' में आगे कहा गया है कि ऑप्टिक नर्व के क्षतिग्रस्त होने से कोविड वायरस अंधे हो जाएँगे और धोखे से दूसरे कोविड वायरसों को को मार डालेंगे। बस देखते जाओ!

आखिर इतवार 6 अप्रैल की रात आ ही गई। पूरे मोहल्ले और जहाँ तक नजर जाती थी वहाँ तक के घरों में बत्तियाँ बुझ गईं। हमने इसको थोड़ा अलग ढंग से मनाया। बत्तियों को बुझाना तो दूर हमने घर की सभी बत्तियों को जो आमतौर पर बंद रहती हैं यानी बाथरूम, बालकनी और जहाँ भी कोई एक बल्ब दिखा सब जला दिए। मैं और मेरी बेटी पीऊ बाहर का नजारा देखने के लिए छत पर गए। केवल सड़कों पर स्ट्रीट लाईट, घर के सामने के बैंक का साइन बोर्ड जैसे इक्की-दुक्की चीजों को छोड़ दिया जाए तो एकदम अँधेरा था। मजे की बात है कि इसी में कुछ लोग पटाखे फोड़ रहे थे और हाँ शंखनाद भी हो रहा था। अभी फेसबुक के कुछ पोस्ट्स में लोग घर से बाहर निकल कर गलियों-सड़कों पर उतरकर दिवाली मनाते दिख रहे हैं। पटना के रामकृष्णपुरा में लोगों द्वारा अप्रैल में 'दिवाली' मनाते समय एक कूड़ेदान में आग लग गई और इससे आसपास खाना ढूँढ़तें कई भैंस बुरी तरह झुलस गए।

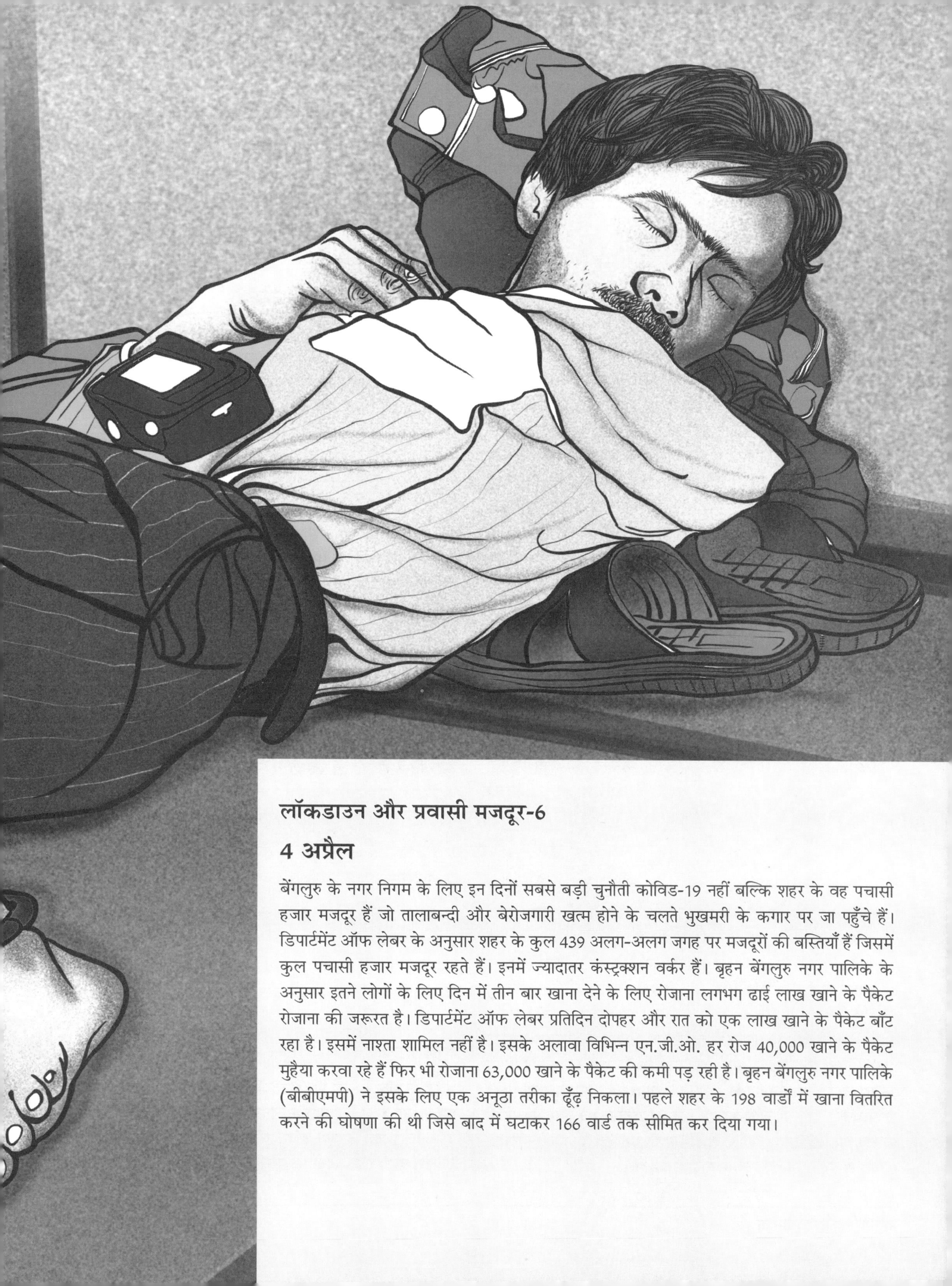

लॉकडाउन और प्रवासी मजदूर-6

4 अप्रैल

बेंगलुरु के नगर निगम के लिए इन दिनों सबसे बड़ी चुनौती कोविड-19 नहीं बल्कि शहर के वह पचासी हजार मजदूर हैं जो तालाबन्दी और बेरोजगारी खत्म होने के चलते भुखमरी के कगार पर जा पहुँचे हैं। डिपार्टमेंट ऑफ लेबर के अनुसार शहर के कुल 439 अलग-अलग जगह पर मजदूरों की बस्तियाँ हैं जिसमें कुल पचासी हजार मजदूर रहते हैं। इनमें ज्यादातर कंस्ट्रक्शन वर्कर हैं। बृहन बेंगलुरु नगर पालिके के अनुसार इतने लोगों के लिए दिन में तीन बार खाना देने के लिए रोजाना लगभग ढाई लाख खाने के पैकेट रोजाना की जरूरत है। डिपार्टमेंट ऑफ लेबर प्रतिदिन दोपहर और रात को एक लाख खाने के पैकेट बाँट रहा है। इसमें नाश्ता शामिल नहीं है। इसके अलावा विभिन्न एन.जी.ओ. हर रोज 40,000 खाने के पैकेट मुहैया करवा रहे हैं फिर भी रोजाना 63,000 खाने के पैकेट की कमी पड़ रही है। बृहन बेंगलुरु नगर पालिके (बीबीएमपी) ने इसके लिए एक अनूठा तरीका ढूँढ़ निकला। पहले शहर के 198 वार्डों में खाना वितरित करने की घोषणा की थी जिसे बाद में घटाकर 166 वार्ड तक सीमित कर दिया गया।

सुरक्षा उपकरणों की माँग करने पर उत्तर प्रदेश के बांदा के 26 स्वास्थ्य कर्मियों को बर्खास्त कर दिया गया है। यह खबर जन-ज्वार में प्रकाशित हुई है। रिपोर्ट बता रही है कि बांदा जिले के राजकीय मेडिकल कॉलेज के स्वास्थ्य कर्मियों द्वारा सुरक्षा उपकरणों की माँग करने पर हाल ही में 26 स्वास्थ्य कर्मियों को तत्काल प्रभाव से नौकरी से निकाल दिया गया। यह सभी ठेके पर काम करते थे।

महामारी और साम्प्रदायिकता-1

हमारे देश में कोविड-19 से ज्यादा खतरनाक बीमारी है साम्प्रदायिकता। बीबीसी की रिपोर्ट है कि इसी साम्प्रदायिकता के लिए एक इंसान की मौत हो गई है। घटना हिमाचल प्रदेश के ऊना जिले के बांगड़ गाँव की है। इसी गाँव के रहने वाला दिलशाद का कोई पहचान वाला निजामुद्दीन की तबलीगी जमात से लौटते हुए कुछ दिनों के लिए गाँव की मस्जिद में ठहरा था। बस फिर क्या था? गाँव वालों को दिलशाद को ताने मारने का बहाना मिल गया। पहले उसे ताने दिए गए फिर पुलिस को बुला लिया और जबर्दस्ती दिलशाद को क्वारंटाइन भेज दिया। उसका एक बार कोविड-19 टैस्ट भी हुआ जिसमें वह निगेटिव पाया गया पर तब तक दिलशाद अन्दर से इतना टूट चुका था कि उसने आत्महत्या कर ली।

लॉकडाउन और प्रवासी मजदूर-7

अमर उजाला की रिपोर्ट है कि हिमाचल प्रदेश के हमीरपुर जिले के नादौन थाना इलाके में मजदूरी का काम करने वाले सतीश कुमार तालाबन्दी के चलते बेरोजगार हो गए थे। उन्होंने उत्तर प्रदेश में रहने वाले अपने रिश्तेदारों से पैसे की माँग की पर उन्होंने नहीं भेजा। गरीबी से तंग आकर उन्होंने आत्महत्या करने की कोशिश की पर उनकी पत्नी फूल कुमारी ने मौके पर पहुँचकर उनको फंदे से अलग किया तब उनकी जान बची।

आज अचानक शाम से वट्सएप पर एक सरकारी पोस्ट आनी शुरू हुई जिसका कुल लब्बोलुआब था कि कोविड पर कोई भी जोक्स यानी चुटकुला शेयर करने पर जेल हो सकती है। खबर हालाँकि 6 दिन पुरानी है। पिछले मंगलवार को सुप्रीम कोर्ट ने सभी मीडिया संस्थानों को आदेश दिया कि वह कोविड से जुड़ी रिपोर्ट के लिए केवल सरकारी सूत्रों यानी प्रेस इनफॉरमेशन ब्यूरो से खबरों का इस्तेमाल करें। सुप्रीम कोर्ट ने इसके लिए डिजास्टर मैनेजमेंट एक्ट 2005 के सेक्शन-67 का हवाला दिया है। इसी के साथ इस एक्ट के सेक्शन-54 को भी लागू किया गया है। इस नए कानून में कोविड वायरस पर अफवाह या गलत खबर को फैलाने पर जेल का प्रावधान है। सरकार की ओर से अटॉर्नी जनरल तुषार मेहता ने दलील दी कि कुछ अफवाहों के चलते हाल ही में देश में बड़े पैमाने पर लेबर माइग्रेशन हुआ।

मस्जिद के 3 किलोमीटर दायरे को क्वारंटाइन

उत्तर प्रदेश के फिरोजाबाद में एक मस्जिद में ठहरे तीन लोगों जो मरकज में हिस्सा लेकर लौटे थे, को कोविड पॉजिटिव पाया गया। बस फिर क्या था? जिला प्रशासन ने मस्जिद के 3 किलोमीटर के दायरे को क्वारंटाइन या रेड-जोन में बदल दिया है!

रोबोट ने जलाईं मोमबत्तियाँ

प्रधानमंत्री मोदी ने बीते कल यानी इतवार की रात 9:00 बजे 9 मिनट के लिए देशभर के लोगों को मोमबत्तियाँ जलाने का अनुरोध किया था। महाराष्ट्र के ठाणे जिले के एक स्कूल में मोमबत्तियों को जलाने के लिए एक रोबोट की मदद ली गई। पीटीआई की रिपोर्ट के अनुसार स्वीडन से मँगवाए इस रोबोट ने कुल 9 मोमबत्तियों को जलांया है।

कोविड का खौफ

31 मार्च को शीमलपुरी में रहने वाली एक 69 वर्षीय महिला को कोविड होने पर अस्पताल में भर्ती करवाया गया था। कल 5 अप्रैल को उनकी मौत हो गई। अस्पताल वालों ने इसकी जानकारी परिवार वालों को दी और उन्हें लाश को ले जाने को कहा। मगर परिवार से महिला के शव को लेने अस्पताल कोई नहीं आया। आखिर में प्रशासन ने महिला का अंतिम संस्कार किया।

कोविड के खौफ की दूसरी खबर पंजाब के फगवाड़ा जिले की है जहाँ खुरमपुर गाँव की 60 वर्षीय महिला संतोष कौर ने कोविड के खौफ से जहर खा लिया। स्थानीय लोगों का कहना है कि संतोष जी को पिछले कुछ दिनों से गले में खराश की शिकायत थी पर उन्हें लगा कि उन्हें कोविड है और उनसे यह मर्ज उनके घर के दूसरे सदस्यों में फेल सकता है। इसलिए उन्होंने सल्फास की गोली खाकर आत्महत्या कर ली।

7 अप्रैल

मुम्बई में बसी एशिया की सबसे बड़े झोपड़पट्टी धारावी से कोविड वायरस के रोगियों की खबरें आ रही हैं। अब तक कुल सात लोगों के संक्रमित होने की खबर है। यह एक आश्चर्य से कम नहीं क्योंकि धारावी जैसे भीड़-भाड़ वाली बस्ती में इस रोग के तेजी से फैलने का अनुमान था।

एक मास्क पर 14 दिन

भारत में डॉक्टर किन परिस्थितियों में इस महामारी से लड़ाई लड़ रहे हैं इसका उदाहरण है विशाखापत्तनम के नर्सीपटनम इलाके का सरकारी अस्पताल। यहाँ के एक डॉक्टर सुधाकर राव का कहना है कि यहाँ पर डॉक्टरों को हर 15 दिनों पर एक मास्क दिया जा रहा है।

कोविड से बचने के लिए सिर मुँड़वाया

कोविड से बचाव के लिए बेशक डब्ल्यूएचओ और प्रशासन लोगों से बार-बार हाथों को साबुन से धोने, मास्क पहनने जैसे सुझाव दे रहे हैं पर उत्तर प्रदेश पुलिस ने इस महामारी से बचने का एक अनूठा तरीका खोज निकाला है और वह है सर मुँड़वाना।

उत्तर प्रदेश के आगरा शहर के फतेहपुर सीकरी थाने के 75 सिपाहियों ने कोविड-19 से बचने के लिए अपने सर मुँड़वा लिए। वजह पूछे जाने पर एक सिपाही ने कहा कि, "हम दिन भर में कई बार अपने सिर के बाल पर हाथ फेरते हैं जिससे सर के बाल से वायरस हमारे हाथ में आने का खतरा होता है। इसलिए हमने सर मुँड़वा लिए हैं।"

डेक्कन हेराल्ड की आज की रिपोर्ट है कि 21 दिनों की तालाबन्दी से 70 फीसदी भारतीय अर्थव्यवस्था प्रभावित हुई है। इससे एक करोड़ से ज्यादा नौकरियाँ जा सकती हैं। यह आकलन भारत के भूतपूर्व आर्थिक सलाहकार सुभाष चंद्र गर्ग का है। इनके अनुसार इस तालाबन्दी से सबसे ज्यादा असर खनन (माइनिंग), कपड़ा (टेक्सटाइल), सेवा क्षेत्र (सर्विस सेक्टर) और निर्माण (कंट्रक्शन) पर पड़ेगा। भारत सरकार को इस तालाबन्दी से करीब दो लाख करोड़ रुपए के राजस्व (रेवेन्यू) के नुकसान होने का खतरा है।

वाशिंगटन यूनिवर्सिटी के इंस्टीट्यूट फॉर हेल्थ मैट्रिक्स एंड इवैल्यूएशन (आईएचएमई) के मॉडल के अनुसार कोविड-19 से ब्रिटेन में कुल 66,000 लोगों के मारे जाने की संभावना है। इस शोध में अमेरिकी महाद्वीप में अब तक डेढ़ लाख लोगों के मरने की संभावना बताई गई है।

हाइड्रोक्सी क्लोरोक्वीन की कहानी

हाइड्रोक्सी क्लोरोक्वीन का इस्तेमाल मलेरिया, रूमेटाइड अर्थराइटिस और ल्युपस जैसे रोग के इलाज के लिए किया जाता है। भारत में बनने वाली यह बहुत ही सस्ती दवा रातोरात ना केवल प्रसिद्धि की बुलंदियों पर पहुँच गई बल्कि इस दवा ने भारत और अमेरिका को आमने सामने ला खड़ा किया है। है न कमाल की बात?

डीडब्ल्यू की रिपोर्ट पूरी कहानी को बता रही है। खबर यह है कि हाल ही में पाया गया कि कोविड के रोगियों पर इस दवा का असर अच्छा है। कोविड की कोई दवा या टीका ना होने के चलते देखते ही देखते विश्व बाजार में इसकी माँग कई गुना बढ़ गई। इधर वैज्ञानिक अभी भी इस दवा के कोविड पर किसी सकारात्मक असर के बारे में कोई ठोस सबूत नहीं जुटा पाए हैं। भारत इस दवा का प्रमुख उत्पादक और निर्यातक देश है। अमेरिका में कोविड के मरीजों की संख्या को बेतहाशा वृद्धि को देखते हुए ट्रंप ने इस दवा को 'गेम चेंजिंग ड्रग' और 'गिफ्ट फ्रॉम द गॉड' कह दिया है। उधर देश में बढ़ते कोविड-19 के केसेस को देखते हुए भारत ने इस दवा के निर्यात पर प्रतिबंध लगा दिया। बस फिर क्या था, ट्रंप ने भारत को चेतावनी दे दी कि भारत ने अगर दवा के निर्यात पर प्रतिबंध नहीं हटाया तो भारत को इसके बुरे परिणाम भुगतने होंगे। यह अलग बात है कि वैज्ञानिकों ने इस दवा पर अपनी आशंका जताई है और कहा है कि बगैर किसी टैस्ट के इस दवा को कोविड-19 से पीड़ित लोगों को देना उनके स्वास्थ्य के साथ खिलवाड़ है।

8 अप्रैल

सीएनएन की रिपोर्ट है कि डेल्टा एअरलाइन ने अपने जहाजों के बीच की सीट की बुकिंग रद्द कर दी है। डेल्टा के मैनेजमेंट का कहना है कि सोशल डिस्टेंसिंग को ध्यान में रखकर ऐसा निर्णय लिया गया है।

लॉकडाउन और शराबी

कोविड महामारी के चलते विभिन्न देशों की सरकारों ने पूरे देश में लॉकडाउन लागू कर दिया है पर इसमें एक नई समस्या पैदा हो गई है और वह है नशे की। रायटर की रिपोर्ट है कि शराब-तंबाकू-ड्रग के अचानक मिलना बन्द हो जाने से न केवल नशेड़ियों बल्कि सपोर्ट ग्रुप के लिए भी भयंकर स्थिति बन गई है। लॉकडाउन के चलते घर में खाली बैठने पर मन की ऊब इस परेशानी को और बढ़ा रही है। एक अनुमान के अनुसार विश्व में कुल 30 करोड़ लोगों को शराब की लत है और तीन करोड़ लोग ड्रग का सेवन करते हैं। इंसान करे तो आखिर करे क्या?

9 अप्रैल

भारत में चल रहा 21 दिनों का लॉकडाउन 15 अप्रैल को खत्म होना था पर देश में कोविड की बढ़ती संख्या को देखते हुए इस लॉकडाउन को आगे बढ़ाए जाने पर केंद्र सरकार विचार कर रही है। आज बृहस्पतिवार को ओडिशा पहला राज्य था जिसने लॉकडाउन बढ़ाने की घोषणा की।

अन्तरराष्ट्रीय मुद्रा कोष (आईएमएफ) ने चेतावनी दी है कि कोविड के चलते आने वाले दिनों में विश्व अर्थव्यवस्था पर जो प्रभाव पड़ने वाला है वह 1929 की महामंदी की याद दिला देगा। आईएमएफ की चीफ क्रिस्टिना जिओर्जिएभा ने आज यह जानकारी दी है। अन्तरराष्ट्रीय मुद्रा कोष के 180 सदस्य देशों में से 197 देशों ने प्रति व्यक्ति आय में गिरावट दर्ज की है। एक ओर कोविड के मामले बढ़ रहे हैं और वहीं दूसरी ओर इंडिया टुडे, एबीपी, रिपब्लिक और जी-न्यूज जैसे खबरिया चैनलों ने इस कोविड का घोर सांप्रदायिकीकरण कर दिया है। निजामुद्दीन में तबलीगी जमात की घटना के बाद बाकायदा 'कोविड जेहाद', 'तबलीगी-आतंकवाद' जैसे नए शब्द गढ़े गए। दूसरी ओर फेक न्यूज या जानबूझ कर फैलाई जाने वाली अफवाहों का सैलाब आ गया है। जब तक किसी एक फेक न्यूज या अफवाह की असलियत पता चलता है तब तक जो नुकसान होना था वह हो चुका होता है। हालात इतने बुरे हो गए कि सरकार ने कोविड अपडेट में एक कॉलम तबलीगी जमात के नाम से भी बना दिया!

लॉकडाउन और प्रवासी मजदूर-8

कंटेनर में मजदूर

समाचार संस्था द वायर ने अपनी खबर में कहा कि गुजरात के वापी में पुलिस ने 120 मजदूरों, जिसमें महिलाएँ और कई बच्चे थे को एक कंटेनर ट्रक में जबरन बैठा दिया और राज्य की सीमा से बाहर जाने को कहा। राजस्थान में रहने वाले यह मजदूर कर्नाटक के बेंगलुरु से पैदल आ रहे थे। इन्हीं में एक मजदूर प्रकाश बिश्नोई ने कहा, कि, "हम 31 मार्च को वापी पहुँचे। पुलिस ने वहाँ पर हमें पहले खाना पानी दिया फिर अचानक शाम को आकर पीटने लगे और जबरन हमें एक कंटेनर में बैठा दिया। अन्दर हमारा दम घुट रहा था। कुछ लोग बेहोश से होने लगे थे। बच्चे रोने लगे और दम घुटने से तड़पने लगे। हम घबरा गए और कंटेनर के ढक्कन को जोर-जोर से लात मारने लगे। इससे उसका दरवाजा खुल गया। तब ड्राइवर ने कंटेनर को रोका।"

यह सभी गडिया-लोहार, भिश्ती और लबाना जाति से सम्बन्धित हैं। यह लोग बेंगलुरु में वेल्डिंग का काम करते थे। जब लॉकडाउन हुआ तो ठेकेदार इनको पैसा दिए बगैर भाग गया। मजबूरन वह सब वापस राजस्थान लौटने की तैयारी करने लगे। पहले वह पैदल 80 किलोमीटर चलकर टुमकुर पहुँचे फिर बेलगाँव। वहाँ पुलिस ने इनको पीट दिया। बेलगाँव से 150 किलोमीटर चलने के बाद एक ट्रक ड्राइवर ने उन्हें महाराष्ट्र की सीमा तक पहुँचा दिया वहाँ से यह फिर से पैदल अपने घर की और चलने लगे। एक बार फिर उन्हें पुलिस ने वापी में पीट दिया और जबरन कंटेनर में बैठा कर राज्य से बाहर भेज दिया। हालाँकि वापी पुलिस ने वापी में किसी भी प्रवासी मजदूर के आने से इंकार कर दिया है।

लॉकडाउन में आदिवासी

मीडिया विजिल में झारखंड के गुमला जिले के आदिवासियों पर एक बेहद दिलचस्प रिपोर्ट आई है। लॉकडाउन पर आदिवासी समाज कैसे रह रहा है? इस बारे में जब एक आदिवासी से पूछा गया तो जवाब मिला, 'बाजार तो बन्द आहे लेकिन जंगल बन्द नखे नी यानी बाजार बन्द है तो क्या हुआ जंगल तो खुला है!'

आदिवासियों को भूख से भी डर नहीं है क्योंकि जो जरूरतें हैं वह जंगल से पूरी हो रही हैं। पहले की तरह।

डेक्कन हेराल्ड की रिपोर्ट है कि कर्नाटक के अनकनहल्ली गाँव के निवासी रामानागरा ने ढोल पीटकर गाँव में मुसलमान के आने पर प्रतिबंध लगाने की घोषणा की। यह वीडियो बहुत वायरल हुआ। आखिरकार प्रशासन को दखल देना पड़ा। अब स्थिति 'नियंत्रण' में है।

महामारी और पालतू जानवर

जाने कैसे यह अफवाह उड़ी कि पालतू जानवरों से कोविड वायरस फेल सकता है। इसके बाद लोग अपने पालतू बिल्ली-कुत्तों को सड़क पर छोड़ दे रहे हैं।

21वीं सदी की 'लक्ष्मण-बूटी' हाइड्रोक्सी क्लोरोक्वीन

हाइड्रोक्सी क्लोरोक्वीन ने पूरी दुनिया में धूम मचाई हुई है। ऐसे में हर देश इसका आयात करना चाहता है। हाल ही में डोनाल्ड ट्रंप ने भारत को चेतावनी दी कि अगर भारत ने अमेरिका को इसका निर्यात नहीं किया तो बुरा अंजाम होगा। अब ब्राजील की बारी है। नहीं, ब्राजील, अमेरिका जैसी धमकी नहीं दे रहा है बल्कि राष्ट्रपति जेर बोल्सेनारो ने मोदी को रामायण का उद्धरण देते हुए खत लिखा है कि, "ब्राजील की जनता के लिए दवा हाइड्रोक्सी क्लोरोक्वीन 'लक्ष्मण-बूटी' जैसी है जिसे हनुमान हिमालय से लाए थे। ब्राजील को भी आज इसी बूटी की जरूरत है।" हालाँकि हनुमान कौन होगा इस पर बोल्सेनारो ने कुछ कहा नहीं है।

किसी भी महामारी की रोकथाम का पहला और आखिरी उसूल है कि ज्यादा से ज्यादा लोगों का टैस्ट किया जाए और इसमें सरकार की भूमिका बहुत अहम होती है। दुनिया के दूसरे देशों की सरकारों और खासकर ब्रिटेन ने इस मामले में बहुत ज्यादा मुस्तैदी दिखाई है। मगर भारत में इस महामारी को भी पैसा लूटने का साधन बना दिया गया। सरकार ने निजी अस्पतालों को कोविड के टैस्ट के लिए लोगों से प्रति टैस्ट साढ़े चार हजार रुपए वसूलने की इजाजत दे दी। यह मजाक महामारी के साथ था या भारत की गरीब जनता के साथ यह कहना मुश्किल है। कोर्ट ने सरकार के इस फैसले को उलट दिया है और सभी निजी अस्पतालों में इस टैस्ट को फ्री में करने का निर्देश जारी किया है।

लॉकडाउन और प्रवासी मजदूर-9

क्वारंटाइन में इलाज के लिए आई प्रवासी मजदूर का चिकित्सक द्वारा बलात्कार

हमारे देश में कोविड से कोई बच भी जाए तो भी उसको जान का खतरा बना ही रहता है, खासकर अगर वह एक महिला हो। बिहार के गया से एक अत्यंत विचलित करने वाली खबर आई है। डेक्कन हेराल्ड की रिपोर्ट के अनुसार गया के सरकारी अस्पताल में एक युवती के बलात्कार की घटना सामने आई है। कोविड-19 से पीड़ित इस महिला को अस्पताल में क्वारंटाइन में रखा गया था।

25 वर्षीय यह युवती लुधियाने में अपने पति के साथ मजदूरी का काम करती थी। वह पिछले 23 मार्च को गया पहुँची जहाँ जाँच करने पर उसे कोविड पॉजिटिव पाया गया और उसे आइसोलेशन वार्ड में रखा गया। खबरों के अनुसार 3 अप्रैल की रात उस पर अस्पताल के डॉक्टर और दो अन्य लोगों ने बलात्कार किया। अत्यधिक रक्तस्राव के चलते 6 अप्रैल को उसका देहान्त हो गया। अस्पताल प्रशासन ने कहा है कि दोषियों की खोज की जा रही है।

10 अप्रैल

केंद्र सरकार के कोविड पैकेज से लाखों लोग बाहर

वित्त मंत्री निर्मला सीतारमण ने हाल ही में 17,000 करोड़ रुपए के कोविड पैकेज का ऐलान किया था पर सामाजिक कार्यकर्ताओं का कहना है कि इस पैकेज का लाभ करोड़ों लोगों तक कभी नहीं पहुँच पाएगा क्योंकि उनके पास इस पैकेज के लाभ को लेने के लिए सरकारी कागज ही नहीं है।

लॉकडाउन और प्रवासी मजदूर-10

करण कुमार की कहानी

अल जजीरा की रिपोर्ट कहती है कि कोविड से जुड़ी तालाबन्दी और बेरोजगारी से लड़ने का एकमात्र तरीका यूनिवर्सल फूड कवरेज है। इस रिपोर्ट में दिल्ली के एक मजदूर 32 वर्षीय करण कुमार की खबर है। करण दिल्ली में मजदूरी करते हैं और एक तंग कमरे में अपने साथी मजदूरों के साथ रहते हैं। पिछले कई हफ्तों से वह बेरोजगार है। बिहार में गाँव में उसकी बीवी, तीन बच्चे और उम्रदराज माँ-बाप भुखमरी की कगार पर हैं। दिल्ली सरकार रोजाना चालीस लाख लोगों को खाना खिलाने का दावा कर रही है। करण उन्हीं चालीस लाख में से एक हैं। करण की बीवी उसे किसी भी तरह गाँव वापस चले आने को कह रही है। उसका कहना है कि भूखे मरेंगे पर साथ मरेंगे। करण का कहना है कि बेशक दिल्ली सरकार से उसे खाना मिल रहा है पर उसके माँ-बाप बीवी-बच्चों को कौन देखेगा?

न्यूयॉर्क में कोविड से बढ़ती मौत को देखते हुए शहर प्रशासन ने मास-ग्रेव या मुर्दों को सामूहिक रूप से गाड़ने की व्यवस्था की है।

डॉक्टर रवि दोषी की कहानी

यह बीते मार्च की बात है। इंदौर, मध्यप्रदेश के श्री अरबिंदो इंस्टीट्यूट ऑफ मेडिकल साइंस के चेस्ट स्पेशलिस्ट डॉक्टर रवि दोषी ने पाया कि ओपीडी में अचानक ही कुछ ऐसे केस आने लगे थे, जिन्हें चेस्ट कंजेशन

था पर कोई उन पर कोई दवा या एंटीबायोटिक काम नहीं कर रही थी। इस घटना के हफ्ते दस दिन भी नहीं बीते थे कि अस्पताल में कोविड के मरीजों का ताँता लगना शुरू हो गया था। जल्दी ही एक समय ऐसा आया जब हर रोज करीब 20 से 30 कोविड-19 के मरीज अस्पताल में आने लगे थे। डॉ. दोषी का शक सही निकला। यह कोई आम निमोनिया नहीं थी। यह कोविड था। पिछले तीन हफ्ते से डॉ. दोषी घर नहीं गए बल्कि मरीजों की देखभाल के लिए पूरा समय वह अस्पताल में व्यतीत कर रहे हैं।

इंडियन काउंसिल ऑफ मेडिकल रिसर्च के डाटा के अनुसार अब तक देश में जो सैंपल प्राप्त हुए हैं उसे पता चलता है कि देश के 20 राज्य और 52 जिले इस रोग से प्रभावित हैं। यह डाटा 15 फरवरी से 19 मार्च के बीच लिए गए सैंपल के आधार पर है।

महामारी और साम्प्रदायिकता-2

खबर हल्द्वानी, उत्तराखंड की है। हाल ही में यहाँ का एक वीडियो वायरल हुआ जहाँ बाइक पर सवार कुछ युवकों को सड़क के किनारे सब्जी-फल बेचनेवालों का धर्म वगैरह पूछते देखा गया। केवल यही नहीं उन गरीब सब्जी-फलवालों से उनके पहचान पत्रों की माँग भी की जा रही थी। इस वीडियो में जावेद नामक एक फल विक्रेता की दुकान को बन्द करने को कहा जा रहा है। जबकि उसके पास ही सब्जी बेचते दूसरे सब्जीवालों को कुछ नहीं कहा जा रहा है क्योंकि वह हिंदू थे। अफवाह यह भी उड़ाई जा रही है कि मुसलमान सब्जीवाले सब्जियों पर थूक कर बेच रहे हैं। कुछ ऐसा ही वीडियो दिल्ली के शास्त्री नगर के बी ब्लॉक के 'गुड लिविंग सोसाइटी' से आई, जहाँ सब्जी-वालों से परिचय पत्र माँगते हुए वहाँ के लोगों को देखा गया।

महामारी और साम्प्रदायिकता-3

'अपना टाइम आएगा'

पूरी दुनिया की सरकारें भले ही कोविड से परेशान हैं, मगर हमारा मुल्क कोविड से ज्यादा झूठ को लेकर परेशान है। बागपत, उत्तर प्रदेश की पुलिस ने वट्सएप पर मुसलमानों के खिलाफ नफरत फैलाने के आरोप में एक युवक को गिरफ्तार कर लिया। फेसबुक में इसका फोटो भी है। युवक ने एक सफेद टी-शर्ट पहना हुआ है जिसमें काले रंग से लिखा हुआ है, 'अपना टाइम आएगा!'

मजे की बात यह है कि इस झूठ/अफवाह को फैलाने में हमारे खबर के चैनल भी कम नहीं हैं। गलत खबर देने वाले के आरोप में महाराष्ट्र पुलिस ने एबीपी, जी न्यूज, रिपब्लिक सहित कई टीवी चैनलों को नोटिस भेजा था। जी न्यूज ने माफी माँग ली पर पुलिस ने इनके खिलाफ कोई कार्रवाई नहीं की। न जी न्यूज के खिलाफ और न ही दूसरे न्यूज चैनलों के खिलाफ।

लॉकडाउन और प्रवासी मजदूर-11

यह खबर जनचौक वेबसाइट की है। गुजरात के सूरत शहर में कल देर रात हजारों मजदूर सड़कों पर उतर आए और उन्होंने मजदूरी न मिलने के खिलाफ प्रदर्शन किया। इस प्रदर्शन में आगजनी की घटना भी हुई। मजदूर अपने घर वापस लौटने और मजदूरी की माँग कर रहे थे। लॉकडाउन के चलते मजदूर न केवल बेरोजगार हैं बल्कि उनके पास न कमरे के लिए किराया है, न ही खाने के लिए पैसे बचे हैं। सूरत देश का सबसे बड़ा हीरा पॉलिश करने या डायमंड पॉलिशिंग का शहर है और उसमें देश भर के हजारों प्रवासी मजदूर काम करते हैं। लॉकडाउन के चलते सभी मजदूर बेरोजगार हो गए हैं और हजारों मजदूर भुखमरी की कगार पर पहुँच गए हैं। पुलिस ने जल्द ही हालत पर काबू पा लिया और खबर है कि कुल दर्जन भर मजदूरों को हिरासत में ले लिया गया है।

लॉकडाउन और प्रवासी मजदूर-12

हमारे घर से थोड़ी दूर पर गाजीपुर का पेपर मार्केट है। सरकार ने चाँदनी चौक, चावड़ी बाजार के कागज बाजार को यहाँ पर बसाने के लिये डेवलप किया था जिससे चाँदनी चौक या चावड़ी बाजार की भीड़ को कुछ हद तक कम किया जा सके। ऐसा कुछ नहीं हुआ। पूरा गाजीपुर पेपर मार्केट आज भी वीरान पड़ा हुआ है। कुछ स्टोर-हाउस/गोदाम हैं और इन्हीं वीरान पड़े गोदामों के बीच कुछ झुग्गियाँ पनप आई हैं। इस लॉकडाउन में कैसे रह रहे होंगे वहाँ के झुग्गियों में रहने वाले?

लॉकडाउन के दरमियान एक बार वहाँ के लोगों के बारे में पता करने गया। पूछने पर पता चला कि उनके पास कोई रोजगार नहीं है। यह लोग पूरी तरह से सरकारी और निजी संस्थाओं द्वारा बाँटे गए खाने पर निर्भर हैं। इनमें सभी प्रवासी मजदूर हैं। कुछ उत्तर प्रदेश के हरदोई से हैं तो कुछ आजमगढ़ से तो कोई बलिया से। कोई बेलदारी करता है तो कोई दिहाड़ी मजदूरी करता है। लॉकडाउन ने इन सब को रातों रात बेरोजगार कर दिया था। सरकारी मदद का दाल चावल इनके लिए सरदर्द है क्योंकि एक छोटे से एलमुनियम के दोने में दिया गया यह खाना इतना कम होता है कि इससे किसी का पेट नहीं भरता। दूसरी बड़ी परेशानी है गर्मी के दिनों की।

सोचा कि क्यों न इन लोगों को कच्चा राशन मुहैया करवाया जाए? अपने सोसाइटी के वट्सएप पर पोस्ट किया था। मोहल्ले के लोगों ने दरियादिली से चंदा दिया और महज तीन दिन में 31,000 रुपए इकट्ठा हो गए। पुलिस ने भी काफी मदद की। पुलिसवालों से ही पता चला कि गाजीपुर मुर्गा मंडी के पीछे एक कंस्ट्रक्शन साइट है, जहाँ करीब 70-80 मजदूर परिवार फँस गए हैं। ठेकेदार भाग गया है। अनाज वगैरह बाँट कर वापस आते समय पुर्तगाली बिशप डॉम हेलदर पेस्सोआ कामारा की बात ध्यान में आ रही थी कि, "जब मैं गरीबों की मदद करता हूँ तो लोग हमें पसंद करते हैं मगर जब मैं यह सवाल उठाता हूँ कि यह लोग इतने गरीब क्यों हैं और भूखे क्यों हैं तो लोग मुझे बोलते हैं कि मैं कम्युनिस्ट हूँ!"

लॉकडाउन और हाशिए के इंसान

कोरोना महामारी और इसके चलते घोषित लॉकडाउन ने समाज के लगभग सभी तबकों को प्रभावित किया है पर गरीब लोग अमीर लोगों की तुलना में बहुत ज्यादा प्रभावित हुए हैं। इनमें सबसे बुरी हालत समाज के हाशिये पर रहने वाले लोगों की है। हिजड़े-वेश्याएँ इन्ही में से एक हैं। भारत में हिजड़े एक सामाजिक बहिष्कार का जीवन जीते हैं। रोजगार के नाम पर हिजड़ों के पास नाच-गाने, भीख माँगने या देह व्यापार के अलावा कोई कामकाज नहीं है क्योंकि हमारा समाज उन्हें कोई काम देता ही नहीं। वेश्याओं के लिए देह-व्यवसाय के अलावा रोजगार का कोई दूसरा विकल्प नहीं है। लॉकडाउन ने इन्हें बेरोजगार बना दिया है। खबर संस्था पीटीआई को पदमाशाली नाम की एक हिजड़े ने कहा कि, "हमारी जिंदगी आज कुछ एनजीओ की दया के भरोसे टिकी है।"

कमोबेश यही हालत देश की दूसरी सभी वेश्याओं और हिजड़ों की है। आज मुम्बई स्थित देश की सबसे बड़ी रेडलाइट एरिया कमाठीपुरा के बारे में कुछ जानकारियाँ मिलीं। कभी इसका नाम लाल-बाजार हुआ करता था। यह इलाका अंग्रेजों के जमाने से रेड लाइट एरिया था। इसकी एक गली, सफेद गली के नाम से भी जानी जाती थी जो व्हाइट लेन से बना हुआ है। अंग्रेजों के जमाने में व्हाइट लेन यूरोपीय वेश्याओं के लिए बनाया गया था। इसी में एक मकान को आज पीली कोठी कहा जाता है। यह नाम इस इमारत के पुराने नाम प्ले हाउस से आया है। प्ले हाउस से बना पीली हाउस और वहाँ से बन गया पीली-कोठी।

कमाती/कमाती शब्द तेलंगाना के कारीगरों के नाम 'कामती' से बना है। तेलंगाना के कामती कारीगर कभी इसी इलाके में रहते थे तब से इसका नाम कमाठीपुरा पड़ गया।

महामारी में 'गुड फ्राईडे'

ईसाईयों का बड़ा उत्सव 'गुड फ्राइडे' आने वाला है पर कोविड-19 का साया 'गुड फ्राइडे' पर भी पड़ गया है। यरुसलम भी इसका अछूता नहीं है। मान्यताओं के अनुसार जिस जगह पर ईसा मसीह को सलीब पर चढ़ाया गया था और बाद में दफन किया गया था वहाँ अब 'चर्च ऑफ होली सेपुलक्रे' है। मजेदार बात यह है कि इस चर्च के दरवाजे की चाबी एक मुस्लिम व्यक्ति अदीइब-जवाद-जव्देह-अलहुसैनी के पास है। हुसैनी कहते हैं कि यह चर्च मेरे लिए दूसरे घर जैसा है।

'चर्च ऑफ होली सेपुलक्रे' के दरवाजे हाल ही में कभी नहीं बन्द किए गए थे। उनके दरवाजों को आखिरी बार 1349 में प्लेग महामारी में ईस्टर के दौरान बन्द किया गया था। कोविड को देखते हुए ईसाई धर्मगुरुओं ने इस बार ईस्टर फेसबुक/वट्सएप जैसे ऑनलाइन प्लेटफॉर्म पर मनाने की सलाह दी है।

11 अप्रैल

महाराष्ट्र कोविड केसेस की संख्या सत्रह सौ के पार। अब तक सौ लोगों की मौत हो चुकी है। मुम्बई के पूर्वी बांद्रा का कलानगर इलाका कनटेनमेंट जोन घोषित हो गया है। पूरे इलाके को सील कर दिया गया है।

महाराष्ट्र, तेलंगाना, पश्चिम बंगाल में लॉकडाउन को 3 अप्रैल तक बढ़ा दिया है। केरल सरकार ने लॉकडाउन को बढ़ाने पर सहमति तो जताई है पर साथ ही नॉन हॉटस्पॉट जोन में छूट की सिफारिश भी की है।

केरल सरकार ने कोविड-19 की रोकथाम के लिए कई अनूठी पहल की हैं। उन्हीं में से एक है केरल से देश के विभिन्न जिलों तक प्रवासी मजदूरों को घर पहुँचाने के लिए नॉन स्टॉप ट्रेन चलाने की योजना।

मुम्बई के पनवेल नगर निगम के भाजपा कारपोरेट अजय बहीरा को पुलिस ने लॉकडाउन में दोस्तों के साथ बर्थडे मनाने के आरोप में गिरफ्तार कर लिया और बाद में जमानत में रिहा कर दिया।

लंदन के जॉन हॉपकिंस इंस्टीट्यूट अपनी रिपोर्ट में बता रहा है कि अमेरिका विश्व का पहला देश बन गया है जहाँ पिछले 24 घंटों में 2000 लोगों की कोविड-19 से मौत हो गई है।

महाराष्ट्र सरकार ने राज्य की पाँच जेलों मुम्बई सेंट्रल जेल, ठाणे जेल, यरवदा जेल, बायखला जेल और कल्याण जेल में कंप्लीट लॉकडाउन की घोषणा की है।

लॉकडाउन का आर्थिक पक्ष

लॉकडाउन के दौरान देश को 70,000 करोड़ रुपए प्रतिदिन के हिसाब से लगभग 7.2 लाख करोड़ रुपए का नुकसान होगा। 'सेंटर फॉर मॉनीटरिंग इंडियन इकोनॉमी' (सीएमआईई) के आँकड़े बताते हैं कि दिसंबर 2019 में समाप्त होने वाली तिमाही की तुलना में मार्च 2020 में समाप्त होने वाली तिमाही में निजी और पब्लिक इन्वेस्टमेंट करीब 41 फीसदी घट चुका है। 30 मार्च, 2020 के केयर रेटिंग के अनुसार 'ग्रॉस फिक्स केपिटल फोर्मेशन' (जीएफसीएफ) वित्त वर्ष 2019 में दो दशक के नीचे तक गिर गया है। पहली बार इसमें 0.6 तक सिकुड़ने की संभावना है।

भारत में जीडीपी के आँकड़ों के साथ खिलवाड़ होना एक आम बात है। जीडीपी में इनफॉरमल सेक्टर को नहीं जोड़ा जा रहा है। जो कि नेगेटिव में है। अगर इनफॉर्मल सेक्टर को जीडीपी में जोड़ दिया जाए तो जीडीपी दर वास्तव में (-)2 फीसदी रही है। प्रोफेसर अरुण कुमार जी ने जानकारी दी है कि लॉकडाउन के बाद करीब पाँच करोड़ मजदूर शहरों से अपने-अपने गाँवों में वापस लौट चुके हैं। इनमें चार करोड़ आज भुखमरी की कगार पर हैं। लॉकडाउन में भारतीय अर्थव्यवस्था के 70 फीसदी तक सिमटने की संभावना है। सेंटर फॉर मॉनीटरिंग इंडियन इकोनॉमी (सीएमआईई) के आँकड़ों के अनुसार लॉकडाउन से पहले देश में बेरोजगारी की दर 8 फीसदी थी जो अब बढ़कर 23 फीसदी हो गई है। दूसरे शब्दों में कहा जाए तो लॉकडाउन से पहले भारत में 40 करोड़ लोग किसी न किसी रोजगार से जुड़े थे। अब यह संख्या एक झटके में घटकर 2.8 करोड़ हो गया है जबकि बेरोजगार की संख्या तीन करोड़ से बढ़कर 15 करोड़ हो गई है। इतिहास में इससे पहले कभी एक साथ इतने लोग बेरोजगार नहीं हुए थे। कुल कितने प्रवासी मजदूरों का पलायन हुआ इस पर कोई आधिकारिक डेटा उपलब्ध नहीं है। सरकार द्वारा सुप्रीम कोर्ट में दिए एक हलफनामे के अनुसार कुल छह लाख मजदूर सड़कों पर थे, जिन्हें कैंप में डाल दिया गया है। किस्सा मुक्तसर यह है कि भारत भुखमरी की कगार पर खड़ा है।

12 अप्रैल

लॉकडाउन का उल्लंघन रोकने पर एक पुलिस अधिकारी के हाथ को काट लिया

यह घटना पटियाला, पंजाब में हुई है। स्थानीय सब्जी मंडी में पुलिस और निहंग सिखों के बीच कहासुनी और झड़प हो गई और निहंग सिखों ने पुलिस अफसर का हाथ काट लिया। एनडीटीवी की खबर बता रही है कि आज सुबह कुछ निहंग सिख एक ट्रक और गाड़ी में सवार होकर सब्जी मंडी से गुजर रहे थे। लॉकडाउन के दौरान ऐसा करना मना है इसलिए वहाँ तैनात पुलिस ने निहंग सिखों को रोका। निहंग सिखों ने पहले अपनी गाड़ी से पुलिस बैरिकेड को टक्कर मारी और फिर पुलिस से हाथापाई कर एक पुलिस अधिकारी हरजीत सिंह का हाथ काट दिया। पुलिस ने इस मामले में नौ लोगों को गिरफ्तार किया है जिसमें एक महिला भी है। हरजीत सिंह को चंडीगढ़ के पीजीआई अस्पताल में भेजा गया जहाँ आठ घंटे के ऑपरेशन के बाद उसके हाथ को फिर से जोड़ दिया गया है।

आंध्र प्रदेश के जगनमोहन रेड्डी सरकार ने राज्य के सभी लोगों को प्रति नागरिक तीन मास्क बाँटने का निर्णय किया है।

ब्रिटिश प्रधानमंत्री बोरिस जॉनसन को आज अस्पताल से रिहा कर दिया गया। बोरिस जॉनसन कोविड से संक्रमित होने के बाद अस्पताल में दाखिल किए गए थे।

श्रीलंका ने कोविड-19 से मरे सभी लोगों को जलाने या क्रीमेशन के आदेश दिए हैं। हालाँकि सरकार के इस फैसले से मुसलमान लोगों में नाराजगी है।

आप अपने-आप को समझते क्या हैं?

जापान के प्रधानमंत्री के वीडियो की वहाँ के नागरिकों ने जमकर आलोचना की है। शिंजो अबे ने अपना एक फोटो ट्वीट किया जिसमें वह सोफे पर आराम से लेटे हैं और चाय पीते हुए अखबार पढ़ रहे हैं। साथ में उनका कुत्ता भी है। इस फोटो के साथ एक संदेश है कि घर पर रहें। लोगों ने जमकर प्रधानमंत्री की खिंचाई करते हुए कहा कि जब आम आदमी कोविड के चलते अपनी नौकरी और खाने-पीने को लेकर परेशान है उसमें आप ऐसे चित्र ट्वीट करके क्या कहना चाहते हैं आखिर? आप अपने-आप को समझते क्या हैं?

उत्तर प्रदेश के नोएडा के एक व्यक्ति ने कोविड होने पर अस्पताल के सातवें माले से कूदकर आत्महत्या कर ली। ऐसी ही एक घटना में महाराष्ट्र के अकोला में अस्पताल में भर्ती एक व्यक्ति ने ब्लेड से अपना गला काटकर आत्महत्या कर ली। बताया जाता है वह तबलीगी मरकज में शामिल था।

गुजरात के अहमदाबाद में बगैर मास्क पहने घर से निकलने पर 3 साल तक की जेल की सजा की घोषणा की है।

गरीबी से तंग आकर महिला ने अपने पाँच बच्चों को गंगा में बहाया

उत्तर प्रदेश के भदोही के जहाँगीराबाद में एक महिला मंजू देवी द्वारा अपने पाँच बच्चों को गंगा में एक के बाद एक बहाने की बेहद दुखद घटना घटित हुई है। खबरों में यह भी बताया गया है कि बच्चों ने शोर मचाया तो स्थानीय घाट पर स्थित कुछ नाव वाले बच्चों को बचाने की जगह वहाँ से भाग खड़े हुए क्योंकि उन्हें लगा कि वह महिला चुड़ैल है। खबर यहीं पर खत्म होनी थी पर विडंबना यह है कि खबर दरअसल ठीक इसी बिंदु से शुरू होती है। देखते ही देखते इस खबर को देश की कई एजेंसियों ने कवर किया। मगर देखने लायक बात यह है कि ज्यादातर एजेंसियों/अखबारों/न्यूज चैनलों ने पुलिस के बयान को सच माना जिसके अनुसार, 'जहाँगीराबाद निवासी मृदुल उर्फ मुन्ना की अपनी बीवी मंजू देवी के साथ कुछ कहासुनी हो गई क्योंकि मंजू ने घर चलाने के लिए मृदुल से पैसे माँगे थे। इसके बाद मंजू देवी अपने पाँच बच्चों शिव शंकर (8 साल), केशव प्रसाद (3 साल), पूजा उर्फ सरस्वती (6 साल) और 2 अन्य को लेकर गंगा घाट पहुँची और एक के बाद दूसरे बच्चे को गंगा में फेंक दिया। खबर सुनते ही स्थानीय थाने से राम बदन सिंह घटनास्थल पर पहुँचे और तफ्तीश के बाद यह पाया कि मंजू ने घरेलू झगड़े से तंग आकर यह कदम उठाया। बच्चों के बाद वह भी कूदी मगर फिर तैरकर वापस आ गई।'

ठीक यही खबर हू-ब-हू कई अखबारों ने की किया सिवाय आईएएनएस के जिसने यह खबर दी कि तालाबन्दी से बेरोजगार होने और तंगहाली के चलते मंजू और मुन्ना में झगड़ा हुआ और मंजू ने यह कदम उठाया। आईएएनएस की खबर को आउटलुक ने कैरी किया। इसके बाद प्रशांत भूषण ने ट्वीट किया और देखते-देखते मंजू-मृदुल-आठ साल का शिव शंकर-तीन साल का केशव प्रसाद, सब पीछे छूट गए और पूरी चर्चा इस इस बात पर आकर अटक गई कि क्या मंजू ने लॉकडाउन के चलते आई तंगहाली के लिए यह कदम उठाया था या नहीं? पूरी सरकारी मशीनरी इस बात पर जुट गई कि इस खबर से लॉकडाउन के एँगल को हटाया जाए। अब तो भाजपा का आईटी सेल भी जंग में कूद पड़ा है। 'ओपइन्डिया' नामक वेबसाइट में न केवल इस सरकारी वर्जन के सपोर्ट में दलीलों की झड़ी लगा दी है बल्कि उसमें प्रशांत भूषण, कविता कृष्णन, बृजेश कलाप्पा, सबा नकवी जैसे पत्रकारों और एक्टिविस्टों को 'प्रोपगेनडिस्ट' कहा है और उन पर आरोप लगाया है कि घरेलू झगड़े को ख्वामख्वाह लॉकडाउन के साथ जोड़ रहे हैं।

14 अप्रैल

भारत के लिए आ रहे रैपिड टैस्ट किट भारत न पहुँचकर अमेरिका पहुँच गए

किस्सा काफी कुछ 'जाना था जापान/पहुँच गए चीन' जैसा है। तमिलनाडु के मुख्य सचिव के शंबूगम ने जानकारी दी है कि भारत ने चीन से कोविड की जाँच के लिए रैपिड टैस्ट किट खरीदे थे पर वह जाँच किट अब अमेरिका पहुँच गए हैं। उल्लेखनीय है कि भारत ने कई दिन पहले चीन को 50,000 रैपिड टैस्ट किट का ऑर्डर प्लेस किया था। प्रश्न उठता है कि जब ऑर्डर भारत का था तब यह टैस्ट किट अमेरिका कैसे जा पहुँचा?

अमेरिकी राष्ट्रपति डोनाल्ड ट्रंप और अमेरिकी प्रशासन ने भी पहले पहल कोविड को लेकर गजब की उदासीनता दिखाई। फिर अचानक कुछ होता है और डोनाल्ड ट्रंप और अमेरिकी प्रशासन पूरी दुनिया से जहाँ से जितने मास्क/टैस्ट-किट वगैरह हों, इकठ्ठा करने में जुट जाता है। उल्लेखनीय है कि ट्रम्प ने अभी तक देश में लॉकडाउन की घोषणा नहीं की है जबकि विश्वभर में सबसे ज्यादा कोविड से पीड़ित व्यक्ति अमेरिका में हैं। सीएनएन ने खबर दी कि कोविड वायरस के संक्रमण में आई तेजी के साथ ही दुनियाभर में मास्क/पीपीई/टैस्ट किट्स के लिए युद्ध छिड़ गया है।

फ्रांस के लोगों ने इसे 'गुएर द मास्क' या 'मास्क युद्ध' का नाम दिया है। फ्रांस की सरकार ने अमेरिका पर यह भी आरोप लगाया है कि अमेरिकी सरकार दूसरे देशों द्वारा चीन के लिए ऑर्डर से दुगनी चौगुनी कीमत ऑफर करके सारे मास्क और सुरक्षा उपकरणों पर कब्जा करने की कोशिश कर रही है। फ्रांस के सूद प्रांत के राष्ट्रपति रेनांद मुसेलिअर ने सीएनएन को बताया कि उनके द्वारा मँगवाए गए सभी मास्क और पीपीई को अमरीका ने ज्यादा पैसे देकर हड़प लिया है। बीबीसी के अनुसार बर्लिन के आंतरिक मामलों के मंत्री आंद्रियास गेइसल ने कहा है कि बर्लिन की पुलिस के लिए मँगवाए गए मास्क को अमेरिका ने अगवा कर लिया है।

लॉकडाउन और बेघर बच्चे

पंद्रह साल के कुलदीप के लिए राजधानी दिल्ली के जवाहरलाल नेहरु फ्लाईओवर के नीचे से गुजर रही सड़क के फुटपाथ का एक छोटा सा हिस्सा उसका घर है। फुटपाथ और इससे लगी दीवार के बीच बनाए गए एक तम्बू में वह रहता है। उसके परिवार में माँ-बाप के अलावा पाँच भाई बहन हैं। लॉकडाउन में कहने को तो लोगों को अपने-अपने घरों के अन्दर रहने को कहा गया है। पर कुलदीप जैसे लोग कहाँ जाएँ?

इस लॉकडाउन में सबसे ज्यादा मुसीबत में समाज का वह तबका है जिनकी बात हम अकसर भूल जाते हैं और वह हैं बेघर बच्चे। भारत में सड़कों पर रहने वाले बेघर बच्चों की संख्या करीब 47.2 करोड़ है। इसमें लगभग चार करोड़ बच्चे गरीब परिवारों से हैं। गरीबी से तंग आकर अकसर यह घर से भागकर महानगरों में आ जाते हैं। पूरे दिन यह रेहड़ी-पटरी पर काम करके अपना गुजर-बसर करते हैं। लॉकडाउन में इनकी हालत बहुत खराब हो गई है और भूखे मरने की नौबत आ गई है। एक अनुमान के अनुसार दिल्ली में कुल सत्तर हजार बेघर बच्चे हैं। दिल्ली में 'चेतना' नाम की संस्था इन बच्चों के साथ काम करती है। बीबीसी को दिए एक बयान में चेतना के निदेशक संजय गुप्ता ने कहा कि हालाँकि यह बच्चे किसी पर निर्भर नहीं होते पर लॉकडाउन ने इन बच्चों को एनजीओ का मोहताज बना दिया है। ऐसा उनके लिए शायद पहली बार हो रहा है। बच्चों के साथ संजय वट्सएप के माध्यम से जुड़े हुए हैं। इनमें से एक बच्चे ने कहा कि लॉकडाउन पुलिस उन्हें पीने का पानी और ईंधन की लकड़ी तक लाने नहीं देते। कुछ लोग कभी-कभार उन्हें खाना दे जाते हैं पर वह बहुत ही अनियमित है। जिस दिन खाना मिलता भी है वह इतना कम होता है कि उससे पेट नहीं भरता। कई बच्चों का कहना है कि उन्हें हर दो दिन में एक बार खाना मिल रहा है।

बच्चों का कहना है कि भला हम ऐसे किस तरह रह सकते हैं?

सरकती और गैर सरकारी प्रचार मध्यम लोगों को बार-बार अपना हाथ साबुन से धोने की सलाह दे रहे हैं पर यह बच्चे जिनके पास एक ढंग के शौचालय की व्यवस्था नहीं है, भला वह अपना हाथ बार-बार साबुन से धोएँ भी तो कैसे?

"वी हैव कॉन्स्टिट्यूशन, वी डोंट हैव अ किंग"

(हमारे पास संविधान है, हमारे पास कोई राजा नहीं है)

यह वक्तव्य अमेरिका के न्यूयॉर्क के गवर्नर एंड्रयू कुओमो के हैं जिन्होंने राष्ट्रपति ट्रंप की नीतियों की जोरदार आलोचना करते हुए कहा है कि, "हमारे पास संविधान है और जहाँ तक मुझे पता है हमारे पास कोई राजा नहीं है"

सोमवार 13 अप्रैल को व्हाइट हाउस में पत्रकारों को संबोधित करते हुए राष्ट्रपति ट्रम्प ने दावा किया किया कि देश (अमेरिका) में लॉकडाउन करने या खोलने का विशेषाधिकार केवल राष्ट्रपति (ट्रंप) के पास है। ट्रंप ने यह भी कहा कि जब कोई व्यक्ति अमेरिका का राष्ट्रपति होता है तब उसके पास अब्सोल्यूट पावर (निरंकुश सत्ता) होती है।

अमेरिका के राष्ट्रपति ट्रंप के इस वक्तव्य के जवाब में न्यूयॉर्क के गवर्नर ने कहा कि, "जहाँ तक मुझे पता है कि संयुक्त राज्य अमेरिका में कोई राजा नहीं है बल्कि एक संविधान है। जॉर्ज वाशिंगटन हमारे पहले राजा का नाम नहीं है बल्कि हमारे पहले प्रेसिडेंट का नाम है।"

14 अप्रैल

प्रधानमंत्री मोदी ने आज सुबह 10:00 बजे राष्ट्र के नाम संदेश में लॉकडाउन के अगले 15 दिनों तक बढ़ाने की घोषणा की।

मुम्बई के बांद्रा स्टेशन में आज सुबह अचानक हजारों की संख्या में प्रवासी मजदूर पहुँच गए। पूछने पर पता चला कि उन्हें खबर मिली है कि सरकार मजदूरों को उनके घरों तक पहुँचाने के लिए ट्रेन चला रही है इसलिए वह स्टेशन ट्रेन पकड़ने आए हैं। महाराष्ट्र के मुख्यमंत्री उद्धव ठाकरे ने जानकारी दी कि ऐसा एक फेक न्यूज के चलते हुआ जिसमें किसी ने अफवाह उड़ाई कि सरकार प्रवासी मजदूरों को रेल से उनके घरों को पहुँचा रही है। उद्धव ठाकरे ने कहा है कि यह फेक न्यूज फैलाने वालों पर कड़ी कानूनी कार्रवाई की जाएगी।

महामारी और साम्प्रदायिकता-4

कोविड पर सांप्रदायिक राजनीति जारी है। उत्तर प्रदेश पुलिस ने बागपत के अशरफाबाद थल, औसिक्का और असारा गाँव में जमातियों (तबलीगी जमात में शामिल लोगों) के पोस्टर लगा दिए हैं और लोगों से कहा है कि किसी को भी जमातियों की सूचना मिलने पर पुलिस को खबर करे। अमर उजाला की रिपोर्ट बता रही है कि पुलिस ने यह कदम कोविड के फैलने को रोकने के लिए उठाया है। खबरों में बताया जा रहा है कि पश्चिम बंगाल, बिहार, दिल्ली और मथुरा में सात जमाती निजामुद्दीन से लौटते समय एक गाँव की मस्जिद में ठहरे थे।

विश्व भर में कुल 3 खरब लोग वर्तमान समय में लॉकडाउन में रह रहे हैं। यह कुल मानव आबादी का आधा हिस्सा है।

केंद्रीय मंत्री जितेंद्र सिंह ने जानकारी दी है कि केंद्र शासित प्रदेश कश्मीर में वेंटिलेटर की संख्या पहले 46 थी जो अब बढ़कर 206 हो गई है। उन्होंने यह भी जानकारी दी है कि वर्तमान में कश्मीर में आइसोलेशन बैड की संख्या 2372 है। कश्मीर में कोविड आईसीयू की संख्या 209 है। मंत्री जी बस यह बताना भूल गए है कि कश्मीर की कुल आबादी 1.25 करोड़ है। दूसरे शब्दों में कहें तो कश्मीर के 1.25 करोड़ लोगों के लिए अब कुल 206 वेंटिलेटर और 209 कोविड आईसीयू बैड उपलब्ध हैं!

महामारी में इंसानियत-1

टैक्सी चालक ने अपनी गाड़ी और बीवी के गहने बेचकर अस्पताल बनवाया

कोलकाता से करीब चालीस किलोमीटर दूर बरूईपुर के पुनेरी गाँव के स्थानीय निवासी और पेशे से टैक्सी चालक मोहम्मद सैदुल लश्कर ने अपनी चार गाड़ियाँ और बीवी के गहने बेचकर, कोविड के इलाज के लिए पंद्रह बिस्तर वाला एक अस्पताल बनवाया जिसे उसने राज्य सरकार को देने की पेशकश की है। फेसबुक, वट्सएप जैसे ऑनलाइन प्लेटफॉर्म रतन टाटा द्वारा अपने ताज होटल में डॉक्टरों के लिए कमरे देने की खबरों से पटा हुआ है। मोहम्मद सैदुल जैसे लोगों का नाम वहाँ पर नहीं है। सैदुल लश्कर और उसकी उसकी बीवी समियाना ने मोहम्मद सैदुल की बहन मरूफा खातून के नाम पर इस अस्पताल का नाम 'मरूफा मेमोरियल' रखा है।

15 अप्रैल

पूरे विश्व में कोविड रोगियों की संख्या पहली बार दो करोड़ पहुँची।

डोनाल्ड ट्रंप ने विश्व स्वास्थ्य संगठन में दी जाने वाली अमेरिकी मदद में कटौती की

राष्ट्रपति डोनाल्ड ट्रंप ने विश्व स्वास्थ्य संगठन (डब्ल्यूएचओ) में अमेरिकी मदद में कटौती की घोषणा की है। पूरा विश्व जब कोविड से जूझ रहा है तब ट्रंप द्वारा अचानक डब्ल्यूएचओ को दिए जाने वाली अमेरिकी वित्तीय मदद में की गई कटौती की घोषणा से लोग हैरान हैं। खबरों के अनुसार अमेरिकी राष्ट्रपति ट्रम्प विश्व स्वास्थ्य संगठन द्वारा कथित रूप से चीन को बचाए जाने से नाखुश है। इसीलिए अमेरिका ने यह कदम उठाया है। कोविड के फैलने के साथ ही साथ कई 'कांसपिरेसी-थियरी' सामने आईं, जिसमें एक यह कहती है कि चीन ने इस कोविड वाइरस को अपनी प्रयोगशालाओं में बतौर एक जैविक

हथियार के रूप में विकसित किया है। डब्ल्यूएचओ के डायरेक्टर जनरल टैड्रोस ऐडरेनॉम ग़ैबरेयेसस ने ट्रंप के इस कदम पर अफसोस व्यक्त किया है। ट्रम्प के इस निर्णय से डब्ल्यूएचओ के 720 मिलियन डॉलर के कार्यक्रमों पर असर पड़ने की संभावना है जिसमें मलेरिया, पोलियो की रोकथाम से लेकर कोविड वायरस से जुड़े कार्यक्रम तक शामिल हैं।

ब्राजील के स्वास्थ्य सचिव ने कोविड वायरस की रोकथाम के लिए चलाए जा रहे कार्यक्रमों में राष्ट्रपति जेर बोल्सेनारो से हुए मतभेद के चलते इस्तीफा दे दिया है।

जर्मनी में धीरे-धीरे लॉकडाउन को हटाया जा रहा है। जर्मनी की चांसलर एनजेला मर्केल ने लॉकडाउन हटाने के पहले चरण में आठ सौ वर्ग मीटर तक की दुकानों को खोलने की इजाजत दी है। हालाँकि स्कूल 4 मई तक बन्द रहेंगे और 'सोशल गैदरिंग' अगस्त महीने तक प्रतिबंधित रहेगी।

फेक न्यूज और अफवाह दुनिया भर के देशों की सरकारों के लिए सिरदर्द बनता जा रही है। वियतनाम सरकार ने अफवाह और फेक न्यूज पर कड़ा रुख अपनाते हुए इस पर दो करोड़ वियतनामी डोंग (लगभग साढ़े आठ सौ अमेरिकी डॉलर) का जुर्माना लगा दिया है। भारत सरकार भी फेक न्यूज और अफवाहों को लेकर परेशान है। अभी कल ही एक गलत खबर के चलते हजारों मजदूर बांद्रा स्टेशन पर इकट्ठा हो गए थे। यह खबर एबीपी माझा पर प्रसारित की गई थी। मुम्बई पुलिस ने इस फेक न्यूज पर कार्रवाई करते हुए एबीपी माझा के रिपोर्टर राहुल कुलकर्णी को गिरफ्तार कर लिया। खबरों के अनुसार राहुल कुलकर्णी पर कई कानूनों के तहत मुकदमा चलाया जाएगा।

अरुणाचल प्रदेश पुलिस ने समाचार चैनल जी न्यूज पर गलत खबर चलाने का आरोप लगाते हुए समन जारी किया है। जी न्यूज ने हाल ही में एक खबर प्रसारित की थी जिसमें कहा गया था कि अरुणाचल प्रदेश में ग्यारह कोविड रोगी हैं जो बाद में झूठी पायी गई थी। जी न्यूज पर इससे पहले भी गलत खबर प्रसारित करने के आरोप लगते रहे हैं।

थाईलैंड के करीब ग्यारह मानवाधिकार संस्थाओं ने थाईलैंड की सरकार को देश की भीड़ भरे जेलों से कैदियों को रिहा करने की माँग की है। इन संस्थाओं का कहना है कि भीड़ भरी जेल में कोविड के तेजी से फैलने का खतरा है। थाईलैंड की जेल में अभी चार लाख से ज्यादा लोगों को कैद करके रखा गया है।

कोलंबिया की सरकार ने कोविड और सोशल डिसटेंसिंग के मद्देनजर अपनी जेलों से करीब चार हजार कैदियों को जेल से निकाल कर उनको उनके घरों में नजरबन्द रखने का फैसला किया है।

इंडिया टाइम्स की रिपोर्ट के अनुसार 2020 में भारत की आर्थिक वृद्धि दर 0.0 फीसदी रहने की संभावना है। हालाँकि जेएनयू के प्रोफेसर अरुण कुमार का कहना है कि जीडीपी के नेगेटिव में रहने की आशंका ज्यादा है।

लॉकडाउन और प्रवासी मजदूर-13

क्वारंटाइन की जिंदगी

मोदी द्वारा लॉकडाउन की घोषणा करने के कुछ दिन बाद दिल्ली की सड़कों पर प्रवासी मजदूरों की अंतहीन लाइन देखी गई। मीडिया और खासकर अंतरराष्ट्रीय मीडिया में इस खबर को सुर्खियों में आने के बाद सरकार ने तुरत-फुरत बसों में बैठाकर इन हजारों लाखों प्रवासी मजदूरों को दिल्ली और साथ ही अंतरराष्ट्रीय मीडिया की नजरों से ओझल कर दिया।

मगर अब सवाल उठता है इतने सारे इंसान आखिर गए तो गए कहाँ? 'टाइम्स ऑफ इंडिया' ने इस पर एक बड़ी स्टोरी की है। यह रिपोर्ट विस्तार से वहाँ के लोगों की जिंदगी को बयान करती है। रिपोर्ट में कहा गया है कि देश भर से लौट रहे प्रवासी मजदूरों के लिए राज्य सरकारों ने सरकारी दफ्तरों की खाली इमारत और स्कूलों को रातोरात क्वारंटाइन में बदल दिया है। सभी जरूरी सुविधाओं के अभाव में वहाँ लोगों को साबुन और बाल्टी तक शेयर करनी पड़ी रही है। उत्तर प्रदेश में करीब तीन लाख लोगों को राज्य की विभिन्न जगहों पर अत्यंत दयनीय परिस्थितियों में रखा गया है। देवरिया जिले के एक ऐसे ही क्वारंटाइन में बत्तीस लोगों के लिए केवल सात बिस्तरों की व्यवस्था। उत्तर प्रदेश के बस्ती जिले के जगदीशपुर प्राइमरी स्कूल में तीस लोगों को इस्तेमाल करने के लिए केवल एक साबुन दिया गया है। श्रावस्ती के एक क्वारंटाइन सेंटर में पाया गया कि वहाँ तीन व्यक्ति तीन दिनों से भूखे थे। बाकी लोगों को भी बहुत कम खाना मिलता था। बस्ती के औन्धि गाँव में बने सेंटर में कई-कई दिन पानी नहीं आ रहा है। इस शिकायत के बाद प्रशासन ने गाँव के प्रधान को जेल भेज दिया है। हरदोई जिले के एक ग्राम प्रधान ने टाइम्स ऑफ इंडिया अखबार को बताया कि सरकार की तरफ से कोई भी फंड अभी तक नहीं आया है। इसलिए रसोइया और खाना पकाने के अन्य सामान की व्यवस्था नहीं हो पाई है। उत्तर प्रदेश में व्याप्त जाति प्रथा ने मुश्किलें और बढ़ा दी हैं। कुशीनगर में दलितों के हाथ से बने भोजन को खाने से इंकार करने पर दो व्यक्तियों को एससी-एसटी एक्ट में जेल भेज दिया गया है। बिहार में लोगों का क्वारंटाइन से रात को अपने-अपने घरों में चले जाना आम बात है।

एक अनुमान के अनुसार बिहार में कुल 18 लाख मजदूर वापस आ गए हैं। जिसमें 27,000 को क्वारंटाइन में रखा गया है।

Mascarilla-19

महामारी और घरेलू हिंसा

13 अप्रैल

अल्मासोरा/स्पेन : वैलेंसिया के निवासियों के लिए आज की सुबह थोड़ी अलग तरीके से शुरू हुई। कोई और समय होता तो स्थानीय निवासी शायद शहर के किसी बड़े चौराहे पर इकट्ठे होते पर कोरोना लॉकडाउन से वह घर से बाहर नहीं निकल सके। ऐसे में लोग अपनी-अपनी बालकनी में इकट्ठा हुए। अल्मासोरा के सरकारी भवनों से राष्ट्रीय झंडों को आधा उतार लिया गया। चर्चों में घंटे बजे। शहर के बैंड ने मोजार्ट के 'रेक्विअम' को बजाया और इस तरह से अल्मासोरा के लोगों ने अपनी सह-नागरिक करीना को श्रद्धांजलि दी। करीना को उसके दो बच्चों के सामने उसके पति ने हत्या कर दी थी।

यूरोप में कोरोना लॉकडाउन से वहाँ की महिलाओं और बच्चों की मुसीबतें अचानक बढ़ गई हैं और वजह है घरेलू हिंसा में आई अचानक तेजी। स्पेन की करीना की ही तरह इटली के सिसिली प्रांत की लोरेना क्वारंता भी घरेलू हिंसा की शिकार हुईं। 27 वर्षीया लोरेना अपनी डॉक्टरी की पढ़ाई की आखिरी वर्षों में थीं। उनके बॉयफ्रेंड अन्तेनियो ने उनकी हत्या कर दी। जब उनका ताबूत उनके शहर फहारा लाया गया तब लोगों ने अपनी-अपनी बालकनी और खिड़कियों पर सफेद चादर लहरा कर लोरेना को श्रद्धांजलि दी। शहर के मेयर अन्ना अल्वा ने कहा है कि लोरेना जिस प्रोफेशन में जाना चाहती थी और लोरेना की जिजीविषा को दर्शाने के लिए सफेद रंग को चुना गया।

लॉकडाउन के दौरान फ्रांस में घरेलू हिंसा की घटनाओं में आई तेजी को देखते हुए एक विशेष हेल्पलाइन सेवा शुरू की गई है जहाँ रोजाना करीब 170 शिकायतें दर्ज होने की खबर है। हेल्पलाइन के ईमेल में शिकायतों में 286 फीसदी बढ़ोतरी रिकॉर्ड की गई। वट्सएप में पहले दिन 168 शिकायतें आईं। घरेलू हिंसा महिलाओं के लिए एक बहुत बड़ी मुश्किल बन चुका है क्योंकि घर में रहने से जहाँ घरेलू हिंसा का खतरा है, वहीं घर से बाहर निकलने पर कोरोना के संक्रमण का खतरा है।

स्पेन के कैनरी द्वीप की इन्स्तीउतो कनारियो डी इगुवालदाद (इंस्टीट्यूट ऑफ इक्वलिटी) ने एक अनूठे कैंपेन की शुरुआत की है जिसे मस्करीला-19 का नाम दिया गया है। इसमें महिलाओं को कहा गया है कि घरेलू हिंसा से बचने के लिए वह घर से बाहर निकलें और किसी भी दवा की दुकान पर जाकर इस खास मास्क की माँग करें।

इस बीच ग्रान कनेरिया की निवासी एक इकहत्तर वर्षीय महिला की उसके पति द्वारा हत्या करने की खबर ने सनसनी फैला दी। घरेलू हिंसा की बढ़ती घटनाओं से **मास्क-19** को अब स्पेन, फ्रांस, नॉर्वे, अर्जेंटीना जैसे देशों में काफी प्रसिद्धि मिलने लगी है। कुछ एक्टिविस्ट का मानना है कि जल्द ही यूरोप एक नारीवादी क्रांति के दरवाजे पर खड़ा दिखेगा।

रूस की राजधानी मॉस्को से 113 किलोमीटर दूर रहने वाली मारिया ने बीबीसी को बताया कि व्लादीमीर पुतिन की एक हफ्ते की राष्ट्रव्यापी तालाबन्दी की खबर सुनकर उसका पति अचानक भड़क गया। पहले उसने गाली गलौज की। फिर मारिया और बच्चों पर बरस पड़ा और घर के सामान फेंकने और घर तोड़ने लगा। एक समय जब वह घर से बाहर बीयर लेने निकला तो मारिया ने पुलिस को फोन किया पर पुलिस ने मारिया की कोई मदद नहीं की। पुलिस का कहना था कि चूँकि फ्लैट मारिया के पति के नाम पर है इसलिए पुलिस उसके पति को उस फ्लैट से बाहर नहीं कर सकती। ऐसे में मारिया को ही अपने बच्चों को लेकर किसी और जगह जाना होगा।

डेनमार्क में घरेलू हिंसा से जुड़ी शिकायतों और इमरजेंसी अकोमोडेशन के लिए आवेदन में दोगुनी वृद्धि हुई है।

बेल्जियम में लॉकडाउन में घरेलू हिंसा के केस में तीन गुने की वृद्धि हुई है। बेल्जियम की संस्था कलेक्टिव एगेंस्ट वॉयलेंस एंड एक्सलूसन की ज्याँ लुईस सिमोएँ ने बताया उन्होंने हाल ही में एक महिला का फोन आया जो बेहद डरी हुई थी। उस महिला ने डरते हुए कहा कि उसके पास बात करने के लिए केवल पंद्रह मिनट का समय है , क्योंकि उसका पति सिगरेट लेने बाहर गया है। महिला ने आगे कहा कि उसके पति ने उसे इतनी जोर से मारा है कि उसका चेहरा पूरी तरह सूज गया है और वह आँख भी ठीक से नहीं खोल पा रही है और न ही बात ठीक से कर पा रही है।

न्यूज चैनल सीएनएन की रिपोर्ट बता रही है कि महिलाएँ अब घरेलू हिंसा की शिकायत कोडवर्ड में कर रही हैं। हाल ही में फ्रांस की नैंसी नाम के शहर में एक दवा की दुकान के बाहर महिलाओं की भीड़ देखी गई। इस दुकान को लॉकडाउन से बाहर रखा गया था। बाद में पता चला कि महिलाएँ दवा की दुकान पर आकर कोडवर्ड में कुछ कह रही थीं। दरअसल वह अपने पति या बॉयफ्रेंड की शिकायत कर रही थीं। महिलाओं की शिकायत पर दुकानदार पुलिस को फोन करता है और पुलिस उन पतियों को उठाकर ले जाती है। स्पेन में भी महिलाओं ने यही तरीका अपनाया है। वह दवाओं की दुकानों पर अपने ऊपर हुए डोमेस्टिक वॉयलेंस की शिकायतें खास कोडवर्ड में करती हैं और वह कोड वर्ड है **'मास्क-19'**।

महामारी में इंसानियत-2

तेलंगाना के राम कृष्ण की कहानी

तेलंगाना के खम्मम जिले के निवासी रामकृष्ण, लखनऊ के किंग जॉर्ज मेडिकल कॉलेज से माइक्रोबायोलॉजी में डॉक्टरेट कर रहे हैं। छह महीने पहले उन्होंने अपनी थीसिस जमा की और फिर खेती-बाड़ी में पिता का हाथ बँटने अपने घर लौट आए। बीते 21 मार्च को उनके गाइड का फोन आया जिसमें उनके गाइड ने उन्हें लखनऊ वापस बुलाया था क्योंकि लखनऊ मेडिकल कॉलेज में कोविड की जाँच करने के लिए लोग कम पड़ रहे थे। फोन मिलने के घंटे भर में रामकृष्ण लखनऊ जाने के लिए सामान पैक करके तैयार थे। डेक्कन हेराल्ड की रिपोर्ट बता रही है कि उनके माता-पिता को रामकृष्ण ने झूठ बोला कि वह अपने किसी दोस्त को उसकी थीसिस में मदद करने हैदराबाद जा रहे हैं। अगले दिन यानी 22 मार्च को जब तक हैदराबाद पहुँचते तब तक देशभर में लॉकडाउन लग चुका था। लोगों की आवाजाही से लेकर ट्रेन, हवाई जहाज जैसे यातायात के सभी साधनों पर रोक लग चुकी थी। रामकृष्ण कहते हैं कि 23 मार्च को एकदम सुबह-सुबह वह हैदराबाद हवाई अड्डे के लिए निकले तो रास्ते में पुलिस ने उन्हें रोक लिया। जब रामकृष्ण ने पूरी बात बताई तो पुलिस ने उनको लखनऊ जाने में बहुत मदद की। रामकृष्ण की पूरी कहानी को कांग्रेस की प्रियंका वाड्रा ने ट्वीट किया और देखते ही देखते वह देश भर में प्रसिद्ध हो गए। उनकी गाइड डॉ. अमिता जैन ने बताया कि जब उन्होंने रामकृष्ण को फोन करके लखनऊ आने का अनुरोध किया तब रामकृष्ण ने उनसे केवल एक घंटे का वक्त माँगा जिससे वह अपने माँ-बाप को राजी कर सकें।

कोविड महामारी में पूरी दुनिया में जेल से लोगों को छोड़ा जा रहा है पर हमारे देश में सामाजिक कार्यकर्ताओं को चुन-चुनकर जेलों में डाला जा रहा है। आज दलित चिंतक आनंद तेलतुम्बड़े और राजनैतिक कार्यकर्त्ता गौतम नौलखा को गिरफ्तार कर लिया गया।

16 अप्रैल

महामारी और साम्प्रदायिकता-5

अहमदाबाद के सरकारी अस्पताल में हिंदू और मुस्लिम रोगियों के लिए अलग-अलग वार्ड बनाए जा रहे हैं। अस्पताल प्रशासन का कहना है कि ऐसा सरकारी आदेश के चलते किया गया है। अहमदाबाद सिविल अस्पताल के मेडिकल सुपरिंटेंडेंट डॉ. गुणवंत एच. राठौड़ ने इंडियन एक्सप्रेस अखबार को बताया कि पहले अस्पताल में स्त्री और पुरुषों के लिए अलग-अलग वार्ड थे। बाद में सरकारी आदेश के बाद हिंदू और मुस्लिम रोगियों को अलग-अलग वार्ड में रखा जा रहा है। खबर में आगे बताया जा रहा है कि पिछले रविवार की रात को वार्ड में भर्ती कुल 28 मरीजों का नाम पुकार कर उन्हें सी-4 वार्ड में शिफ्ट किया गया है। यह सभी मरीज एक खास समुदाय के थे। जब मरीजों ने इसकी वजह अस्पताल के कर्मचारियों से पूछी उन्हें बताया गया कि प्रशासन ने इस कदम को दोनों समुदाय के हितों को ध्यान में रखकर उठाया है। अल जजीरा की खबर के अनुसार अमेरिका में बेरोजगारों की संख्या में 50 लाख की बढ़ोतरी हो गई है। आँकड़ों के अनुसार सरकार के पास पिछले कुछ दिनों में बेरोजगारी भत्ते के लिए 50.2 लाख नई अर्जियाँ आयी हैं। अमेरिका में अब तक बेरोजगारों की कुल संख्या दो करोड़ तक जा पहुँची है।

कोविड और कॉग्नैक

यह खबर कीनिया की राजधानी नैरोबी की है। नैरोबी के गवर्नर माइक मबुभी ने गरीब लोगों में सरकारी मदद के रूप में खाद्य सामग्री के साथ एक-एक बोतल कॉग्नैक (एक किस्म की शराब) देने का फैसला किया है। नैरोबी के गवर्नर माइक मबूभी का कहना है कि कॉग्नैक से कोविड के रोकथाम में मदद मिलेगी। इसलिए जरूरी खाद्य सामग्री के पैकेट में वह एक छोटी बोतल हेनेसे कॉग्नैक का वितरण भी कर रहे हैं। हालाँकि हेनेसे कॉग्नैक बनाने वाली कंपनी ने उनके दावे को सिरे से खारिज करते हुए कहा है कि उनका ब्रांड या किसी भी कॉग्नैक में कोविड से बचाव की क्षमता नहीं है।

महामारी में इंसानियत-3

सुवर्णपुर की कहानी

एक ओर जहाँ इस तुगलकिया अंदाज में घोषित किये गए लॉकडाउन में प्रवासी मजदूर अमानवीय परिस्थितियों में रह रहे हैं वहीं ओडिशा के सुवर्णपुर की एक खबर ताजे हवा के झोंके जैसी है। यहाँ का जिला प्रशासन न केवल बिहार, बंगाल, राजस्थान के प्रवासी मजदूरों की बहुत ही अच्छी तरीके से देखरेख कर रहा है बल्कि यह अपने-आप में एक मिसाल बन चुका है। जिला प्रशासन अभी कुल 1,815 प्रवासी मजदूरों की देखरेख कर रही है जिसमें 1096 पुरुष, 396 स्त्री और 325 बच्चे शामिल हैं। इनको कुल 180 कैंप में रखा गया है। इन सभी केन्द्रों में खाद्य सामग्री, नहाने और कपड़े धोने के साबुन के साथ शैंपू, मच्छर मारने की अगरबत्ती और दूसरी सामग्री मुहैया कराई जा रही है। डाउन टू अर्थ पत्रिका की रिपोर्ट के अनुसार झारखंड के दस मजदूर यहाँ के बिरमहाराजपुर ब्लॉक साजुड़ी गाँव के एक स्कूल में शौचालय बनाने के लिए आए हुए थे। एकाएक लॉकडाउन की घोषणा होने पर गाँव से थोड़ी दूर पर स्थित उस स्कूल में फँस गए। इनका राशन भी धीरे-धीरे खत्म होता गया और वह भुखमरी की कगार पर पहुँच गए। यह खबर सुवर्णपुर की कलेक्टर मोनिशा बनर्जी तक पहुँची। मोनिशा बनर्जी ने तुरंत कार्रवाई करते हुए इन सभी मजदूरों और उनके परिवार को खाद्य सामग्री और अन्य जरूरी चीजों को मुहैया करवाने का आदेश दिया। बाद में प्रतिदिन सुबह के नाश्ते के रूप में 250 मिलीलीटर दूध और केला भी जोड़ा गया। गर्भवती महिलाओं के खाने-पीने का विशेष ध्यान रखा गया और उनकी देखरेख के लिए आशा और आँगनबाड़ी केंद्रों की मदद ली गई। मोनिशा बनर्जी ने बीडीओ (ब्लॉक डेपलेपमेंट ऑफिसर) को आदेश दिया कि बच्चों को खिलौने भी मुहैया कराए जाएँ।

ओडिशा के बोलांगीर जिले के बेलपदा ब्लॉक के सलाईकेला गाँव की रहने वाली सूर्यकांती ताडी अपने पति के साथ सुवर्णपुर के बिनका ब्लॉक के गुनकुंडा गाँव में ईंट भट्टी में मजदूरी का काम करने आई थीं। सूर्यकांती का कहना है कि आशा और आँगनबाड़ी कार्यकर्ताओं के साथ वह सुरक्षित हाथों में हैं।

कोरिया युद्ध काल का कानून

एक ओर जहाँ अमेरिका दुनिया भर के देशों से मास्क वगैरह जबरन बटोर रहा है, भारत को हाइड्रोक्सी क्लोरोक्वीन के निर्यात के लिए मजबूर कर रहा है वहीं अपने देश से मास्क/पीपीई के निर्यात पर रोक लगाने के लिए डिफेंस प्रोडक्शन एक्ट को लागू कर दिया है। यह कानून अमेरिका ने कोरिया युद्ध के दौरान लागू किया था। अमेरिकी प्रशासन द्वारा मास्क की लूटमार केवल विश्व में ही नहीं बल्कि अमेरिका में भी चल रही है। बिजनेस इनसाईडर अखबार में प्रकाशित रिपोर्ट के अनुसार अमेरिका में अलग-अलग राज्य अपनी अपनी जरूरत के अनुसार विश्व बाजार से मास्क, वेंटिलेटर, पीपीई वगैरह खरीदते हैं पर यह व्यवस्था तब गड़बड़ा गई जब राष्ट्रपति ट्रंप ने फेडरल इमरजेंसी मैनेजमेंट एजेंसी (एफईएमए) को अमेरिका के विभिन्न राज्यों में मास्क वगैरह के वितरण का जिम्मा सौंपा। राज्यों ने संघीय सरकार पर मास्क के आबंटन और वितरण पर भारी हेराफेरी का आरोप लगाया है।

एम्स प्रबंधन ने 'पीएम केयर्स' के लिए सभी डॉक्टरों से उनकी एक दिन की सैलरी काटने का फैसला (या आदेश?) दिया है। एम्स की रेसिडेंट डॉक्टर एसोसिएशन ने अस्पताल प्रबंधन से इस फैसले पर पुनर्विचार की माँग की है। रेसीडेंट डॉक्टर एसोसिएशन के श्रीनिवास राजकुमार जी ने बताया है कि पीएम केयर्स में दान देना डॉक्टरों का निजी फैसला होना चाहिए। उन्होंने यह भी कहा कि डॉक्टरों द्वारा दिए गए दान से मास्क/पीपीई वगैरह खरीदे जाने चाहिए न कि इसको पीएम केयर्स में देना चाहिए। उधर एम्स प्रबंधन ने मंगलवार को चिट्ठी लिखकर सभी डॉक्टरों को कहा है कि जो डॉक्टर अपने एक दिन की सैलरी पीएम केयर्स में नहीं देना चाहते उन्हें इसके बारे में प्रबंधन को जानकारी देनी होगी। दूसरे शब्दों में एक तरह की धमकी थी कि आने वाले दिनों में उन डॉक्टरों के खिलाफ कार्रवाई की जा सकती है जिन्होंने अपने एक दिन की सैलरी पीएम केयर्स में नहीं देने का फैसला किया है। यह तो दिन दहाड़े डकैती या जबरन हफ्ता-वसूली जैसी बात है।

लॉकडाउन और प्रवासी मजदूर-14

दिल्ली के कश्मीरी गेट के पास हजारों मजदूर यमुना के किनारे और फ्लाईओवर के नीचे खुले में सोने को मजबूर हैं। हालत इस कदर खराब हैं कि मजदूरों को निगमबोध घाट के पास पड़े सड़े हुए केले खाकर दिन गुजारने पड़ रहे हैं। एनडीटीवी की रिपोर्ट बताती है कि निगमबोध घाट से लेकर मजनूं-का-टीला तक हजारों प्रवासी मजदूर रास्ते के किनारे खुले में रह रहे हैं। मीडिया में रास्ते के किनारे पड़े सड़े हुए केले खाते मजदूरों की खबर देखकर अब दिल्ली सरकार हरकत में आई है और मजदूरों को कैम्पों और स्कूलों में बने सेंटरों में पहुँचाया जा रहा है।

महामारी और साम्प्रदायिकता-6

भारत में अभी कोविड से ज्यादा तेजी से साम्प्रदायिकता का वायरस फेल रहा है। हालत इतने बिगड़ गए हैं कि रेहड़ी-पटरी पर सब्जी, फल लगाने वालों ने अपनी दुकानों पर भगवा झंडा लगाना शुरू कर दिया है।

दिगंबर ने फेसबुक में पोस्ट किया है कि दिल्ली के आभिजात्य माने जाने वाली डिफेंस कॉलोनी की किसी एक सोसाइटी के तीन धनी लोगों को कोविड हुआ। पुलिस ने उस अपार्टमेंट के गार्ड मुस्तकीम को कोविड फैलाने के आरोप में गिरफ्तार कर लिया। मुस्तकीम इस सोसाइटी में रहने वाले लोगों को दूध, अंडा, ब्रेड दवाई देकर जाता था। बाद में जाँच करने पर मुस्तकीम कोविड निगेटिव पाया गया।

17 अप्रैल

अमेरिका के कैलिफोर्निया के एक अस्पताल में मास्क माँगे जाने पर 10 नर्सों को नौकरी से निकाला गया। कोविड-19 के रोगियों का इलाज कर रहे स्वास्थ्य कर्मचारियों के लिए एन-95 मास्क एक रक्षा कवच है जिसके बिना वह कभी भी इस रोग से संक्रमित हो सकते हैं। विडम्बना यह है कि कई अस्पताल अपने स्वास्थ्य कर्मचारियों को इस बुनियादी सुविधा को भी उपलब्ध नहीं करवा रहे हैं। अमेरिका के कैलिफोर्निया के सांता मोनिका के एक अस्पताल के दस नर्सों को केवल इसलिए नौकरी से निकाल दिया गया क्योंकि वह अपने लिए एन-95 मास्क की माँग कर रहे थे। माइक गुलिक उन्हीं में से एक हैं। बीबीसी को माइक ने बताया कि सांता मोनिका के प्रोविडेंस सेंट जॉन सेल्फ केयर सेंटर में वह बतौर नर्स का काम करते थे। संक्रामक रोगों के वार्ड में काम करने के बावजूद अस्पताल प्रबंधन ने उन्हें और उनके सहकर्मियों को एन-95 मास्क नहीं उपलब्ध करवाया। पिछले हफ्ते एक दिन माइक का एक सहकर्मी कोविड-19 से पीड़ित पाया गया। अगले दिन जब डॉक्टर राउंड पर आए तो उन्होंने माइक से पूछा कि उन्होंने एन-95 मास्क क्यों नहीं पहना है? माइक ने उसी समय ठान लिया कि वह अस्पताल प्रबंधन से मास्क की माँग करेंगे पर मास्क देना तो दूर प्रबंधन ने इस 'अपराध' के लिए माइक और उनके नौ अन्य सहकर्मियों को नौकरी से निकाल दिया। बीबीसी की रिपोर्ट के अनुसार अमेरिका में स्वास्थ्य कर्मचारी बगैर उचित मास्क/पीपीई किट के काम करने को मजबूर हैं। कई स्वास्थ्य कर्मियों ने मास्क अपने पैसों से खरीदा है या अपने घर पर कपड़े सीकर बनाया है।

भारत में फेक न्यूज और उन्हें फैलाने वालों पर शिकंजा कसना शुरू हुआ है। हाल ही में यह खबर फैलाई गई कि जमाती लोग इधर-उधर थूककर कोविड फैला रहे हैं। पुलिस ने इस खबर को झूठा बताया और साथ ही इस खबर को फैलाने वालों के खिलाफ सख्त कार्रवाई करने के निर्देश दिए हैं।

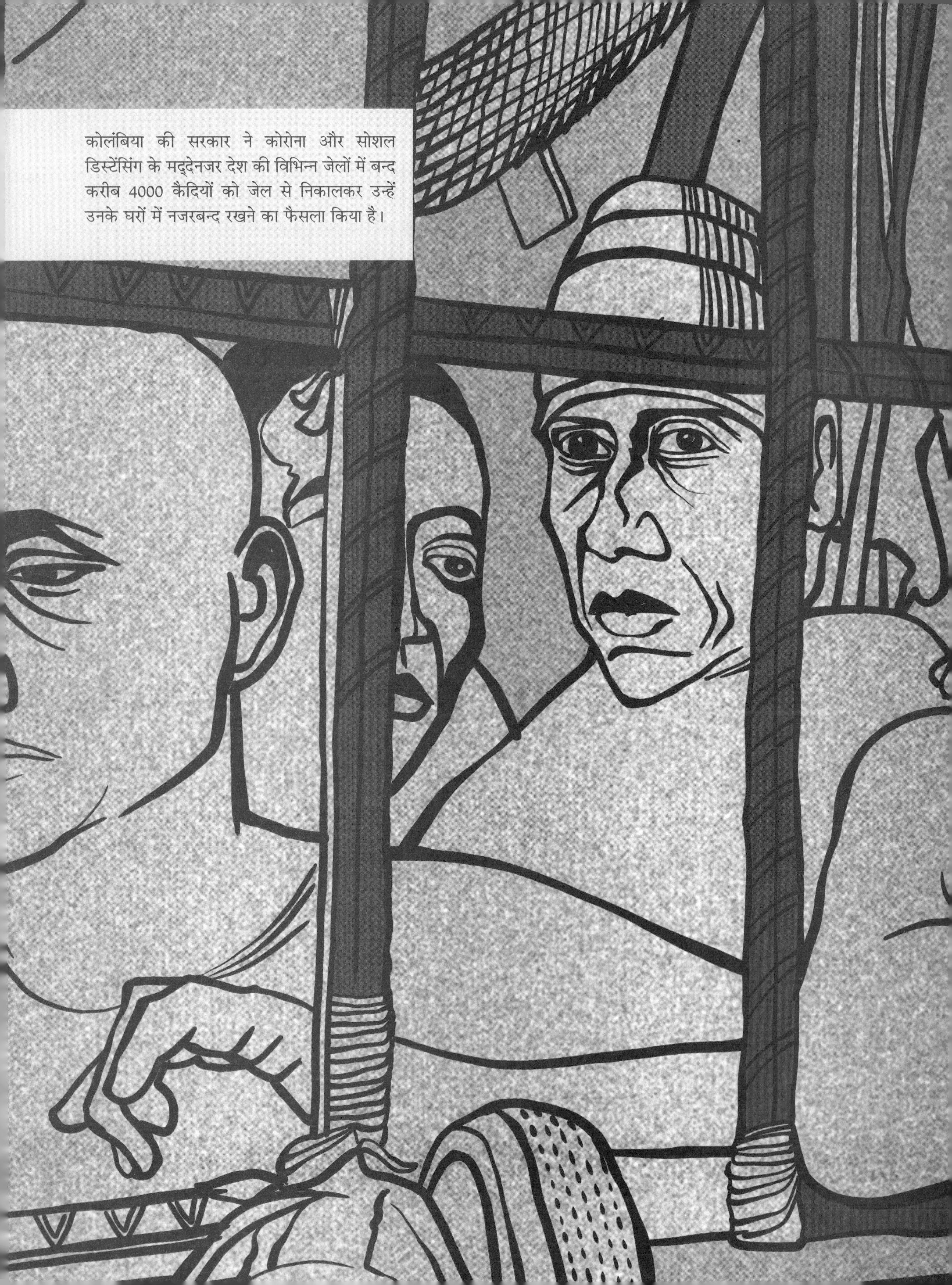
कोलंबिया की सरकार ने कोरोना और सोशल डिस्टेंसिंग के मद्देनजर देश की विभिन्न जेलों में बन्द करीब 4000 कैदियों को जेल से निकालकर उन्हें उनके घरों में नजरबन्द रखने का फैसला किया है।

लॉकडाउन और ग्रामीण भारत में भुखमरी

झारखंड के भंडरिया के गढ़वा गाँव के निवासी लक्षु लोहरा और सिमरिया देवी जैसे लोगों के लिए भूख कोई नई बात नहीं है पर भूख इस बार जो आई वह उनके पास मौत तक रही। चौका बर्तन और छोटे-छोटे दूसरे कामों से गुजारा करके पेट भरने वाले लक्षु लोहरा और सिमरिया देवी को लॉकडाउन के चलते कई दिनों तक खाना नसीब नहीं हुआ था। लॉकडाउन के आठवें दिन सिमरिया देवी भूख से मर गई।

उनके पति लक्षु लोहरा जिंदा हैं क्योंकि सिमरिया देवी के मरने पर प्रशासन ने उन्हें दस किलो चावल दिया है। यह खबर बीबीसी हिंदी से ली गई है।

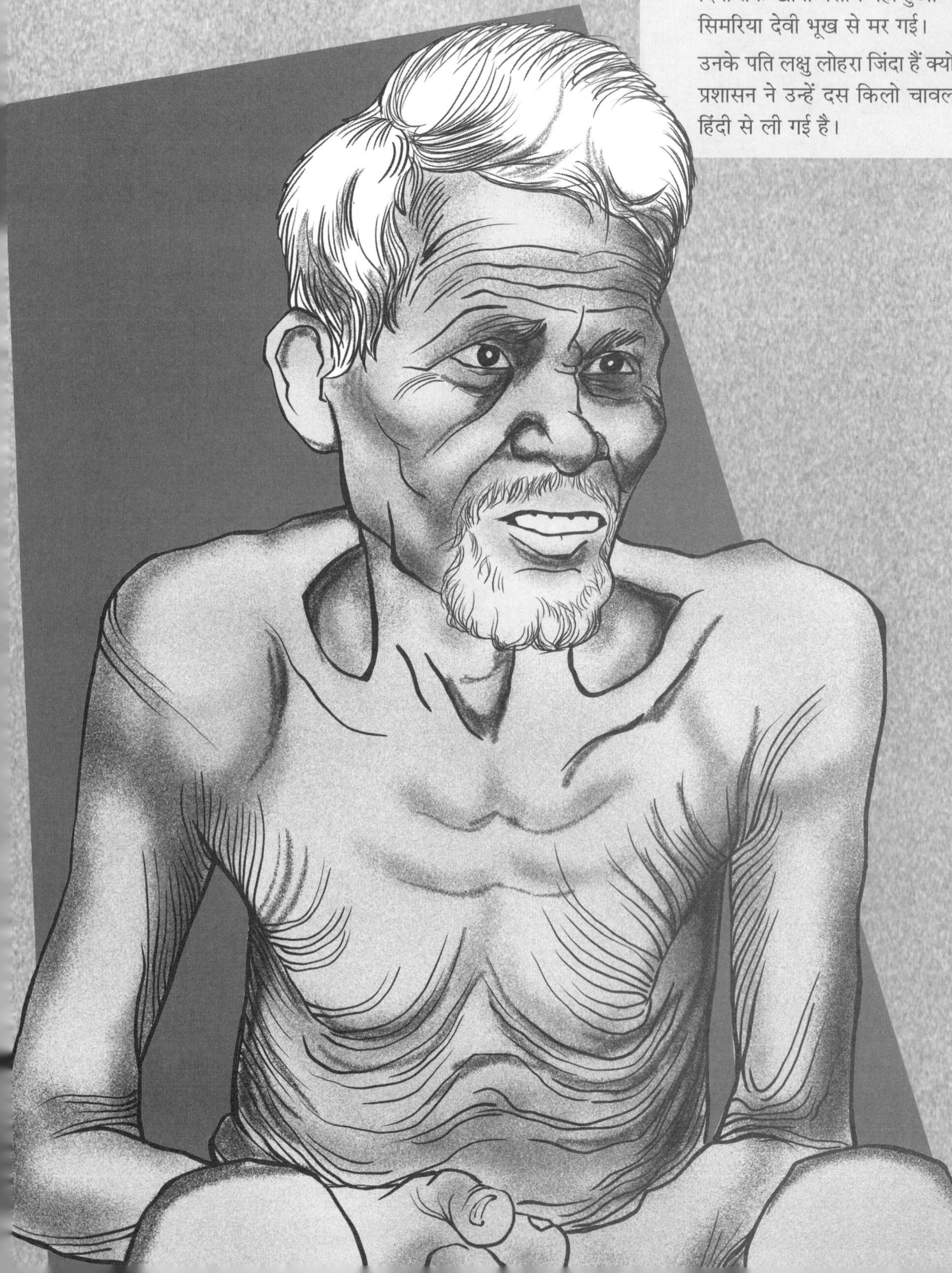

कोविड-19 के टैस्ट के बिना न तो कोविड रोगियों की ठीक संख्या का पता चलेगा और न ही इसको रोका जा सकेगा पर भारत सरकार ने घोषणा की कि प्राइवेट अस्पताल इसके लिए प्रति व्यक्ति रु. 4500 का फीस वसूल कर सकते हैं। यानी किसी परिवार में अगर पाँच सदस्य हैं तो उनको टैस्ट करवाने के लिए अठारह हजार रुपए खर्च करने पड़ेंगे! और वह भी तब जब कोविड-19 के चलते लॉकडाउन से ज्यादातर लोगों की नौकरी चली गई है या उनकी पगार घट गई है। बाद में सुप्रीम कोर्ट ने सरकार को आदेश दिया कि सरकार मुफ्त में जाँच करवाए पर थोड़े दिनों बाद सुप्रीम कोर्ट ने पलटी मारकर सरकार के पक्ष में राय दे दी।

समाचार संस्था स्क्रोल की रिपोर्ट के अनुसार विश्व के 5 देशों में कोविड के चलते जैसे राजनैतिक हालात बन रहे हैं या बनाए जा रहे हैं वह इन देशों को तानाशाही की ओर ले जाएगा। रिपोर्ट के अनुसार यह देश हैं—हंगरी, भारत, जिंबाबे, पेरू और अमेरिका।

लॉकडाउन और प्रवासी मजदूर-15

एनडीटीवी इंडिया की रिपोर्ट बता रही है कि लॉकडाउन की सीमा बढ़ाने के साथ ही खाना खिलाने वाले केंद्रों में मजदूरों की लाइन बढ़ती जा रही है। मजदूरों को खाना पाने में कितनी जद्दोजहद करनी पड़ती है इसका अंदाजा इसी बात से लगाया जा सकता है कि दोपहर के खाने के लिए सुबह के छः बजे से उन्हें लाइन में लगना पड़ता है। केवल यही नहीं खाना अकसर कम पड़ जाता है। मजबूरी में कई मजदूरों को खाली पेट या कम खा कर रहना पड़ता है।

लॉकडाउन और अपराध

द प्रिंट अखबार की रिपोर्ट में कहा गया है कि पिछले 1 से 15 अप्रैल में दिल्ली में कुल इक्कीस बलात्कार की घटनाएँ दर्ज की गईं। इसी दरमियान महिलाओं के साथ बदतमीजी और छेड़छाड़ के 31 मामले दर्ज किए गए। इस लॉकडाउन में यानी अप्रैल 1 से 15 के बीच वाहन चोरी के 344, अगवा करने के 21, चोरी के 1914, झपटमारी के 68 और 4 हत्याओं के मामले दर्ज हुए हैं। दिल्ली पुलिस का कहना है कि लॉकडाउन के चलते ज्यादातर लोग घरों से नहीं निकल रहे हैं इसलिए अपराधों में बहुत भारी कमी आई है।

एक आपबीती

मेरी माँ 6 अप्रैल, 2020 को गुजर गई। मेरी माँ की मौत के लिए कोविड नहीं बल्कि पूरी तरह ध्वस्त की जा चुकी हमारी जन-स्वास्थ्य व्यवस्था और जल्दबाजी में लागू किया लॉकडाउन है।

हमारी जिंदगी 5 अप्रैल से बदलनी शुरू हुई थी। 5 अप्रैल को जब पूरा देश अपने-अपने घरों को दीया-बाती से सजा रहा था मेरी माँ की तबीयत अचानक बिगड़ गई। उनको अस्पताल में भर्ती करवाने की कोशिश की गयी पर किसी भी निजी अस्पताल ने उनको भर्ती नहीं किया क्योंकि माँ की हालत बहुत ज्यादा बिगड़ गई थी। उन्हें सरकारी अस्पताल ले जाया गया पर वहाँ पर कोई डॉक्टर इमरजेंसी में नहीं था। रात भर दरभंगा जिला अस्पताल में डॉक्टर का इंतजार करते रहे और सुबह पाँच बजे मम्मी को घर ले आया गया। हमारे फैमिली डॉक्टर ने हमारी मम्मी को एक प्राइवेट क्लीनिक में भर्ती होने की व्यवस्था कर दी।

अब नई परेशानी थी लॉकडाउन में एम्बुलेंस को बुलाना। मगर तब तक मम्मी की हालत काफी बिगड़ चुकी थी। शाम चार बजे मम्मी चल बसीं। उस समय मैं मानेसर गुड़गाँव में था। लॉकडाउन के चलते बस, प्लेन या ट्रेन से घर जाना नामुमकिन था। घर जाने का एक ही उपाय था मानेसर से दरभंगा की ग्यारह सौ किलोमीटर की दूरी कार से तय की जाए। मेरे सहकर्मी और दोस्त कुणाल आनंद ने मेरे जीवन की इस सबसे कठिन घड़ी में इस चैलेंज को स्वीकार किया।

कार के पास की व्यवस्था कर हम दरभंगा के लिए निकल पड़े। हम सात अप्रैल की सुबह आठ बजे बिहार पहुँचे। खराब सड़क के चलते गोपालगंज के पास हमारी गाड़ी दुर्घटनाग्रस्त हो गई। मेरा दोस्त कुणाल बुरी तरह घायल हो गया था। पहले एक अस्पताल में हमारा फर्स्ट एड हुआ और फिर हमें एक दूसरे अस्पताल ले जाया गया। दोनों अस्पतालों की हालत अत्यंत दयनीय थी।

हमने एक बार फिर से यात्रा शुरू की और दोपहर तीन बजे अपने घर पहुँचे। मैं अपनी माँ को अब कभी वापस नहीं ला सकता। खुद को बहुत लाचार महसूस करता हूँ। खुद तो प्रधानमंत्री मोदी बोलता है कि अपने बुजुर्गों का खयाल रखो। मैं उससे पूछता हूँ आखिर कैसे? मेरी माँ को अगर सही वक्त पर अच्छा इलाज मिल जाता तो शायद वह आज हमारे साथ होती। मीडिया में जो दिखाया जा रहा है हकीकत उससे बहुत अलग है। लोग कोविड नहीं बल्कि बर्बाद कर दी गई स्वास्थ्य सेवाओं के चलते मर रहे हैं। अफसोस है कि किसी को इस पर कोई फर्क नहीं पड़ता है।

(बंजोत कौर के फेसबुक वाल से लिया गया है)

18 अप्रैल

दिल्ली में पिछले कुछ दिनों से अकसर बारिश हो रही है अप्रैल में इतनी तेज बारिश पहले कभी नहीं होती थी। गरीबों के लिए चौतरफा मुसीबत है। कामकाज बन्द। घर में खाने को कुछ नहीं। पैसे खत्म और बारिश के चलते भोजन वितरण केंद्र तक कोई जाए भी तो कैसे?

लॉकडाउन और मातृत्व

कोविड महामारी के चलते गर्भवती महिलाओं की परेशानियाँ अचानक बढ़ गई हैं। एक ओर दुकान में जहाँ जरूरी दवाईयाँ गायब हो गई हैं वहीं प्रसव से जुड़ी अनिश्चितता के चलते वह परेशान है। अपना नाम न प्रकाशित करने की शर्त पर एक सरकारी अधिकारी ने कहा कि प्रसव के समय होने वाले रक्तस्राव और ब्लड बैंक में खून की कमी को देखते हुए आने वाले दिनों में प्रसव के समय माँ के मरने (मैटरनल डेथ) की संभावना बढ़ गई है। 2019 में प्रकाशित सैंपल सर्वे रजिस्ट्रेशन की नवंबर 2015-17 की रिपोर्ट के अनुसार भारत में मैटरनल मोर्टलिटी रेट (एमएमआर) में 122 प्रति लाख आबादी और इन्फेंट मोर्टलिटी रेट 122 प्रति लाख आबादी है। इन दोनों में आने वाले दिनों में बढ़ोतरी की संभावना है।

महामारी में इंसानियत-4

कलजी पुत्र अमर जी की कहानी

यह खबर राजस्थान की है। लॉकडाउन के चलते सलूंबर उपखंड क्षेत्र में अम्लोदा गाँव के किसान ने गाँव के एक जरूरतमंद परिवार को खेत में खड़ी गेहूँ की फसल देकर मदद की। सरपंच भगवती लाल मीणा ने बताया कि लॉकडाउन के चलते गाँव के सेवक मोहल्ले में रहने वाले एक परिवार का गुजारा मुश्किल हो गया था। उसे देखते हुए कलजी पुत्र अमरजी ने अपनी दो बीघा जमीन पर खड़ी गेहूँ की फसल उस परिवार को दान में दे दी।

दैनिक हिंदुस्तान की एक रिपोर्ट के अनुसार जापान के प्रधानमंत्री शिंजो अबे ने घोषणा की है कि उनकी सरकार कोविड वायरस की इस घड़ी में सभी जापानियों को एक लाख येन का नकद भुगतान करेगी। भारतीय मुद्रा में यह लगभग 71161 रुपए हैं।

महामारी और साम्प्रदायिकता-7

बबीता फोगाट की कहानी

देश के लिए पहलवानी में राष्ट्रमंडल खेलों में पदक जीतने और बाद में उन पर बनी फिल्म दंगल से प्रसिद्ध हुई बबीता फोगाट ने भाजपा में शामिल होते ही भड़काऊ भाषण देना शुरू कर दिया है। हाल ही में उन्होंने जमातियों को कोविड के लिए जिम्मेदार करार दिया। बबीता के इस ट्वीट पर कई खिलाड़ियों ने उन्हें आड़े हाथों लिया है। हाल ही में अर्जुन पुरस्कार से सम्मानित बैडमिंटन खिलाड़ी ज्वाला गुट्टा ने ट्वीट किया है कि, "मुझे नहीं लगता है कि कोविड किसी नस्ल या धर्म को देखता है। मैं आग्रह करती हूँ कि आप अपना ट्वीट वापस लें। जब हम जीतते हैं तो सारा देश खुशी मनाता है।"

इससे पहले भी बबीता ने निजामुद्दीन के मरकजी जमातियों के बारे में गलत भाषा का इस्तेमाल करते हुए ट्वीट किया था मगर अपने ट्विटर अकाउंट को बचाने के लिए बाद में उसे डिलीट कर दिया था।

हेलीकॉप्टर से पैसों की बारिश

हाल ही में तेलंगाना के कई इलाकों में लोगबाग अपने-अपने घरों से बाहर खुले में बैठे दिखे। न उन्हें अप्रैल की चिलचिलाती धूप की परवाह थी और न ही कोविड लॉकडाउन की। पूछने पर पता चला कि किसी टीवी चैनल पर यह खबर प्रसारित की गई कि सरकार हेलीकॉप्टर से पैसे बरसाएगी इसलिए लोग घरों से निकल कर हेलीकॉप्टर का इन्तजार कर रहे। प्रेस इन्फॉर्मेशन ब्यूरो (पीआईबी) से बाद में पूरी कहानी पता चली। यह कहानी शुरू होती है प्रधानमंत्री मोदी के साथ देश के सभी राज्यों के मुख्यमंत्री की बैठक से जहाँ तेलंगाना के मुख्यमंत्री के राजशेखर राव ने प्रधानमंत्रियों को हेलीकॉप्टर मनी की सलाह दी। बस इसी को कुछ पत्रकारों ने समझा कि सरकार हेलीकॉप्टर से पैसे बरसाने की योजना बना रही है और उन्होंने अपनी इस समझ को खबर में बदल कर जस का तस चला।

क्या होता है हेलीकॉप्टर मनी? हेलीकॉप्टर मनी अर्थशास्त्र से जुड़ा एक सिद्धांत है। युद्ध या किसी आपदा की स्थिति में जब अर्थव्यवस्था पर बुरा असर पड़ता है तब सरकार एक भारी मात्रा में करेंसी छाप कर हालत को सुधारने का प्रयास करती। इससे कुछ समय के लिए अर्थव्यवस्था में सुधार भले ही आ जाए पर अर्थव्यवस्था में ज्यादा करेंसी आ जाने से अतिमुद्रास्फिती का खतरा बना रहता है।

लॉकडाउन और मछुआरे

लॉकडाउन के चलते देश के हजारों मछुआरे बीते कई हफ्तों से समंदर में भटकने को मजबूर हो गए हैं। गुजरात में इन मछुआरों ने जब अपनी नावें लगानी चाहिए तो लोगों ने पत्थर मारा और उन्हें वापस समुद्र में जाने को मजबूर कर दिया। एशिया विजिल की रिपोर्ट बताती है कि देश में लॉकडाउन बढ़ने से हजारों मछुआरों का संकट बढ़ गया है। बीते कई हफ्तों से समंदर में भटक गए मछुआरों का सब्र जब जवाब दे गया तब महाराष्ट्र के दो बन्दरगाहों पर इन लोगों ने जबरन अपनी नावों को लगाने की कोशिश की तो दोनों जगहों पर अधिकारियों ने मना कर दिया। लॉकडाउन के चलते इन मछुवारों को जमीन पर आने नहीं दिया जा रहा है। मछुआरों को उम्मीद थी कि 14 अप्रैल को लॉकडाउन हटेगा और वह अपने-अपने घरों को लौट पाएँगे। अब लॉकडाउन के बढ़ जाने से उनकी उम्मीदों पर पानी फिर गया है। जमीन को देखे इन मछुआरों को महीने भर से ऊपर हो गए हैं। नोगाँव में जब मजदूरों ने नाव को लगाने की कोशिश की तो उन्हें स्थानीय लोगों के विरोध का सामना करना पड़ा। लोगों को डर है कि अगर मछुआरों को आने दिया गया तो कोविड फैलने का खतरा बढ़ जाएगा। उन्होंने जब उम्बरगाँव में नावों को लगाने की कोशिश की तो भी उन्हें लोंगों के विरोध का सामना करना पड़ा। करीब दो दर्जन नाव में सवार मछुआरे आजकल महाराष्ट्र के दहानू डॉक में फँसे हैं। इन्हीं में से एक मछुआरे दुर्गेश मांकड़ बताते हैं कि, "आज हम घर से कई हफ्तों से दूर हैं। यह काफी तनावपूर्ण है और गुजरात में हमारे साथ जो हुआ उसके बाद से हम बहुत डरे हुए हैं।"

एक अनुमान के मुताबिक इस लॉकडाउन के चलते भारत के लगभग एक लाख मछुआरे समुद्र में फँसे हुए हैं। उल्लेखनीय है कि हर साल मानसून के आसपास कुल 61 दिनों के लिए मछली पकड़ने पर प्रतिबंध होता है। मार्च 2017 में केंद्र सरकार ने पूर्वी और पश्चिमी तट पर एक्सक्लूसिव इकोनॉमिक जोन में गहरे समंदर में मछली पकड़ने की गतिविधियों पर दिशानिर्देश जारी किए थे। यह नियम आज भी लागू हैं। मछली पकड़ने पर 61 दिनों के लिए लगाए जाने वाला प्रतिबंध इसी का एक हिस्सा है। आमतौर पर देश के पूर्वी तट पर यह प्रतिबंध 15 अप्रैल से 15 जून

तक और देश के पश्चिमी तट पर 1 जून से 31 जुलाई तक लागू रहता है। इस नियम में लॉकडाउन को देखते हुए 10 अप्रैल को केंद्रीय गृह मंत्रालय ने हालाँकि कुछ छूट दी थी जिसमें मछली पकड़ना, फीडिंग, रखरखाव, झींगा और मछली उत्पाद की आवाजाही शामिल है। देश के पूर्वी तट पर इस लॉकडाउन का गहरा प्रभाव पड़ा है। 10 अप्रैल के निर्देशों के अनुसार पश्चिमी तट पर मछुआरों के पास मछली पकड़ने की गतिविधि को फिर से शुरू करने के लिए 10 मई तक का समय है, इसलिए पश्चिमी तट के मछुआरों पर इस लॉकडाउन का इतना व्यापक असर नहीं पड़ा है पर पूर्वी तट के मछुआरों के लिए यह आजीविका का संकट है। केंद्र सरकार की ओर से अभी तक इन मछुआरों के लिए किसी भी वित्तीय राहत पैकेज की घोषणा नहीं की गई है।

वाशिंगटन के गवर्नर जे इन्सली ने राष्ट्रपति डोनाल्ड ट्रम्प पर लोगों को भड़काने और देश में अस्थिरता फैलाने का आरोप लगाया। उल्लेखनीय है कि ट्रम्प ने हाल ही में अपने एक ट्वीट में अपने समर्थकों को अमेरिका की डेमोक्रेटिक पार्टी शासन के राज्यों को 'आजाद' करवाने का आह्वान किया था जिसके जवाब में जे इन्सली ने अपने जवाबी ट्वीट में कहा कि ट्रम्प के इस ट्वीट से अमेरिका में अस्थिरता फैलने का खतरा पैदा हो गया है।

19 अप्रैल

'डेली बिहार' की रिपोर्ट के अनुसार बिहार में कोविड फेस-3 में पहुँच चुका है। इसका अर्थ है कि समाज के उस तबके में संक्रमण जिनका कभी किसी दूसरे देश में नहीं जाना हुआ था। दूसरे शब्दों में अब यह संक्रमण पूरी तरह से देश के लोगों में, देश के लोगों द्वारा फेल रहा है।

राजस्थान का कोटा शहर अपनी कोचिंग के लिए मशहूर है जहाँ उत्तरी भारत के बच्चे दूर-दूर से डॉक्टर/इंजीनियर के एडमिशन की तैयारी करने जाते हैं। लॉकडाउन में हजारों लाखों बच्चे आज कोटा में फँसे हुए हैं। इनमें से बिहार के बच्चों ने मुख्यमंत्री नीतीश कुमार से गुहार लगाई कि उन्हें घर लौटने के लिए बसों का इंतजाम किया जाए। नीतीश कुमार ने यह कहकर उन बच्चों की माँग को ठुकरा दिया कि ऐसा करना लॉकडाउन का उल्लंघन करना होगा पर भाजपा के एक विधायक ने कोटा में पढ़ रहे और लॉकडाउन में अटक गए अपने बेटे को वापस लाने के लिए विशेष अनुमति प्राप्त कर ली और यह अनुमति उनको नीतीश कुमार से मिली है।

न्यूज नेशन ने अपने पूरी डिजिटल टीम के 15 लोगों को आज नौकरी से हटा दिया। खबर हालाँकि 10 अप्रैल की है। संपादक की ओर से आए मेल में लोगों को उनकी नौकरी जाने की जानकारी दी गई। दिलचस्प है कि इसके लिए नौकरी से निकाले जाने के पहले उन्हें किसी प्रकार का नोटिस भी नहीं दिया गया था।

महामारी में इंसानियत-5

लोकमणि जी की कहानी

लोकमणि जी आंध्र प्रदेश के पूर्वी गोदावरी की रहनेवाली हैं। हाल ही में जब उन्हें पगार मिली तो उन्होंने अपनी पगार के पूरे 3500/- रुपयों से कोल्ड-ड्रिंक खरीदी और इस गर्मी में लॉकडाउन में ड्यूटी कर रहे पुलिसकर्मियों में बाँट दी। उनके इस काम की पुलिस विभाग ने जमकर प्रशंसा की है। आंध्र प्रदेश पुलिस के डीजीपी गौतम सावंग ने लोकमणि जी को वीडियो कॉन्फ्रेंसिंग कर धन्यवाद दिया। मजेदार बात यह है कि गौतम सावंग मणिपुर के रहने वाली हैं पर उन्होंने लोकमणि जी से तेलुगु में बातचीत की। लोकमणि जी के बारे में ज्यादा कुछ नहीं पता चला है। यह खबर हेमंत सुब्रमनियम की फेसबुक वॉल से ली गई है।

लॉकडाउन में लोगों को मजबूरन घरों में बैठना पड़ा है। उनकी दिनचर्या में बदलाव आना स्वाभाविक है पर कुछ घटनाएँ ऐसी हो रही हैं जिसें सामान्य नहीं कहा जा सकता। उनमें से एक है पोर्न-साइट्स में लोगों की बढ़ती दिलचस्पी और उससे भी चिंता की बात है चाइल्ड पोर्नोग्राफी को देखने वालों में अचानक आई बढ़ोतरी। केवल महाराष्ट्र में साइबर क्राइम डिपार्टमेंट ने अब तक इस सिलसिले में 133 मामले दर्ज किए हैं और 46 लोगों को गिरफ्तार किया है। महाराष्ट्र के गृह मंत्री अनिल देशमुख का कहना है कि पोर्न साइट्स और खासकर चाइल्ड पोर्नोग्राफी की बढ़ी हुई माँग से पता चलता है कि हमारे समाज में पिडोफील्स की संख्या बढ़ती जा रही है और यह बहुत चिंता की बात है।

पीटीआई की रिपोर्ट बता रही हैं कि अमेरिकी राष्ट्रपति डोनाल्ड ट्रंप ने चीन को चेतावनी दी है कि अगर कोविड विकसित करने में चीन का हाथ सिद्ध होता है तो चीन को अपने किए की सजा भुगतनी होगी।

उत्तरप्रदेश के रामपुर जिले के भोट थाना गाँव प्रेमपुर के निवासी जब्बार ने अपने घर और आसपास की जगह को सैनीटाइज करने के लिए कुछ लोगों को बुलाया था जिनमें कुँवरपाल और हुलसी नाम के दो युवक भी शामिल थे। कुँवरपाल जब कीटनाशक का स्प्रे कर रहा था तो दवा की कुछ बूँदें सामने से आ रहे इसी गाँव के निवासी इन्द्रपाल पर पड़ गईं। इससे इन्द्रपाल को इतना गुस्सा आया कि उसने पहले कुँवरपाल को पहले पीटा फिर उसका हाथ बाँधकर दवा को स्प्रे कर दिया जिससे कुँवरपाल की मौत हो गई।

मणिपुर के मुख्यमंत्री एन. वीरेंद्र सिंह ने आज मणिपुर को कोरोना-फ्री घोषित कर दिया। उन्होंने आगे जानकारी दी है कि मणिपुर में दो पॉजिटिव थे जो अब स्वस्थ हैं। राज्य में पिछले दिनों एक भी नए केस की जानकारी नहीं मिली है।

लॉकडाउन और प्रवासी मजदूर-16

छब्बू मंडल की कहानी

इंडियन एक्सप्रेस में बिहार के निवासी छब्बू मंडल की खबर है, जो गुड़गाँव में पेंटर का काम करते थे। बृहस्पतिवार की सुबह वह अपने फोन को 2000 रुपए में बेचकर उस पैसे से वह एक पंखा और कुछ राशन लेकर घर लौटे। पिछले कुछ दिनों से छब्बू और उसके परिवार के अन्य सदस्य आधा पेट खाकर किसी तरह दिन बिता रहे थे। ऐसे में राशन आना सबके लिए खुशी की बात थी पर यह खुशी ज्यादा देर टिक नहीं पाई। गुड़गाँव के शांतिकुंज की बस्ती निवासी छब्बू मंडल के दिमाग में कुछ और ही चल रहा था। छब्बू मंडल की झुग्गी के साथ वाली झुग्गी में उसके सास-ससुर रहते हैं। वहाँ उसकी बीवी खाना पका रही थी। उसी समय छब्बू मंडल ने अपनी झुग्गी में फाँसी लगाकर आत्महत्या कर ली। पुलिस का कहना है कि छब्बू मंडल दिमागी रूप से अस्वस्थ था जिसके चलते उसने यह कदम उठाया। प्रशासन ने यह भी कहा कि छब्बू मंडल को खाने पीने की कोई समस्या नहीं थी क्योंकि उसके घर में राशन थोड़ा बहुत था और उसके घर से थोड़ी ही दूरी पर सरकारी भोजन वितरण केंद्र स्थित है।

छब्बू मंडल की झुग्गी के साथ वाली झुग्गी में रहने वाले उसके ससुर का कहना है कि प्रशासन द्वारा बताया गया सबसे करीबी भोजन वितरण केंद्र सेक्टर 56 में है। इसके अलावा एक और सेंटर वजीराबाद नाम के इलाके में है जो काफी दूर है। घर के बच्चों के लिए उतनी दूर सुबह-शाम पैदल जाना बहुत मुश्किल होता है। अप्रैल की गर्मी में टिन की छत वाली उनकी झुग्गी धधकती रहती है। 15 साल पहले बिहार के मोतिहारी से गुड़गाँव काम की तलाश में आए छब्बू मंडल पेंटर का काम करते थे। काम ठीक-ठाक चल रहा था पर उनके काम पर गाज तब गिरी जब पिछले अक्टूबर-नवंबर को वायु प्रदूषण की रोकथाम के लिए सभी कंस्ट्रक्शन कामकाज पर कोर्ट के आदेश के चलते रोक लग गई। काम मिलना अचानक बन्द हो गया ह। हफ्ते में 3 दिन से ज्यादा काम नहीं मिलता था। ऐसे में घर चलाना दिनो दिन मुश्किल होता जा रहा था। छब्बू मंडल की पत्नी पूनम ने बताया कि 22 मार्च को जब लॉकडाउन की घोषणा हुई तब उनके पास एक भी पैसा नहीं था। उधर मकान मालिक किराया देने के लिए जोर डाल रहा था। पूनम ने बताया कि, "हम हमेशा सजग रहते और जहाँ से भी खाना मिलने की खबर आती वहाँ दौड़ते। क्योंकि हमारे अपने घर पर कुछ भी नहीं था और बँटने वाले खाने पर हम पूरी तरह निर्भर थे। सभी से इंतजार कर रहे हैं कि कब लॉकडाउन खुले और मैं घरों में काम शुरू करके कुछ रुपए कमाऊँ पर लॉकडाउन खुलने में अभी पूरे 15 दिन बाकी हैं।"

पश्चिम बंगाल की ममता बनर्जी सरकार के स्वास्थ्य और परिवार कल्याण मंत्रालय ने 19 अप्रैल को ट्वीट कर इंडियन काउंसिल ऑफ मेडिकल रिसर्च (आईसीएमआर) द्वारा मुहैया त्रुटिपूर्ण या डिफेक्टिव टैस्ट किट्स को राज्य में कोविड की जाँच में आई शिथिलता के लिए जिम्मेदार ठहराया है। राज्य के स्वास्थ्य और परिवार कल्याण मंत्रालय ने बताया है कि आईसीएमआर द्वारा उपलब्ध करवाए हुए टैस्ट की जाँच रिपोर्ट अजीबोगरीब आ रही हैं जिसके लिए जाँच एक से अधिक बार करवाना पड़ रही है। राज्य सरकार ने आरोप लगाया है कि पहले उन्हें पुणे स्थित नेशनल इंस्टीट्यूट ऑफ विरोलोजी (एनआईवी) से टैस्ट किट्स आपूर्ति की जाती थी और वह टैस्ट किट्स बहुत अच्छी तरह काम कर रहे थीं। अचानक केंद्र सरकार ने टैस्ट किट्स इंडियन काउंसिल ऑफ मेडिकल रिसर्च (आईसीएमआर) से लेने का आदेश दे दिया। राज्य सरकार का कहना है कि इंडियन काउंसिल ऑफ मेडिकल रिसर्च (आईसीएमआर) की किट्स घटिया क्वालिटी की हैं जिससे उन्हें कई बार टैस्ट करवाना पड़ रहा है और पूरी प्रक्रिया गड़बड़ा गई है।

प्राइवेट डिटेक्टिव फेलूदा लगाएँगे कोविड का पता

सीएसआईआर के इंस्टीट्यूट ऑफ जिनोमिक्स एंड इंटीग्रेटिव बायोलॉजी के दो वैज्ञानिकों देबोज्योति चक्रवर्ती और शौभिक माइती ने कोविड की जाँच के लिए एक 'पेपर-स्लिप-टैस्ट' का आविष्कार किया है। उनका दावा है कि महज 5-6 सौ रुपए में यह 'पेपर-टैस्ट-किट' उपलब्ध होंगे और उसकी मदद से महज 40 से 45 मिनट में किसी व्यक्ति में कोविड की जाँच हो जाएगी। दोनों वैज्ञानिकों ने अपने इस पेपर-स्लिप-किट को बंगाल के प्रख्यात निर्देशक/लेखक सत्यजित राय द्वारा सृजित प्राइवेट डिटेक्टिव 'फेलूदा' के नाम पर रखा है।

केवल यही नहीं सत्यजित राय की फेलूदा सीरिज में फेलूदा के दोस्त और लेखक जटायु के नाम पर एक वेब टूल को भी विकसित किया है। इस वेब-टूल-किट और टैस्ट-किट की मदद से केवल 40 मिनट में किसी व्यक्ति में कोविड की मौजूदगी का पता लगाया जा सकता है।

20 अप्रैल

जॉन हॉपकिंस यूनिवर्सिटी के आँकड़ों के अनुसार विश्व भर में कोविड से मरने वालों की संख्या डेढ़ लाख से पार हो गई है।

लेबनान की संसद ने कानून पारित कर देश भर के जेलों में बन्द हजारों कैदियों को आम माफी देकर रिहा करने का फैसला किया है। लेबनान की सरकार ने कोविड को देखते हुए अपनी जेलों से भीड़ कम करने के लिए यह कदम उठाए हैं।

ज्याँ पों लापलाँ की कहानी

समाचार संस्था अल जजीरा की इस रिपोर्ट में ज्याँ पों लापलाँ नाम के नर्स की जुबानी है जो यॉर्कशायर के एक अस्पताल में काम करते हैं। 'हेलो! मैं आज से तकरीबन 20 साल पहले इस प्रोफेशन में आया। बाद के दिनों में मैं सीनियर नर्स के बगैर डिजिटल प्रोजेक्ट में काम करने लगा। कोविड के चलते मुझे आज 10 साल बाद फिर से फ्रंटलाइन में काम शुरू करना पड़ा है। मेरे काम की शिफ्ट 12 घंटे प्रतिदिन के हिसाब से तीन दिन का होती है। मुझे आधा घंटे तैयार होने में लगता है। मैं अपने सामने लोगों को मरता हुआ देख रहा हूँ। आजकल ऐसा अकसर ऐसा हो रहा है कि मैं अपनी एक शिफ्ट खत्म करके घर जाता हूँ और लौटकर दूसरी शिफ्ट में आने पर पता चलता है कि वह इनसान अब इस दुनिया में नहीं रहा। उसकी देखभाल मैंने पिछली शिफ्ट तक की है। कई मरीज उम्र में मुझसे बहुत छोटे हैं। उनको मरता हुआ देख रहा हूँ। यह सचमुच डरावना है। मेरा डिवोर्स हो चुका है। मैं कोविड वायरस के चलते अपने बच्चों से नहीं मिल रहा हूँ। मेरे पास खबरें आती हैं कि पीपीई के अभाव में एक के बाद एक डॉक्टर मरते चले जा रहे हैं। मैं केवल एक नर्स नहीं बल्कि एक पिता और बेटा भी हूँ। हाल के दिनों तक सरकार हमारे बारे में एकदम उदासीन रवैया रखती थी। कोविड के चलते हमें अब सरकार ने संजीदगी से लेना शुरू किया है। जब लोगों को हमारे लिए ताली बजाते देखता हूँ तो मुझे उनको और सरकार से कहने का मन करता है कि हमें तालियाँ नहीं बल्कि उपयुक्त सुरक्षा के इंतजाम दो। हमें इतनी तनख्वाह दो कि हम एक सम्मान की जिंदगी जी सकें।

21 अप्रैल

मुंबई के धारावी में आज कोविड के बारह नए केस की पुष्टि हुई है जिसके बाद धारावी में कोविड से संक्रमित लोगों की संख्या 180 हो गई।

भारत में कुल कितने कोविड संक्रमित व्यक्ति हैं?

यह अपने-आप में 'कौन बनेगा करोड़पति' का लाख टके का सवाल बन सकता है और इसकी वजह भी है।

टैस्ट किट के अभाव में भारत में टैस्ट की संख्या बहुत कम है। दूसरे देशों में प्रति 10 लाख आबादी में टैस्ट की संख्या निम्न है—

जर्मनी	15,700 व्यक्ति
इटली	14,000 व्यक्ति
दक्षिण कोरिया	10,500 व्यक्ति
अमेरिका	10,000 व्यक्ति

भारत में यह संख्या प्रति दस लाख की आबादी में केवल 211 है।

विश्व भर में भारत में हो रहे कम टैस्ट पर तीखी प्रतिक्रियाएँ आ रही हैं।

बिजनेस स्टैंडर्ड अखबार की रिपोर्ट में इंडियन काउंसिल ऑफ मेडिकल रिसर्च (आईसीएमआर) के डॉक्टर आर.आर. गंगाखेदकर का बयान है जिसमें वह कहते हैं कि अभी भारत में प्रतिदिन 30,000 सैंपल टैस्ट हो रहे हैं। यानी सरकारी हिसाब से देखा जाए तो अब तक केवल ग्यारह लाख टैस्ट किट का बन्दोबस्त हुआ है। भारत के 130 करोड़ की आबादी

को देखते हुए यह तो ऊँट के मुँह में जीरा जैसा है। सरकारी आँकड़ों के अनुसार बृहस्पतिवार यानी 15 अप्रैल तक भारत में कुल 3.2 लाख लोगों को कोविड का टैस्ट हुआ। अमेरिका ने अपनी 33 करोड़ की आबादी के लिए 32.5 लाख टैस्ट किए हैं।

दिलचस्प यह भी है कि भारत में होने वाले टैस्ट एकसमान नहीं हो रहे हैं। मुम्बई शहर में जितने टैस्ट किए गए वह किसी भी दूसरे शहर बल्कि दूसरे कई राज्यों से अधिक हैं। यही बात दिल्ली पर भी लागू होती है। अब ऐसे में जहाँ टैस्ट को लागू करने के लिए इतने सारे सवाल खड़े हो वहाँ भारत में रोगियों का सरकारी आँकड़ों पर कितना भरोसा किया जाना चाहिए?

इंडिया टुडे की एक रिपोर्ट में ओडिशा के स्वास्थ्य विभाग के अधिकारी सोमेश उपाध्याय के ट्वीट का हवाला दिया गया है। इसमें सोमेश उपाध्याय कहते हैं कि भारत को अपने 130 करोड़ की पूरी आबादी का कोविड टैस्ट करवाने के लिए करीब 6.3 खरब रुपए खर्च करने पड़ेंगे जो केंद्रीय बजट का 3.3 फीसदी है और हमारे सकल राजस्व का 64 फीसदी है।

कोविड और कच्चा तेल (क्रूड ऑयल)

कोविड के चलते विश्व के देशों में पिछले कई हफ्तों से लॉकडाउन चल रहा है। कारखाने, यातायात वगैरह सब बन्द हैं। इससे विश्व भर में तेल की माँग अचानक घट गई है। उधर तेल निर्यातक देशों का तेल उत्पादन जारी है। उत्पादित तेल का कोई खरीदार है नहीं। और जो खरीददार हैं उनके पास तेल को स्टॉक करके रखने की जगह नहीं बची। इससे विश्व तेल बाजार में एक अभूतपूर्व संकट उत्पन्न हो गया है। कल यानि सोमवार 20 अप्रैल को इतिहास में पहली बार की कच्चे तेल की कीमत घटकर $0 प्रति बैरल हो गई। दूसरे शब्दों में विश्व बाजार में कच्चा तेल मुफ्त हो गया। दिलचस्प यह है कि तेल के दामों में गिरावट इसके बाद भी जारी रही और एक समय ऐसा आया जब 1 बैरल क्रूड आयल की कीमत (-) 36.6$ प्रति बैरल पहुँच गई यानी विक्रेता क्रेता को प्रति बैरल की खरीद पर 36.6$ अदा कर रहा था।

यहाँ बताना जरूरी है कि कच्चा तेल केवल दो महीने पहले यानी जनवरी के महीने 70$ प्रति डॉलर बिक रहा था। 21 अप्रैल तक इसकी कीमत गिर कर 18 $ प्रति बैरल जा पहुँची और 20 अप्रैल को इसकी कीमत (-)37.63 जा पहुँचा!

सुप्रीम कोर्ट ने देश भर में चल रहे लॉकडाउन से मुश्किल में पड़े लाखों करोड़ों मजदूरों को तुरंत सरकारी मदद मुहैया करवाने से सम्बन्धित जनहित याचिका (पीआईएल) को खारिज कर दिया। यह पीआईएल स्वामी अग्निवेश ने दायर की थी और कोलिन गोंजाल्विस इसकी पैरवी कर रहे थे। स्वामी अग्निवेश ने इस जनहित याचिका के माध्यम से समाज के कमजोर तबकों पर कोरोना लॉकडाउन से हुई मुश्किलों पर सरकार द्वारा तुरंत कार्रवाई करने का आग्रह किया था साथ ही इसमें विभिन्न राज्यों और यूनियन टेरिटरीज में आँगनबाड़ियों को फिर से शुरू करने और गर्भवती महिलाओं को उचित भोजन की व्यवस्था करने की अपील की गई थी। न्यायमूर्ति एन.वी. रामन्ना, संजय किशन कौल और बी.आर. गवई की बेंच ने सरकारी वकील तुषार मेहता के इस दावे को मान लिया कि सरकार गरीब लोगों की भरपूर मदद कर रही है।

देश में लॉकडाउन का यह चौथा सप्ताह चल रहा है। मार्च के आखिर और अप्रैल के मध्य में भारत सरकार के आँकड़ों के हिसाब से देश में बेरोजगारी की दर 25-24 फीसदी थी। यह खबर बिजनेस स्टैंडर्ड में प्रकाशित हुई है। पूरी खबर लिख नहीं पाया क्योंकि इसके लिए बीएस का सब्सक्रिप्शन लेना पड़ेगा

महाराष्ट्र सरकार ने राज्य में लॉकडाउन के दौरान अखबारों के वितरण पर पाबन्दी लगा दी है। प्रेस काउंसिल ने महाराष्ट्र सरकार को नोटिस भेजा। बाद में महाराष्ट्र में मुम्बई के अलावा बाकी राज्य में अखबारों के घर-घर वितरण की इजाजत दे दी।

लॉकडाउन और प्रवासी मजदूर-17

देश के आठ राज्यों में आईआईटी से जुड़ी ग्राम-वाणी द्वारा करवाए एक सर्वे में यह पाया गया कि कोविड लॉकडाउन के चलते 53 फीसदी मजदूरों को नौकरी से निकाल दिया गया है और लगभग 60 फीसदी मजदूर आज बेहद तंगहाली में जी रहे हैं।

ओडिशा सरकार ने कोविड का इलाज करते हुए जान गँवाने वाले राज्य के हर डॉक्टर/नर्स/स्वास्थ्य कर्मचारी के परिवार को 50 लाख रुपए का अनुदान देने की घोषणा की है। राज्य के मुख्यमंत्री नवीन पटनायक ने कहा है कि हर मृतक डॉक्टर/नर्स/स्वास्थ्य कर्मचारी को राज्य सरकार शहीद का दर्जा देगी और उनका अंतिम संस्कार पूरे राजकीय सम्मान के साथ किया जाएगा। उन्होंने यह भी कहा कि किसी स्वास्थ्यकर्मी से दुर्व्यवहार को राज्य से दुर्व्यवहार माना जाएगा और ऐसा करने वाले व्यक्ति पर कड़ी कार्रवाई की जाएगी।

लॉकडाउन में कुआँ

महाराष्ट के वासिम जिले के कारखेदा गाँव के निवासी गजानन पखमोदे और उनकी पत्नी पुष्पा ने लॉकडाउन का बेहद अनूठा इस्तेमाल किया। उन्होंने इक्कीस दिनों के लॉकडाउन में अपने घर के अहाते में 25 फीट गहरा कुआँ खोद डाला। गजानन जी ने बताया कि पहले पहल गाँव वालों ने उनका मजाक उड़ाया लेकिन वह अपने निश्चय पर अटल रहे और पच्चीस फुट की खुदाई में उनको पानी मिल गया।

एक सैनिटाईजेशन कर्मचारी की मौत

कोरोना से बचाव के लिए सरकार द्वारा उठाए गए कदमों में से एक है सैनिटाईजेशन, जिसमें गली मोहल्लों में कीटनाशक और दवाओं का छिड़काव किया जा रहा है। खबर उत्तर प्रदेश के रामपुर जिले के मोट थाने के गाँव प्रेमपुर के निवासी जब्बार ने अपने घर और आसपास की जगह को सैनिटाईज करने के लिए पिछले 14 अप्रैल को कुछ लोगों को बुलाया था। इन्हीं में से मुतियापुरा गाँव के दो युवक कुँवरपाल और हुलासी भी थे। कुँवरपाल जब कीटनाशक का स्प्रे कर रहा था तो सामने से आ रहे इसी गाँव के निवासी इंद्रपाल पर दवा की कुछ बूँदें पड़ गई। इस पर इंद्रपाल को इतना गुस्सा आया उसने कुँवरपाल से पहले मारपीट की फिर उसका हाथ बाँधकर उसके मुँह पर कीटनाशक का स्प्रे कर दिया जिससे कुँवरपाल की मौत हो गई।

कोरोना ने बढ़ाया पर्यावरण प्रदूषण

कोरोना की रोकथाम के लिए मास्क/दस्ताने वगैरह जरूरी हैं पर इनका सही तरीके से निबटान भी जरूरी है। इस पर लोगों का ध्यान कम जा रहा है। दी इंडिपेंडेंट अखबार की रिपोर्ट बता रही है कि इस्तेमाल के बाद मास्क/दस्ताने नदियों से होते हुए महासागरों तक पहुँच रहे हैं। इनमें से ज्यादातर ऐसे मटीरियल से बने हैं जो प्राकृतिक रूप से विनष्ट नहीं होते हैं। समुद्री जीव और पक्षी इनके चटकीले रंगों को देखकर इसे अपना भोजन समझकर खा लेते हैं जिससे उनकी मौत हो जाती है।

डॉ. के.एम. इस्माइल हुसैन की कहानी

कुनूल के डॉ. के.एम. इस्माइल हुसैन पिछले कुछ हफ्तों से अपने क्लीनिक नहीं जा पा रहे थे, वजह थी लॉकडाउन। आखिरकार उन्होंने एक बार फिर से अपने क्लीनिक में जाना शुरू किया।

पिछले दिसंबर की 5 तारीख को डॉ. हुसैन 76 साल के हुए पर उम्र कभी उनके कामकाज में आड़े नहीं आई। कुनूल में किसी से डॉ. हुसैन के बारे में पूछिए तो पता चलेगा कि रोगियों के लिए समर्पित इस डॉक्टर ने आज तक एक भी मरीज को वापस नहीं लौटाया। सुबह सवेरे उनके क्लीनिक के बाहर मरीजों की कतार लगना शुरू हो जाती। क्लीनिक के बाहर एक दान पेटी थी जिसमें लोग अपनी जेब के अनुसार पैसे डालते और पैसे निकाल भी लेते। मसलन, 50 रुपए का नोट डाला और दस-दस रुपए के तीन नोट निकाल लिए। कभी-कभी तो कुछ मरीज दान पेटी में दो रुपए तक डाल जाते थे। अपने सस्ते और अचूक इलाज के लिए डॉ. हुसैन की ख्याति कुनूल से दूसरे जिलों तक पहुँची। सन् 80-90 में उनकी ख्याति 'दो रुपए डॉक्टर' के रूप में फैल गई। डॉ. हुसैन के करीबी शफअ बताते हैं कि एक रात एक मरीज उनके पास पेट में दर्द की शिकायत लेकर आया। डॉ. हुसैन ने उसे दवा के साथ कुछ हिदायतें भी दीं। वह मरीज उन्हें सिर्फ धन्यवाद देकर चला गया। कुछ दिनों पहले उन्हें साँस लेने में दिक्कत महसूस हुई, उन्हें अस्पताल में भर्ती करवाया गया, जहाँ 14 अप्रैल को उनकी मौत हो गई। बाद में पाया गया कि वह कोरोना पॉजिटिव थे।

अमेरिकी राष्ट्रपति डोनाल्ड ट्रंप ने अमेरिका माइग्रेशन पर अस्थाई रोक लगा दी है। अपने एक ट्वीट में उन्होंने कहा कि कोविड से निपटने और हमारे महान अमेरिकी लोगों की भलाई को देखते हुए मैंने एक कार्यकारी आदेश पर दस्तखत किए हैं और अमेरिका में माइग्रेशन पर अस्थाई रोक लगा दी है।

लॉकडाउन और प्रवासी मजदूर-18

लॉकडाउन के कारण देश भर में हजारों-लाखों मजदूरों को सैकड़ों किलोमीटर का सफर पैदल तय करना पड़ा। इन्हीं में से एक प्रवासी मजदूर महेश जेना ने महाराष्ट्र से ओडिशा का 1700 किलोमीटर का सफर तय किया। एक अन्य मजदूर जाधव गोगोई ने 2800 किलोमीटर का सफर तय किया। असम के नागाँव के गाधारिया गाँव के निवासी जाधव गोगोई गुजरात के वापी में मजदूरी का काम करते थे। देश भर में लॉकडाउन होने के बाद 27 मार्च को जाधव वापी से अपने घर नागाँव के लिए चल पड़े और 19 अप्रैल को नागाँव पहुँचे। जाधव ने बताया कि वापी से बिहार तक का सफर ठीक-ठाक चला पर बिहार से नागाँव की यात्रा सबसे कठिनाई भरी रही। यहाँ कुछ लोगों ने उनका पैसा छीन लिया और जाधव भीख माँगने को मजबूर हो गए। उनके पास जब एकदम पैसे नहीं थे तब उन्होंने बिहार से नागाँव के बीच की दूरी पैदल तय की। रास्ते में कई जगह उन्हें पुलिस को चकमा देना पड़ा और आखिरकार वह अपने घर पहुँच गए।

असम सरकार ने राज्य में प्रवासी मजदूरों को वापस आने की अनुमति दे दी है जिसके चलते 25 अप्रैल से देश के विभिन्न हिस्सों में अटके प्रवासी मजदूर असम लौट पाएँगे। बाद में राज्य के स्वास्थ्य मंत्री हेमंत बिश्वशर्मा ने ट्वीट कर इस खबर को गलत बताया। अपने ट्वीट में बिश्वशर्मा ने बताया कि प्रवासी मजदूरों को केवल राज्य के अन्दर ही एक जगह से दूसरी जगह आने-जाने की अनुमति होगी।

गृह मंत्रालय ने एक सर्कुलर जारी किया जिसमें स्वास्थ्य कर्मियों, मेडिकल स्टाफ के खिलाफ किसी भी हिंसा पर कड़ी कार्रवाई के निर्देश दिए गए हैं। साथ ही यह भी कहा गया है कि उन लोगों के खिलाफ भी कड़ी कानूनी कार्रवाई की जाएगी जो कोविड से मरे लोगों की अंत्येष्टि में बाधा पैदा करेंगे।

पश्चिम बंगाल के बादूरिया में पीडीएस और राहत सामग्री बाँटने गए दल पर स्थानीय लोगों ने पथराव किया जिसमें चार पुलिसकर्मी घायल हो गए। हालाँकि पश्चिम बंगाल सरकार ने कहा है कि इस घटना के साथ राहत सामग्री वितरण का कोई लेना-देना नहीं है।

दिल्ली के सुल्तानपुरी इलाके के क्वारंटाइन सेंटर में ठहरे तबलीगी जमात के लोगों ने राज्य सरकार के खिलाफ विरोध प्रदर्शन किया। उनका कहना था कि राज्य सरकार कोई भी सुविधा मुहैया नहीं करा रही है।

डब्ल्यूएचओ ने अपने एक बयान में आज कोविड वायरस की 'लैब ओरिजन थ्योरी' को खारिज कर दिया है। जेनेवा में पत्रकारों से बात करते हुए डब्ल्यूएचओ की फेदेला चैब ने कहा, "ऐसा कोई ठोस सबूत नहीं मिला है जिससे यह कहा जा सके कि कोविड वायरस किसी लैब में विकसित किया गया है। इस बात के सबूत मिलते हैं कि यह वायरस जंतुओं से मानव में ट्रांसमिट हुआ है।"

इंडियन इंस्टीट्यूट ऑफ साइंस (आईआईएससी) के 18 वैज्ञानिकों द्वारा लिखे गए एक पेपर में यह बात कही गई है कि 3 मई को प्रस्तावित लॉकडाउन खुलने के बाद मुम्बई और बेंगलुरु में कोविड वायरस संक्रमण की दूसरी लहर का खतरा है। इस पेपर को आईआईएससी और टाटा इंस्टीट्यूट ऑफ फंडामेंटल रिसर्च के वैज्ञानिकों द्वारा मैथमेटिकल एपिटोमिक सिमुलेटर से प्राप्त डाटा की मदद से लिखा गया है।

23 अप्रैल

कोविड वैक्सीन का क्लीनिकल ट्रायल

ब्रिटेन ने आज ऐलान किया कि कोविड की वैक्सीन तैयार हो चुकी है और आज यानी बृहस्पतिवार से इसके क्लीनिकल ट्रायल का पहला चरण शुरू किया जाएगा। ब्रिटेन के स्वास्थ्य मंत्री मैट हैनकूक ने जानकारी दी है कि इस वैक्सीन को तैयार करने के लिए ऑक्सफोर्ड यूनिवर्सिटी को 20 मिलियन पौंड का अनुदान दिया गया है। इसके अलावा इस वैक्सीन को दूसरे और तीसरे चरण के क्लीनिकल ट्रायल के लिए इंपीरियल कॉलेज ऑफ लंदन को 22.5 मिलियन पौंड की सहायता राशि मंजूर की गई है।

कोविड के चलते आई तंगी को देखते हुए सरकार ने अपने सभी कर्मचारियों के डीए (महँगाई भत्ते) पर जुलाई, 2021 तक रोक लगा दी है। यह रोक पेंशन पर भी लागू होगी।

डब्ल्यूएचओ की एक रिपोर्ट के अनुसार, मोबाइल फोन से कोविड के संक्रमण का खतरा है। इसे देखते हुए अब सभी स्वास्थ्य कर्मचारियों/डॉक्टरों और मरीजों को अस्पताल में प्रवेश से पहले अपने मोबाइल फोन जमा कराने का निर्देश दिया गया है।

विश्व बैंक की एक रिपोर्ट के अनुसार, कोविड के चलते भारत में लॉकडाउन से देशभर के करीब चार करोड़ प्रवासी मजदूरों की जिंदगी पर बुरा असर पड़ा है।

अमेरिका के राष्ट्रपति डोनाल्ड ट्रंप ने आज एक प्रेस कांफ्रेंस में दावा किया कि सूर्य की रोशनी, आर्द्रता और गर्मी से कोविड खत्म हो जाएगा।

कोविड और उससे आई मंदी के चलते पिछले कुछ हफ्तों में अमेरिका में 2.6 करोड़ लोग बेरोजगार हो गए हैं।

24 अप्रैल

दोपहर को अचानक पीठ-कमर में खिंचाव हो गया। इतनी जल्दी और इतना भयंकर कि सँभलने का मौका नहीं मिला। इसे कहते हैं फुल्टू लॉकडाउन। बिस्तर से बाथरूम जाने में पूरे 10-15 मिनट लग रहे हैं। पीठ में दर्द के चलते बैठना मुश्किल हो रहा है ऐसे में रोजनामचा लिखने की बात सोच भी नहीं सकता। ऐसी हालत में तृष्णा ने मदद का हाथ बढ़या है और अगले कुछ दिन वह लिखेगी।

लॉकडाउन का एक महीना पूरा हुआ

गृह मंत्रालय ने मल्टी ब्रांड/सिंगल ब्रांड के अलावा राज्यों और केंद्र शासित प्रदेशों में सभी दुकानों को खोलने का निर्णय लिया है। लेकिन इसमें केवल 50 फीसदी कर्मचारियों को आने की इजाजत दी गई है।

महाराष्ट्र सरकार ने कहा है कि राज्य में रमजान के दौरान लॉकडाउन में कोई ढील नहीं दी जाएगी।

कोविड के चलते अमेरिका में बढ़ती बेरोजगारी को देखते हुए डोनाल्ड ट्रंप ने एच-1बी और दूसरे विदेशी वर्क वीजा पर रोक लगा दी है।

पश्चिम बंगाल सरकार ने पहली बार स्वीकार किया कि राज्य में कोविड से कुल 57 लोगों की मौत हो चुकी है। इसी बीच राज्य में लॉकडाउन के उल्लंघन करने के लिए 34,000 लोगों को गिरफ्तार कर लिया गया है।

अमेरिका में कोविड से मरने वालों की संख्या 50,000 पार।

विश्वविद्यालय अनुदान आयोग (यूजीसी) ने ऑनलाइन पढ़ाई की देखरेख के लिए दो कमिटिओं को बनाने का निर्णय लिया है जिसमें एक प्रोफ़ेसर आरसी कुहद और दूसरी प्रोफ़ेसर नागेश्वर राव की अध्यक्षता में बनाई गई है।

दिल्ली में लॉकडाउन के उल्लंघन करने के लिए 34,000 लोगों को गिरफ्तार कर लिया गया है।

ब्रिटेन में कोविड से अब तक 20,000 लोगों की मौत हो गई है। लॉक डाउन के उल्लंघन करने के लिए 34,000 लोगों को गिरफ्तार कर लिया गया है।

त्रिपुरा सरकार ने सरकारी दफ्तरों में खर्च कम करने के लिए एसी बंद रखने के निर्देश दिए हैं।

17 प्रवासी मजदूरों के एक जत्थे को साइकिल पर महाराष्ट्र से मध्यप्रदेश स्थित अपने गाँव की यात्रा पर चलते पाया गया।

25 अप्रैल

ब्रिटेन में कोविड से 20,000 से ज्यादा लोगों की मौत हो गई।

उत्तर प्रदेश सरकार ने कामगारों को वापस लाना शुरू किया। 2000 से ज्यादा लोग हरियाणा से वापस लौटे।

लाइजॉल, डिटरजेंट से कोविड का इलाज?

अमेरिका के मेरीलैंड में पिछले दो दिनों से इमरजेंसी मैनेजमेंट एजेंसी में आ रहे फोन कॉल्स के बाद आखिरकार सरकार को चेतावनी जारी करनी पड़ी कि कोई भी व्यक्ति किसी भी हालत में कोविड से बचाव के लिए डिटरजेंट या लाइजॉल जैसी चीजों को न पिये/न इस्तेमाल करे। बात थोड़ी अटपटी लग सकती है पर यह सच है। मेरीलैंड की तरह वाशिंगटन राज्य ने भी लोगों को डिटरजेंट पीने से सावधान किया है। चिकित्सकों ने आगे यह चेतावनी भी दी है कि लोग आइसोप्रोपिल, एल्कोहल या डिटरजेंट/डिटॉल की सूईयाँ न लगाएँ। कहा जा रहा है कि पिछले बृहस्पतिवार को व्हाइट हाउस में कोविड वायरस टास्क फोर्स से बातचीत के दौरान सरकार द्वारा किए गए एक शोधपत्र की चर्चा हुई जिसमें यह कहा गया था कि सूर्य की किरणों और गर्मी से कोविड वायरस खत्म हो जाता है। शोधपत्र में यह भी कहा गया था कि ब्लीच इंसान के लार और श्वास सम्बन्धी लिक्विड (रेस्पिरेटरी फ्लूड) में उपस्थित कोविड वायरस को पाँच मिनटों में खत्म कर देता है। राष्ट्रपति डोनाल्ड ट्रंप ने तब यह कहा, "कोविड के इलाज के लिए वेरी ट्रिमेंडस अल्ट्रावॉयलेट या वेरी पावर लाइट का इस्तेमाल किया जा रहा है। हमने यह भी देखा है कि डिसइन्फेक्टेंट से कोविड वायरस बड़ी जल्दी खत्म हो जाते हैं। हम इनका इंजेक्शन क्यों नहीं लगाते?" इसके एक दिन बाद ही कई राज्यों से खबर आनी शुरू हो गई कि लोग ऐसा करके बीमार पड़ गए हैं। बात इतनी बढ़ गई कि प्रॉक्टर एंड गेंबल जैसी कंपनियों को बयान देना पड़ा कि उनके उत्पाद कोविड के इलाज से कतई जुड़े नहीं हैं। व्हाइट हाउस प्रवक्ता ने बताया कि ट्रंप ने मजाक किया था और मीडिया ने उसे तोड़-मरोड़ कर पेश किया।

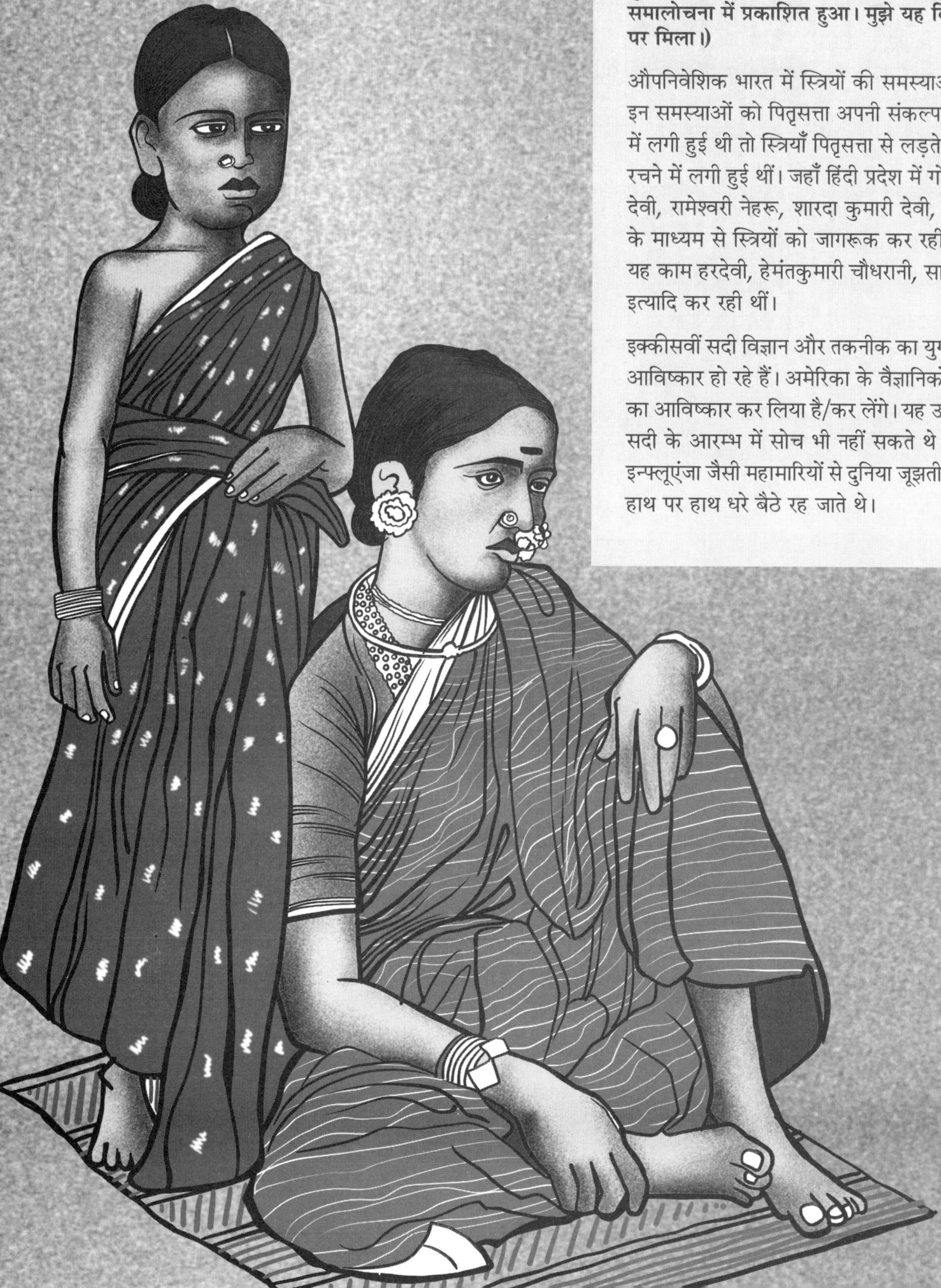

महामारी और औपनिवेशिक भारतीय समाज, उपनिवेश में महामारी और स्त्रियाँ

(महामारी और खासकर स्पेनिश फ्लू के सामाजिक-आर्थिक प्रभाव पर जो भी सामग्री उपलब्ध है वह यूरोप केन्द्रित है। पहली बार एक ऐतिहासिक दस्तावेज भारत के सन्दर्भ में मिला है। सुजीत कुमार सिंह द्वारा लिखा यह अत्यंत महत्वपूर्ण लेख समकालीन समालोचना में प्रकाशित हुआ। मुझे यह किसी की फेसबुक वाल पर मिला।)

औपनिवेशिक भारत में स्त्रियों की समस्याओं की कई श्रेणियाँ थीं। इन समस्याओं को पितृसत्ता अपनी संकल्पनाओं के साथ दूर करने में लगी हुई थी तो स्त्रियाँ पितृसत्ता से लड़ते हुए एक 'सुंदर दुनिया' रचने में लगी हुई थीं। जहाँ हिंदी प्रदेश में गोपाल देवी, सुरुथकुमारी देवी, रामेश्वरी नेहरू, शारदा कुमारी देवी, यशोदा देवी अपने पत्रों के माध्यम से स्त्रियों को जागरूक कर रही थीं वहीं पंजाब प्रांत में यह काम हरदेवी, हेमंतकुमारी चौधरानी, सावित्री देवी, मोहिनी बीए इत्यादि कर रही थीं।

इक्कीसवीं सदी विज्ञान और तकनीक का युग है। आज तरह-तरह के आविष्कार हो रहे हैं। अमेरिका के वैज्ञानिकों ने कोरोना की वैक्सीन का आविष्कार कर लिया है/कर लेंगे। यह उन्नीसवीं सदी या बीसवीं सदी के आरम्भ में सोच भी नहीं सकते थे। प्लेग, मलेरिया, हैजा, इन्फ्लूएंजा जैसी महामारियों से दुनिया जूझती रहती थी और वैज्ञानिक हाथ पर हाथ धरे बैठे रह जाते थे।

औपनिवेशिक भारत में रोगों का इलाज 'परंपरागत' तरीके से होता था। यह जानना मजेदार है कि हिंदी पट्टी में बीमारियों की चिकित्सा के नाम पर अज्ञानता का साम्राज्य था। अधिकांश वैद्य ब्राह्मण समुदाय से होते थे। वे मंत्रों द्वारा रोगियों का इलाज करते थे और जनता को खूब ठगते थे। हैजा से बचने के लिए महारामायण: विशुचिका आख्यान और बुखार को खत्म करने के लिए ज्वर स्तोत्र जैसी पुस्तिकाएँ लिखी गईं।

चंद्रप्रभा जैसी पत्रिकाओं में 'मलेरिया मंत्र' भी मिलते हैं। भारतेन्दु हरिश्चन्द्र हैजे से बचने के लिए जंतर पहनने को कारगर मानते थे। महावीर प्रसाद द्विवेदी ने प्लेगस्तवराज की आरंभिक और अंतिम पंक्तियाँ संस्कृत में लिखीं।

बम्बई के एक प्रसिद्ध डॉक्टर गोपीनाथ कृष्ण जी की दवाइयों का विज्ञापन देखने से पता चलता है कि उनके पास बुखार, बवासीर, सुजाक, सफेद कोढ़, हैजे की दवाइयाँ उपलब्ध हैं पर प्लेग-मलेरिया की नहीं। (अबलाहितकारक, मार्च 1902, अंक-11, वर्ष-1)

देश और समाज की चिंता करने वाले बुद्धिजीवी जनता को सही तथ्यों से अवगत करवाने के साथ ही महामारी सम्बन्धी अनेक भ्रमों से भी बचाते थे। वह भारतेन्दु की तरह सलाह देने से बचते थे। 'प्लेग से बचने के उपाय' शीर्षक से एक टिप्पणी में बिजनौर के श्रोत्रिय शंकरलाल बताते हैं कि नीम के पत्तों को जलाने से—ताऊन–नहीं होता। अपने गाँव का उदाहरण देते हुए वह लिखते हैं कि–"मेरे गाँव में 1900 में प्लेग आरंभ हुआ और लगभग 100 मनुष्य मरे। तब गाँव वालों ने अपने-अपने घरों के कोने में करके नीम के पत्तों को जलाना प्रारंभ कर दिया, उसका परिणाम यह हुआ कि प्लेग वहाँ से दूर हो गया। जिन घरों में प्लेग हुआ था उनके दरवाजों और जमीन पर भी नीम की डालियाँ लटकाई गईं। यह अवश्य ध्यान देने योग्य है क्योंकि इसको निर्धन मनुष्य भी कर सकते हैं।"

(अबलाहितकारक, मार्च 1905, अंक-1, वर्ष-2)

आगे राजपूताना अखबार में छपे एक नुस्खे को उद्धृत कर निर्धन मनुष्यों को प्लेग से बचने का एक और उपाय वह बताते हैं, "ताजा और मुलायम नीम के पत्ते डेढ़ पाव पीसकर और एक बोतल पानी मिलाकर ठंडाई की तरह तैयार कर लें और घंटे-घंटे बाद पिलाएँ जब तक बुखार कम न हो जावे। गिल्टी (प्लेग की गाँठ) पर जोंक लगवाकर नीम का भुरता बाँधें। अगर जोंक न बाँध सकें तो लहसुन पीसकर उसकी टिकिया बनाकर गिल्टी पर लगावें। एक घंटे बाद लहसुन की टिकिया उतारकर फिर नीम का भुरता बाँधें। भुरते को आधे-आधे घंटे पर बदलें। उसमें हवा न लगने पावे। जब गिल्टी कम हो तो उस पर टिंक्चर आइडिंग का फाहा लगावें। ताऊन के दिनों में जो नीम की ताजी तीन पत्तियाँ रोज खाई जावें तो उन लोगों पर ताऊन का असर नहीं होगा।"

इतना लंबा उद्धरण इसलिए कि श्रोत्रिय शंकरलाल आम जनता को नीम-हकीमों और भारतेन्दु जैसों से बचा रहे थे। ताऊन (प्लेग) कैसे फैलता है इसके बारे में लोगों को कोई जानकारी नहीं थी। शंकरलाल ने 'चूहों की जूँ से ताऊन होता है' शीर्षक लेख में विस्तार से प्लेग के बारे में बताया है। मद्रास के सेनिटरी कमिश्नर ने अपने एक व्याख्यान में कहा, "मैंने परीक्षण किया है कि तारकोल में गंधक मिलाकर चूहों के सुराख में छोड़ दिया जाए तो उसकी बू से चूहे भाग जाते हैं।"

(अबलाहितकारक, जुलाई 1903, अंक-3, वर्ष 2)

बिहार सरकार के सेनिटरी कमिश्नर ने नीम की पत्तियों का प्रयोग करने का सुझाव दिया। गदाधर प्रसाद ने चूहेनामा कविता में चूहों को भगाने का चित्रण किया है। (स्त्री दर्पण, दिसंबर, 1910)

औपनिवेशिक भारत में महामारियों के कहर को पढ़कर रोंगटे खड़े हो जाते हैं। 1911 की जनगणना की रिपोर्ट देखने से पता चलता है कि महामारियाँ देश की आबादी में कमी का कारण होती हैं। श्रोत्रिय शंकरलाल ने प्लेग सम्बन्धी अपने लेखों में एक जगह लिखा है, 'प्लेग से प्रलय का भय है।'

शंकरलाल 'बाल विधवा प्रचारिणी सभा, बिजनौर' के प्रधान थे। विधवा विवाह के पक्ष में उन्होंने अबलाहितकारक नाम की एक क्रांतिकारी पत्रिका निकाली थी। वे दलील दिया करते थे कि विधवाओं की दयनीय स्थिति के कारण ही भारत में महामारियाँ आती हैं। बंबई के चालीस वर्षीय एक कोढ़ी काठियावाड़ी ब्राह्मण ने तेरह वर्षीय एक कन्या के माँ-बाप को पाँच सौ रुपए देकर कन्या से विवाह कर लिया। कोढ़ी के हाथों एक कन्या का बेचा जाना शंकरलाल को रुला गया। उन्होंने लिखा, "इन्हीं घोर पापों से प्रतिदिन ताऊन, भोंचाल आदि सिर पर बने रहते हैं, जिनमें लाखों हिंदुस्तानी बेमौत मरते हैं।" (अबलाहितकारक, जून 1905, अंक-6, वर्ष-4)

श्रोत्रिय शंकरलाल ने 1897 से 1903 ईसवी तक भारत में प्लेग से मरने वालों का एक आँकड़ा दिया है—

सन्	प्लेग से मरने वालों की संख्या
1897	56,000
1898	1,87,000
1899	1,35,000
1900	1,93,000
1901	2,74,000
1902	5,77,000

1903 ईसवी के जनवरी, फरवरी, मार्च यानी सिर्फ तीन महीनों में 3,31,000 लोग मरे। पंजाब प्रांत में मरने वालों की संख्या सबसे ज्यादा थी। आँकड़ा देने के बाद वह लिखते हैं,

"जब तक हम लोग उस दयालु, न्यायकारी सर्वपालक पिता से डर कर अनाथ और विधवाओं के प्रति अपने कर्तव्य का पालन नहीं करेंगे तब तक कभी सुख और शांति के भागी नहीं बन सकते।"

(अबलाहितकारक, मई 1903, अंक-1, वर्ष-2)

कम होती हिंदू जनसंख्या की तरफ इशारा करते हुए शंकरलाल हिंदुओं से निवेदन करते हैं कि वे विधवा विवाह के लिए आगे आएँ।

शिक्षा का घोर अभाव, परदा प्रथा आदि के कारणों से स्त्रियाँ महामारी में पिस जाती थीं। लाहौर से प्रकाशित होने वाली चाँद पत्रिका में संपादिका मोहिनी बीए ने 1911 ई. में आजमगढ़ में फैले प्लेग पर एक नोट लिखा है—'संयुक्त प्रांत के जिला आजमगढ़ में इस साल प्लेग का बड़ा जोर रहा। लोग अपने आराम के मकान छोड़-छोड़ कर जंगलों में खेमे और टटयाँ लगाकर मुसीबत में पड़े हुए हैं। मार्च के महीने में वहाँ गर्मी भी ज्यादा पड़ने लगती है और किसी-किसी वक्त आंय्धियाँ भी चलती हैं। इस किस्म की फूंस की टटयों में जो एक-दूसरे से लगी हुई थीं उसमें चार खानदान के लोग ठहरे हुए थे जिनमें से एक शेख तफजुल हुसैन साहिब वकील अलीगढ़ थे। एक दिन वकील साहब कचहरी में थे कि दिन के 12 बजे इन टटयों में आग लग गई। एक शोर-सा मच गया। कुआँ कोई करीब न था। बस्ती भी दूर थी। देखते ही देखते आग के शोले आसमान को पहुँचने लगे। कई टटयों से औरतें चादर ओढ़-ओढ़कर निकल आईं और इधर-उधर चली गईं। मगर वकील साहब की टट्टी में से जिसमें आठ औरतें थीं सिर्फ एक लड़की और दो बच्चे निकल के भागे। बाकी अन्दर ही रहीं। उनमें से एक की गोद में बच्चा भी था। वह बेचारियाँ आग से बचने के लिए दरवाजे तक आतीं पर दरवाजे पर मर्दों को देखकर फिर से मुड़कर आग की ओर चली जातीं।'

लोग आवाजें दे रहे थे कि बाहर भाग जाओ मगर यह नहीं सोचते थे कि हम सामने खड़े हैं और इसलिए वह बाहर निकलने से झिझकती हैं। सुना है मर्द शायद हटे भी और औरतें बाहर निकलने का खयाल कर ही रही थीं कि एक जलती हुई मोटी कड़ी ऊपर से गिरी और उसने इन सबको एक दम जला दिया। अफसोस!

हमें ज्यादा अफसोस इस बात का है कि आज अखबारों ने उनके इस पर्दे की तारीफ की और इन औरतों के चलन को आदर्श ठहराया। आग लगे ऐसे परदों को जिससे भोले-भाले बच्चों और औरतों की जान जाए। बहनें यह न समझें कि परदे की इस किस्म की खराबियाँ मुसलमानों में ही होती हैं। सुना है कि हिन्दू बहनें भी इसी तरह घर की ऐसी ही झूठी लाज रखने के लिए—पुन्य—से चल बसी हैं।

('चाँद', वर्ष 1911, भाग-3, नंबर-3)

मथुरा के महेन्द्र लाल शर्मा 'स्त्रियाँ और प्लेग' शीर्षक लेख में बताते हैं कि प्लेग में पुरुषों से ज्यादा महिलाएँ मरती हैं, क्योंकि घर में मरे हुए चूहे वह पहले देखती हैं और बिना किसी को बताए घर के बाहर फेंक आती हैं। महेन्द्र लाल शर्मा के अनुसार, "फल यह होता है कि स्त्रियाँ एकदम बीमार हो जाती हैं। उनकी जाँघ में जो गिलटी निकलती है अथवा बगल में उठती है, उसे वे पुरुषों को देखने, सेंकने अथवा चीरने नहीं देती हैं।"

महेन्द्र लाल शर्मा स्त्रियों को सावधान करते हैं कि जब घर में चूहे मरें तो घर में आना-जाना बन्द कर दें। हाथों में पहले मिट्टी का तेल लगाकर चूहों को बाहर फेंकें और चूहों पर मिट्टी का तेल डालकर उन्हें जला दें। घर में बिछाने, ओढ़ने, पहनने के सारे कपड़ों को धूप में डालें। उनका सबसे महत्त्वपूर्ण सुझाव है कि जब प्लेग फैले तो घर छोड़कर स्त्रियों को झोंपड़ी या डेरों में रहना चाहिए।

आज से सौ साल पहले आए स्पेनिश फ्लू के आतंक को भी नवजागरण कालीन संपादकों ने अपनी पत्रिकाओं में दर्ज किया है। स्त्री दर्पण की संपादिका रामेश्वरी देवी नेहरू 'श्लेष्माज्वर, समरज्वर, इन्फ्लएंजा' शीर्षक संपादकीय में प्लेग का पूरा इतिहास बताने का प्रयास करती हैं। वह लिखती है, "हमारी पाठिकाएँ अब इन नामों से भली प्रकार से जानकार हो गई होंगी, जिस भयंकर ज्वर रोग से भारत का नाश हो रहा है। अभी इस प्रांत में कुछ दिन पहले जिसने विकराल लीला का महाप्रलय कर दिखाया था और जो इस समय बंगाल में वही लीला खेलने लगा है, वही समरज्वर, इन्फ्लूएंजा नामों से प्रसिद्ध हो गया है। पर इस रोग का निदान क्या है? इसका जन्म कहाँ और कैसे हुआ, सब लोग सम्भवत: यह नहीं जानते होंगे। अच्छा उसी की सुनिए। युरोप में एक मुल्क है स्पेन। उसकी राजधानी का नाम मेड्रिड है। मेड्रिड नगर में जर्मन लोगों ने एक बहुत बड़ा परीक्षा मंदिर बनवाया था। वहाँ विज्ञान जानने वाले पंडित लोग वैज्ञानिक चर्चा और परीक्षाएँ करते रहते हैं। इन लोगों को न्यूमोनिया और इन्फ्लूएंजा यानी श्लेष्माज्वर के बीज रखने वाले जीवाणुओं यानी कीड़ों का आविष्कार करने की आज्ञा मिली थी। ये जीवाणु जब आविष्कृत हो गए तो उनको अमेरिका के हाजी बन्दरगाहों में छोड़ देने का प्रबंध होने लगा। यदि यह कार्य किया जा सकता तो मल्लाह और कर्मचारी लोग धड़ाधड़ इस बीमारी का शिकार होकर मरने लगते और जहाज लेकर युरोप में न आ पाते, न आज अमेरिकन सेना के रणभूमि में आ धमकने के कारण जर्मनों की ऐसी बुरी तरह से अनायास हार हो जाती, पर हुआ कुछ और ही। विज्ञानबाज पंडितों में आपस में ही कुछ तकरार हो गई और उस तकरार का फल यह हुआ कि ज्वर के जीवाणु मेड्रिड शहर में ही फूट निकले। तब स्पेन राज्य भर में यह भयंकर ज्वर फेल गया और वहीं से समरभूमि में जा पहुँचा। वहाँ जो-जो सिपाही बीमार होने लगे वह इस रोग को अपने साथ भारत ले आए। अब उन्हीं जर्मन पंडितों की पंडिताई भारत के घर-घर में रोना-पीटना मचा रही है।"

(स्त्री दर्पण, जनवरी 1919, भाग-20, अंक-1)

(जाहिर है कि रामेश्वरी देवी नेहरू जी किसी कॉन्सपिरेसी थ्योरी का शिकार हुई हैं।)

बहरहाल लेख में आगे कहा गया है कि, युद्ध पर रोक लगने के कारण फ्रांस ने 12 लाख सैनिकों को छुट्टी दे दी थी। भारतीय सैनिक भी देश लौटने लगे थे। भारत की हालत खराब होती जा रही थी। 1918 ई. की "सफाई महकमे" (सेनिटेशन डिपार्टमेंट) की रिपोर्ट से पता चलता है कि इन्फ्लूएंजा या स्पेनिश फ्लू से भारत में 32 लाख लोगों की मौत हो गई थी। स्वास्थ्य प्रबंधन के नाम पर बस खानापूर्ती की जाती थी। महामारी के आगमन की आशंका से सरकारी अफसर नागरिकों को सिर्फ सचेत कर देते थे कि "मकान साफ रखो, भीड़ में मत फँसो, मेले-ठेले में मत जाओ, नमक मिले गर्म पानी में कुल्ला-गरारा करो, उसकी बतलाई हुई दवाएँ पानी में घोलकर उस पानी से नाक सुड़को।"

लॉकडाउन और प्रवासी मजदूर-19

जमालो मकदाम की कहानी

छत्तीसगढ़ के आदिवासियों के लिए केवल अपनी थोड़ी-सी खेती और जंगल के उत्पादों के सहारे पूरे साल के खर्चे को निकालना मुश्किल होता है। आंदोराम मकदाम और सुखमती मकदाम उन्हीं में से एक थे पर उनको अपनी इस मजबूरी के लिए एक बड़ी कीमत चुकानी पड़ी। जमालो मकदाम (कुछ अखबारों के अनुसार जमालो मखादम) अपने माँ-बाप आंदोराम मकदाम और सुखमती मकदाम की इकलौती संतान थी। गराबी और लाचारी के चलते कारण उसके माँ-बाप ने जमालो को घर से दूर तेलंगाना में मिर्ची के खेतों में काम करने के लिए भेज दिया। अपने घर से सैकड़ों किलोमीटर दूर बारह साल की नन्ही जमालो मिर्ची के खेतों में काम कर रही थी कि अचानक सरकार ने पूरे देश में लॉकडाउन कर दिया।

काम अचानक बन्द हो गया। जमालो और खेतों में काम करने वाले दूसरे मजदूर बेसब्री से लॉकडाउन हटने के इंतजार करने लगे पर सरकार ने लॉकडाउन बढ़ा दिया। मजदूर अब भुखमरी के कगार पर जा पहुँचे। आखिर में जमालो बारह और मजदूरों के साथ वापस अपने घर की ओर चल पड़ी। तेलंगाना से छत्तीसगढ़ की 100 किलोमीटर की दूरी जमालो अपने नन्हे पैरों से तय करती रही। तीन दिन और तीन रात चलकर 21 अप्रैल को वह अपने घर से महज ग्यारह किलोमीटर की दूरी पर थकावट से बेहाल होकर गिर पड़ी और उसकी मौत हो गई।

जमालो छत्तीसगढ़ के बीजापुर जिले के अडेड गाँव में रहती थी। छत्तीसगढ़ के मुख्यमंत्री भूपेश बघेल ने जमालो के माँ-बाप सुखमनी और अदोरम मकगम को एक लाख रुपए की सहायता देने की घोषणा की है।

अदोरम ने बताया कि जमालो पहली बार घर से बाहर काम के लिए गई थी। गाँव की अन्य महिलाओं के साथ वह तेलंगाना में पेरूरू गाँव में मिर्च की खेती में काम के लिए गई थी। 21 अप्रैल की सुबह 8 बजे छत्तीसगढ़ के बीजापुर के पास जमालो की मौत हो गई मगर उसके परिवारवालों को खबर नहीं पहुँचाई जा सकी क्योंकि उन मजदूरों में केवल एक के पास मोबाइल फोन था और उसमें चार्ज खत्म हो गया था। आखिरकार गाँव पहुँचने के बाद वे जमालो के माता-पिता को उसकी मौत की खबर दे सके।

खबरों के अनुसार, 12 अन्य मजदूरों के साथ तेलंगाना से छत्तीसगढ़ तक के 100 किलोमीटर का सफर पैदल तय करते हुए उसने घने जंगलों और दुर्गम स्थानों को पार किया पर आखिरी ग्यारह किलोमीटर तय नहीं कर पायी और मंडारपाल के जंगलों में गिरकर मर गई।

लॉकडाउन से अब तक 22 प्रवासी मजदूर अपने घर वापस लौटने की कोशिश में मौत का शिकार हो गए हैं। अब नन्ही जमालो का नाम ऐसे ही लोगों की लिस्ट में जुड़ गया है।

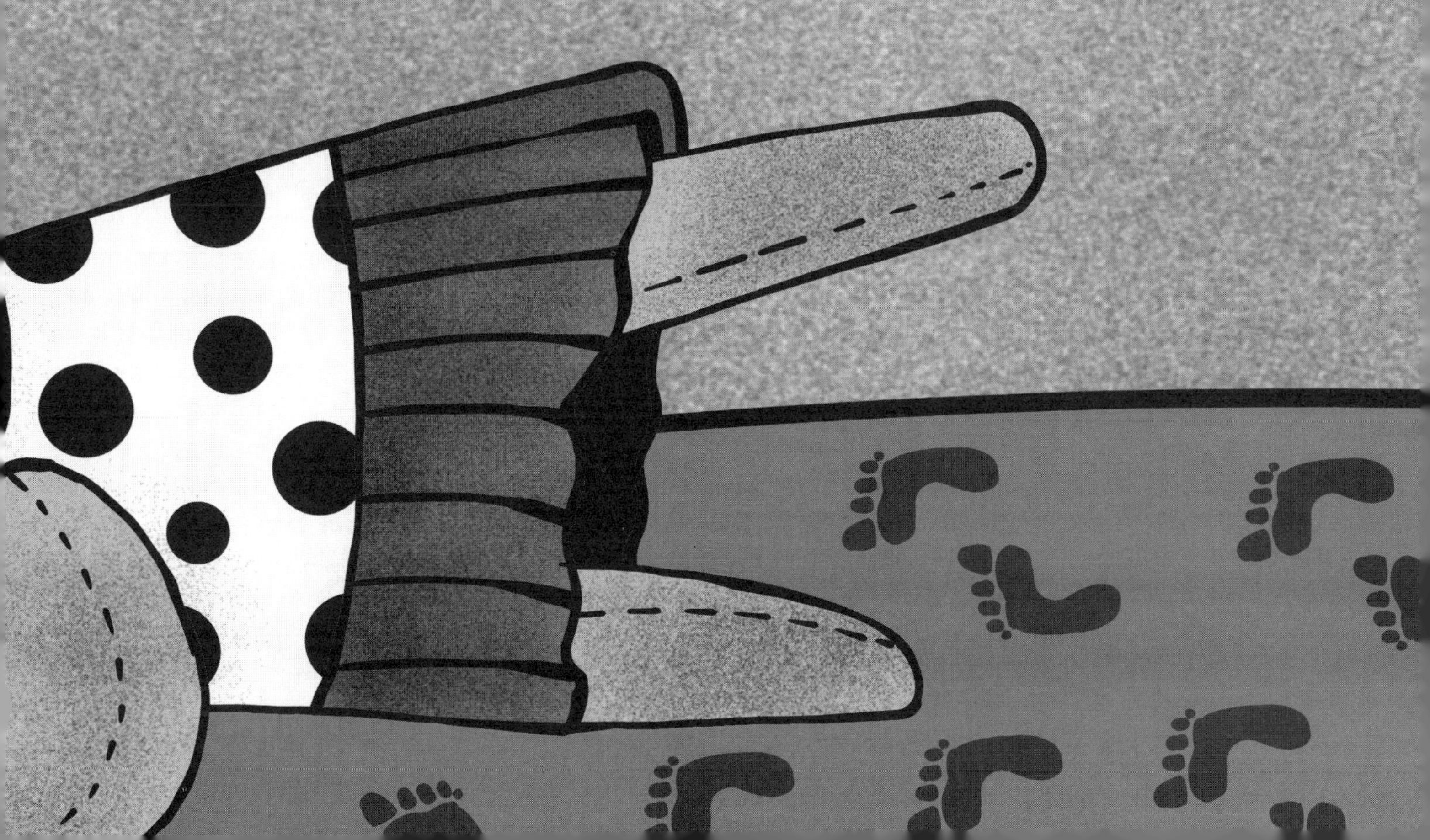

26 अप्रैल

बिजनेस स्टैंडर्ड अखबार की रिपोर्ट बता रही है कि देश में लॉकडाउन का चौथा सप्ताह चल रहा है और इस बीच बेरोजगारी की दर 30 फीसदी जा पहुँची है। अप्रैल के तीसरे हफ्ते देश में बेरोजगारी की दर में बढ़ोतरी दर्ज की गई है। मार्च के आखिर, अप्रैल के मध्य में भारत सरकार के आँकड़ों के हिसाब से देश में बेरोजगारी की दर 30 से 24 फीसदी थी।

महाराष्ट्र सरकार ने राज्य में लॉकडाउन के दौरान न्यूजपेपर डिलीवरी पर पाबन्दी लगा दी है। प्रेस काउंसिल ने भारत सरकार को नोटिस भेजा। बाद में महाराष्ट्र में मुम्बई के अलावा बाकी राज्यों में अखबारों की डोर टू डोर डिलीवरी की इजाजत दे दी।

27 अप्रैल

कोविड के इस दौर में आरबीआई ने एक आरटीआई के जवाब में यह बात स्वीकार की कि आरबीआई ने पिछले दिनों 68,607 करोड़ का कर्ज माफ किया। यह कर्ज मूलत: बड़े औद्योगिक घरानों और विलफुल डिफॉल्टर्स ने लिया था। इसमें मेहुल चोकसी का नाम भी शामिल है। यह आरटीआई सजित गोखले नामक शख्स ने दाखिल की थी।

धपरी देवी की कहानी

फेसबुक में एक पोस्ट आई है जिसमें एक एकदम टूटी-फूटी झोपड़ी के सामने एक वृद्धा अपने लड़के के साथ खड़ी है। पोस्ट में लिखा है :

इस बुजुर्ग का नाम धपरी देवी है जो गाँव मधुबन, पोस्ट-आस्ताजोरा, थाना-काठीकुंड, जिला-दुमका, झारखंड की रहने वाली हैं। इनका एक पुत्र है जो अंधे होने के साथ-साथ शारीरिक विकलांग भी है। अपने टूटे-फूटे घर और विकलांग पुत्र का धपरी देवी भीख माँगकर गुजारा करती थी पर लॉकडाउन की वजह से घर से निकलना नामुमकिन हो गया है और अब वह भुखमरी की कगार पर है। कृपया इनकी मदद करें।

उत्तर प्रदेश के आगरा के मेयर नवीन जैन ने मुख्यमंत्री योगी आदित्यनाथ को पत्र लिखकर कहा है कि, "आगरा के हॉटस्पॉट में बने क्वारंटाइन सेंटर में न जाँच की व्यवस्था है और न ही खाने-पीने की, मेरे आगरा को बचा लीजिए।"

वाल स्ट्रीट जनरल अखबार की रिपोर्ट के अनुसार, दक्षिण कोरिया में 160 व्यक्ति दूसरी बार कोविड से संक्रमित हुए। इससे यह पता चलता है कि कोविड से संक्रमित व्यक्ति को दोबारा संक्रमण हो सकता है। लॉकडाउन का मतलब घर में रहना है, पर इसका मतलब यह तो नहीं कि खाना-पीना बन्द कर दिया जाए? सब्जी-भाजी, तरकारी की उपलब्धता का सरकार की ओर से कोई बन्दोबस्त नहीं किया गया है। केवल यही नहीं जब सब्जीवाले सब्जी लेकर निकलते हैं तो पुलिस उन्हें डंडे मारती है। उत्तर प्रदेश के अलीगढ़ में एक सब्जीवाले को पुलिस ने इतना पीटा कि उसकी मौत हो गई। यह घटना अलीगढ़ के जलालपुर इलाके की है जहाँ पेशकार गली का निवासी लवकुश पुत्र संजय जब सब्जी बेच रहा था तब उसे पुलिस ने इतना मारा कि उसकी मौत हो गई।

न्यूजीलैंड पूरे विश्व में खुद को कोविड फ्री (मुक्त) घोषित करने वाला पहला देश बन गया है। देश की प्रधानमंत्री जेसिंडा अर्डन ने कहा है कि उनके देश ने फिलहाल यह जंग जीत ली है। उल्लेखनीय है कि न्यूजीलैंड में अब तक कोविड के 1500 केस आए हैं और कुल 19 लोगों की मौत हुई है।

कोविड से लड़ने की हमारी तैयारी

समाचार संस्था द वायर की रिपोर्ट के अनुसार, देशभर में 183 जिलों में 100 से कम आइसोलेशन बैड हैं। सबसे खराब स्थिति उत्तर प्रदेश, बिहार और असम की है। यह विवरण 25 अप्रैल तक के आँकड़े के आधार पर है। रिपोर्ट के अनुसार राज्यों में जिलों और कोविड आइसोलेशन बैड की व्यवस्था निम्न है :

राज्य	कुल जिले	आइसोलेशन बैड की संख्या
उत्तर प्रदेश	75	100 से कम
बिहार	38	100 से कम
असम	33	100 से कम

केवल यही नहीं, देश के 123 जिलों में एक भी वेंटिलेटर वार्ड नहीं हैं। रिपोर्ट में ये कहा गया है कि तीन मई तक देश के कई जिलों में बुनियादी चीजों की जैसे ऑक्सीजन की कमी देखी जा सकती है।

हफिंगटन पोस्ट की रिपोर्ट के अनुसार, दिल्ली के एक एनजीओ जनसाहस ने 3000 मजदूरों से बात की और पाया कि उनमें से करीब 90 फीसद आज पूरी तरह कंगाल हो चुके हैं और 42 फीसद के पास एक दिन का राशन भी नहीं बचा है। स्टैंडर्ड वर्कर्स एक्शन नेटवर्क नाम के एक दूसरे एनजीओ ने 11,000 प्रवासी मजदूरों का सर्वेक्षण किया और पाया कि इनमें से लगभग 86 फीसदी मजदूरों को उनका वेतन नहीं मिला है और 96 फीसदी को कोई सरकारी मदद नहीं मिली है। उल्लेखनीय है कि भारत में राज्यों के पास 52,000 करोड़ रुपए इकट्ठा हैं जो वर्कर वेलफेयर (श्रमिक कल्याण) के नाम से जुटाए गए हैं। इस सर्वेक्षण में यह भी कहा गया है कि केवल केरल की सरकार ने अपने वर्कर्स वेलफेयर फंड से ज्यादा खर्च किया है।

किशोरी पेडनेकर की कहानी

यह हैं किशोरी पेडनेकर। वह मुम्बई की मेयर हैं। मेयर बनने से पहले वह नायर अस्पताल में नर्स थीं। कोरोना महामारी के चलते किशोरी जी वापस अपने काम पर लौट आई हैं। जबसे कोरोना फैला है प्रतिदिन वह सुबह 8 बजे से रात 2 बजे तक लगातार ड्यूटी कर रही हैं।

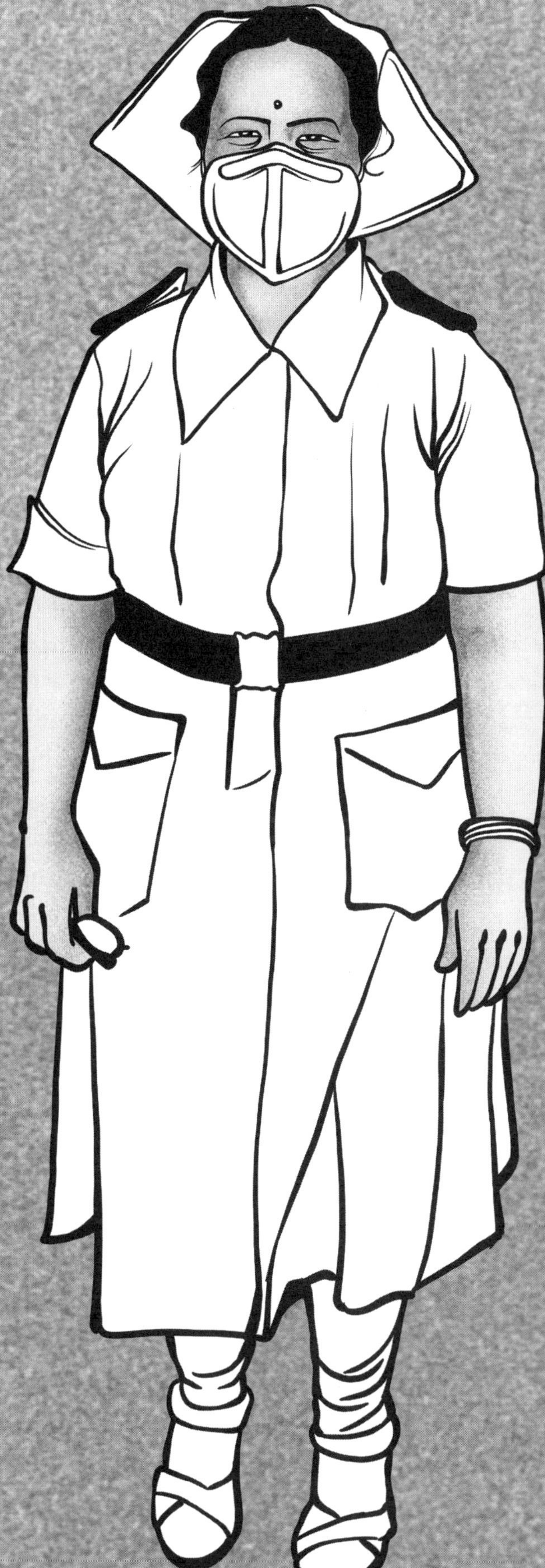

सेंट्रल बोर्ड ऑफ डायरेक्ट टैक्सेज (सीबीडीटी) ने अपनी प्रेस विज्ञप्ति में सूचना दी है कि भारतीय राजस्व सेवा (इंडियन रेवेन्यू सर्विसेज—आईआरएस) के 50 अफसरों पर एक रिपोर्ट लिखने के लिए कार्रवाई की जाएगी। उल्लेखनीय है कि आईआरएस एसोसिएशन के 50 अधिकारियों ने एक रिपोर्ट तैयार की। फोर्स (फिसियल ऑप्शन एंड रेस्पॉन्स टू द कोविड-19 एपीडेमिक) नामक इस रिपोर्ट में एक करोड़ से ज्यादा कमाने वालों पर वर्तमान के 30 फीसदी से कर बढ़ाकर 40 फीसदी करने और पाँच करोड़ से ज्यादा कमाने वालों पर वेल्थ टैक्स लगाने का सुझाव दिया गया था। सीबीडीटी और वित्त मंत्रालय ने यह भी कहा है कि यह रिपोर्ट बगैर सरकार की अनुमति के प्रकाशित करना अपराध माना जाएगा।

विश्व बैंक की रिपोर्ट बता रही है कि विश्वव्यापी आर्थिक लॉकडाउन के चलते सन् 2020 में रेमिटेंसिस में 20 फीसदी तक की गिरावट होने के आसार हैं। प्रवासी मजदूरों द्वारा अपने देश या गृह राज्यों में बसे अपने परिवारों को भेजे जाने वाले रुपए को रेमिटेंस कहा जाता है।

अंडमान और निकोबार की पुलिस ने जुबैर अहमद नामक पत्रकार को गिरफ्तार कर लिया। खबरों के अनुसार, लाइट ऑफ अंडमान नामक एक लोकप्रिय साप्ताहिक के संपादक जुबैर अहमद ने एक ट्वीट किया जिसमें उन्होंने प्रशासन पर आरोप लगाया कि कोविड से संक्रमित लोगों से महज फोन पर बात करने पर लोगों को क्वारंटाइन में भेजा जा रहा है। इस ट्वीट के आधार पर उन्हें पूछताछ के लिए बंबूफ्लैट पुलिस स्टेशन बुलाया गया और कोविड पर अफवाह फैलाने के आरोप में गिरफ्तार कर लिया गया।

28 अप्रैल

मलयालम न्यूज चैनल ने जानकारी दी है कि हमारे मयूर विहार फेज-3 के सीआरपीएफ कैंप में पिछले हफ्ते छह जवानों को कोविड पॉजिटिव पाया गया था। उनमें से एक की आज मौत हो गई। मयूर विहार फेज फेज-3 के घड़ोली स्थित शिवमंदिर के पास एक व्यक्ति कोविड पॉजिटिव पाया गया। यह व्यक्ति राम मनोहर लोहिया अस्पताल में काम करता है। उसके पूरे परिवार को क्वारंटाइन में भेजा गया है।

कोविड लॉकडाउन में भारत में घरेलू हिंसा के मामलों में भयंकर उछाल आया है। पंजाब में घरेलू हिंसा के मामलों में 50 फीसदी की बढ़ोतरी हुई है। राष्ट्रीय महिला आयोग के आँकड़ों के अनुसार, 23 मार्च से 16 अप्रैल, 2020 के बीच देश भर में घरेलू हिंसा के 587 नए मामले दर्ज हुए। पंजाब में महिलाओं पर अत्याचार के मामले 21 फीसदी बढ़ गए हैं।

उत्तर प्रदेश सरकार ने कथित तौर पर घटिया पीपीई की सप्लाई के मामले में किसी भी घोटाले और जाँच से साफ इनकार किया है। हालाँकि सरकार ने माना है कि पीपीई मानक से कमतर थीं। योगी सरकार ने खराब पीपीई किट की सप्लाई को लेकर स्वास्थ्य महानिदेशक को लिखी चिट्ठी के मीडिया में लीक होने की जाँच शुरू कर दी है। पत्र लीक होने की जाँच के लिए एक एसआईटी का गठन कर दिया गया है।

29 अप्रैल

कोविड महामारी ने चाय उद्योग में नई जान फूँक दी है। खबरों के अनुसार, अंतरराष्ट्रीय बाजार में चाय की कीमतों में अचानक उछाल आया है। कहा जा रहा है कि चाय के औषधीय गुणों को देखते हुए लोगों में चाय पीने की माँग में अचानक आई वृद्धि से यह हुआ है।

अमेरिका में अब तक कोविड से 59,692 लोगों की जान जा चुकी है। यह संख्या वियतनाम युद्ध में मारे गए अमेरिकियों से भी ज्यादा है। वियतनाम युद्ध में कुल 58,220 अमेरिकियों की जान गई थी।

कोविड के बीच शराबबन्दी को लेकर केंद्र सरकार और राज्य सरकारें आमने-सामने हैं। प्रधानमंत्री मोदी ने लॉकडाउन की घोषणा की और इससे शराब की बिक्री पर रोक लगा दी गई। पंजाब के मुख्यमंत्री ने कहा कि शराब की बिक्री से सरकार के राजस्व में प्रतिदिन करोड़ों रुपए का नुकसान हो रहा है, जिससे राज्य सरकारें कोविड के इलाज के लिए आवश्यक खर्च पूरा नहीं कर पा रही हैं।

अमेरिका की अर्थव्यवस्था 4.8 फीसदी सिकुड़ (कॉन्ट्रैक्ट) गई है। आखिरी बार ऐसा 1928 की महामंदी के दौरान हुआ था। जर्मनी की अर्थव्यवस्था वर्ष 2020 की पहली तिमाही तक 6 फीसदी सिकुड़ चुकी है।

ईरान की सरकार ने अपने दफ्तर, कार्यालय, व्यवसाय इत्यादि खोलने का आदेश दिया है। ईरान की सरकार का कहना है कि लॉकडाउन के बाद भी देश में कोविड में खास कमी नहीं आ रही है और देश को अनंतकाल तक लॉकडाउन में नहीं रखा जा सकता।

तबलीगी जमात के मौलाना साद ने जमात के लोगों से अपील की है कि कोविड से ठीक हुए तबलीगी अपना प्लाज्मा दान करें जिससे उन पर लगा बदनामी का धब्बा हट सके।

महाराष्ट्र के स्वास्थ्य मंत्री राजेश टोपे ने जानकारी दी है कि राज्य में पहली प्लाज्मा थेरेपी सफल रही है। कोविड के एक रोगी पर मुम्बई के कलावती अस्पताल में यह प्लाज्मा थेरेपी की गई थी।

केंद्र सरकार ने अपने सभी कर्मचारियों और केंद्र सरकार के दफ्तरों में काम करने वाले आउटसोर्स कर्मचारियों को अपने फोन में आरोग्य सेतु ऐप डाउनलोड करना अनिवार्य करने का निर्देश जारी किया है।

30 अप्रैल

विश्वभर में कोविड लॉकडाउन के चलते रेस्टोरेंट और होटल बन्द हैं। इससे सब्जियों और खासकर आलू की माँग में कमी आई है। बेल्जियम सरकार ने देश में आलू की माँग को फिर से बढ़ाने के लिए ज्यादा से ज्यादा आलू-फ्राई खाने का अनुरोध किया है।

पंजाब में एक दिन में 148 कोविड पॉजिटिव रोगियों के मिलने से सनसनी फैली है। कहा जा रहा है कि इनमें 122 लोग नांदेड़ से तीर्थयात्रा कर लौटे हैं।

अमेरिका में पिछले कुछ हफ्तों में 38 लाख लोगों ने बेरोजगारी भत्ते के लिए आवेदन किया। पिछले छह हफ्तों के लॉकडाउन में अब तक बेराजगारी भत्ते के लिए करीब 3 करोड़ आवेदन आ चुके हैं।

उत्तर कोरिया की ज्यादातर जेलों में कैदियों की कुल क्षमता से 432 फीसदी तक से ज्यादा कैदियों को रखा जा रहा है। इससे इन जेलों में कोविड संक्रमण के तेजी से बढ़ने की आशंका पैदा हो गई है।

मुख्य न्यायाधीश बोबड़े ने प्रवासी मजदूरों को तनख्वाह देने पर एतराज जताया है। उन्होंने बोला है कि जब सरकार उन्हें खाना दे रही है तो उन्हें फिर तनख्वाह की क्या जरूरत है? उन्हीं बोबडे ने 20,000 करोड़ के सेंट्रल विस्टा प्रोजेक्ट पर रोक लगाने से मना कर दिया है।

आज जब उत्तर प्रदेश के सहारनपुर शहर के लोगों की नींद खुली तो उन्हें दूर हिमालय की चोटियाँ दिख रही थीं। लॉकडाउन के चलते हवा इतनी साफ हो गई है कि सहारनपुर से हिमालय दिख रहा है। वहाँ के लोगों का कहना है कि पिछले 30 वर्षों में यह पहली बार हो रहा है।

रिलायंस ने लॉकडाउन के चलते अपने सभी कर्मचारियों के वेतन में 10-50 फीसदी तक कटौती की घोषणा की है। रिलायंस प्रमुख मुकेश अंबानी ने कहा है कि वह कंपनी से एक भी पैसा नहीं लेंगे।

एक अनुमान के अनुसार, बिहार के करीब 27 लाख नागरिक देश के विभिन्न हिस्सों में अटके हुए हैं।

1 मई

लॉकडाउन को दो हफ्ते के लिए और बढ़ाया गया। इसे लॉकडाउन 3.0 का नाम दिया गया है। अब इसके हटने की नई तारीख 17 मई है। लॉकडाउन घोषणा के 37 दिनों बाद आज पहली बार भारतीय रेल ने लॉकडाउन में फँसे लोगों को उनके घरों कर पहुँचाने के लिए विशेष ट्रेनों का प्रबंध किया है। इनको श्रमिक स्पेशल का नाम दिया गया है।

भारत की जल, थल और वायुसेना ने कोविड से लड़ रहे फ्रंटलाइन वर्कर्स के साथ सॉलिडेरिटी प्रदर्शन की घोषणा की है। इस योजना के तहत श्रीनगर से तिरुअनंतपुरम और कच्छ से गुवाहाटी तक के अस्पतालों पर वायुसेना के विमान फूल बरसाएँगे।

शराब की दुकानों को खोलने की इजाजत दी गई मगर यह केवल ग्रीन जोन में खुलेंगी। साथ ही यह अकेली दुकान पर लागू होगा, मॉल पर नहीं। उल्लेखनीय है कि मयूर विहार फेज-3 अभी रेड जोन में है। दिल्ली के नॉर्थ ईस्ट का इलाका छोड़कर पूरी दिल्ली को रेड जोन घोषित किया जा चुका है।

3 मई

लॉकडाउन 3.0 के तहत देशी और अंतरराष्ट्रीय उड़ानों को 17 मई तक के लिए स्थगित रखा गया है। देश के जिलों को रेड, ऑरेंज और ग्रीन जोन में बाँटा गया है। ग्रीन और ऑरेंज जोन में सभी आर्थिक गतिविधियों पर छूट है पर रेड जोन में लॉकडाउन जारी रहेगा। सरकार ने ऑनलाइन पर नॉन एसेंसियल आइटम्स (गैर जरूरी वस्तुएँ) के व्यापार पर छूट दी है पर देश के ज्यादातर महानगर रेड जोन में होने की वजह से ऑनलाइन में इस छूट का खास मतलब नहीं है। कोई सरकार से यह पूछे कि कौन सी वस्तु गैर-जरूरी है? मोबाइल फोन से लेकर कूलर-एसी और हार्डवेयर से लेकर सॉफ्टवेयर तक हर चीज जरूरी है। घर का कम्प्यूटर-वाईफाई खराब तो ऑनलाइन पढ़ाई से नौकरी तक सब बंद, और तो और चश्मा टूट जाए तो गए काम से!

चेन्नई में प्रवासी मजदूरों ने अपने बकाया भत्ते, खाने की कमी और अन्य असुविधाओं के खिलाफ प्रदर्शन किया।

लॉकडाउन और प्रवासी मजदूर-20

केंद्र सरकार ने प्रवासी मजदूरों को उनके घरों तक पहुँचाने के लिए स्पेशल ट्रेनों की व्यवस्था की थी जिसका नाम श्रमिक स्पेशल रखा गया था पर इस श्रमिक स्पेशल ने एक नए विवाद को जन्म दिया है। विवाद का मुद्दा यह है कि सरकार का कहना है कि इन ट्रेनों में सफर करने के लिए मजदूरों को रियायती दरों पर टिकट उपलब्ध करवाया

गया है। जबकि मजदूरों का आरोप है कि उनसे पूरे पैसे लिए गए और पैसे न होने की स्थिति में उन्हें वापस लौटाया गया। इसी बीच कांग्रेस की नेता सोनिया गांधी ने ऐलान किया है कि कांग्रेस पार्टी घर लौट रहे मजदूरों का किराया देगी। महाराष्ट्र के मुख्यमंत्री उद्धव ठाकरे ने केंद्र सरकार से निवेदन किया है कि परेशानी में फँसे इन मजदूरों से किराया न वसूला जाए। उल्लेखनीय है कि महीने भर पहले उत्तर प्रदेश सरकार ने दिल्ली-यूपी सीमा में फँसे प्रवासी मजदूरों को घर पहुँचाने के लिए बसें मुहैया करवाई थीं पर इन बेहद गरीब मजदूरों से टिकट के पैसे भी वसूले गए जिससे राज्य सरकार की काफी फजीहत हुई।

त्रिपुरा मेडिकल कॉलेज के डॉ. अर्शदीप चौधरी ने महज 40 रुपए में पीपीई फेस शील्ड बनाने की विधि का आविष्कार किया है। अपने आविष्कार 'स्टॉपड्रॉप' को उन्होंने आसपास स्थानीय इलाकों में मिलने वाले सामान की मदद से बनाया है। डॉ. अर्शदीप ने संवाददाताओं को बताया कि आमतौर पर एक पीपीई को बनाने में 20-25 रुपए लगते हैं मगर उनको 250-499 रुपए में बेचा जाता है। त्रिपुरा मेडिकल कॉलेज ने डॉ. अर्शदीप द्वारा बनाए इस पीपीई के कई परीक्षण किए और परीक्षणों में सफल होने पर उन्हें 2000 पीपीई किट का ऑर्डर दिया है।

एंप्लाइज प्रॉविडेंट फंड ऑर्गेनाइजेशन (ईपीएफओ) के कर्मचारियों ने अपने एक दिन के वेतन को पीएम केयर्स को दान किया है। इसका कुल परिमाण 2.5 करोड़ रुपए है। आप हिसाब लगा रहे हैं न कि कुल कितने रुपये इस पीएम केयर्स फंड में 'दान' किया गया ? हिसाब रखना मत भूलिएगा क्योंकि सरकार तो आपको इसका हिसाब देने से रही। कम से कम यह तो मत भूलिए कि यह 'दान' आपकी गाढ़ी कमाई का हिस्सा है।

लगातार बढ़ते जा रहे लॉकडाउन के चलते देशभर की करीब 250 ब्रेवरीज में आठ लाख लीटर बीयर नष्ट हो गई है। केवल यही नहीं, देश में शराब की लाखों बोतलें बन्द पड़ी हैं। लॉकडाउन के दौरान सरकार से शराब बिक्री का अनुमति पत्र नहीं मिल पाया है जिससे इस शराब को बेचा नहीं जा सका है।

रूस में एक ही दिन में कोविड के 10,000 नए केस आए हैं। पहली बार रूस में एक ही दिन में रोगियों की इतनी बड़ी संख्या सामने आई है।

यूएई में 15 लाख भारतीय प्रवासी मजदूरों ने देश लौटने के लिए आवेदन किया है।

4 मई

लॉकडाउन लागू होने के लगभग 40 दिनों बाद आज दिल्ली/देशभर में शराब की दुकानों को खोला गया, पर पहले ही दिन इतनी भीड़ हो गई कि सोशल डिस्टेंसिंग धरी की धरी रह गई। मुख्यमंत्री केजरीवाल ने कहा कि इस तरह 'कुछ दुकानों' के सामने लगी भीड़ देखकर वह आहत हैं। करीब दो महीनों से बगैर शराब के मेरी हालत भी खराब थी, इसलिए मैंने भी सरकारी कूपन डाउनलोड कर लिया था पर ठेकों पर हो रही भारी भीड़ को देखते हुए डर इस बात का है कि शराब के साथ कोविड फ्री मिलेगा। शराब की दुकानों के बाहर लंबी लाइनें, धक्का-मुक्की और लोगों में बेचैनी देखी गई। भीड़ पर फूल बरसाने की भी खबर है। कल हमारे इलाके के सबसे पुराने ठेके को खोला गया था और वहाँ होने वाली धक्का-मुक्की को देख आज न्यू कोंडली के ठेके को खोला गया। सरकार ने शराब पर 70 फीसदी का कोविड टैक्स लगा दिया है। आज दिल्ली में कुल 150 ठेकों को खोला गया था।

पश्चिम बंगाल का दौरा करने गई केंद्रीय टीम की रिपोर्ट के अनुसार, राज्य में कोविड से मरने वालों की संख्या कुल रोगियों की 12.8 फीसदी है जो पूरे देश में सबसे ज्यादा है।

लॉकडाउन के चलते देश में पेट्रोल की बिक्री पर 61 फीसदी की और डीजल में 56.5 फीसदी की गिरावट दर्ज की गई। सरकार को उम्मीद है कि मई के महीने से माँग में उछाल आएगी।

अमेरिका ने एक विशेष ट्रेनिंग प्रोग्राम के तहत कुत्तों को इस तरह प्रशिक्षित किया है कि जिससे वे कोविड पॉजिटिव और कोविड निगेटिव नमूनों का पता लगा सकें।

अमेरिका के राष्ट्रपति डोनाल्ड ट्रंप ने बताया है कि कोविड से लगभग एक लाख अमेरिकियों की मौत हो सकती है। यूएस सेंटर्स फॉर डिजीज कंट्रोल एंड प्रिवेंशन की रिपोर्ट के अनुसार, 1 जून तक अमेरिका में कोविड के चलते प्रतिदिन 3000 लोगों की मौत हो सकती है।

ब्राजील के राष्ट्रपति जेर बोल्सोनारो का ब्राजील में कोविड से हुई 5000 मौतों के बारे में पूछने पर संक्षिप्त जवाब था, "तो क्या हुआ?"

5 मई

भारत में पिछले 24 घंटों में कोविड के 3900 नए केस सामने आए हैं और 195 लोगों की मौत हो गई है।

इजरायल द्वारा कोविड की एंटीबॉडी विकसित करने की खबर है। इजरायल इंस्टीट्यूट ऑफ बायोलॉजिकल रिसर्च (आईआईबीआर) ने इसे विकसित किया है। यहाँ के वैज्ञानिकों ने दावा किया है कि इससे कोविड संक्रमित व्यक्ति के इलाज में काफी मदद मिलेगी।

पंजाब सरकार ने शराब की दुकानों पर बढ़ती भीड़ को देखते हुए दोपहर 1 बजे से शाम 6 बजे कर शराब की होम डिलीवरी का फैसला किया है।

इंग्लैंड में कोविड से मरने वालों की संख्या 30,000 के पार पहुँची, जो पूरे यूरोप में सबसे अधिक है।

भारत वृहस्पतिवार से विश्वभर में फँसे भारतीय नागरिकों को देश में वापस लाने की प्रक्रिया शुरू करने वाला है। उल्लेखनीय है कि वर्तमान समय में केवल पश्चिम एशिया में 1,90,000 भारतीय फँसे हुए हैं।

लॉकडाउन और साम्प्रदायिकता-8

18 अप्रैल को ट्विटर यूजर ऋषि राजपूत ने एक हिंदी न्यूज चैनल की खबर का स्क्रीनशॉट लेकर यह दावा किया कि राजस्थान के झालावाड़ में 100 से ज्यादा नर्सों ने सामूहिक इस्तीफा दे दिया क्योंकि तबलीगी जमात के लोग उन पर थूक रहे थे और वार्ड बॉय खाना देने जाते हैं तो उनसे बिरयानी की माँग करते हैं और माँग पूरी न होने पर उन्हें गालियाँ देते हैं। इस ट्वीट को हजारों बार रि-ट्वीट किया जा चुका है। गूगल पर कीवर्ड सर्च के बाद न्यूज नेशन की वेबसाइट पर 27 अप्रैल, 2020 की खबर का लिंक मिला। यह रिपोर्ट बताती है कि झालावाड़ के 100 से ज्यादा नर्सिंग स्टाफ ने कम वेतन होने की वजह से इस्तीफा दिया। उल्लेखनीय है कि नर्सों को 6 हजार रुपए की पगार पर रखा गया था। उन्हें कोविड से बचने के उपकरण भी नहीं दिए गए थे। इन खबरों में कहीं भी जमात का जिक्र नहीं है।

लॉकडाउन और प्रवासी मजदूर-21

सरकार ने घोषणा की कि 1 मई से देश के विभिन्न हिस्सों में फँसे प्रवासी मजदूरों को उनके घरों तक पहुँचाने के लिए विशेष श्रमिक ट्रेनों की व्यवस्था की गई है। देश के कई हिस्सों से इन ट्रेनों के चलने की खबर आती है पर यह भी खबर आती है कि इसके लिए मजदूरों से किराये के पैसे वसूले गए। हालाँकि सरकार ने कहा था कि यह सेवा मुफ्त मुहैया कराई जा रही है। 4 मई की सुबह 8:21 बजे सोनिया गांधी ट्वीट करती हैं कि प्रदेश कांग्रेस कमेटी की इकाई श्रमिकों के घर लौटने की रेल यात्रा का खर्च उठाएगी। इसके बाद पूरा भाजपाई खेमा डैमेज कंट्रोल में लग जाता है।

सुबह 9:11 मिनट : भाजपा सांसद सुब्रमण्यम स्वामी ने ट्वीट किया, "भूखे-प्यासे प्रवासी मजदूरों से किराया वसूला जाएगा। यह सरकार की कैसी मूर्खता है? विदेश में फँसे लोगों को मुफ्त में लाया गया। अगर रेलवे किराया नहीं दे सकता तो क्यों नहीं इसे पीएम केयर्स फंड से दिया जाना चाहिए।"

सुबह 9:16 मिनट : सुब्रमण्यम स्वामी फिर ट्वीट करते हैं, "रेल मंत्री पीयूष गोयल से बात हुई। केंद्र सरकार 85 फीसदी और राज्य सरकार 15 फीसदी किराये का भुगतान करेगी। प्रवासी मजदूर फ्री में जाएँगे।"

सुबह 11:02 मिनट : भाजपा आईटी सेल के प्रमुख अमित मालवीय ने ट्वीट कर सोनिया गांधी और कांग्रेस पर प्रवासी मजदूरों पर राजनीति करने का आरोप लगाया पर सोनिया गांधी द्वारा उठाए सवाल की अमित मालवीय या संबित पात्रा ने कोई सफाई नहीं दी।

रेलवे बोर्ड के चेयरमैन वी.के. यादव ने एक अंग्रेजी अखबार से कहा, "जानबूझकर ट्रेनें फ्री में चलाने के बजाय किराया लिया जा रहा है ताकि जिनको जरूरी हो वही सफर करें।"

4 मई को द न्यू इंडियन एक्सप्रेस में छपी एक रिपोर्ट बताती है कि केरल के एर्नाकुलम से पिछले तीन दिनों यानी 1 से 4 मई के बीच कुल 5,592 मजदूरों ने श्रमिक एक्सप्रेस के लिए टिकटें खरीदीं, जिसके लिए उन्होंने औसतन 530 रुपए प्रति टिकट खर्च किए। दूसरे शब्दों में केवल एर्नाकुलम में रेलवे ने प्रवासी मजदूरों को टिकट बेचकर 32 लाख रुपए कमाए।

रेलवे प्रबंधन ने कहा कि प्रवासी मजदूरों से जनरल कंपार्टमेंट का ही किराया लिया जा रहा है। कोच्चि सबकलेक्टर की देखरेख में यह पूरी प्रक्रिया की जा रही है। उनका कहना है कि प्रवासी मजदूरों को रेलवे खाना, पानी और दवाइयाँ मुफ्त बाँट रहा है।

गौरतलब है कि केरल के अलुवा से भुवनेश्वर का किराया 445 रुपए है पर एक मजदूर से इसके लिए 530 रुपए वसूले जा रहे हैं। मजदूरों का कहना है कि वे यह बढ़ा हुआ किराया देने के लिए मजबूर हैं, क्योंकि अगर उन्होंने यह मौका गँवा दिया तो शायद वे कभी घर नहीं लौट पाएँगे।

इस बीच खबर है कि कर्नाटक सरकार ने श्रमिक स्पेशल ट्रेनों को रोका। पिछले रविवार से मंगलवार यानी तीन दिन पश्चिम-रेलवे ने बिहार, झारखंड और ओडिशा के प्रवासी मजदूरों को उनके घर भेजने के लिए कुल आठ श्रमिक एक्सप्रेस चलाई थीं, जिसमें 1200 यात्री प्रति ट्रेन यात्रा करने की व्यवस्था थी। कर्नाटक सरकार ने अचानक इन ट्रेनों को रद्द कर दिया, हालाँकि इसके लिए कोई सरकारी सूचना जारी नहीं की गई। लेकिन मीडिया में लीक एक चिट्ठी में सारी बातें सामने आ गईं। यह खत इंटरस्टेट ट्रैवल (अंतरराज्यीय यात्रा) के नोडल अफसर मंजुनाथ प्रसाद ने दक्षिण पश्चिम रेलवे के जनरल मैनेजर ए.के. सिंह को लिखा है। इसमें यह कहा गया है कि प्रवासी मजदूरों को घर वापसी के लिए जिन दस ट्रेनों के लिए आवेदन किया था, उसे निरस्त किया जा चुका है।

राज्य के श्रम विभाग के सचिव कैप्टन मन्नीवाना ने ट्वीट किया है, "अब वे (प्रवासी मजदूर) लॉकडाउन खुलने के बाद ही घर लौट पाएँगे, हम उनकी देखरेख करेंगे।"

गौरतलब है कि मंगलवार को मुख्यमंत्री येदियुरप्पा ने बिल्डरों से बातचीत की और रियल एस्टेट के लोगों से राज्य में फिर से निर्माण कार्य शुरू करने का अनुरोध किया और उसी दिन प्रवासी मजदूरों को ले जाने वाली श्रमिक एक्सप्रेस ट्रेन सेवा को रद्द कर दिया गया। नितिश नामले नामक एक प्रवासी मजदूर ने कहा कि पिछले 40 दिनों के लॉकडाउन में वह दाने-दाने को मोहताज हो गए हैं। उनकी कंस्ट्रक्शन साइट में 1000 में केवल 400 मजदूर रह गए हैं। उनका कहना है कि पिछले इतवार को विरोध प्रदर्शन के बाद ठेकेदार ने उनके खाने और पानी का बन्दोबस्त किया मगर कहा है कि इसका पैसा उनकी तनख्वाह से कट जाएगा।

लॉकडाउन और प्रवासी मजदूर-22

उत्तर प्रदेश में हरदोई के एक गाँव महमूदनगर का निवासी दिलीप कुमार तीन महीने पहले नौकरी की तलाश में बुलंदशहर गया था। लॉकडाउन के चलते काम बन्द हो गया और पैसे भी खत्म हो गए। उसकी चिंतित माँ राजेश्वरी ने पूछा कि वह घर कैसे आ सकता है? उसने कहा कि साइकिल हो तो घर वापस आ जाएगा। माँ ने लोगों से रुपए उधार माँगे, न मिलने पर गाय बेचकर 4000 रुपए बैंक में जमा कर दिए। दिलीप ने उन पैसों से साइकिल खरीदी और 26 अप्रैल को अपने घर के लिए निकल पड़ा।

एक मृत्युपूर्व का बयान

इंदौर/मध्य प्रदेश : "भैया कुछ करो... यह जो टीवी वाले भारत में मौत का आँकड़ा बता रहे हैं, वह तो इंदौर का आँकड़ा भी नहीं है। आपको पता है कि मैं बीमार भाई के साथ चार दिनों तक एमवाय के चेस्ट सेंटर में रहा। वहाँ से रोज चार-छह लाशें निकलती हैं। एक बार अस्पताल के डेथ रजिस्टर को देख लो तो खुद पता चल जाएगा। जिस दिन भाई गया न, उस दिन भी उससे पहले तीन लाशें जा चुकी थीं।"

यह दर्द कुछ दिन पहले की रिकॉर्डिंग का हिस्सा है जो गांधीनगर के विजय वर्मा और स्थानीय पार्षद के बीच हो रही थी। अब विजय और उनके छोटे भाई ईश्वर दोनों अस्पताल के डेथ रजिस्टर का हिस्सा बन चुके हैं। आश्चर्य की बात यह है कि हालाँकि दोनों भाइयों की मौत कोविड से हुई है पर उनके नाम कोविड से हुई मौतों के आँकड़ों में शामिल नहीं हैं।

रिकॉर्डिंग के अंश : "भैया जिसको भी शंका हो पहले उसे चेस्ट सेंटर में रखते हैं फिर जिसका कोविड रिपोर्ट आता है उसे टीबी अस्पताल में भेज देते हैं, पर मैं कहता हूँ कि जब रिपोर्ट कई दिनों तक नहीं आनी तो अन्दर सबको एक साथ क्यों रखते हैं? एक कमरे में छह मरीज और एक मरीज पर छह अटेंडेंट। हट्टा-कट्टा इंसान आता है और दूसरों से संक्रमित हो जाता है। जल्दी रिपोर्ट नहीं दे सकते तो उन्हें कोविड मरीज से अलग रखो। ईश्वर (छोटा भाई) को ही देख लो न, रिपोर्ट तो निगेटिव आई, हट्टा-कट्टा चल कर गया था पर चार दिन बाद लाश आई। मैंने तो दिन-रात अस्पताल के हालात देखे हैं भइया। सीएम हेल्पलाइन 181 पर शिकायत भी दर्ज कराई। मैंने उनसे कहा कि झूठ नहीं बोल रहा, मेरा सगा भाई भर्ती है, खुद सब देख रहा हूँ। क्यों न करूँ शिकायत?"

यह रिपोर्ट 5 मई के दैनिक भास्कर के इंदौर संस्करण में छपी है।

6 मई

अहमदाबाद के सभी निजी अस्पतालों, नर्सिंग होम, क्लीनिक को अगले 48 घंटों में खोलने के निर्देश जारी किए गए हैं, जिसके उल्लंघन पर उनके लाइसेंस रद्द किए जाएँगे।

दिल्ली सरकार ने शराब की दुकानों को खोलने का फैसला किया है पर उसके लिए पहले से टाइम बुक करना पड़ेगा। हजारों-लाखों लोगों की तरह मैंने भी बुकिंग करवाई। मजे कि बात यह देखी कि शराब लेने बाहर निकलो तो पुलिस नहीं मारती पर सब्जी वगैरह खरीदने जाओ तब पुलिस डंडे चलाती है। बहरहाल तयशुदा समय पर एक ठेके पर डरते हुए पहुँचा तो जो देखा वह भयानक था। हजारों की तादाद में लोग लाइन में लगे थे। 'सोशल-डिस्टेंसिंग' की बात सोचना भी पाप था। इस लाइन में लगने से शराब मिलने की गारंटी कम थी पर कोविड से संक्रमित होने की पूरी गारंटी थी। जान बचाकर घर वापस लौट आया! बाद में पता चला कि कोविडसेस लगाने के बाद एक ही दिन में शराब की बिक्री से दिल्ली सरकार को 7.65 करोड़ रुपए की आमदनी हुई है।

कर्नाटक की ट्रेड यूनियंस ने राज्य सरकार द्वारा प्रवासी मजदूरों को जबरन रोके जाने के खिलाफ न्यायालय का दरवाजा खटखटाने का निर्णय लिया है।

आज हमारे दफ्तर में कहा गया कि आरोग्य सेतु ऐप डाउनलोड करना अनिवार्य है।

इक्वाडोर में रहने वाली एक इंडीजेनस कम्युनिटी का एक समूह कोविड के डर से शहर छोड़कर जंगलों में भाग गया है। बताया जा रहा है कि साईकोपेई नेशन समूह के कुल 744 सदस्यों ने अमेजन के जंगलों में पनाह ली है, क्योंकि उन्हें डर है कि कोविड से उनका पूरा समूह खत्म हो जाएगा। इस समूह के 15 सदस्य कोविड से पीड़ित हैं।

कार्टूनिस्ट और कोरोना

बांग्लादेश में 11 लोगों को पुलिस ने सरकार के खिलाफ सोशल साइट्स में पोस्ट करने के आरोप में गिरफ्तार कर लिया, जिनमें अहमद कबीर किशोर नामक कार्टूनिस्ट और मुश्ताक अहमद नामक एक लेखक शामिल हैं। कहा जा रहा है कि सोशल प्लेटफॉर्म्स पर अफवाह फैलाने और सरकार विरोधी पोस्ट करने के आरोप में डिजिटल सिक्योरिटी एक्ट के तहत इनको गिरफ्तार किया गया है। किशोर पिछले कुछ दिनों से "लाइफ इन द टाइम ऑफ कोरोना" शीर्षक पर काम कर रहे थे, जिसमें उन्होंने कुछ कैरीकेचर और कार्टून बनाए थे।

गंगाजल से कोविड का इलाज

इंडियन काउंसिल फॉर मेडिकल रिसर्च (आईसीएमआर) ने मोदी सरकार द्वारा गंगाजल पर शोध के अनुरोध को ठुकरा दिया है। आईसीएमआर के सूत्रों ने बताया कि हाल ही में अतुल्य गंगा नामक एनजीओ ने जल शक्ति मंत्रालय से अनुरोध किया कि गंगाजल पर शोध किया जाना चाहिए। अतुल्य गंगा का दावा है कि गंगाजल में बैक्टीरियोफेज नामक एक निंजा वायरस रहता है। आईसीएमआर का कहना है कि उसका अभी ऐसी बकवासों पर काम करने का कोई इरादा नहीं है।

लॉकडाउन और प्रवासी मजदूर-23

ग्वालियर शहर में कोविड वायरस संक्रमित मरीजों/दूसरे शहर से आए 'संदेहास्पद' लोगों के लिए क्वारंटाइन सेंटर बनाया गया है, पर यहाँ ठहरने वाले लोगों का कहना है कि यह क्वारंटाइन सेंटर नरक से कम नहीं है। खाने के नाम पर स्टेशन का गंदा खाना मिलता है और कुछ भी माँगे जाने पर उसके पैसे माँगे जाते हैं। दो दिन पहले दिल्ली से आए विवेक कुमार (नाम परिवर्तित) ने बताया कि राजमोहन पैलेस में बनाए गए सेंटर पर न समय पर खाना मिलता है और न समय पर पानी। यहाँ पहुँचने पर एक किट दी जाती है जिसमें दो डिटॉल साबुन, एक मिनी टूथपेस्ट दिया जाता है। हर तीन दिन में एक किट मिलती है। क्वारंटाइन सेंटर में तीस लोगों को ठहराया गया है, जहाँ दो लोगों के बीच में एक टेबल रखी गई है। कभी-कभी एक बिस्तर को दो लोग शेयर करते हैं।

7 मई

रूस में कोविड वायरस के मामलों में अचानक आए उछाल से देश में कुल रोगियों की संख्या 1,77,000 जा पहुँची है। संख्या के आधार पर रूस विश्व का पाँचवाँ देश बन गया है।

पिछले हफ्ते भर में अमेरिका में 32 लाख लोग बेरोजगार हो गए हैं। पिछले सात हफ्तों में लॉकडाउन/ले-ऑफ/क्लोजर के चलते लगभग 35 करोड़ लोगों की नौकरियाँ जा चुकी हैं।

हरियाणा में विभिन्न राज्यों से आए लगभग आठ लाख मजदूरों ने अपने-अपने राज्यों में जाने के लिए आवेदन दाखिल किया है। बेंगलुरु से चलने वाली विशेष श्रमिक एक्सप्रेस ट्रेनों को बन्द किए जाने के बाद वहाँ के प्रवासी मजदूर इतने गुस्से में आ गए हैं कि वह पैदल ही अपने गृह राज्यों की ओर निकल पड़े हैं, जिसको देखकर सरकार ने एक बार फिर से ट्रेनों को चलाने का निर्णय लिया है।

भारत में पहले 10,000 लोगों तक कोविड संक्रमण फैलने में डेढ़ महीने लगे पर 40 से 50 हजार होने में महज चार दिन लगे।

लॉकडाउन और प्रवासी मजदूर-24

लॉकडाउन में फँसे मजदूरों को स्पेशल ट्रेन से मुफ्त घर भेजने की हकीकत सरकारी दावों से अलग है। सोमवार की देर रात अहमदाबाद से जौनपुर पहुँची ट्रेन के यात्रियों ने बताया कि उनसे किराए के तौर पर 710 रुपए लिए गए जबकि टिकट पर 630 रुपए अंकित था। मजदूरों से कहा गया कि 80 रुपए खाने के लिए लिये गए हैं। रास्ते में एक बार खिचड़ी दी गई और दो बोतल पानी दिया गया। उत्तर प्रदेश-बिहार के विभिन्न जिलों के 1250 यात्रियों को लेकर रात करीब 1 बजे श्रमिक एक्सप्रेस जौनपुर स्टेशन पहुँची। स्टेशन पर उनका स्वास्थ्य परीक्षण किया गया। कहा जा रहा है कि ट्रेन इलाहाबाद स्टेशन पर नियत समय पर पहुँची पर वहाँ उसे तीन घंटे रोक लिया गया।

8 मई

सुप्रीम कोर्ट ने राज्य सरकारों से शराब की ऑनलाइन बिक्री के बारे में सोचने का अनुरोध किया है। वहीं पर दूसरी ओर मद्रास हाईकोर्ट ने टीएएसएमएसी (तमिलनाडु राज्य शराब की दुकानों) को बन्द करने का आदेश दिया है। बताया जा रहा है कि राज्य में कोविड मरीजों की संख्या 6,000 के पार हो जाने से हाईकोर्ट ने यह कदम उठाया है। राज्य सरकार ने हाईकोर्ट के इस फैसले के खिलाफ सुप्रीम कोर्ट जाने का फैसला किया है। उल्लेखनीय है कि मद्रास हाईकोर्ट ने शराब की ऑनलाइन बिक्री का आदेश दिया है। लॉकडाउन के बाद खुली दुकानों से पहले ही दिन राज्य भर में 170 करोड़ रुपए की शराब बिकी है।

ओडिशा हाईकोर्ट ने हाल ही में अपने एक फैसले में ओडिशा में लौटने वाले सभी प्रवासी मजदूरों के कोविड टैस्ट को अनिवार्य किया था और केवल कोविड निगेटिव मजदूरों को वापस घर आने की अनुमति दी थी। सुप्रीम कोर्ट ने हाईकोर्ट के इस आदेश पर स्टे लगा दिया है। दिलचस्प है कि उच्च न्यायालय ने ऐसा कोई आदेश विदेश से वापस लौट रहे लोगों के लिए नहीं दिया।

मंगलुरु के डॉक्टर ने 'बबल हेलमेट' का आविष्कार किया है। यह एक एयरटाइट प्लास्टिक के जारनुमा हेलमेट जैसा है। बताया जा रहा है कि यह ऑक्सीजन मास्क से काफी सुविधाजनक है क्योंकि इसमें संक्रमण का खतरा न के बराबर होता है।

उत्तर प्रदेश सरकार एक अध्यादेश लाई है जिसमें जानबूझकर मौत का कारण बनने वाले कोविड मरीज को उम्रकैद का प्रावधान किया गया है। इस कानून की धारा 24 में कहा गया है कि कोई व्यक्ति अगर जानबूझकर किसी को संक्रमित करता है तो उसे दो से पाँच साल के कठोर कारावास की सजा दी जाएगी। धारा 25 'सामूहिक उत्पीड़न' को पाँच या पाँच से अधिक व्यक्तियों को संक्रमित करने के रूप में परिभाषित करती है। धारा 26 में कहा गया है कि धारा 24/25 में कोई भी जानबूझकर मृत्यु का कारण बनता है तो उसे सात साल की सजा होगी जो बढ़कर आजीवन कारावास भी बन सकती है।

उत्तर प्रदेश के बाद अब मध्य प्रदेश की भाजपा सरकार ने घोषणा की है कि राज्य में अगले 1000 दिनों के लिए कोई श्रम कानून लागू नहीं होंगे।

लॉकडाउन और प्रवासी मजदूर-25

एनडीटीवी इंडिया की रिपोर्ट के अनुसार, लॉकडाउन के चलते 8-10 करोड़ मजदूरों को अप्रैल माह का वेतन नहीं मिला।

लखनऊ से साइकिल पर अपनी बीवी और दो बच्चों को लेकर घर लौटते एक प्रवासी मजदूर की गाड़ी से कुचल कर मौत हो गई। दोनों बच्चे गंभीर रूप से घायल हैं, जिनका अस्पताल में इलाज चल रहा है।

9 मई

पश्चिम बंगाल सरकार ने दस श्रमिक एक्सप्रेस ट्रेनों को राज्य में आने की अनुमति दी है।

भारतीय रेल ने 5,231 ट्रेन बोगियों को अस्थायी कोविड ट्रीटमेंट बोगी के रूप में तब्दील करने का निर्णय लिया है। नीति आयोग की एक रिपोर्ट में कहा गया है कि 15 मई तक भारत में कोविड रोगियों की अनुमानित संख्या लगभग 65,000 तक पहुँच जाएगी और 15 अगस्त तक इस संख्या के 2.74 करोड़ तक पहुँचने की संभावना है। भारतीय रेल ने इतनी बड़ी संख्या में रोगियों की समस्या से निबटने के लिए ट्रेन बोगियों को आइसोलेशन सेंटर में बदलने का निर्णय लिया है। इन बोगियों को भारत में एक स्थान से दूसरे स्थान तक आसानी से ले जाए जाने की सुविधा को देखते हुए यह कदम उठाया गया है।

लॉकडाउन और प्रवासी मजदूर-26

पश्चिम बंगाल, झारखंड, बिहार के प्रवासी मजदूर अपने घर जाने की माँग को लेकर सड़कों पर उतर आए। यह घटना गुजरात की हजीरा इंडस्ट्रियल बेल्ट में घटित हुई। बताया जा रहा है कि मजदूरों के साथ पुलिस की हाथापाई भी हुई।

इंटरनेशनल मॉनिटरी फंड (आईएमएफ) ने विश्व अर्थव्यवस्था पर कोविड से पड़ने वाले प्रभावों में तब्दीली की है। आईएमएफ प्रमुख क्रिस्टीना ज्येरजोविया ने आज घोषणा की है कि पहले विश्व अर्थव्यवस्था के 3 फीसदी कॉन्ट्रैक्शन का अनुमान था। ऐसा आखिरी बार सन 1929 की महामंदी के बाद हुआ था। आईएमएफ ने अपने संशोधित आँकड़ों के आधार पर बताया है कि विश्व अर्थव्यवस्था में संकुचन (कॉन्ट्रैक्शन) इससे कहीं ज्यादा होगा।

मिजोरम राज्य ने अपने को कोविड फ्री घोषित कर दिया। राज्य सरकार ने बताया कि एक व्यक्ति कोविड से संक्रमित था, उसे आज डिस्चार्ज कर दिया गया है।

गोवा सरकार के अनुसार, कोविड लॉकडाउन में राज्यभर में अपराधों में 67 फीसदी की गिरावट आई है। गोवा पुलिस के अनुसार, इस लॉकडाउन में न केवल चोरी, डकैती बल्कि सड़क हादसों में भी बहुत कमी आई है।

मुम्बई के एक कार मैकेनिक विक्की नागपाल ने प्राइवेट कार/टैक्सी में आइसोलेशन कवर बनाने का तरीका ढूँढ़ निकाला है। विक्की जी का कहना है कि एक कार को आइसोलेशन कवर बनाने में दो घंटे लगते हैं और इससे ड्राइवर व यात्री दोनों को एक-दूसरे से संक्रमण का खतरा नहीं रहता। गुजरात के पाटन के दो सॉफ्टवेयर इंजीनियरों ने अस्पताल के कर्मचारियों को कोविड संक्रमण से बचाने के लिए एक मोटराइज्ड ट्रॉली को विकसित किया है। इसका नाम उन्होंने 'धार-बोट' रखा है।

पंजाब विश्वविद्यालय ने एक सस्ता एंटीमाइक्रोबायल नैनो कोटिंग का स्प्रे विकसित किया है, जिसकी मदद से कोविड रोगियों की देखरेख करने वाले स्वास्थ्य कर्मचारियों की पीपीई किट और मास्क को आसानी से डिसइंफेक्ट किया जा सकेगा।

रूस में 10,000 नए कोविड केस आने के बाद सरकार ने विक्ट्री डे सेलिब्रेशन नहीं मनाने का फैसला किया है। यह पिछले 75 वर्षों में पहली बार हो रहा है।

लॉकडाउन और प्रवासी मजदूर-27

औरंगाबाद दुर्घटना

ट्रेन की चपेट में आने से 16 प्रवासी मजदूरों की मौत हो गई। यह दुर्घटना 8 मई शुक्रवार की सुबह करमाड पुलिस थाना अंतर्गत सताना स्टेशन के पास हुई। बताया जा रहा है कि दुर्घटनास्थल पर चारों ओर लाशों के टुकड़े, अस्त-व्यस्त सामान, खून से रँगी रोटियाँ और कुछ रुपए मिले हैं।

जालना के कलेक्टर ने प्रेस को बताया कि यह सभी मजदूर जालना के एक स्टील कारखाने में काम करते थे। इनमें से कुछ लोगों ने अपने घर वापस जाने के लिए आवेदन किया था। 58 मजदूरों को प्रशासन ने 'पास' दिया था, पर कुछ मजदूरों ने आवेदन नहीं किया, इन्हीं में से 20 मजदूर वृहस्पतिवार की रात को अपने गाँव के लिए पैदल निकल पड़े। चूँकि उनके पास यात्रा सम्बन्धी पास नहीं था और पूरा इलाका सील कर दिया गया था, इन मजदूरों ने पुलिस की ज्यादती से बचने के लिए रेलवे ट्रैक का रास्ता अपनाया। जालना से करीब 40 किलोमीटर चलने के बाद वे सुस्ताने के लिए रुके।

रेलवे ट्रैक जमीन से थोड़ी ऊँची जगह पर होने के कारण जीव-जंतुओं से सुरक्षित था इसलिए वे ट्रैक पर ही सो गए। भोर 5:30 की मालगाड़ी के आने का उनको पता भी नहीं चला और उनमें से 16 लोग मर गए। चार मजदूरों की नींद खुल गई इसलिए वे बच गए पर वे इतने सदमे में हैं कि वह बात करने कि स्थिति में भी नहीं हैं। उन्हें भी अस्पताल में भर्ती करवाया गया है।

कुछेक समाचारों/फेसबुक पोस्ट से पता चला कि प्रवासी मजदूरों के 'पास' के लिए आवेदन पत्र अंग्रेजी में हैं। इनका पीडीएफ मोबाइल में भेजा जा रहा है और कहा जा रहा है कि कम से कम 30 लोगों के इकट्ठा होने पर ही पास दिया जाएगा। स्टील प्लांट के 58 प्रवासी मजदूरों के एक ग्रुप को प्रशासन से पास मिला। चूँकि इस समूह में मजदूरों कि संख्या कम थी इसलिए इनको 'पास' नहीं दिया गया।

लॉकडाउन और प्रवासी मजदूर-28

एक ओर प्रवासी मजदूर अपने घर लौटने के लिए हर प्रयास कर रहे हैं, वहीं दूसरी ओर भाजपा कार्यकर्ताओं को ट्रेन टिकट ब्लैक करते गिरफ्तार किया गया है। यह घटना गुजरात के सूरत की है। सूरत के भाजपा नेता राजेश वर्मा को रँगे हाथों उस समय पकड़ लिया गया जब वह सूरत में फँसे प्रवासी मजदूरों से 1000 रुपए प्रति टिकट वसूल रहे थे जबकि टिकट का दाम मात्र 710 रुपए प्रति टिकट है।

इसी तरह की एक अन्य घटना में हाल ही में भाजपा नेता अमरसिंह राजपूत का प्रवासी मजदूरों से 710 रुपए का टिकट 1000 रुपए में बेचने का वीडियो वायरल हुआ था।

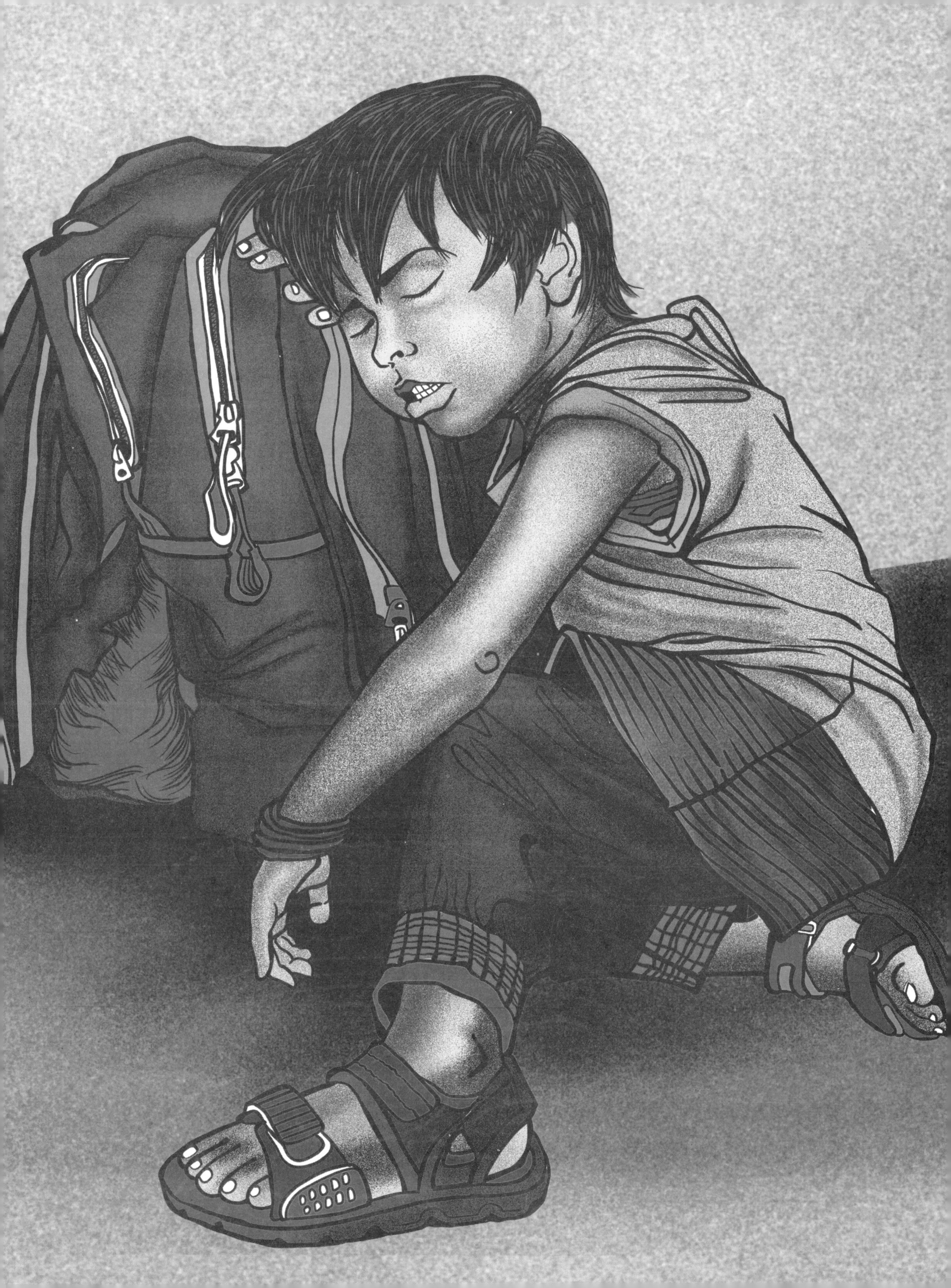

लॉकडाउन के चलते पिछले दिनों पूरे भारत में रेल आवागमन पर पूर्ण प्रतिबंध लगाया गया था। पूरे भारत में कहीं भी एक भी ट्रेन नहीं चली। ऐसा भारतीय रेल के 167 वर्ष के इतिहास में पहली बार हुआ।

विश्वभर में अभी तक कोविड से 2,77,000 लोगों की मौत हो चुकी है।

ब्रिटेन की मेडिकल पत्रिका लैंसेट ने ब्राजील के राष्ट्रपति जेयर बोल्सोमारो को कोविड के खिलाफ ब्राजील की जंग का सबसे बड़ा खतरा बताया है।

कोविड के बढ़ते प्रकोप के साथ ही स्वास्थ्य कर्मचारियों पर हमलों की संख्या में अचानक बढ़ोतरी हो रही है। कल शुक्रवार को मेक्सिको के कोहविला में एक इमारत में तीन बहनों की लाशें मिली हैं। पुलिस के अनुसार, पेशे से नर्स इन तीनों बहनों की गला घोंटकर हत्या की गई है। आईएमएसएस के जेवियर गुएरेरो ने चिंता व्यक्त करते हुए कहा है कि हमें जब स्वास्थ्य कर्मियों की सख्त जरूरत है, उसी वक्त इन पर हमले बढ़ते जा रहे हैं।

उत्तर प्रदेश, मध्य प्रदेश के बाद अब गुजरात सरकार ने राज्य में 1000 दिनों के लिए सभी श्रम कानूनों को खत्म कर दिया है। खबरों के अनुसार, उद्योगपतियों ने माँग की है कि यह नियम पूरे देश में लागू हो। उल्लेखनीय है कि अभी तक जिन तीन राज्यों ने श्रम कानूनों को निरस्त करने की घोषणा की है, वे सभी भाजपा शासित राज्य हैं।

फेसबुक पोस्ट की एक पोस्ट से जानकारी मिली कि पुणे के चापेकर बंधुओं को फाँसी इसलिए दी गई थी क्योंकि उन्होंने पुणे के प्लेग कमिश्नर वाल्टर चार्ल्स रैंड की हत्या की थी। रैंड का गुनाह यह था कि उसने प्लेग महामारी के दौरान जनता के साथ अमानवीय व्यवहार किया था।

10 मई

तमिलनाडु के चेन्नई की कोएमबेडू सब्जी मंडी कोविड के नए हॉटस्पॉट के रूप में उभरी है। इंडियन एक्सप्रेस की रिपोर्ट के अनुसार, चेन्नई के कुडलोर जिले की मंडी से लौटे कई मजदूरों को कोविड पॉजिटिव पाया गया है। कोएमबेडू की मंडी के 395 और उसके पड़ोसी जिले तिरुवल्लूर में 337 नए केस सामने आए हैं। बताया जा रहा है कि इनसे लगभग 1130 लोगों के संक्रमित होने का खतरा है।

मुम्बई की आर्थर रोड जेल में 81 नए कोविड केस की पहचान हुई है। इससे अब तक इस जेल में कोविड संक्रमित कैदियों की संख्या 158 हो गई है।

हाल ही में औरंगाबाद दुर्घटना, जिसमें 16 प्रवासी मजदूरों की ट्रेन से कटकर मौत हो गई थी, के बाद साउथ ईस्टर्न (दक्षिण पूर्वी) रेलवे ने ट्रेनों की स्पीड 40 किमी प्रति घंटे कर दी है जिससे कि रेलवे ट्रैक पर चल रहे मजदूरों को दुर्घटना का सामना न करना पड़े।

त्रिपुरा के अगरतला के शहीद भगतसिंह युवा आवास के निवासियों ने इलाके में बनाए जा रहे कोविड अस्पताल का जमकर विरोध किया। भीड़ को तितर-बितर करने के लिए लाठीचार्ज करना पड़ा।

अफ्रीका सेंटर ऑफ डिजीज कंट्रोल के आँकड़ों के अनुसार, अफ्रीका में कोविड के 60,000 केस हैं।

कोविड और सुपर स्प्रेडर्स

अहमदाबाद शहर प्रशासन ने अहमदाबाद में 338 कोविड वायरस 'सुपर स्प्रेडर्स' की पहचान की है, जिसके चलते 15 मई तक शहर की सभी दुकानों को बन्द रखने का फैसला किया गया है। 'सुपर स्प्रेडर्स' उस समुदाय को कहा जाता है जो बहुत से लोगों के संपर्क में आते हैं और इसके चलते उनसे बहुत बड़ी संख्या में लोगों के संक्रमित होने का खतरा बना रहता है। इनमें दूधवाले, सब्जीवाले, पेट्रोल पंप अटेंडेंट, कूड़ावाले शामिल हैं। शहर प्रशासन का मानना है कि ऐसे करीब 14,000 हाई रिस्क सुपर स्प्रेडर्स के होने की आशंका है जिनकी जल्द ही शिनाख्त की जाएगी और उनकी जाँच की जाएगी। गुजरात में कोविड रोगियों की संख्या तेजी से बढ़ रही है।

लॉकडाउन और प्रवासी मजदूर-29

अचानक घोषित किए लॉकडाउन और इससे गरीबी, बेकारी और भुखमरी के कगार पर पहुँचे देश के हजारों-लाखों प्रवासी मजदूर भूख-प्यास की परवाह किए बगैर अपने घरों की ओर चल पड़े। कुछ लोग घर पहुँचने में कामयाब हो गए पर कई लोग ऐसे भी थे जो घर तक नहीं पहुँच सके और सड़क/रेल दुर्घटना का शिकार हो गए।

सागिर अंसारी इन्हीं में से एक हैं। पूर्वी चंपारण के निवासी सागिर अंसारी दिल्ली में नौकरी करते थे। लॉकडाउन होने के बाद जब रेल-बस सेवा ठप हो गई तब अपने दोस्तों के साथ परिवार को लेकर साइकिल से 5 मई को अपने घर की ओर निकल पड़े। पाँच दिन साइकिल चलाने के बाद वह लखनऊ पहुँचे। आज सुबह 10 बजे वह सड़क के डिवाइडर पर बैठकर खाना खा रहे थे कि सामने से आती एक कार ने अपना संतुलन खोकर उन्हें टक्कर मार दी। इससे सागिर जी गंभीर रूप से घायल हो गए, अस्पताल में इलाज के दौरान उनकी मौत हो गई।

पिछले वृहस्पतिवार को छत्तीसगढ़ से प्रवासी मजदूर का एक परिवार उत्तर प्रदेश में स्थित अपने घर के लिए निकला। यह दूरी लगभग 750 किलोमीटर की है। बताया जाता है कि यात्रा शुरू करने के कुछ ही मिनट बाद यह परिवार एक सड़क दुर्घटना का शिकार हो गया और पति-पत्नी की मौत हो गई। उनके दो छोटे बच्चे जीवित बच गए जिनकी उम्र पाँच साल से भी कम है।

अपने घर वापस न लौट पाने के दुख में पश्चिम बंगाल के एक मजदूर ने केरल के एर्नाकुलम में पेड़ में फाँसी लगाकर आत्महत्या कर ली। डेक्कन क्रॉनिकल की रिपोर्ट के मुताबिक, असरुल विश्वास करीब छह महीने पहले एर्नाकुलम के ईंट भट्टे में काम करने आया था। लॉकडाउन के चलते उसका ईंट भट्टा बन्द हो गया और ठेकेदार ने उसे मजदूरी भी नहीं दी। केरल से पश्चिम बंगाल के लिए विशेष श्रमिक स्पेशल को चलाया गया पर असरुल के पास टिकट के पैसे नहीं थे। इससे वह इतना परेशान और दुखी हो गया कि उसने आत्महत्या कर ली।

अमेरिका ने अन्य देशों से अमेरिका में काम करने के इच्छुक लोगों के प्रवेश पर अस्थायी रोक लगा दी है पर उसने 40,000 नर्सों/डॉक्टरों को ग्रीन कार्ड देने का फैसला किया है।

टीवी समाचार चैनल टाइम्स नाउ ने मजबूर मजदूरों के लिए 'भागे' शब्द का इस्तेमाल किया, मानो वह कोई अपराधी हों और जेल तोड़कर भागने की कोशिश कर रहे हों

ब्रेकिंग-1

पालघर में भागने की कोशिश के दौरान 60 प्रवासी मजदूर पकड़े गए।

(टाइम्स नाउ, 2:26पीएम, 10 मई 2020)

विश्व के सबसे धनी मंदिरों में एक तिरुपति तिरुमला के प्रबंधन तिरुपति तिरुमला देवस्थानम बोर्ड ने कहा है कि लॉकडाउन के चलते 400 करोड़ रुपए के राजस्व का घाटा हुआ है। उसके पास अपने कर्मचारियों की तनख्वाह देने के लिए भी पैसे नहीं हैं। प्रबंधन का कहना है कि इस समस्या के समाधान के उपाय ढूँढ़े जा रहे हैं जिससे मंदिर के बैंकों में जमा 14,000 करोड़ रुपए की राशि और आठ टन सोने को न छुआ जाए।

समाचार संस्था एएनआई की खबर है कि सभी यात्री ट्रेनें सिर्फ एसी कोच के साथ चलाई जाएँगी।

लॉकडाउन और प्रवासी मजदूर-30

सरकारी दावों के उलट, हकीकत रोंगटे खड़े करने वाली है। मध्य प्रदेश-महाराष्ट्र के बिजासन बार्डर पर अपने नवजात शिशु के साथ पहुँचने वाली शकुंतला की कहानी ऐसी ही है। खबरों के मुताबिक शकुंतला अपने पति के साथ नासिक में रहती थी। लॉकडाउन में पति की नौकरी चली गई और घर में खाने के लाले पड़ गए। दोनों ने तय किया कि वह नासिक से अपने घर सतना पैदल ही चले जाएँगे। नासिक और सतना के बीच की दूरी करीब 1000 किलोमीटर है। शकुंतला इन दिनों गर्भावस्था के नौवें महीने में थी। 5 मई को शकुंतला ने सड़क के किनारे बच्चे को जन्म दिया और प्रसव के एक घंटे बाद नवजात शिशु को लेकर 160 किलोमीटर पैदल चलकर मध्य प्रदेश-महाराष्ट्र की सीमा बिजासन तक पहुँची। उनके पति राकेश कोल ने बताया कि रास्ते में एक सिख परिवार ने धुले में नवजात शिशु के लिए कपड़े और आवश्यक सामान वगैरह दिया।

यूपी बॉर्डर पर 5000 से ज्यादा मजदूर, गर्भवती महिलाएँ और भूखे बच्चे फँस गए हैं क्योंकि उन्हें दिल्ली से उत्तर प्रदेश जाने की इजाजत नहीं है।

11 मई

महामारी में इंसानियत-6

डॉ. जाहिद मजीद की डॉक्टर कहानी

एम्स की क्रिटिकल केयर यूनिट के सीनियर डॉक्टर डॉ. जाहिद मजीद आज खुद क्वारंटाइन में हैं क्योंकि उन्होंने एक बेहद गंभीर कोविड मरीज की जान बचाने के लिए एम्बुलेंस के अन्दर अपनी पीपीई किट हटाकर उसकी साँस की नली ठीक कर दी थी। अगर वह ऐसा नहीं करते तो मरीज को उसी समय कार्डियक अरेस्ट हो सकता था।

यह बात जब कश्मीर में बैठे उनके पिता को पता चली तो उन्होंने फोन पर कहा, "जाहिद अगर कोविड से तुम्हारी मौत हो जाती है तो मैं शोक नहीं मनाऊँगा। समझूँगा कि एक मरीज के लिए मेरा बेटा शहीद हो गया।" इसके जवाब में जाहिद ने बस इतना कहा, "पापा, आज आपने मेरे मन का बोझ उतार दिया।"

हिसार के रमेश पुनिया के पास कोविड का चार्ज था। रमेश पूरी ईमानदारी से बाहर से आने वालों का कोविड टैस्ट करवा रहे थे। कल उन्होंने गुड़गाँव (गुरुग्राम) से लौटे जेजेपी नेता का टैस्ट करवाया और प्रोटोकॉल के मुताबिक उनके घर के बाहर आइसोलेशन का बोर्ड लगा दिया। नेता ने उन्हें ऐसा करने से रोका और चेतावनी दी। आज रमेश पुनिया से चार्ज वापस ले लिया गया।

महामारी में इंसानियत-7

कोयम्बटूर की इडली अम्मा

लॉकडाउन ने हजारों मजदूरों को दाने-दाने का मोहताज बना दिया है। बहुत से लोग इन गरीब मजदूरों की मदद के लिए सामने आ रहे हैं। उन्हीं में से एक हैं तमिलनाडु के कोयम्बटूर की कमलाथल अम्मा। वह इस महामारी के बीच भी लोगों को सिर्फ 1 रुपये में खाने की थाली दे रहीं हैं। कमलाथल अम्मा 30 सालों से सिर्फ एक रुपये में गरीब लोगों को इडली खिलाती आ रही हैं। लॉकडाउन जैसे मुश्किल समय में भी अम्मा ने इसे जारी रखा और उन्होंने अपनी इडली का दाम एक पैसा भी नहीं बढ़ाया है।

अम्मा ने बताया कि कोरोना के समय उन्हें बहुत सी दिक्कतों का सामना करना पड़ा। इडली की सारी सामग्री का दाम बढ़ चुका था फिर भी उन्होंने इसके लिए इडली का दाम नहीं बढ़ाया अब भी वह सिर्फ 1 रुपये में इडली की थाली देती हैं।

लॉकडाउन और प्रवासी मजदूर-31

सरोजा बाई की कहानी

सरोजा बाई और उनका पति इंदौर के किसी कारखाने में काम करते थे। लॉकडाउन के कारण दोनों बेकार हो गए। इसी बीच उनका छह माह का बच्चा शुभम बीमार पड़ गया। उसे तेज बुखार था पर लॉकडाउन के चलते ज्यादातर अस्पताल और नर्सिंग होम बन्द थे।

सुबह उनका बच्चा शुभम चल बसा। सरोजा देवी और उसके पति सारा दिन और सारी रात रोते रहे। अगले दिन सुबह वह इंदौर से 80 किलोमीटर दूर अपने गाँव की ओर पैदल निकल पड़े। साथ में शुभम का झूला भी था। रास्ते में किसी ने पूछा कि खाली झूला कहाँ ले जा रहे हो? माँ सरोजाबाई बोली, "झूला खींचते हुए हमें लग रहा है कि हमारा शुभम हमारे साथ है...बस इसी भरोसे हम गाँव तक पहुँच जाएँगे।"

एबीपी की रिपोर्ट बता रही है कि लॉकडाउन के पहले चरण में बिहार से बाहर फँसे राज्य के निवासियों की बार-बार मुख्यमंत्री नीतीश कुमार से बिहार वापस आने देने की गुहार के बाद भी नीतीश कुमार उन्हें बिहार में नहीं घुसने देने की अपनी जिद पर अड़े रहे। बाद में केंद्र ने इसकी अनुमति दी तो उन्होंने कुल 19 नोडल अफसरों की नियुक्ति की मगर आजकल उन सभी के फोन या तो स्विच ऑफ आ रहे हैं या नंबर नहीं लग रहा है। ऐसे में बाहर से आए मजदूरों/छात्रों का बुरा हाल हो गया है।

द हिंदू अखबार की रिपोर्ट है कि भारत सरकार ने कोविड से लड़ने के लिए विश्व बैंक और एशियन डेवलपमेंट बैंक (एडीबी) से कुल 194 हजार करोड़ रुपए का कर्ज लिया है।

अमर उजाला अखबार की रिपोर्ट है कि फ्रांस के निवासी एलियट एंडरसन नामक एथिकल हैकर ने आरोग्य सेतु ऐप को न केवल हैक कर लिया बल्कि प्रधानमंत्री कार्यालय के पाँच लोगों की तबीयत खराब होने का दावा कर मोदी सरकार को चुनौती दे दी है। इस हैकर ने जानकारी दी है कि सेना मुख्यालय में दो, गृह मंत्रालय में तीन और संसद भवन के एक कर्मचारी की तबीयत खराब है।

मंत्री पीयूष गोयल ने दावा किया कि मजदूरों को उनके घर पहुँचाने के लिए 6 दिनों में 1800 ट्रेनें चलाई गईं पर रेलवे का कहना है कि इन 6 दिनों में केवल 163 ट्रेनें चलीं।

बस पर लदी साइकिलों की एक तसवीर फेसबुक पर साझा की जा रही है। उस पर किसी ने टिप्पणी की है, "केवल मजदूरों की ही नहीं साइकिलों की भी वापसी हो रही है। साइकिलों की वापसी का मतलब आप समझते हैं? साइकिल की वापसी का मतलब है लोहार, बढ़ई, राजमिस्त्री, प्लंबर, खोमचेवालों की वापसी। अब आप बनाकर दिखाइए सपनों का आशियाना, चलाइए बुलेट ट्रेन, आपके राजमार्गों पर साइकिल तो नहीं चलेगी। साइकिलों के लौटने का मतलब केवल साइकिलों का लौटना नहीं बल्कि उम्मीदों का लौटना भी है। इस देश की सरकार ने इस देश के पैदल चलने वालों, साइकिल से चलने वालों को लौटा दिया। यह केवल साइकिल की वापसी नहीं हो रही बल्कि सरकार की चौखट से जनता की वापसी हो रही है। इस देश के खाये-पियें मध्यवर्ग, अभिजात्य वर्ग की परिधि से भी जनता की वापसी है।

भारत सरकार के स्वास्थ्य मंत्रालय के संयुक्त सचिव लव अग्रवाल ने कहा है कि प्रवासी मजदूर सड़क या पटरी (रेल) का इस्तेमाल न करें।

13 मई

प्रधानमंत्री मोदी ने आज 20 लाख करोड़ रुपए के कोविड राहत पैकेज का ऐलान किया।

बिहार के पूर्व सांसद पप्पू यादव के खिलाफ लॉकडाउन उल्लंघन के आरोप में एफआईआर दर्ज की गई। दिल्ली पुलिस के सूत्रों के अनुसार, पप्पू यादव अमर कालोनी में फँसे बिहार के प्रवासी मजदूरों से मिलने गए थे जो बिहार लौटने की माँग कर रहे थे।

महाराष्ट्र सरकार ने राज्य की विभिन्न जेलों में बन्द 35,000 कैदियों में 17,000 कैदियों की अस्थायी रिहाई की घोषणा की है। इससे पहले 5000 अंडरट्रायल (विचाराधीन कैदियों) को रिहा किया जा चुका है।

बिहार में कोविड के मामलों में अचानक बढ़ोतरी हुई है। बताया जाता है कि हाल ही में राज्य में लौटे प्रवासी मजदूरों की वजह से यह हुआ है।

14 मई

सरकार ने छोटे व्यापारियों के लिए तीन लाख करोड़ रुपए के कोलेट्रल–फ्री लोन की घोषणा की है और इसी के साथ नॉन बैंक और हाउसिंग फाइनेंस कंपनियों के लिए 30,000 करोड़ के पैकेज का ऐलान किया है।

भाजपा नेता और केंद्रीय मंत्री नितिन गडकरी ने एनडीटीवी को दिए एक साक्षात्कार में कहा है कि हमें अब कोविड के साथ रहने की 'आर्ट ऑफ लिविंग' को सीखना होगा। उन्होंने यह भी कहा कि यह नेचुरल (प्राकृतिक) वायरस नहीं बल्कि आर्टिफिशियल (कृत्रिम) वायरस है। इस वायरस को एक प्रयोगशाला में विकसित किया गया है। हालाँकि गडकरी ने अपने इन दावों के समर्थन में कोई पुख्ता सबूत देने की जरूरत नहीं समझी।

लॉकडाउन और प्रवासी मजदूर-32

उत्तर प्रदेश के संत कबीर नगर निवासी 68 वर्षीय मजदूर राम कृपाल मुम्बई में काम करते थे। लॉकडाउन के बाद मुम्बई से अपने घर के बीच के 1600 किलोमीटर का सफर उन्होंने चार दिनों में ट्रक से तय की पर गाँव से 30 किलोमीटर पहले उनकी मौत हो गई।

अहमदाबाद के भाडज के पास आर्यमन बंगले में उत्तर प्रदेश और अन्य राज्यों के लगभग आठ मजदूर काम करते थे। तालाबन्दी के बाद आखिरकार उन्होंने अपने घर लौटने का निर्णय लिया। इन्हीं में से एक था भोला मलखान (उम्र 35 वर्ष), जिसकी चिलचिलाती धूप में चलने से

अचानक तबीयत बिगड़ गई और वह वापस अहमदाबाद लौटने लगा। रास्ते में एक पेट्रोल पंप के पास वह गिर पड़ा और उसकी मौत हो गई।

समाचार संस्था न्यूज सर्कल की रिपोर्ट के अनुसार, लॉकडाउन के दौरान महाराष्ट्र में 59 फीसदी और गुजरात में 92 फीसदी कामगारों को वेतन नहीं मिला।

समाचार संस्था वायर की रिपोर्ट के अनुसार, हिमाचल प्रदेश में सरकार की विफलता पर रिपोर्ट करने के आरोप में छह पत्रकारों पर मुकदमा दर्ज किया गया है। एक अन्य समाचार संस्था न्यूज लान्ड्री ने बताया है कि हिमाचल प्रदेश के अखबार दिव्य हिमाचल के 38 वर्षीय रिपोर्टर ओम शर्मा पर 26 मार्च को सोलन जिले के बद्दी गाँव में प्रवासी मजदूरों के प्रदर्शन को फेसबुक पर लाइव करने के आरोप में तीन एफआईआर दर्ज की गई हैं। इसी प्रकार समाचार चैनल न्यूज 18 हिमाचल के जगत बैंस और मंडी के अश्विनी सैनी, सोमदीप शर्मा और विशाल आनंद पर एफआईआर दर्ज की गई है जो क्रमश: पंजाब केसरी और राष्ट्रीय समाचार चैनल से जुड़े हैं।

राज्य के मध्यम और लघु उद्योगों (एमएसएमई) के लिए उत्तर प्रदेश की योगी आदित्यनाथ सरकार 36,000 लोगों को लोन देगी। एएनआई के अनुसार, इन 36,000 लोगों को प्रति व्यक्ति 1600 से 2000 रुपए तक लोन देने की घोषणा मुख्यमंत्री आदित्यनाथ ने की है। सरकार ने हालाँकि यह नहीं बताया कि 2000 रुपये से कौन सा व्यवसाय चल सकता है ?

मध्यवर्ग की अजीब दास्तान

लॉकडाउन में कई नौकरीपेशा और छात्र घर का खर्च चलाने के लिए सब्जी-फल की रेहड़ी लगा रहे हैं और घूम-घूमकर सब्जी बेच रहे हैं। इनमें कोई सुपरवाइजर है तो कोई कॉल सेंटर में काम कर रहा है। उनका कहना है कि उनकी सैलरी आधी कट गई है जिसके चलते बच्चों की स्कूल फीस और ईएमआई देना मुश्किल हो गया है। पहले पहल वह गमछा-मास्क से अपने चेहरे को ढक कर रखते थे पर अब उनका कहना है कि अगर उनकी पहचान खुल भी जाए तो उन्हें फर्क नहीं पड़ेगा। रजा पिछले कई दशकों से कलकत्ता में टैक्सी चलाते हैं। रजा का कहना है कि लॉकडाउन से उनका काम बन्द हो गया। उनका भाई, जो फल बेचता था, के कहने पर उन्होंने फल की दुकान लगा ली। रमजान के महीने में काम अच्छा चला पर आने वाले दिनों को लेकर रजा चिंतित हैं।

वेब पोर्टल ई-न्यूजरूम की रिपोर्ट बता रही है कि लॉकडाउन के चलते बेरोजगारी में भयंकर इजाफा हुआ है। सीएमआईई के आँकड़े बताते हैं कि भारत में बेरोजगारी की दर ग्रामीण क्षेत्र में 26.7 फीसदी और शहरों में 25.1 फीसदी तक बढ़ गई है।

15 मई

विश्व स्वास्थ्य संगठन (डब्ल्यूएचओ) ने चेतावनी दी है कि कोविड को दुनिया से पूरी तरह हटा देना नामुमकिन है।

डाउन टू अर्थ पत्रिका की रिपोर्ट के मुताबिक विश्व में कोविड-19 के चलते 4-6 करोड़ लोगों के गरीबी में ढकेल दिए जाने की संभावना है। यह संख्या द्वितीय विश्व युद्ध के बाद अब तक की सबसे बड़ी संख्या है।

मध्य प्रदेश की सीमा पर प्रवासी मजदूर हजारों की तादाद में पहुँच रहे हैं। सबसे अधिक संख्या सेंधवा की सीमा पर बिजासन घाट पर है जहाँ हर रोज 5-6 हजार मजदूर पहुँच रहे हैं। आज सेंधवा के पास प्रवासी मजदूरों ने खाने को लेकर पथराव किया। उनका आरोप था कि सरकार ने उनके खाने-पीने के लिए कोई व्यवस्था नहीं की है।

निकारागुआ सरकार ने अपनी जेलों में बन्द 2800 कैदियों को कोविड के चलते जेल से निकाल कर घर में नजरबन्द रखने का फैसला किया है।

एक ओर जहाँ देशभर में कोविड के रोगियों की संख्या बढ़ती जा रही है वहीं कर्नाटक के मैसुरु से एक बहुत अच्छी खबर आई है। द हिंदू अखबार की रिपोर्ट के अनुसार, मैसुरु के जिला अस्पताल में भर्ती सभी 90 कोविड के रोगी स्वस्थ होकर घर लौट गए हैं। जिला स्वास्थ्य और परिवार कल्याण अफसर डॉ. आर. वेंकैया ने पीटीआई को बताया कि इनमें 74 रोगी एक फार्मास्युटिकल कंपनी के थे, 10 तबलीगी जमात से सम्बन्धित थे जिन्होंने हालाँकि जमात में हिस्सा नहीं लिया था और दो अंतरराष्ट्रीय पर्यटक थे। ये सभी अब स्वस्थ हैं और इन सबको अस्पताल से डिस्चार्ज कर दिया गया है।

खाने की होम डिलिवरी करने वाली संस्था जोमेटो ने अपने 13 फीसदी कर्मचारियों को नौकरी से निकाल दिया है। बाकी कर्मचारियों के वेतन में 50 फीसदी की कटौती की घोषणा की गई है।

मद्रास उच्च न्यायालय ने तमिलनाडु में कोविड के बढ़ते मामलों को देखते हुए राज्य में शराब की बिक्री पर प्रतिबंध लगाने का आदेश जारी किया था। सुप्रीम कोर्ट ने मद्रास उच्च न्यायालय के इस आदेश पर स्टे (रोक) लगा दिया है। दिल्ली उच्च न्यायालय ने दिल्ली सरकार से शराब पर 70 फीसदी कोविड कर लगाने के उसके निर्णय पर सफाई माँगी है।

हवाई जहाज उड़ान के नियमों में संशोधन कर विमान के क्रू मेंबर का मास्क और अन्य सुरक्षा उपकरण पहनना अनिवार्य कर दिया गया है।

सुप्रीम कोर्ट ने आज अपने एक फैसले में कहा कि न्यायालय द्वारा प्रवासी मजदूरों पर नजर रखना नामुमकिन है। सुप्रीम कोर्ट ने औरंगाबाद दुर्घटना में 16 मजदूरों की मौत के बाद दाखिल याचिका पर सुनवाई करते हुए कहा कि प्रवासी मजदूरों को घर पहुँचाने के लिए सरकार काम कर रही है और सरकार की ओर से भोजन, पानी, बसों का इंतजाम भी किया जा रहा है। मजदूरों को चाहिए कि वे अपनी बारी का इंतजार करें। इस केस की सुनवाई जस्टिस एल. नागेश्वर राव कर रहे थे।

उत्तर प्रदेश सरकार ने एक नोटिस जारी किया है जिसके अनुसार उत्तर प्रदेश स्टेट ट्रांसपोर्ट कॉरपोरेशन ने कैब के किराये में बढ़ोतरी की है। इस बढ़ोतरी के बाद भारतीय नागरिकों को पालम स्थित इंदिरा गाँधी एयरपोर्ट से नोएडा और गाजियाबाद में सिडान और एसयूवी में यात्रा करने के लिए क्रमशः 10,000 और 12,000 रुपए अदा करने होंगे। पहले यह किराया औसतन 1000-1200 था।

अहमदाबाद के सबसे बड़े अस्पताल सरदार वल्लभ भाई पटेल के नर्स/डॉक्टर आज 50 दिनों बाद भी मास्क/पीपीई न मिलने के विरोध में धरने पर बैठ गए हैं।

केंद्रीय मंत्री स्मृति ईरानी ने आज आजतक चैनल को दिए एक साक्षात्कार में दावा किया कि सरकार ने अब तक 80 करोड़ परिवारों को राशन उपलब्ध करवाया है। दिलचस्प है कि यदि परिवार में केवल तीन सदस्य हों तो सरकार अब तक 240 करोड़ लोगों को राशन बाँट चुकी है। यह संख्या भारत और चीन की जनसंख्या के बराबर है।

नवलीन खुराना कि कहानी

जयपुर की 27 वर्षीय डॉक्टर नवलीन खुराना 40 डिग्री तापमान में भी 18-18 घंटे अस्पताल में कोविड के रोगियों की देखभाल करते हुए खुद संक्रमित हो गईं। चौदह दिनों के होम क्वारंटाइन में रहने के बाद वह फिर से काम पर लग जाएँगी पर इसी बीच उनको कुछ ऐसी परेशानियों का सामना करना पड़ा जिसके लिए वह बिलकुल तैयार नहीं थीं। पेश है उनकी जुबानी : मेरी ड्यूटी एसएमएस अस्पताल में थी। सुबह से देर रात तक मरीजों के इलाज का सिलसिला चलता रहता था। मेरी ड्यूटी इमरजेंसी ऑपरेशन थियेटर में थी, एक पेशेंट का ऑपरेशन था, दो दिन बाद उस मरीज की कोविड रिपोर्ट पॉजिटिव आई, फिर डॉक्टर और नर्स का भी कोविड टैस्ट किया गया। हममें कोई लक्षण नहीं था इसलिए निश्चिंत थी। 18 अप्रैल को रिपोर्ट आई, रिपोर्ट पॉजिटिव थी। डॉक्टर हूँ डरी तो नहीं पर घबराहट जरूर थी पर मुझे डॉक्टरों और भगवान पर भरोसा था। मेरी मजबूत इच्छाशक्ति हमेशा कहती—कुछ नहीं होगा... और सच मानिए 4 दिन में 22 अप्रैल को मैं डिस्चार्ज हो गई। मेरे परिवार और घर-परिवार वालों को भी क्वारंटाइन कर दिया गया था। अब तक सब ठीक था। परेशानी मेरे घर आने के बाद शुरू हुई। कुछ घटिया मानसिकता के लोगों ने यह खबर सोशल मीडिया पर वायरल कर दी और मेरा विरोध जताने लगे। मैंने पुलिस को शिकायत की। सब्जी-वालों को रोक दिया गया कि मेरे घर में सब्जी न आए। भला हो एसएमएस प्रशासन और पुलिस का जिन्होंने मेरी हरसंभव मदद की।

मेरा सवाल है क्या कोविड होना पाप है? या फिर डॉक्टर होना अपराध है?

लॉकडाउन और प्रवासी मजदूर-33

बिहार सरकार ने बिहार लौटते प्रवासी मजदूरों को चेतावनी दी है कि अगर उन्होंने क्वारंटाइन में खाने-रहने की सुविधाओं की शिकायत की तो उन्हें कोई भी आर्थिक अनुदान नहीं दिया जाएगा।

एक नोटिस

प्रायः देखने में आ रहा है कि आपके द्वारा पैदल चल रहे प्रवासी मजदूरों को अपने आवास के सामने रोक लिया जाता है। इस आशय की गोपनीय जानकारी मिली है कि आपके द्वारा रास्ते में मजदूरों को अपने आवास पर खाने-पीने की वस्तुओं को वितरित करने का लालच देकर बुलाया जाता है, इससे कोविड-19 के नियमों का उल्लंघन हो रहा है।

**आप सचेत हों। भविष्य में आपके द्वारा इस प्रकार से कोविड-19 के नियमों का उल्लंघन पाए जाने पर महामारी अधिनियम के अनुसार आपके विरुद्ध वैधानिक कार्रवाई की जाएगी।
दिनांक 11/05/2020
थाना प्रभारी सर्किल नगर,
जनपद-बुलंदशहर**

(बुलंदशहर के नगर थाने के एसएचओ द्वारा प्रवासी मजदूरों की सहायता करने वाले नागरिकों के लिए जारी चेतावनी)

गृह मंत्रालय ने अपने एक आदेश में कहा था कि लॉकडाउन के दौरान निजी कंपनियों को अपने कर्मचारियों को पूरी सैलरी देनी होगी और ऐसा न करने पर उन पर कानूनी कार्रवाई की जाएगी। लॉकडाउन में भी पूरी सैलरी देने के इस सरकारी आदेश पर सुप्रीम कोर्ट ने रोक लगा दी है और साथ ही कहा कि किसी निजी कंपनी के खिलाफ कार्रवाई न हो।

16 मई

पहली बार दुनिया में कोविड से मरने वालों की संख्या 3 लाख के पार पहुँची

भारत में आधिकारिक रूप से कोविड संक्रमित लोगों की संख्या चीन से अधिक हो गई है। हालाँकि (इंडिपेंडेंट ऑब्जरवर्स) स्वतंत्र पर्यवेक्षकों का मानना है कि भारत कल शाम को ही चीन को पछाड़ चुका था।

गत 25 अप्रैल को नीति आयोग के सदस्य और भारत सरकार की कोविड-19 टास्क फोर्स के महत्त्वपूर्ण अफसर विनोद पॉल ने दावा किया था कि 16 मई (यानी आज के दिन तक) तक भारत में कोविड पर काबू पा लिया जाएगा। उनका कहना था कि लॉकडाउन से हम यह हासिल करेंगे पर 16 मई को ही भारत ने आधिकारिक रूप से चीन को पछाड़ दिया।

भारत में 3 मार्च तक कोविड के केवल पाँच रोगी थे जो 75 दिनों में बढ़कर आज 86,508 हो गए हैं।

अजीम प्रेमजी विश्वविद्यालय के एक सर्वे के अनुसार, लॉकडाउन के दौरान हर दस मजदूरों में आठ की नौकरी चली गई। भारत की मजदूर यूनियनों ने 22 मार्च को कोविड की आड़ में श्रम कानूनों को निरस्त किए जाने के खिलाफ 22 मई को देशव्यापी विरोध प्रदर्शन का फैसला किया है। विप्रो के अजीम प्रेमजी ने इकोनॉमिक टाइम्स में आज छपे अपने लेख में राज्य सरकारों द्वारा श्रम कानूनों को निरस्त करने की कोशिश की कड़ी निंदा की है।

उत्तर प्रदेश सरकार ने काम के घंटे आठ से बढ़ाकर 12 घंटे करने की अधिसूचना को वापस ले लिया है। इस अधिसूचना के खिलाफ वर्कर्स फ्रंट द्वारा इलाहाबाद उच्च न्यायालय में जनहित याचिका दायर की गई थी जिस पर 18 मई को सुनवाई होनी थी। इसके बाद उत्तर प्रदेश सरकार बैकफुट पर आई और उसने अधिसूचना को वापस ले लिया।

अहमदाबाद में 200 के करीब दिहाड़ी मजदूरों के समूह ने सरकार से माँग की है कि या तो खाना दिया जाए या मार डाला जाए। उनका कहना है कि उन्होंने चार दिन से कुछ नहीं खाया है।

24 प्रवासी मजदूरों की आज उत्तर प्रदेश के औरैया में एक सड़क दुर्घटना में मौत हो गई। 15 बुरी तरह घायल हैं। ये लोग राजस्थान से गोरखपुर जा रहे थे।

लॉकडाउन की आड़ में सरकार ने एक बड़ा फैसला लेते हुए कोयला खनन में सरकार की मोनोपॉली को खत्म कर दिया है। दूसरे शब्दों में सरकार ने कोयला खनन का पूरी तरह से निजी हाथों में जाने का रास्ता साफ़ कर दिया है।

कोविड लॉकडाउन का बुरा असर समाज और उसकी अर्थव्यवस्था के सभी क्षेत्रों पर पड़ा है। ऐसा एक भी उद्योग नहीं है जिसपर इसका बुरा असर न पड़ा हो।

कोविड लॉकडाउन के चलते सिनेमाघर, सर्कस इत्यादि बन्द हो गए हैं और इससे जुड़े लोग भुखमरी की कगार पर हैं। इन्हीं में से एक जंबो सर्कस है। इसमें करीब 300 लोग काम करते हैं। लॉकडाउन की वजह से ये और करीब 40 जानवर भूखे रहने को मजबूर हो गए हैं।

यदि कोई प्रवासी मजदूर पैदल चलता मिला तो क्षेत्र के थाना प्रभारी (एसएचओ) पर होगी कार्रवाई। सघन चेकिंग कर यह सुनिश्चित करें कि ट्रक या अन्य वाहन में प्रवासी मजदूर न जाने पाएँ।

(गाजियाबाद के डीएम का पुलिस को आदेश)

बिहार सरकार ने राज्य के श्रम कानूनों में संशोधन कर मजदूरों के काम करने के समय को 8 से 12 घंटे कर दिया है।

17 मई

वित्त मंत्री निर्मला सीतारमण ने आज पत्रकारों को संबोधित करते हुए कहा कि घर जाते मजदूरों से खाना, बातचीत कर जरूरत जानना उनका टाइम वेस्ट करना है। उन्होंने कहा कि जब वे दुख के साथ पैदल जा रहे हैं। उनका टाइम बर्बाद करते हुए उनसे बात करना (टेबल ठोंकते हुए) उनसे बातचीत करना; उससे बेहतर होगा उनके साथ चलकर उनके बच्चे को, उनके सूटकेस को कैरी करके उनके साथ बात करते चलना। (निर्मला उस घटना पर टिप्पणी कर रही थीं जिसमें राहुल गांधी ने कुछ प्रवासी मजदूरों के साथ बात की थी)

लॉकडाउन और प्रवासी मजदूर-34

मिथिलेश की कहानी

आजमगढ़ की मिथिलेश अच्छी कमाई और बेहतर जिंदगी के सपने को लेकर गाँव की जमीन-जायदाद बेचकर शहर आ गई थीं। घर में देवर, जेठ और छह बच्चों समेत उनका बड़ा परिवार है। लॉकडाउन के बाद 20 दिन गुजारा चला फिर भूखे मरने की नौबत आ गई। लिहाजा अपने दो बड़े बच्चों को शहर में छोड़कर वह अपने पति और छोटे बच्चों के साथ हरोरा गाँव आ गए। वह कहती हैं कि अगर वह शहर न छोड़तीं तो भूखों मर जातीं। मिथिलेश कहती हैं कि वह शहर में पायल की झलाई, मीनाकारी इत्यादि का काम करती थीं पर कभी खेतों में काम नहीं किया। गाँव में कुछ दिन काम मिलने में निकल गए। उन्होंने गाँव में कई घरों में गेहूँ कूटा जिसके बदले उन्हें अनाज मिला। एक खेत में उन्होंने झोपड़ी डाल ली।

अप्रैल से लेकर अब तक कई बार आँधी-बारिश आई। रात में झोपड़ी

उड़ गई। बाहर पड़ा सरसों के डंठलों का बनाया बिस्तर उजड़ गया, चूल्हा टूट गया। बच्चे डर के मारे चिपक जाते। हम रात भर भीगते रहते लेकिन दूसरे दिन फिर से झोपड़ी बनाते। बहुत संकट का समय है। ऐसे दुर्दिन इससे पहले कभी नहीं देखे।

किसी ने बताया कि सरकार 500 रुपए दे रही है। मेरा जनधन खाता है इसलिए लॉकडाउन में पैदल चलकर तीन दिन बैंक गई पर किसी न किसी बहाने मुझे लौटा दिया जाता। तीन दिन की मजदूरी भी मारी गई। परेशान होकर मैं बैंक नहीं गई और खेत में काम करने चली गई जिसका मुझे अनाज मिल गया। हमने कभी माँग कर रोटी नहीं खाई। कुछ लोग खाना बाँटने आ रहे हैं पर माँग नहीं पा रहे हैं। ये लोग एक-दो दिन खिला देंगे, फिर तो हमें ही इंतजाम करना होगा।

छत्तीसगढ़ सरकार ने प्रवासी मजदूरों के लिए चौराहों पर टेंट लगाकर उसमें खाने-पीने आराम करने का बन्दोबस्त किया है। पूरी व्यवस्था में सरकारी मशीनरी के अलावा सिख गुरुद्वारे और स्वयंसेवी संस्थाओं की सक्रिय भागीदारी है।

डॉ. के. सुधाकर की कहानी

विशाखापत्तनम के नरसीपट्टनम सरकारी अस्पताल में काम करते हुए डॉ. के. सुधाकर ने शिकायत की कि डॉक्टरों को एक-दो हफ्ते एक ही मास्क पहनकर काम करना पड़ रहा है। अस्पताल में पीपीई किट की कमी की भी उन्होंने शिकायत की। उनके आरोपों के बाद आंध्र प्रदेश सरकार ने उन्हें सस्पेंड कर दिया। पिछले वृहस्पतिवार को पुलिस उनके हाथ बाँधकर सड़कों से घसीटते हुए ले गई और उन्हें बेरहमी से मारा।

विशाखापत्तनम के पुलिस कमिश्नर ने कहा कि डॉ. के. सुधाकर शराब पीकर गाली गलौच कर रहे थे। उन्होंने एक पुलिसवाले से उसका मोबाइल छीनने की कोशिश की। उन्हें कुछ मानसिक विकार भी है। डॉ. सुधाकर को मेडिकल जाँच के लिए भेजा गया है जिसके बाद उन पर केस लगाया जाएगा। एक पुलिसकर्मी को निलंबित कर दिया गया है।

बिहार के सहरसा के क्वारंटाइन सेंटर में खाने के लिए सूखा चूरा, नमक और मिर्च दिया जा रहा है।

आज न्यूयॉर्क को पछाड़कर मुम्बई विश्वभर में कोविड से 'सबसे ज्यादा प्रभावित शहर' बन गया है।

गुजरात के जिग्नेश मेवानी ने ट्वीट किया है कि अहमदाबाद निवासी 70 वर्षीय गुणवंत मकवाना कोविड से संक्रमित होकर 10 मई को अस्पताल में दाखिल हुए थे। कल उनकी लाश शहर के एक बस स्टैंड में पड़ी मिली।

महाराष्ट्र के गृहमंत्री ने जानकारी दी है कि महाराष्ट्र में 20 लाख से ज्यादा प्रवासी मजदूरों ने अपने गृहराज्य में वापस लौटने का आवेदन किया है। ये मजदूर मूलत: बिहार और बंगाल के हैं।

न्यूजीलैंड में कोविड के चलते लगी पाबन्दियों से किसी को छूट नहीं मिली है, वहाँ की प्रधानमंत्री तक को नहीं। खबरों के अनुसार, न्यूजीलैंड की प्रधानमंत्री जेसिंडा अर्डर्न अपने दोस्तों के साथ एक रेस्तराँ में गई थीं पर उन्हें रेस्तराँ में घुसने की अनुमति नहीं दी गई क्योंकि रेस्तराँ पहले से ही लोगों से भरा था और सोशल डिस्टेंसिंग के नियमों के अनुसार और ग्राहकों का रेस्तराँ में प्रवेश मना था।

बेल्जियम की राजधानी ब्रुसेल्स के अस्पताल के दौरे में पहुँची प्रधानमंत्री सोफी विलियम्स का वहाँ डॉक्टरों और अन्य मेडिकल स्टाफ ने पीठ दिखाकर विरोध प्रदर्शन किया। कोविड से लड़ने में सरकार की नाकामियों के खिलाफ उन्होंने यह कदम उठाया है।

18 मई

वर्ल्डोमीटर के आँकडों के अनुसार, भारत में कोविड के रोगियों की संख्या एक लाख के पार पहुँची।

जोमेटो के बाद अब खाने की होम डिलिवरी करने वाली कंपनी स्विगी ने 1100 कर्मचारियों की छँटनी का निर्णय किया है।

लॉकडाउन और प्रवासी मजदूर-35

बिहार के औरंगाबाद के एक स्कूल में बने क्वारंटाइन कैंप में रखे गए लोगों को खाने के नाम पर चूरा (सूखा चिउड़ा), नमक और हरी मिर्च दिया जा रहा था। कुछ लोगों ने इसका वीडियो बनाकर सोशल साइट पर डाल दिया। इससे वहाँ के अफसर अनिल कुमार सिन्हा (डीटीओ) को इतना गुस्सा आया कि वह वहाँ उपस्थित लोगों में जो सामने मिला उसको मारने लगे और गरियाने लगे, 'रिकॉर्डिंग करेगा रे मादर...द!'

उत्तर प्रदेश प्रशासन ने औरैया दुर्घटना में मारे गए झारखंड के मजदूरों की लाशों के बीच घायल मजदूरों को बिठाकर झारखंड भेजा है। झारखंड के मुख्यमंत्री हेमंत सोरेन ने उत्तर प्रदेश के योगी आदित्यनाथ और बिहार के नीतीश कुमार से अपील की है कि शवों को सम्मान के साथ झारखंड वापस भेजा जाए।

केंद्र सरकार ने सुप्रीम कोर्ट में हलफनामा दाखिल किया है कि सड़कों पर कोई प्रवासी मजदूर नहीं है। सुप्रीम कोर्ट ने मान लिया कि सड़कों पर कोई प्रवासी मजदूर नहीं है। जमीनी हकीकत इससे एकदम अलग है।

उत्तर प्रदेश सरकार ने आदेश जारी किया कि सड़कों पर कोई प्रवासी

मजदूर दिखा तो स्थानीय थाने के एसएचओ पर कार्रवाई की जाएगी।

प्रवासी मजदूर तो अब भी सड़कों पर थे पर सरकार के लिए वे प्रवासी मजदूर नहीं थे। मुजफ्फरनगर के मिर्जा गुलजार बेग जानकारी दे रहे हैं कि पैदल या साइकिल से प्रवासी मजदूरों की यात्रा पर रोक लगाए जाने के बाद एक दरोगा हिटलरी अंदाज में घर लौटते किसी भी मजदूर से उसकी साइकिल छीनकर उसे क्वारंटाइन में भेज देता है और बाद में होमगार्ड के माध्यम से मात्र छह हजार रुपए में दस साइकिलें बेच दी जाती हैं। यह दरोगा भोपा थाने में तैनात है। यह मामला तब सामने आया जब एक ग्रामीण ने साइकिल बेचकर आए होमगार्ड का 'स्टिंग ऑपरेशन' कर लिया, जिसमें होमगार्ड दरोगा द्वारा साइकिल बिकवाने की बात कबूल कर रहा था। होमगार्ड ने कबूल किया है कि दरोगा जी मजदूरों से कब्जे में ली गई साइकिलों को बिकवाते हैं और वह छह हजार में दस साइकिलें बेच आता है। होमगार्ड के अनुसार, जो मजदूर भोपा थाना क्षेत्र से साइकिल से होकर गुजरते हैं उनसे दरोगा जी साइकिल छीन लेते हैं, मजदूर को भगा देते हैं या क्वारंटाइन में भेज देते हैं।

पुलिस अधीक्षक (ग्रामीण) नेपाल सिंह ने कहा कि मामला संज्ञान में नहीं है, यदि इस तरह का मामला है तो इसकी जाँच होगी और दोषी के खिलाफ कार्रवाई की जाएगी।

19 मई

बरेली (उ.प्र.) में लॉकडाउन में बाहर जाने के लिए वाहन पास बनवाने के बदले 2500 रुपए रिश्वत माँगने का वीडियो वायरल हुआ है।

बिजनेस इनसाइडर की रिपोर्ट के अनुसार, गोल्डमैन साक्स का अनुमान है कि भारत की अर्थव्यवस्था के 45 फीसदी तक संकुचित (स्रिंक्र) होने की संभावना है।

पश्चिम बंगाल के हावड़ा जिले के शिबपुर इलाके में स्थित शवदाह गृह में काम करने वाला कोविड से संक्रमित पाया गया जिसे बाद में अस्पताल भेज दिया गया।

हरियाणा से पैदल बिहार लौटते दस मजदूरों के बस द्वारा कुचलने की खबर है। बताया जा रहा है कि बस का ड्राइवर नशे में बस को चला रहा था।

20 मई

लॉकडाउन और प्रवासी मजदूर-36

बसों और 'बे-बसों' की कहानी

प्रियंका वाड्रा ने प्रवासी मजदूरों को उत्तर प्रदेश भेजने के लिए कांग्रेस पार्टी द्वारा उपलब्ध करवाई गई 1000 बसों को उत्तर प्रदेश की योगीनाथ सरकार ने वापस भेज दिया है। कांग्रेस नेता प्रियंका ने एक वीडियो मैसेज में कहा, "आज शाम चार बजे बसों को उपलब्ध करवाए हुए पूरे 24 घंटे हो जाएँगे। हमें आप उत्तर प्रदेश में जाने की अनुमति दीजिए, आप चाहें तो बसों पर भाजपा के झंडे/स्टीकर लगवा लें पर बसों को चलने दें।"

प्रवासी मजदूरों को लेकर गंदी राजनीति अपने उफान पर है। निर्मला सीतारमण ने प्रियंका से कहा है कि अगर उन्हें प्रवासी मजदूरों की इतनी फिक्र है तो वह यह देखें कि क्यों यूपी में 300 ट्रेनें आ गईं जबकि छत्तीसगढ़ में एक भी ट्रेन नहीं पहुँच सकी।

उत्तर प्रदेश प्रशासन ने कांग्रेस द्वारा उपलब्ध करवाई बसों में अनियमितता पाए जाने के बाद इन बसों को राज्य में घुसने की अनुमति देने से मना कर दिया। राज्य प्रशासन का कहना है कि इनमें कई बसें दरअसल टेंपो/एम्बुलेंस वगैरह हैं। इसके लिए प्रशासन ने प्रियंका गांधी के निजी सचिव के खिलाफ एफआईआर भी दर्ज करा दी।

कल शाम दफ्तर जाते वक्त मुझे डीएनडी पर सैकड़ों बसें खड़ी दिखीं। बसों की इस राजनीति पर एक बस के ड्राइवर ने कहा, "यह कह रहे हैं कि इसमें टेंपो, स्कूटर और ऑटो के कागज हैं। ये लाइन लगी है गाड़ियों की। हजार से ज्यादा खाली बसें खड़ी हैं। इनमें देखिए कि कितने इसमें ऑटो हैं, कितने टेंपो हैं, जी ये देखिए ये सब नई गाड़ियाँ हैं, पूरे भारत में चलती हैं। देखा जाए तो हम भी प्रवासी मजदूर हैं, क्या है कि ये जो प्रवासी मजदूरों को नहीं लाने दिया जा रहा है, वह इसलिए कि इनके बड़े लोग जो दोस्त हैं, जो कारखानों के मालिक हैं, वह नहीं चाहते कि मजदूर चले जाएँ क्योंकि मजदूरों के बगैर कारखाने बन्द हो जाएँगे। सरकार को आर्थिक नुकसान होगा। इसलिए ये प्रवासी मजदूरों को नहीं जाने दे रहे हैं। आज ये कह रहे हैं कि इन गाड़ियों के कागजात में गड़बड़ी है पर यही गाड़ियाँ जब चुनाव रैली में जाती हैं तब उनके किसी कागज की जाँच नहीं होती। यहाँ जो नियम-कानून बनाए जाते हैं वह गरीबों के लिए बनाए जाते हैं।"

1000 बोरी गेहूँ जिसे उत्तर प्रदेश में गरीब मजदूरों में बँटना था वह बिकने के लिए मध्य प्रदेश पहुँच गया। उल्लेखनीय है कि दोनों राज्यों में बीजेपी की सरकार है।

डब्ल्यूएचओ के आँकड़ों के अनुसार, पिछले 24 घंटों में विश्वभर में 1,06,000 नए कोविड के केस दर्ज हुए हैं। एक दिन में होने वाली यह सबसे अधिक बढ़त है।

बोलीविया के स्वास्थ्य मंत्री मार्सेलो को वेंटीलेटर को अधिक दामों में खरीदने के आरोप में गिरफ्तार किया गया है।

सिंगापुर की एक अदालत ने जूम ऐप की मदद से एक व्यक्ति को फाँसी की सजा सुनाई है। मलेशिया के नागरिक 37 वर्षीय पनिथन जेनसार को ड्रग्स की तस्करी के लिए यह सजा सुनाई गई। कोविड लॉकडाउन के चलते सिंगापुर में अदालतें नहीं लग रही हैं इसलिए जूम ऐप का सहारा लिया गया। विश्वभर में यह अपनी तरह की पहली घटना है।

लॉकडाउन और प्रवासी मजदूर-37

एक खबर जिसमें फोटो नहीं है

कंधे पर अपने चार साल के बेटे को लेकर एक शख्स तेजी से चलता चला जा रहा था। वह युवक किसी से बात करने को तैयार नहीं था पर जब उसने अपनी बात लोगों को बताई तो वहाँ उपस्थित लोगों के रोंगटे खड़े हो गए। उस व्यक्ति ने बताया कि उसके कंधे पर उसके चार साल के बेटे की लाश है और पुलिस-पोस्टमार्टम के डर से वह तेजी से चलता हुआ जल्दी से जल्दी अपने घर पहुँचना चाहता है। अंबाला से पीलीभीत जा रहे इस व्यक्ति का चार साल का बच्चा रास्ते में बीमार पड़ गया था और उसने दम तोड़ दिया।

पिछले शुक्रवार यानी 15 मई की दोपहर को रामपुर हाइवे पर चल रहे मजदूरों के काफिले में एक युवक को अपने कंधे पर सोते हुए बच्चे को लेकर जाते देखा। कुछ लोगों ने उस शख्स से बात करनी चाही पर वह किसी बात का उत्तर दिए बगैर चलता रहा। एक और ने जब उससे पूछा तो वह रो पड़ा और कहा, "साहब! मेरी फोटो मत खींचो और मुझे जाने दो।"

पूछने पर पता चला कि वह अंबाला से पैदल आ रहा है। कल शाम को उसका बीमार बच्चा चल बसा। रास्ते में उसे एक आदमी ने 500 रुपए और खाने का सामान दिया। बाद में उसे पुलिस की मदद मिली। उसका कहना था, "अगर किसी को पता चल गया कि उसका बच्चा मर चुका है तो पुलिस उसका पोस्टमार्टम करेगी और हमें 14 दिनों के लिए क्वारंटाइन में भेज दिया जाएगा। इसलिए मैं जल्दी-जल्दी चलकर अपने गाँव पहुँचना चाहता हूँ। अगर आप मेरी फोटो लेंगे तो हम घर नहीं पहुँच पाएँगे।" इतना कहकर वह शख्स आगे बढ़ गया।

(अमृत विचार, मुरादाबाद में प्रकाशित, योगेंद्र यादव के फेसबुक से)

महामारी में इंसानियत-8

''नमस्ते जी,

मैं आपकी साइकिल लेकर जा रहा हूँ। हो सके तो मुझे माफ कर देना जी, क्योंकि मेरे पास कोई साधन नहीं और मेरा एक बच्चा है उसके लिए मुझे ऐसा करना पड़ रहा है क्योंकि वह विकलांग है, चल नहीं सकता, हमें बरेली तक जाना है।

आपका कसूरवार
एक यात्री
एक मजदूर''

(एक प्रवासी मजदूर द्वारा अपने अपाहिज बच्चे के लिए चुराई गई साइकिल के मालिक के नाम छोड़ा खत)

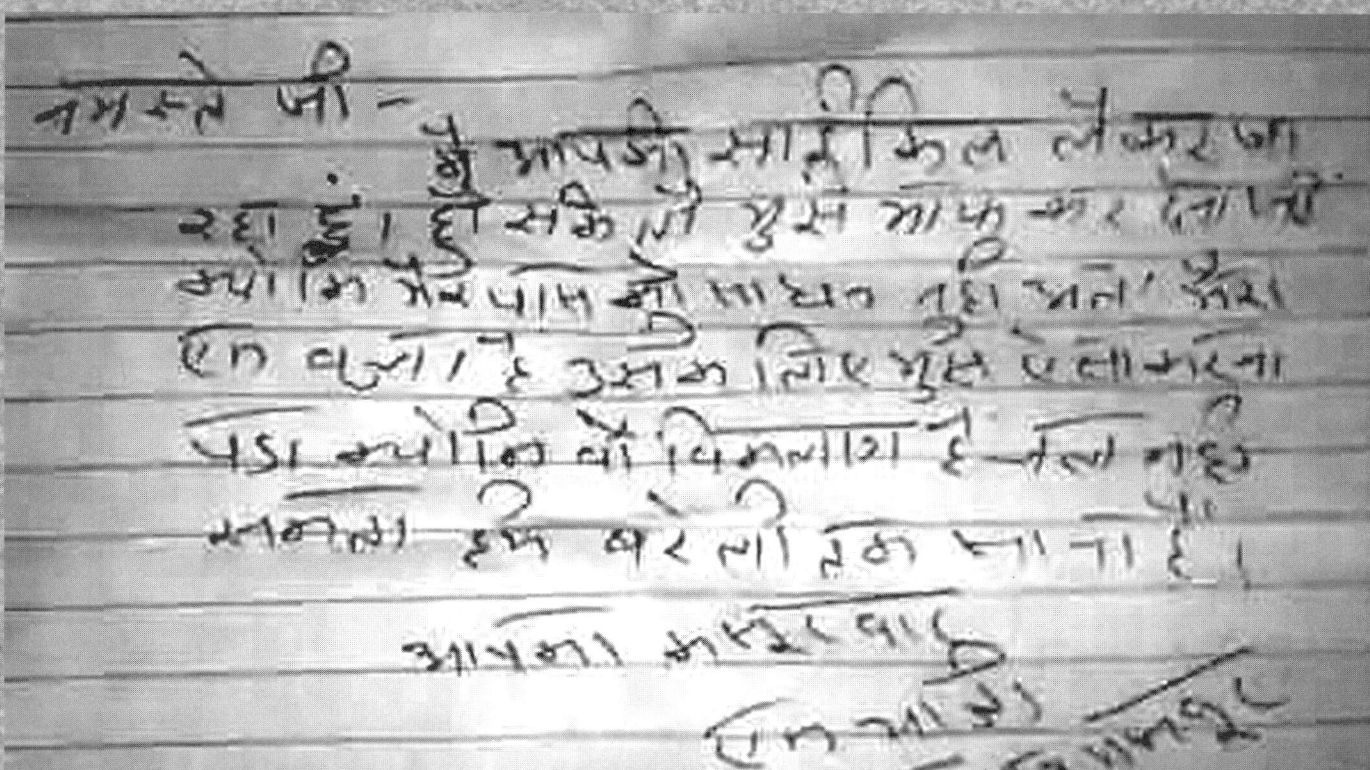

नमस्ते जी - मैं आपकी साईकिल लेकर जा
रहा हूं। हो सके तो मुझे माफ कर देना जी
क्योंकि मेरे पास कोई साधन नहीं था। मेरा
एक बच्चा है उसके लिए मुझे ऐसा करना
पड़ा क्योंकि वो विकलांग है चल नहीं
सकता हमें बरेली तक जाना है।

आपका कसूरवार

एक मजदूर

मजबूर

लॉकडाउन और प्रवासी मजदूर-38
रामपुकार की कहानी

बिहार के बेगुसराय जिले के बरियापूर्ण के निवासी रामपुकार दिल्ली के नवादा में मजदूरी करते थे। गाँव में उनका इकलौता बच्चा कुछ दिनों से बीमार चल रहा था। एक दिन खबर आई कि उनका बच्चा चल बसा। रामपुकार पैदल ही गाँव के लिए निकल पड़े पर दिल्ली-यूपी सीमा पर पुलिस ने उन्हें रोक लिया। वह गाजीपुर फ्लाईओवर के नीचे तीन दिन तक पड़े रहे और बार-बार सीमा पार करने की मिन्नत के बाद भी पुलिस ने उन्हें जाने नहीं दिया।

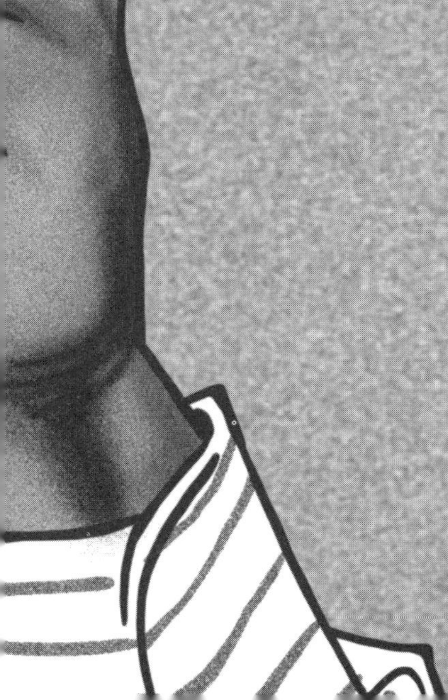

लॉकडाउन और प्रवासी मजदूर-39

ज्योति की कहानी

13 साल की ज्योति अपने बीमार पिता को गुड़गाँव से साइकिल में बिठाकर दरभंगा तक ले आई। पिता मोहन पासवान बैटरी रिक्शा चलाते थे लेकिन जनवरी में एक दुर्घटना में उनके बाएँ पैर में चोट लगी थी। लॉकडाउन में आठवीं में पढ़ने वाली ज्योति ने 1200 रुपए में एक साइकिल खरीदी और लंबे सफर पर निकल पड़ी।

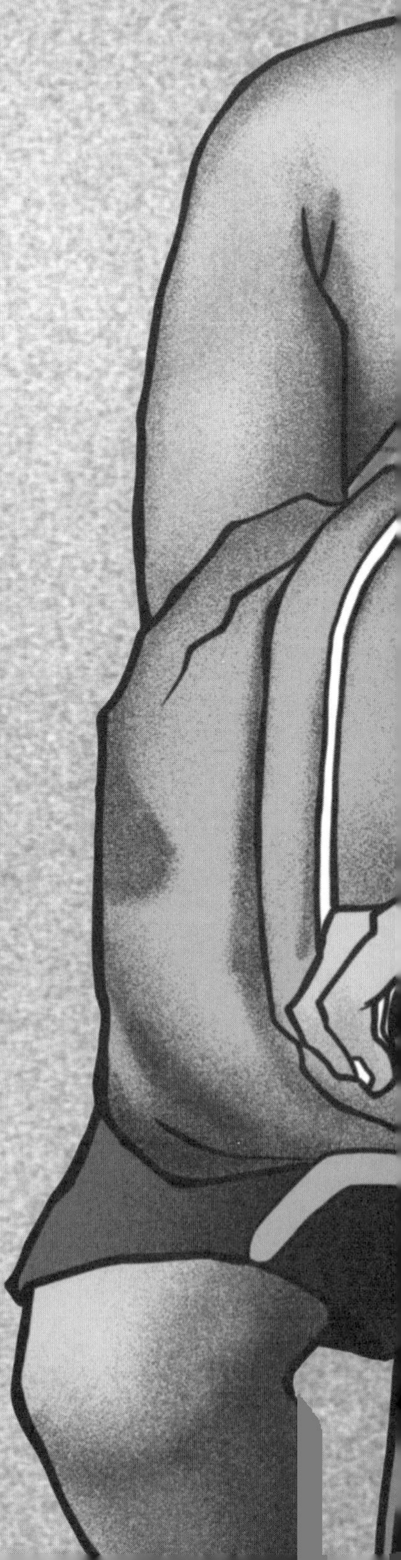

21 मई

कोविड महामारी के बीच चक्रवात अम्फान ने अपना कहर बरपाया है। तटीय ओडिशा, पश्चिम बंगाल और सुंदरबन के इलाके में इस तूफान ने हर ओर तबाही बरपा दी है। लाखों लोगों को गाँवों से निकालकर सुरक्षित स्थानों पर पहुँचाया गया है। जाहिर है वहाँ सोशल डिस्टेंसिंग के कोई नियम फॉलो नहीं किए जा रहे होंगे।

उड्डयन मंत्रालय ने आज घोषणा की है कि हवाई यात्रा करने वालों के लिए आरोग्य सेतु ऐप को डाउनलोड करने की बाध्यता नहीं होगी। उड्डयन मंत्री ने यह भी कहा कि विमान में बीच की सीट को खाली रखने से सोशल डिस्टेंसिंग की शर्त पूरी नहीं होती अत: (मिडिल) बीच की सीट को खाली नहीं रखा जाएगा।

कर्नाटक में सोनिया गांधी के खिलाफ एक एफआईआर दर्ज कराई गई है। बताया जाता है कि यह एफआईआर सोनिया गांधी के उस ट्वीट पर की गई है जिसमें उन्होंने पीएम केयर्स पर प्रश्न उठाया था। कर्नाटक कांग्रेस के प्रमुख डीके शिवकुमार ने राज्य के मुख्यमंत्री बीएस येद्दयुरप्पा से इस एफआईआर को खारिज करने का अनुरोध किया है।

22 मई

ऑक्सफोर्ड यूनिवर्सिटी के वैज्ञानिक कोविड के टीके (वैक्सीन) का मानव पर पहले चरण में सफलतापूर्वक परीक्षण के बाद उसे अब दूसरे चरण में ले जाने की तैयारी कर रहे हैं।

लॉकडाउन और प्रवासी मजदूर-40

वारंगल के ग्रामीण इलाके के एक कुएँ में नौ प्रवासी मजदूरों की लाशें मिली हैं। वारंगल के गुसीगुडा मंडल के गोर्टेकुंटा इंडस्ट्रियल इलाके के इस कुएँ में मिले इन शवों में एक बच्चा और महिला शामिल है। छानबीन में पता चला कि इनमें सात मजदूर पश्चिम बंगाल और दो बिहार के थे। ये सभी एक कोल्ड स्टोरेज में काम करते थे और लॉकडाउन की वजह से बेरोजगार हो गए थे।

एम्स के डॉक्टरों ने कोविड से मरे एक व्यक्ति के शव का परीक्षण कर यह जानने की कोशिश की है कि कोविड वायरस इंसान के अलग-अलग अंगों को किस प्रकार प्रभावित करता है। अस्पताल के फोरेंसिक चीफ डॉ. सुधीर गुप्ता ने यह जानकारी देते हुए बताया कि इस अनुसंधान में पैथोलॉजी, माइक्रोबायोलॉजी जैसे विभागों के विशेषज्ञ भी शामिल होंगे। उल्लेखनीय है कि कोविड की संक्रामकता को देखते हुए नॉन इनवेसिव ऑटोप्सी टेक्नीक की मदद ली जा रही है। कहा जा रहा है कि यह अपने-आप में एक पहली कोशिश है।

चक्रवाती तूफान अम्फान से पश्चिम बंगाल को भारी नुकसान पहुँचा है पर इसका सबसे ज्यादा असर आने वाले दिनों में कोविड-19 से मुकाबले पर पड़ेगा क्योंकि चक्रवात पीड़ितों के पुनर्वास की समस्या से सोशल डिस्टेंसिंग बुरी तरह प्रभावित होने की आशंका है।

23 मई

6 जनवरी से चीन में कोविड के मरीजों का बढ़ना शुरू हुआ था। आज पहली बार पूरे चीन में एक भी नया मरीज नहीं आया। चीनी प्रशासन के अनुसार, देश में कोविड आउटब्रेक (शुरुआत) के बाद आज पहली बार कोविड का कोई केस नहीं आया।

स्पेन के शहरों में फार-राइट 'वॉक्स पार्टी' के समर्थकों ने रैलियाँ निकालकर पेद्रो सांचेज सरकार के खिलाफ विरोध प्रदर्शन किया। उल्लेखनीय है कि कोविड आउटब्रेक के बाद स्पेन सबसे सख्त लॉकडाउन से गुजर रहा है।

महामारी में इंसानियत-9

बर्लिन के चर्च में नमाज अदा की गई

समाचार संस्था अल जजीरा की रिपोर्ट बता रही है कि जर्मनी में इबादतगाहों को महीनों के लॉकडाउन के बाद खोला गया है। बर्लिन के न्यू कोलेन जिले की एक मस्जिद में शुक्रवार को नमाज अदा करने के लिए करीब 100 लोग इकट्ठा हुए। मुसीबत यह थी कि कोविड के चलते फिजिकल डिस्टेंसिंग के नियम, जिसमें दो लोगों के बीच करीब पाँच फीट का फासला जरूरी था, के तहत मस्जिद में केवल 50 लोग ही नमाज अदा कर सकते थे।

इस परेशानी को देखकर पास के मार्था लुथेनियन चर्च के लोगों ने मस्जिद के इमाम से पूछा, "क्या आपको नमाज अदा करने के लिए जगह की जरूरत है?" मस्जिद के इमाम ताहा साबरी कहते हैं कि इस महामारी ने हम सबको एक कौम का हिस्सा बना दिया है। जल्द ही चर्च में नमाज की व्यवस्था हो गई। इमाम ने चर्च के दरवाजों/खिड़कियों पर मदर मेरी की पेंटिंग को देखते हुए नमाज अदा की। एक नमाजी समेद हमदोऊन का कहना था कि पहले-पहल चर्च में नमाज पढ़ना थोड़ा अटपटा लगा। वहाँ के चित्र/वाद्य संय इत्यादि थोड़े अटपटे लग रहे थे पर जल्द ही सब कुछ सामान्य लगने लगा क्योंकि आखिरकार हम तो खुदा के घर पर ही थे। चर्च के पेस्टर (पादरी) मोनिका मथीएस ने कहा कि लोगों को नमाज पढ़ता देख वह अभिभूत हैं।

24 मई

उद्धव ठाकरे ने कहा है कि कोविड के लिए हड़बड़ी में किया गया लॉकडाउन एक गलत कदम था।

गुजरात हाईकोर्ट ने राज्य सरकार से पूछा है कि राज्य सरकार निजी लैब को कोविड की जाँच क्यों नहीं करने दे रही है? कहीं राज्य सरकार प्रदेश में कोविड के मामलों को आर्टिफिशियली दबाने की कोशिश तो नहीं कर रही?

लॉकडाउन और प्रवासी मजदूर-41

कोविड संकट काल में लॉकडाउन के चलते विभिन्न राज्यों में फँसे प्रवासी मजदूरों को उनके घर पहुँचाने के लिए चलाई गई विशेष श्रमिक एक्सप्रेस ट्रेनें अब प्रवासी मजदूरों के लिए सिरदर्द बनती जा रही हैं। दैनिक जागरण में मुम्बई से ओमप्रकाश तिवारी की रिपोर्ट बता रही है कि श्रमिक स्पेशल ट्रेनें न केवल देरी से चल रही हैं बल्कि रास्ता भी भटक रही हैं। रेलवे की चुस्ती का आलम यह है कि पश्चिम रेलवे के मुम्बई स्थित वसई रोड स्टेशन से 21 मई को शाम 7:20 बजे श्रमिक स्पेशल ट्रेन गोरखपुर के लिए रवाना हुई, लेकिन यह ट्रेन 23 मई की दोपहर ओडिशा के राउरकेला होते हुए झारखंड के गिरिडीह पहुँच गई। इस ट्रेन के यात्री विशाल सिंह कहते हैं कि ट्रेन के रूट में बदलाव की जानकारी यात्रियों को नहीं दी गई। मध्य रेलवे के ही मुम्बई के लोकमान्य तिलक टर्मिनल से जौनपुर के लिए 20 मई की शाम 7:30 बजे निकली ट्रेन 67 घंटे की यात्रा कर जौनपुर पहुँची। सामान्यत: ट्रेन इतनी दूरी महज 30 घंटे में पूरी कर लेती है। मजदूरों किस्मत मेहरबान हुई तो किसी स्वयंसेवी संस्था से कुछ खाने-पीने को मिल जाता था, नहीं तो क्या यात्री, बच्चे भी बूँद-बूँद पानी के लिए तरस गए। एक यात्री राजेश कनौजिया ने कहा कि उनको ट्रेन चलते वक्त एक बोतल पानी और एक खाने का पैकेट मिला था, बस। उसके बाद ट्रेन कहीं किसी गाँव के पास रुकती तो यात्री पानी भरने दौड़ते तो गाँववाले उनको डंडे मार कर भगा देते।

बरौनी स्टेशन क्रॉसिंग पर खड़ी एक श्रमिक स्पेशल में खाना/पानी बाँटने के आरोप में पुलिस ने 12 लोगों को नामजद और 100 अज्ञात लोगों पर मुकदमा दर्ज किया। स्थानीय कोतवाल ने बताया कि दिल्ली से लखनऊ जाने वाली श्रमिक स्पेशल बरौनी क्रॉसिंग पर रुकी थी। इसकी सूचना मिलने पर प्रशासन की अनुमति लिए बगैर कुछ लोग ट्रेन में चढ़कर मजदूरों को खाना और पानी बाँटने लगे। मौके पर थाना इंजार्च ओमप्रकाश सिंह पहुँचे और पाया कि बगैर मास्क पहने लोग महामारी नियमों की अनदेखी कर रहे थे। इसलिए शफीक, लतीफ, सैदुल्ला, मुन्ना, कैफ और अन्य लोगों की पहचान की है। ये सभी बरौनी और किसान टोला मुहल्ला के रहने वाले हैं।

25 मई

आज दो महीनों के बाद एयरलाइंस सेवाएँ शुरू की जानी थीं पर मुम्बई, दिल्ली में यकायक उड़ान सेवाएँ रद्द कर दी गईं जिससे यात्रियों में खासा कंफ्यूजन और आक्रोश था।

26 मई

असम सरकार ने राज्य में बाहर से आए सभी लोगों के लिए क्वारंटाइन अनिवार्य किया।

कर्नाटक सरकार ने 1 जून से राज्य के सभी मंदिरों को खोलने की घोषणा की है।

सुप्रीम कोर्ट ने स्वत: संज्ञान (सु-मोटो एक्शन) लेते हुए केंद्र सरकार, राज्य सरकार और केंद्रशासित प्रदेशों से प्रवासी मजदूरों की मदद व सहायता के लिए उठाए गए कदमों की जानकारी माँगी है। जस्टिस अशोक भूषण, संजय किशन और एमआर शाह की पीठ ने कहा है कि मजदूरों की यात्रा के प्रबंधन में सरकार से चूक हुई है।

केरल की सरकार ने राज्य के प्रवासी मजदूरों को वापस लाने पर सहमति दी है। मुख्यमंत्री पिनराई विजयन ने कहा है कि सभी को एक साथ लौटने की अनुमति नहीं है। विद्यार्थियों और गर्भवती महिलाओं को वरीयता दी जाएगी।

अमेरिका में कोविड से मरने वालों की संख्या एक लाख के पार।

इंडियन काउंसिल फॉर मेडिकल रिसर्च (आईसीएमआर) ने कोविड के रियल टाइम पॉलीमेरेज चेन रिएक्शन टैस्ट (आरटी-पीसीआर) के 4500 रुपए प्रति टैस्ट की कैप को हटा दिया है। राज्यों के मुख्य सचिवों को लिखे पत्र में आईसीएमआर प्रमुख डॉ. बलराम भार्गव ने इस टैस्ट की कीमत को 'म्यूचियली एग्रीबल' दामों में करने का सुझाव दिया है।

चीन की 'बैट वुमैन' शी जेंगली

चीन के वुहान में स्थित वुहान इंस्टीट्यूट ऑफ वायरोलॉजी की वैज्ञानिक शी जेंगली आजकल चर्चा का विषय बनी हैं। चमगादड़ों और उनसे फैलने वाले वायरस पर किए गए शोधों के चलते उन्हें "बैट वुमैन" भी कहा जाता है। हाल ही में कोविड के वैश्विक महामारी बनने के बाद अमेरिका और कई यूरोपीय देशों के दक्षिणपंथी तबके ने चीन पर आरोप लगाया था कि यह कोविड वायरस बायोलॉजिकल वारफेयर के रूप में चीन की सरकार द्वारा डॉ. शी की देखरेख में वुहान की लैब में डेवलप (विकसित) किया गया है। बाद में अचानक कुछ अर्से से डॉ. शी जेंगली के गायब होने की खबर आई। कयास यह भी लगाए जा रहे थे कि वह पश्चिम के देशों में डिफेक्ट कर गई हैं। इन सारे कयासों के बीच आज चीन के सरकारी टीवी चैनल में डॉ. शी का इंटरव्यू प्रसारित किया गया जिसमें उन्होंने सभी आरोपों को निराधार बताया। हालाँकि उन्होंने कहा, "कोविड इज जस्ट द टिप ऑफ आइसबर्ग।"

स्पेन में कल यानी बुधवार से 10 दिनों का राष्ट्रीय शोक मनाने की घोषणा की गई है। यह राष्ट्रीय शोक देश में कोविड से मरने वाले 27,000 लोगों की याद में किया जा रहा है जिसमें देश के सभी भवनों और स्पेन की नौसेना के जहाजों पर झंडे आधे झुके रहेंगे।

लॉकडाउन और प्रवासी मजदूर-42

यमुनानगर (हरियाणा) के तेजली खेल परिसर में औरतों और बच्चों समेत 250 मजदूर रुके थे जिन्हें बिहार भेजा जाना था। आज सुबह उनको सेंटर से निकाल दिया गया और कहा गया, "जाइए यहाँ से!", फिर बाद में दरवाजा बन्द कर दिया गया और पुलिस बुला ली गई।

नैनीताल जिले के बेतालघाट में तल्ली सेठी के खंडहर बन चुके विद्यालय में क्वारंटाइन सेंटर बनाया गया था। इस 'क्वारंटाइन' में लोगों को जमीन पर सोना पड़ता था। जंगली जानवरों का डर तो था ही, साँपों का डर भी था। प्रशासन से शिकायत के बाद भी कोई मदद नहीं की गई। 25 मार्च की उत्तराखंड न्यूज की रिपोर्ट के अनुसार, इस क्वारंटाइन सेंटर में ठहरी चार साल की एक बच्ची को साँप ने डस लिया जिससे उसकी मौत हो गई।

अररिया (बिहार) के ग्यारह वर्ष का तवारे आलम एक तिपहिया पर अपने माँ-बाप को बैठाकर उत्तर प्रदेश के बनारस से बिहार के अररिया अपने गाँव ले आया। वाराणसी से अररिया की दूरी 600 किलोमीटर है।

27 मई

अमेरिकी उड़ान कंपनी बोइंग ने अमेरिका में 12,000 कर्मचारियों की छँटनी की घोषणा की है।

लॉकडाउन और प्रवासी मजदूर-43

श्रमिक स्पेशल ट्रेन में पाँच लोगों की मौत की खबर है। इनमें दो शवों आज सुबह वाराणसी में पाए गए जबकि तीन शव कानपुर और बलिया के बीच मिले।

लालकुँवर की कहानी

अमर उजाला की रिपोर्ट में घटना उत्तर प्रदेश के ललितपुर जिले की है। जखौरा थाने के गुलेंदा गाँव के रहने वाले लक्ष्मण की बीवी लालकुँवर गर्भवती थी। इंदौर से वह मजदूरों के एक समहू के साथ पैदल अपने गाँव लौट रही थी। रास्ते में अचानक उसके पेट में तेज दर्द हुआ, उसे अस्पताल ले जाने पर पता चला कि उसका बच्चा मर चुका था।

28 मई

दिल्ली हाईकोर्ट ने कोविड से मरने वालों की सम्मानजनक अंत्येष्टि से जुड़ी एक पीआईएल पर सुनवाई शुरू की है। इस पीआईएल में कहा गया है कि दिल्ली के शवगृहों में लाशों के ढेर लगे हैं। अंत्येष्टि न होने देना इनके 'राइट्स ऑफ द डेथ' और सम्मान से जुड़ा प्रश्न है।

न्यूयॉर्क टाइम्स अखबार की रिपोर्ट के अनुसार, पिछले हफ्ते 21 लाख अमेरिकी लोगों ने अनएंप्लायमेंट बेनिफिट के लिए अर्जी दी है। एक अनुमान के मुताबिक कोविड के चलते अमेरिका में लगभग चार करोड़ लोगों की नौकरियाँ जा चुकी हैं। कुल 14.7 फीसदी अमेरिकी युवक बेरोजगार हैं, यह स्थिति आखिरी बार महामंदी के दौरान देखी गई थी।

सत्तर वर्षीय एक पुजारी को ओडिशा के कटक जिले के एक मंदिर में नरबलि देने के आरोप में गिरफ्तार किया गया है। बिजनेस स्टैंडर्ड की खबर के अनुसार, नरसिंहपुर थाना इलाके के बंधाहुदा स्थित ब्रह्मनी देई मंदिर के पुजारी सन्सारी ओझा ने सरोज प्रधान (52) की कोविड से छुटकारा पाने के लिए बलि दे दी और बाद में पुलिस के सामने आत्मसमर्पण कर दिया।

सुप्रीम कोर्ट ने राज्य/केंद्र सरकार से मजदूरों से उनकी घर वापसी के एवज में किसी भी प्रकार की किराया वसूली न करने का निर्देश जारी किया। जस्टिस अशोक भूषण की अध्यक्षता वाली पीठ ने निर्देश जारी किया कि ओरिजनेटिंग स्टेट खाने और पानी की व्यवस्था करें और स्टेशनों पर इसे रेलवे द्वारा मुहैया करवाया जाए।

लॉकडाउन और प्रवासी मजदूर-44

मुम्बई से वाराणसी पहुँची श्रमिक स्पेशल ट्रेन में दो युवकों की मौत हो गई। इससे पहले मंगलवार को गुजरात/महाराष्ट्र से बिहार जा रही दो ट्रेनों में दो लोगों की मौत हो गई थी। इनमें से एक की पहचान जौनपुर के बदलापुर के निवासी 30 वर्षीय दशरथ के रूप में की गई है। खबरों के अनुसार, वह अपने भाई लालमणी प्रजापति के साथ मुम्बई काम करने गया था। रास्ते में भीषण गर्मी से इलाहाबाद में उसकी तबीयत खराब हो गई और मंडुआडीह में उसके भाई ने जब उसे उठाने की कोशिश की तो वह नहीं उठा।

इससे पहले दरभंगा जा रही श्रमिक स्पेशल में सफर कर रहे नेपाल के रहने वाले शोभरन कुमार की तबीयत मंगलवार की देर रात बिगड़ गई। बलिया में उसे उतारकर जिला अस्पताल ले जाया गया जहाँ उसकी मौत हो गई। सूरत से हाजीपुर जा रही श्रमिक एक्सप्रेस में छपरा निवासी 58 वर्षीय भूसण सिंह की मौत हो गई।

एक ओर जहाँ देशभर से अपने घरों को लौट रहे मजदूरों की दुर्दशा की

खबरें आ रही हैं वहीं दिल्ली से मजदूरों को हवाई जहाज का टिकट कटवाकर घर भेजने की खबर है। टाइम्स ऑफ इंडिया की रिपोर्ट के अनुसार, पपन गहलौत नाम के एक मशरूम किसान ने अपने साथ काम कर रहे दस मजदूरों को न केवल दिल्ली से पटना तक का हवाई जहाज का टिकट दिया बल्कि उन्हें आईजीआई एयरपोर्ट छोड़ आने की व्यवस्था की और सभी को 3-3 हजार रुपए भी दिए। पपन गहलौत के भाई निरंजन ने जानकारी दी कि हवाई यात्रा से पहले सभी के कोविड टैस्ट करवाए गए और उनके सर्टिफिकेट भी उन्हें साथ में दिए गए। निरंजन गहलौत के अनुसार, इन दस लोगों को घर भेजने के लिए कुल 68,000 रुपए के टिकट खरीदे गए।

"हमने कभी सपने में नहीं सोचा था कि हम हवाई जहाज का सफर करेंगे पर हमारे मालिक के चलते हम हवाई जहाज का सफर कर रहे हैं", इन्हीं में से एक का कहना था।

झारखंड सरकार की ओर से राज्य में लौट रहे मजदूरों के लिए एक व्यवस्था की गई है। इस व्यवस्था का संचालन सीनियर आईएएस ऑफिसर ए.पी. सिंह कर रहे हैं। पेश है उनके साथ एक मजदूर की बातचीत का हिस्सा :

मजदूर : ये फोन ए.पी. सिंह के पास लगा है?

ए.पी. सिंह : आप कौन बोल रहे हैं?

मजदूर : हम झारखंड के प्रवासी मजदूर बोल रहे हैं। स्पेशल ट्रेन से वापस आ रहे हैं सर...सुबह से खाना नहीं मिला है।...भूख से परेशान हो गए हम लोग।

ए.पी. सिंह : अच्छा...खाना रेलवे को देना है।...रेलवे देगा खाना।

मजदूर : कब देगा सर! सुबह में खाली एक पैकेट ब्रेड...एगो केला और एक बोतल पानी दिया...उसी में पूरा दिन काटना पड़ रहा है सर...कैसे क्या करें?

ए.पी. सिंह : कूद जाइए वहाँ से और क्या कीजिएगा?

मजदूर : कूद जाने से अच्छा रहेगा क्या?"

आंध्र प्रदेश के हैदराबाद की पुलिस ने 66 वर्षीय बुजुर्ग महिला रंगनायकी पूनटोटा को विशाखापत्तनम से गिरफ्तार किया है। रंगनायकी जी ने सोशल मीडिया पर एलजी पॉलिमर प्लांट में गैस रिसाव के बाद सरकार की कार्रवाई पर सवाल उठाए थे। उन्होंने किसी की गिरफ्तारी न होने समेत क्रमवार 20 सवाल उठाए थे।

29 मई

आकस्मिक किए गए एक रोस्टर चेंज द्वारा गुजरात हाईकोर्ट में कोविड-19 पर दाखिल एक पीआईएल पर सुनवाई कर रहे जजों की बेंच में फेरबदल कर दिया गया है। इस पीआईएल पर जस्टिस जे.बी. पारदीवाला और जस्टिस इलेश जे. वोहरा की खंडपीठ सुनवाई कर रही थी। फेरबदल में इलेश जे. वोहरा को इस खंडपीठ से हटा दिया गया है और अब इसमें मुख्य न्यायाधीश जस्टिस विक्रम नाथ व जस्टिस पारदीवाला रहेंगे। दूसरे शब्दों में जस्टिस पारदीवाला की भूमिका एक जूनियर जज की रह जाएगी। उल्लेखनीय है कि एक दिन पहले इसी बेंच ने गुजरात सरकार के कोविड नियंत्रण की कड़ी निंदा की थी। उन्होंने सरकार और अहमदाबाद जिला अस्पताल के प्रबंधन को कहा था कि वह न्यायाधीशों द्वारा औचक निरीक्षण के लिए तैयार रहें।

रोमानिया के प्रधानमंत्री ने एक सरकारी भवन में सोशल डिस्टेंसिंग के नियम को ना मानने व सिगरेट पीने के जुर्म में 600 डॉलर का जुर्माना भरा।

अहमदाबाद की मंजुला वाघेला (45) के अस्पताल के कागजात के अनुसार उनका कोविड टैस्ट का नमूना 14 मई सुबह 9:06 मिनट पर लिया गया जबकि अस्पताल के रिकॉर्ड बताते हैं कि उनकी मौत उसी दिन सुबह 5:30 पर हुई। परिवार वाले हैरान हैं कि क्या अस्पताल ने मंजुला जी का कोविड टैस्ट का नमूना उनकी मौत के चार घंटे बाद लिया?

30 मई

पीएम केयर्स फंड सरकारी अथॉरिटी नहीं है। पीएमओ ने आरटीआई के तहत जानकारी देने से इनकार किया। सवाल उठता है कि अगर पीएम केयर्स सरकारी अथॉरिटी नहीं है तो आखिर सरकारी प्रतिष्ठानों के कर्मचारिओं को किस अधिकार के तहत उनके एक दिन की सैलरी को पीएम केयर्स में 'दान' देने के लिए बाध्य किया गया ?

न्यूयॉर्क (अमेरिका) के गवर्नर एंड्रयू कुमो ने एक बिल पर हस्ताक्षर किए हैं जिसमें कोविड से मरे स्वास्थ्य कर्मियों और पुलिस विभाग के लोगों के परिवारों को सरकारी मदद दी जाएगी।

द गार्जियन अखबार की रिपोर्ट है कि फ्रांस में रेनो फैक्ट्री के बाहर मजदूरों का बड़ा विरोध प्रदर्शन हुआ। ये मजदूर कंपनी द्वारा विश्वभर में 15,000 छँटनियों का विरोध कर रहे थे जिनमें 4600 छँटनी कंपनी ने केवल फ्रांस में किए जाने की घोषणा की है।

देश में एक ओर कोविड के मामलों में जबरदस्त उछाल आ रहा है वहीं सरकार लॉकडाउन में शिथिलता ला रही है और अब मॉल, रेस्तराँ इत्यादि भी खोलने की अनुमति दी जा रही है।

पोप फ्रांसिस ने विश्व की सरकारों से अनुरोध किया है कि युद्धास्त्रों के अनुसंधान और विकास में किए जा रहे खर्च में कटौती कर उस रकम को कोविड का इलाज ढूँढ़ने में खर्च करें।

लॉकडाउन और पुलिस अत्याचार

देश के कई हिस्सों से गरीब लोगों, खासतौर पर गरीब सब्जी विक्रेताओं पर पुलिस बर्बरता की खबरें आ रही हैं। राष्ट्रीय राजधानी दिल्ली के निवासियों ने दिल्ली पुलिस पर लॉकडाउन को लागू करने के नाम पर गुंडों जैसा व्यवहार करने का आरोप लगाया है। उनका कहना है कि पुलिस न केवल सब्जी बेचनेवालों को बल्कि आम नागरिक को भी परेशान कर रही है जो बाजार से अपने रोजमर्रा की चीजों को खरीदने निकल रहे हैं।

उत्तरी दिल्ली निवासी ने आरोप लगाया कि पुलिस ने उनके साथ मारपीट की। उनका कहना है कि "जब मैं आवश्यक सामान खरीदने के लिए निकला था तो दो कांस्टेबलों ने मुझे बिना किसी कारण के थप्पड़ मार दिया। जब मैंने उनका सामना किया तो उन्होंने मुझे गालियाँ दीं और यहाँ तक कि मुझे पुलिस थाने ले जाने की धमकी भी दी।

हमारे मोहल्ले में सब्जी बेचनेवालों का बुरा हाल है। बेचारे सुबह-सवेरे अपनी थोड़ी-सी पूँजी लेकर गाजीपुर मंडी से सब्जी-फल वगैरह लाआकर मोहल्ले में बेच कर कुछ कमाने की कोशिश कर रहे हैं। हाल ही में एक व्यक्ति को बन्द दुकानों के सामने के बरामदे में सब्जी बेचते देखा। बाद में उसने बाँस-प्लास्टिक की मदद से एक दुकान डाल ली पर एक दिन अचानक पुलिस ने उसके दुकान को तोड़ दिया। सड़कों पर रेहड़ी-ठेला लगाए सब्जीवालों को परेशान करने के लिए पुलिस ने एक नायाब तरीका ढूँढ़ निकला है। वह अब सब्जीवालों के तराजू जब्त कर ले रही है!

बेचारे गरीब सब्जीवाले !

उनका कहना है कि, "यह हमारे लिए दोहरा संकट है—पहले वायरस से लड़ाई और अब पुलिस अत्याचार।"

लॉकडाउन और प्रवासी मजदूर-45

पिछले 18 दिनों में श्रमिक एक्सप्रेस ट्रेनों में 80 से ज्यादा मजदूरों की मौत हो चुकी है। यह बात आरपीएफ के द्वारा बनाई गई एक सूची से प्राप्त हुई है। हिंदुस्तान टाइम्स की रिपोर्ट के अनुसार, आरपीएफ के आँकड़ों के अनुसार 9 से 27 मई के बीच इन ट्रेनों में कुल 80 लोगों की मौत हो गई। हालाँकि आरपीएफ ने कहा है कि यह शुरुआती सूची है और अन्य राज्यों से पता कर जल्द ही अंतिम सूची जारी की जाएगी।

31 मई

भारत आज विश्व का सबसे अधिक कोविड मामलों वाला देश बन गया। इसी दिन भारत सरकार ने शॉपिंग मॉल, धार्मिक स्थलों को खोलने की अनुमति दे दी है।

01 जून

महामारी में मुम्बई

कोविड का एपीसेंटर अब अमेरिका और रूस से हटकर ब्राजील और भारत जैसे देशों में आ गया है। सरकार द्वारा स्वास्थ्य सेवाओं से हाथ पूरी तरह खींच लेने से इन देशों में कोविड किसी कहर की तरह बरपा है। अस्पताल के बिस्तरों पर लाशें पड़ी हैं, कोई उठाने वाला नहीं है। उधर मरीजों को जमीन पर लिटाया जा रहा है क्योंकि बिस्तर खाली नहीं हैं। ब्रेन डैमेज एक महिला मरीज की इलाज न होने से मौत हो जाती है क्योंकि उसके कोविड टैस्ट का इंतजार हो रहा था और जब तक उसका नंबर आता वह चल बसी।

एनडीटीवी ने ब्लूमबर्ग के हवाले से कहा है कि मुम्बई में कोविड के चलते हालात अब भी काबू से बाहर हैं। किंग एडवर्ड मेमोरियल हॉस्पिटल के डॉक्टर साद अहमद कहते हैं, "हर रोज नए कोविड वार्ड बनाए जा रहे हैं पर शाम तक वह सभी भर जाते हैं।"

इसी अस्पताल की नर्स माधुरी रामदास गइकर बताती हैं कि अस्पताल में मृत शरीर इकट्ठे होते जा रहे हैं क्योंकि अकसर मरीजों के रिश्तेदार कोविड संक्रमण के डर से अपने परिजनों के शव को लेने तक नहीं आते। वह कहती हैं, "हम कागजी कार्रवाई करके रखते हैं पर मृतक का कोई सगा-सम्बन्धी शव को लेने नहीं आता।"

एक अन्य अस्पताल के डॉक्टर ने नाम न जाहिर करने की शर्त पर बताया कि रोजाना अस्पताल की इमरजेंसी में इतने ज्यादा रोगी आ रहे हैं कि अकसर एक ऑक्सीजन सप्लाई एक से ज्यादा लोगों को देनी पड़ रही है।

एक निजी अस्पताल में काम करने वाले चेस्ट स्पेशलिस्ट डॉ. विकास ओसवाल ने बताया कि गंभीर रूप से बीमार रोगियों को अस्पताल में बिस्तर मिलने के लिए 12-16 घंटे इंतजार करना पड़ रहा है।

कहा जा रहा है कि मुम्बई में निजी अस्पतालों द्वारा कोविड के इलाज में की गई उदासीनता के चलते हालात तेजी से बिगड़े। महाराष्ट्र सरकार ने सभी निजी अस्पतालों के 80 फीसदी जनरल कैटेगरी बैड को अपने अधीन कर लिया है। इसी के साथ सारे आईसीयू/सीसीयू भी अब राज्य सरकार के पास हैं।

एक परिवार ने अपने नाम न जाहिर करने की शर्त पर, क्योंकि उन्हें डर है कि कहीं उनके पड़ोसी उन्हें स्टिगमेटाइज न कर दें, बताया कि एक पूरी रात उन्होंने एम्बुलेंस में गुजारी और शहर के एक अस्पताल से दूसरे अस्पताल दौड़ते रहे, किसी ने उन्हें भर्ती नहीं किया। सारे निजी अस्पताल उनसे कोविड फ्री होने का सर्टिफिकेट माँग रहे थे।

जॉर्ज इंस्टीट्यूट ऑफ ग्लोबल हेल्थ इन इंडिया के विवेकानंद झा का कहना है कि जल्द ही वह दिन आने वाले हैं जब डॉक्टरों को यह मुश्किल फैसला लेना पड़ेगा कि किस रोगी का इलाज करें और किसको बिना इलाज मरने दें।

02 जून

भारत में पहली बार कोविड रोगियों की संख्या दो लाख

रिश्तेदारों को अधजली लाश लेकर भागना पड़ा

एनडीटीवी की रिपोर्ट के अनुसार, यह घटना जम्मू के डोडा में घटित हुई। 72 वर्षीय एक व्यक्ति की मौत के बाद उनके रिश्तेदार जब उनका दाहकर्म करने श्मशान घाट पहुँचे तब अचानक कुछ गाँववाले आ गए और उन पर पत्थर चलाने लगे। उस समय कोविड प्रोटोकॉल के अनुसार, वहाँ केवल उनकी पत्नी और दो बच्चे थे। उनके पुत्र ने कहा, "एक रेवेन्यू अधिकारी और एक डॉक्टर की उपस्थिति में हमने दाहकर्म शुरू किया था पर अचानक कुछ लोग वहाँ आए और दाहकर्म में बाधा डालने लगे।"

बात इतनी बढ़ी कि पत्नी और उनके दो बच्चों को अधजली लाश लेकर एम्बुलेंस से भागना पड़ा। बाद में प्रशासन ने उनकी भगवती नगर इलाके के श्मशान घाट में जाने में मदद की जहाँ उनका अंतिम संस्कार किया गया। उनके परिजनों ने बताया कि पहले श्मशान घाट में उपस्थित सुरक्षाकर्मी ने उनकी कोई मदद नहीं की।

कोविड लॉकडाउन के चलते पिछले दो महीनों से स्कूल बन्द हैं। आने वाले दिनों में ऑनलाइन क्लासेज की बात चल रही है। इसी बीच, केरल ने इंटरनेट की असुविधा को देखते हुए एक अनूठा प्रयोग किया है। स्टोरीपिक में प्रकाशित रिपोर्ट के अनुसार, केरल सरकार ने 'फर्स्ट बॉल' योजना शुरू की है जिसमें कक्षाओं का प्रसारण किया जाएगा। यह प्रसारण केरल इंफ्रास्ट्रक्चर एंड टेक्नोलॉजी फॉर एजुकेशन (केआईटीई) वीडियो चैनल इन कक्षाओं के प्रसारण को टीवी चैनल, वेबसाइट, मोबाइल ऐप और सोशल मीडिया पेजेज में उपलब्ध करवाएगा।

केंद्र ने मुम्बई हाईकोर्ट को उस याचिका को खारिज करने के लिए कहा है जिसमें पीएम केयर्स में किए गए दान, खर्चे का ब्योरा माँगा गया है। यह याचिका एक वकील द्वारा दायर की गई है। केंद्र की ओर से एडिशनल सॉलिसिटर जनरल अजीत सिंह ने मुम्बई हाईकोर्ट की नागपुर बेंच को इस याचिका को खारिज करने को कहा। उनका तर्क है कि इसी से जुड़ी एक याचिका को सुप्रीम कोर्ट ने अप्रैल में खारिज कर दिया था।

एम्स के डॉक्टर और रेजिडेंट डॉक्टर्स एसोसिएशन के महासचिव डॉ. श्रीनिवास राजकुमार ने 25 मई को ट्वीट कर बताया कि एम्स में खराब गुणवत्ता के एन-19 मास्क मँगवाए गए हैं और इन मास्क को डॉक्टर व अन्य कर्मचारियों को दिया जा रहा है। द वायर में छपी रिपोर्ट के अनुसार, आज डॉ. श्रीनिवास को उक्त ट्वीट के लिए न केवल शो कॉज (कारण बताओ) नोटिस भेजा गया बल्कि उन्हें आरडब्ल्यूए से हटा दिया गया और उन पर विभागीय कार्रवाई के आदेश दिए गए हैं। हालाँकि डॉ. श्रीनिवास ने कहा है कि वह अपनी कही एक-एक बात पर अडिग हैं।

देवराम को अहमदाबाद के सिविल अस्पताल में डायबिटीज के चलते भर्ती करवाया गया था। उनके परिवारवालों को बाद में बताया गया कि उन्हें कोविड-19 है। हफ्ते भर बाद उनके शरीर को प्लास्टिक बैग में लपेट कर उनके परिवार को सौंप दिया गया। उन्होंने उनका अंतिम संस्कार कर दिया। अब उनके परिवार को अस्पताल से सूचना दी जाती है कि देवराम स्वास्थ्य लाभ कर रहे हैं। वह अब कोविड निगेटिव हैं और जनरल वार्ड में हैं।

03 जून

सरकार ने आवश्यक वस्तु अधिनियम (एसेंसियल कमोडिटीज एक्ट) में बदलाव कर अनाज, दाल, तिलहन, तेल, प्याज, आलू जैसी रोजमर्रा की आवश्यक चीजों को इससे बाहर कर दिया है। यह कानून जमाखोरी, कालाबाजारी को रोकने के लिए बनाया गया था। आज इस कानून को हटा लेने के बाद देश कभी भी भुखमरी की कगार पर आ सकता है।

महामारी में इंसानियत-10

लिखे जो खत तुझे

सन 1968 में रिलीज हुई फिल्म 'कन्यादान' का गाना 'लिखे जो खत तुझे' की जब अमर गायक रफी साहब रिकॉर्डिंग कर रहे थे तब न उनको और न ही शंकर जयकिशन जी, जिन्होंने इस गीत का संगीत दिया, को पता होगा कि उनका यह गाना कभी किसी महामारी को जीतने के काम आएगा पर हुआ कुछ ऐसा ही। एनडीटीवी की रिपोर्ट के मुताबिक, बेंगलुरु के विक्टोरिया अस्पताल के स्वास्थ्य कर्मियों के पैर पीपीई पहने हुए इस गाने पर आज थिरक उठे। विक्टोरिया अस्पताल के तीन चिकित्सकों का यह वीडियो आज अच्छा-खासा लोकप्रिय हो चला है। इस अस्पताल में कई कोविड मरीजों का इलाज चल रहा है जिसमें 18 बच्चे भी शामिल हैं। डॉक्टरों का कहना है कि इस तरह से वह कोविड से पैदा हुए विषाद और दुख को कम करना चाहते हैं। इन्हीं में से एक डॉक्टर अस्मा बानू का कहना है, "हमने महिला रोगियों के लिए मेंहदी कंपटीशन और बच्चों के लिए सिट एंड ड्रॉ आयोजित किया।"

कोविड के चलते चेहरे पर मास्क लगाने की अनिवार्यता ने पुलिस विभाग के लिए नई परेशानियाँ पैदा कर दी हैं। बिजनेस स्टैंडर्ड अखबार की रिपोर्ट के अनुसार, चेहरे पर मास्क चढ़ाए कुछ असामाजिक तत्वों द्वारा एटीएम तोड़ने की घटना सामने आई है। यह घटना कोलकाता में घटित हुई है। हालाँकि चेहरे पर नकाब पहने एटीएम में घुसना मना है पर कोविड के चलते चेहरे को ढकना जरूरी है। कोलकाता पुलिस इस असमंजस में है कि वह करे तो क्या करे?

04 जून

दिल्ली सरकार ने आज अगले एक हफ्ते तक दिल्ली के सभी बॉर्डरों को सील कर दिया है जिससे आज सोनीपत-कुंडली और अंबाला-दिल्ली नेशनल हाईवे पर अफरातफरी का माहौल बन गया। उधर गुड़गाँव-दिल्ली बॉर्डर में भी किसी भी वाहन को बगैर ई-पास के दिल्ली आने पर रोक लगा दी गई।

उद्योगपति और बजाज इंडस्ट्रीज के मालिक राहुल बजाज के बेटे राजीव बजाज ने कहा है कि कोविड से उबरने के लिए भारत ने पश्चिमी देशों के लॉकडाउन का अनुसरण किया जिससे संक्रमण तो रुका नहीं, लेकिन अर्थव्यवस्था चौपट हो गई।

देश के सबसे बड़े साइकिल उत्पादकों में एक एटलस साइकिल ने अपने गाजियाबाद स्थित आखिरी कारखाने को मंदी के चलते बन्द करने की घोषणा की है। इससे 700 मजदूर सड़कों पर आ गए हैं। उल्लेखनीय है कि कल 'विश्व साइकिल दिवस' था।

05 जून

विश्व में कोविड से मरने वालों की संख्या 10 लाख के पार

पीटीआई की रिपोर्ट के अनुसार, श्रमिक स्पेशल ट्रेन में एक महिला ने बच्चे को जन्म दिया। तेलंगाना के लिंगमपल्ली से ओडिशा के बोलांगीर जिले के थोडीबहल जा रही 19 वर्षीय मीना कुम्भार को सुबह प्रसव पीड़ा उत्पन्न हुई और उसने श्रमिक स्पेशल में ही बच्चे को जन्म दिया।

फिजी सरकार ने देश को कोविड मुक्त घोषित किया है।

मुम्बई में अब तक 11 बैंक कर्मचारियों की कोविड से मौत हो चुकी है। यह जानकारी यूनाइटेड फोरम ऑफ बैंक एम्प्लॉइज यूनियन (यूएफबीयू) ने दी है।

बिहार के तरैनी छपरा गाँव के हमारे दोस्त राकेश ने जानकारी दी है कि वहाँ और आसपास के इलाके में लोगों ने 'कोविड माई' की पूजा शुरू कर दी है।

06 जून

एक नोटिस
पश्चिम बंगाल सरकार
स्वास्थ्य और परिवार कल्याण मंत्रालय
मेमो नंबर- एफ एंड एफडब्ल्यू-179/ए/20
दिनांक 06/06/20

शवों का निपटान कोविड-19 की रोकथाम में एक हिस्सा है। इसके लिए कुछ नियमों को मानना अनिवार्य है। सभी स्वास्थ्य कर्मचारियों को इस बारे में दिशा-निर्देश जारी किए जा रहे हैं, हालाँकि परिवारवालों को मृतक के प्रति उनके सभी कर्तव्यों को पूरी तरह से निभाने के भी निर्देश जारी किए गए हैं। जिसके अनुसार : मृत होने पर अस्पताल को एक घंटे के अन्दर परिवार वालों को सूचित करना होगा। शव को बॉडी कवर से ढकना होगा पर चेहरे पर ट्रांसपेरेंट कवर होना चाहिए।

मृतक के परिवारवालों को ग्लव्स/मास्क उपलब्ध कराए जाएँगे।

मृत शरीर को कम से कम 30 मिनट के लिए छोड़ा जाना होगा जिससे परिवारजनों को अंतिम विदाई का मौका मिले।

नॉर्मल डिलिवरी हमारे लिए अब इतिहास बन चुकी है। जब से प्राइवेट अस्पतालों को मरीजों को लूटने की छूट दी गई तब से नॉर्मल डिलिवरी एक अपवाद बन गई है। आज किसी भी प्राइवेट अस्पताल के डॉक्टर के पास जाइये तो वह आपको नॉर्मल डिलिवरी के नाम पर डराएगा और सिसेरियन डिलिवरी करवाने का 'सुझाव' देगा। पिछले दो महीनों के देशव्यापी लॉकडाउन के दौरान एक ओर जहाँ अस्पताल बंद थे या कोविड का इलाज कर रहे थे वहीं पर दूसरी ओर 95 फीसदी प्रसव नॉर्मल डिलिवरी हुए। दूसरे शब्दों में कहें तो कोविड की इस महामारी और लॉकडाउन ने डॉक्टरों के धंधे को नंगा कर दिया है।

पीटीआई ने ट्वीट कर जानकारी दी है कि ग्रेटर नोएडा में एक गर्भवती महिला को तेरह घंटों तक एक अस्पताल से दूसरे अस्पताल घूमना पड़ा क्योंकि किसी ने उसको भर्ती नहीं किया और आखिरकार महिला ने एम्बुलेंस में दम तोड़ दिया।

झारखंड के मुख्यमंत्री हेमंत सोरेन ने कहा, "लॉकडाउन में छूट देकर केंद्र ने राज्य और जनता को भगवान भरोसे छोड़ दिया है।"

07 जून

दिल्ली सरकार ने कहा है कि कोविड के बढ़ते प्रकोप को देखते हुए दिल्ली के सभी सरकारी/निजी अस्पताल दिल्लीवासियों के लिए आरक्षित रहेंगे।

केंद्रीय संस्कृति मंत्रालय ने आर्कियोलॉजिकल सर्वे ऑफ इंडिया (एएसआई) को कल यानी सोमवार से देश के कुल 820 धार्मिक स्थलों को जनता के लिए खोलने के निर्देश दिए हैं।

असम सरकार ने राज्य के सभी स्कूलों, विश्वविद्यालयों इत्यादि में 2020-21 एकेडमिक ईयर में सभी छात्र/छात्राओं के लिए एडमिशन को फ्री करने की घोषणा की है।

महाराष्ट्र की जेलों में कुल 38,000 कैदी बन्द हैं। राज्य के गृहमंत्री अनिल देशमुख ने जानकारी दी है कि कोविड संक्रमण को देखते हुए सोशल डिस्टेंसिंग के मार्फत अब तक 9671 कैदियों को रिहा किया गया है। राज्य सरकार ने आने वाले दिनों में 11,000 कैदियों को स्पेशल पैरोल देने का निर्णय लिया है। इसी के साथ राज्य सरकार ने सूबे के 24 जिलों में 31 अस्थायी जेल बनाने का निर्णय लिया है।

08 जून

आज से भारत में लॉकडाउन काफी हद तक हटा लिया गया पर कोविड के मामलों की बढ़ती संख्या को देखते हुए लोग परेशान हैं। इतने दिनों के लॉकडाउन के बाद वह बाहर भी निकलना चाहते हैं पर कोविड के डर से निकलने में हिचकिचा रहे हैं।

जेएनयू ने अपने छात्रों को घर चले जाने का आदेश दिया है।

वर्ल्ड बैंक ने कहा है कि महामंदी के बाद पहली बार विश्व अर्थव्यवस्था इतने खराब हालात में पहुँची है। विश्व बैंक के अनुसार, विश्व अर्थव्यवस्था के 5.2 फीसद संकुचन का अनुमान है।

'आपदा में अवसर' की एक नयी मिसाल पेश करते हुए महाराष्ट्र में कोविड से संक्रमित दो कैदी अस्पताल से भाग गए।

09 जून

सुप्रीम कोर्ट ने कहा है कि राष्ट्रीय मानवाधिकार आयोग बंधुआ मजदूरों

की सुरक्षा और पुनर्वास के लिए कुछ दिशा-निर्देश तय कर सकता है। बंधुआ मजदूरों पर कोविड के दौरान होने वाले अत्याचार पर सुनवाई करते हुए सुप्रीम कोर्ट ने यह कहा।

हाल ही में केजरीवाल सरकार ने दिल्ली में बढ़ते कोविड के मामलों की संख्या को देखते हुए राज्य के अस्पतालों में केवल दिल्ली के निवासियों का इलाज करने का आदेश दिया था जिसे राज्यपाल अनिल बैजल ने नकार दिया है।

एफिल टावर को 25 जून से जनता के लिए खोला जाएगा।

दिल्ली सरकार राज्य के कई स्टेडियमों को कोविड रोगियों के लिए मेकशिफ्ट हॉस्पिटल बनाने पर विचार कर रही है।

अप्रैल के महीने में विभिन्न अमेरिकी कंपनियों ने लगभग 80 लाख लोगों की छँटनी की है। नई नौकरियों (हायरिंग) में 31 फीसदी की कमी आई है।

बिजनेस स्टैंडर्ड अखबार की रिपोर्ट के अनुसार, भारतीय उद्योग (इंडिया इंक) ने कोविड राहत के लिए जिस अनुदान की घोषणा की थी, उसकी आधी से ज्यादा रकम पीएम केयर्स में जमा की गई है। यह जानकारी क्रिसिल फाउँडेशन ने अपनी एक रिपोर्ट में दी है। रिपोर्ट में कहा गया है कि इंडिया इंक के 113 शीर्ष कॉरपोरेट्स का कुल 4,316 करोड़ रुपए का अनुदान पीएम केयर्स में भेजा गया है।

उल्लेखनीय है कि मार्च में स्थापित किया गया पीएम केयर्स शुरुआती दिनों से ही विवादों में घिरा रहा है। सुप्रीम कोर्ट ने इस बारे में सुनवाई करने से मना कर दिया। मई में सरकार ने बताया कि पीएम केयर्स से कुल 3,100 करोड़ रुपए कोविड से बचाव के लिए खर्च किए गए हैं जिसमें 2000 करोड़ रुपए वेंटीलेटर की खरीद पर, 1000 करोड़ रुपए प्रवासी मजदूरों पर और 100 करोड़ रुपए कोविड वैक्सीन अनुसंधान पर खर्च किए गए हैं। अखबार की रिपोर्ट में कहीं इसका जिक्र नहीं है कि पीएम केयर्स में अब तक कितने रुपए जमा किए गए हैं।

हार्वर्ड यूनिवर्सिटी की एक रिपोर्ट में दावा किया गया है कि चीन में कोविड संक्रमण अगस्त में शुरू हुआ। इस रिपोर्ट को चीन ने हास्यास्पद करार दिया है।

10 जून

तिरुअनंतपुरम के मेडिकल कॉलेज में बुधवार को दो रोगियों ने आत्महत्या कर ली। इंडियन एक्सप्रेस की खबर के अनुसार, तिरुअनंतपुरम के अनाडु अस्पताल में नर्सों ने सुबह एक रोगी को कोविड वार्ड में फंदे से लटका पाया। बताया जा रहा है कि 32 वर्षीय यह रोगी गत 31 मई को कोविड संक्रमित होकर अस्पताल में दाखिल हुआ था। वह अब स्वस्थ था और डिस्चार्ज किया जाने वाला था। बताया जा रहा है कि यह रोगी एल्कोहल विड्राल (शराब की लत का शिकार) का मरीज था।

बेंगलुरु महानगरपालिका ने 10 जून को बिना मास्क पाए गए लोगों से जुर्माने के तौर पर 69,400 रुपए वसूले।

11 जून

किसी अंजलि दमानिया ने ट्वीट कर यह जानकारी दी है कि बीएमसी (बृहनमुम्बई महानगर पालिका) ने वेदांत इनोटेक प्राइवेट लिमिटेड नाम की कंपनी को बॉडी बैग या शव को रखने का बैग खरीदने का टेंडर दिया है। इस कंपनी के निदेशक हैं सतीश और वेदांत कल्याणकर। इनका मुख्य धंधा मेटल कास्टिंग का है। बीएमसी इनको प्रति बॉडी बैग के लिए 6719 रुपए अदा कर रही है जबकि बाजार में बॉडी बैग की कीमत 250 से 1200 रुपए में उपलब्ध हैं।

गैर आधिकारिक सूत्रों के अनुसार, अब तक 304 मजदूरों की मौत लॉकडाउन के चलते हो गई है।

दिल्ली के दो अस्पतालों कस्तूरबा गांधी और बाड़ा हिंदूराव के डॉक्टरों और अन्य कर्मचारियों को पिछले तीन महीनों से वेतन नहीं मिला है। अब तंग आकर इन डॉक्टरों/स्वास्थ्य कर्मचारियों ने सामूहिक इस्तीफे की धमकी दी है।

उत्तर प्रदेश में प्रति दस लाख पर 1740 कोविड टैस्ट हो रहे हैं। दिल्ली सरकार का कहना है कि वह प्रति दस लाख पर 13,446 लोगों के टैस्ट करवा रही है। यह संख्या वैश्विक औसत से काफी कम है।

12 जून

दिल्ली सरकार ने शराब पर कोविड सेस की मदद से एक महीने में 220 करोड़ रुपए कमाए हैं।

दिल्ली के एक बड़े कॉर्पोरेट मैक्स हेल्थकेयर ने कोविड संक्रमित मरीजों के इलाज के लिए निम्न लिस्ट जारी की है।

कोविड संक्रमित रोगी के इलाज का शुल्क

तालिका 1 :

एक दिन का कोविड मैनेजमेंट पैकेज	शुल्क (रुपए में)
जनरल वार्ड का शुल्क	25,090/-
खिड़की के पास का बिस्तर	27,190/-
आइसोलेशन वार्ड	30,490/-
आईसीयू / वेंटिलेटर के साथ	72,550/-
आईसीयू/ बगैर वेंटिलेटर के	53,050/-

महामारी में इंसानियत-11

मुजीबुल्लाह की कहानी

लखनऊ के चारबाग रेलवे स्टेशन के 80 वर्षीय कुली मुजीबुल्लाह आजकल चर्चा में हैं। वह रोजाना छह किलोमीटर पैदल चलकर आते हैं और लखनऊ पहुँचे मजदूरों का सामान उठाकर ठिकाने तक पहुँचाते हैं। पैसे नहीं लेते। कहते हैं,

"जो खुद परेशान हैं उनसे पैसे क्या लेना?"

'बाबा नाम क्या है आपका?' सवाल पूछते ही चारबाग रेलवे स्टेशन पर बैठे बुजुर्ग तुरंत पूरे जोश के साथ जवाब देते हैं—'मुजिबुल्लाह।' इसके साथ ही वो अपने नाम की इंग्लिश स्पेलिंग भी बताते हैं—"एम.यू.जे. आई.बी.यू.एल.एल.एच. मुजिबुल्लाह"

'लॉकडाउन में वे चारबाग स्टेशन पर क्या कर रहे हैं?'

जवाब में तपाक से कहते हैं, "सेवा!"

वे अपनी ड्रेस की तरफ इशारा कर अंग्रेजी में कहते हैं, "कुली। आई एम कुली।"

फिर वो भारतीय रेलवे का दिया हुआ अपना आईकार्ड बढ़ाकर दिखाते हैं। लॉकडाउन के बाद लाखों प्रवासी उत्तर प्रदेश लौट आए हैं। चारबाग स्टेशन पर उनका सामान उठाते हुए मुजीबुल्लाह उनसे पैसे नहीं लेते। वो नि:शुल्क उनको सेवा दे रहे हैं। उनका कहना है कि, "मैं लोगों की फ्री सेवा कर रहा हूँ। मेरी उम्र अभी 80 साल है लेकिन अभी भी 50 किलो सामान अपने सिर पर उठा सकता हूँ।"

वह बताते हैं कि वे 1970 से इस स्टेशन पर कुली का काम रहे हैं। मुजिबुल्लाह बताते हैं , "जब मेरे पिता नहीं रहे तब मैंने यह काम सँभाला। ट्रेन से आए पैसेंजरों की सेवा करना मेरी ड्यूटी है।"

घर में उनकी बेटी, दामाद हैं जिनके पास वे रहते हैं। अंग्रेजी में वे कहते हैं, "नॉट सन वनली वन डाउटर। दो नाती हैं—एक नाइन्थ क्लास में पढ़ता है, दूसरा सेवंथ में पढ़ता है। एक छोटी नातिन है।" पत्नी के बारे में पूछे जाने पर मुजीबुल्लाह खुश होकर कहते हैं,

"वो मेरे ही पास रहती है और बहुत हैंडसम है।"

मुजीबुल्लाह बताते हैं, "छह किलोमीटर चलकर पैदल आता हूँ। लॉकडाउन में रोज वो पैदल चलकर चारबाग रेलवे स्टेशन आते-जाते हैं। उन्होंने कहा कि रेलवे स्टेशन पर भी वो दिन भर राउंड मारते रहते हैं। कहा कि आठ घंटे में मैं मीलों पैदल चलता हूँ।"

उम्र के बारे में पूछने पर बोले कि हूँ तो 80 से ऊपर, ये आईकार्ड देखिए...। मेरी उम्र 80 समझ लो, 75 समझ लो कि 90 समझ लो। इसके बाद वे अंग्रेजी में कहते हैं, "खुदा जब चाहेगा उसी वक्त इंसान फिनिश..."

प्रियंका गांधी ने उनको पत्र लिखा है। इस पत्र को रेलवे स्टेशन पर कांग्रेस कार्यकर्ताओं ने मुजीबुल्लाह को सौंपा। प्रियंका गांधी ने लिखा है कि,

"महामारी के खत्म होने के बाद जब इस दौर को याद किया जाएगा तो आपके योगदान को देश कृतज्ञता से याद करेगा।"

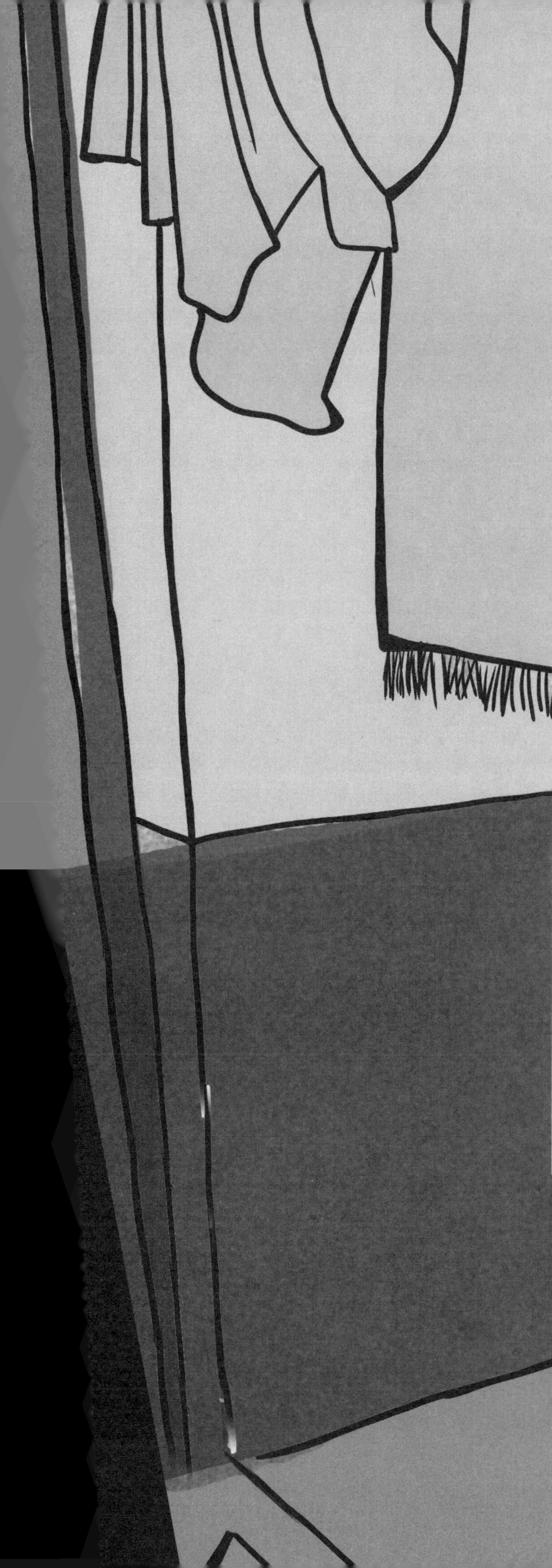

महामारी में इंसानियत-12

मैसूर की कमलम्मा

कोरोना महामारी में आम लोगों और खास तौर से प्रवासी मजदूरों की मदद के लिए बहुत से उद्योगपतियों और लोगों ने पैसे दान किए हैं पर मैसूर की कमलम्मा की कहानी इनसे हटकर है।

समाचार संस्था स्टार ऑफ मैसोर की रिपोर्ट के अनुसार, मैसूर के केजी कोप्पल इलाके के चेन्नीगरी कोप्पालू इलाके की निवासी 70 वर्षीय कमलम्मा घरों में बाई का काम करती थीं पर उम्र होने की वजह से और लॉकडाउन के चलते वह बेरोजगार हो गई थीं और 600 रुपए प्रति माह की पेंशन पर गुजारा करती थीं। हालाँकि उनके दो बेटे हैं लेकिन वह किसी पर आश्रित नहीं हैं पर लॉकडाउन के बाद उनकी मुश्किलें बढ़ गईं। उनकी परेशानी की खबर सुनकर इलाके के एक व्यक्ति महादेव, रोटरी हेरिटेज सोसायटी के पास उनकी मदद के लिए पहुँचे। यह क्लब स्थानीय लोगों में 'अन्नदान' योजना के अंतर्गत भोजन बाँटने का काम कर रहा है। महादेव के कहने पर कमलम्मा को भी रोज खाने का पैकेट पहुँचाया जाने लगा।

इसी क्लब के सदस्य डी.एन. रघुवेंद्रन 12 मई के अपने सोशल मीडिया पोस्ट में लिखते हैं, "आज जब हम रोज की तरह खाने का पैकेट बाँट रहे थे तब एक अधेड़ महिला क्लब में आईं। वह सकुचाई हुई खड़ी थीं। हमने सोचा कि उनको भी खाने का पैकेट चाहिए, इसलिए हमने उनकी ओर एक खाने का पैकेट बढ़ा दिया, लेकिन उन्होंने उसे लेने से मना कर दिया। फिर सकुचाते हुए अपने हाथों से 500 रुपए निकाल कर बोलीं, "मैं देख रही हूँ कि आप सब लोग पिछले कुछ दिनों से हमारे इलाके के जरूरतमंदों को खाना खिला रहे हो। मुझे लगा आपके इस काम में मुझे भी मदद करनी चाहिए। मुझे 600 रुपए महीने की पेंशन मिलती है। मैं उसी के 500 रुपए आपको देना चाहती हूँ। यह बहुत ज्यादा तो नहीं पर कृपया इसे रख लीजिए।"

हम कमलम्मा की इस पेशकश से हैरान रह गए। हम लज्जित भी थे कि हम उन्हें खाना माँगने आई कोई मजदूर समझ रहे थे। अब हम उन्हें टाटा, अंबानी से भी महान समझते हैं क्योंकि उन्होंने अपनी 600 रुपए प्रति माह की आमदनी के 500 रुपए हमें दे दिए। हम अभिभूत हैं।"

*** सभी दवाइयाँ जिनकी कीमत 75 रुपये से अधिक है उन्हें हाई वैल्यू मेडिसिन माना जाएगा और उसका शुल्क जोड़ा जाएगा।**

*** कोविड टैस्ट और दूसरे कोई टैस्ट इसमें शामिल नहीं हैं।**

*** इसमें एम्बुलेंस का शुल्क शामिल नहीं है।**

*** कोमोरबीडीटिज के इलाज का खर्च इसमें शामिल नहीं है।**

तालिका 2 :

एक दिन का कोविड मैनेजमेंट	**शुल्क (रुपए में)**
पीपीई वार्ड/सिंगल/एचडीयू/आईसीयू	3900/6000/6000/7900
सेन्ट्रल लाइन इन्सर्सन वार्ड/सिंगल/एचडीयू/आईसीयू	2550/2900/3700
ब्रोंकोस्कोपी	42,000
किमोपोर्ट इन्सर्सन	6750/-
कोविड टैस्ट	4500/-

उल्लेखनीय है कि कोविड संक्रमित व्यक्ति को कम से कम दो हफ्ते या चौदह दिनों के लिए अस्पताल में रखा जाता है। कितना बिल होता होगा यह आप खुद ही जोड़ लें।

कोविड के रोगियों के इलाज के लिए निजी अस्पताल रोजाना एक लाख रुपए तक की माँग कर रहे हैं। इसमें पीपीई और अन्य दवाओं के दाम शामिल नहीं हैं। दैनिक भास्कर की रिपोर्ट के अनुसार, इंदौर में कोराना के 14 दिनों के इलाज का खर्च सवा तीन लाख रुपए है। दिल्ली के एक निजी अस्पताल में 12 दिन का बिल 4.4 लाख आया जिसमें पीपीई के 1.06 लाख रुपए वसूले गए।

13 जून

हमारे संस्थान के स्टाफ रिपोर्टर कुंदन ने खबर दी है कि दिल्ली/देशभर में कोविड के लिए नए श्मशान घाट बनाए जा रहे हैं पर कोविड से मरने वालों को जलाने के पुख्ता इंफ्रास्ट्रक्चर के अभाव में शवों को तीन-तीन दिन का 'वेटिंग-टाइम' दिया जा रहा है। मुहल्ले के एक पड़ोसी ने जानकारी दी है कि हमारे इलाके के गाजीपुर श्मशान घाट को कोविड से मरे लोगों के दाह संस्कार के लिए घोषित कर दिया गया है।

कोविड-19 के इलाज के नाम पर निजी अस्पतालों की लूट-खसोट पर लगाम कसने के लिए पंजाब सरकार ने जल्द ही एक फिक्स चार्ज तय करने की घोषणा की है। पंजाब सरकार ने यह भी कहा है कि कोई निजी अस्पताल अगर ऐसा नहीं करता है तो सस्ते में उपलब्ध करवाई जमीन उससे सरकार वापस ले लेगी।

उत्तराखंड सरकार ने सार्वजनिक इलाकों में मास्क न पहनने पर 5000 रुपए का जुर्माना या छह महीने के कारावास के दंड की घोषणा की है।

मुंबई में कोविड के अब तक 5600 केसेज आ चुके हैं। एक ओर जहाँ कोविड के केस बढ़ रहे हैं वहीं पर दूसरी ओर अस्पतालों में बिस्तर, ऑक्सीजन की कमी पड़ती जा रही है। महाराष्ट्र सरकार ने निजी अस्पतालों/टैस्ट लैब में कोविड-19 टैस्ट का मूल्य 4,500 से घटाकर 2,200 करने का आदेश दिया है।

नीति आयोग के प्रमुख अमिताभ कान्त ने जानकारी दी है कि देश के 15 शहरों में अभी देश के कोविड संक्रमित लोगों के 63 फीसदी रोगी हैं।

चिकित्सकों ने किसी व्यक्ति में अचानक 'स्वाद' या 'गंध' की संवेदना खत्म होने को कोविड के एक साइड इफेक्ट के रूप में चिह्नित किया है।

मंदिर में कान्टेक्टलेस घंटे

खबर संस्था एएनआई की रिपोर्ट के अनुसार, नाहरू खान नामक एक व्यक्ति ने एक ऐसी विधि विकसित की है जिसमें किसी मंदिर के घंटे को बजाने के लिए किसी को उसे छूने की जरूरत नहीं पड़ती। इस घंटे को मंदसौर (मध्य प्रदेश) के पशुपतिनाथ मंदिर में लगाया गया है। इस घंटे में एक सेंसर लगा है जिससे इसके पास जाने पर यह बजने लगता है और उसे छूने की जरूरत नहीं पड़ती।

कोरोना से सबसे ज्यादा मरनेवालों में ब्राजील दुनिया का दूसरा देश बन गया है।

रेलवे प्रोटेक्शन फोर्स, पुणे यात्रियों की स्क्रीनिंग और असामाजिक तत्वों की पहचान के लिए 'अर्जुन' नामक रोबोट की मदद ले रही है।

भारत में कोविड के रोगियों की संख्या पहली बार तीन लाख के आँकड़े को पार कर गई। महाराष्ट्र में सबसे ज्यादा एक लाख से अधिक कोविड के रोगी हैं। दूसरे नंबर पर 40,698 केस के साथ तमिलनाडु है।

14 जून

गृहमंत्री अमित शाह ने 'संदिग्ध कोरोना' से मरे लोगों के शवों को बगैर पोस्टमॉर्टम के उनके परिजनों को सौंपने का आदेश दिया है।

अमेरिका के सिएटल निवासी 70 वर्षीय माइकल फ्लोर कोविड-19 से बुरी तरह पीड़ित थे। उनकी हालत इतनी खराब हो गई थी कि उनके घरवाले उन्हें आखिरी बार टाटा करने आए थे पर माइकल फ्लोर कोरोना की जंग जीत गए। वह बच गए और स्वस्थ भी हो गए।

इसके बाद बारी थी उनके इलाज पर हुए खर्च की। अस्पताल ने उनके इलाज के बाबत 1 मिलियन डॉलर (लगभग 8.14 करोड़ रुपए) का बिल थमा दिया। माइकल फ्लोर ने स्वीडिश अस्पताल में इलाज के लिए कुल 62 दिन बिताए। यह भी अपने-आप में एक रिकॉर्ड है।

ओडिशा में विभिन्न राज्यों से कुल 5,43,905 प्रवासी मजदूर कोविड लॉकडाउन में वापस लौटे हैं। यह जानकारी ओडिशा सरकार के एक अधिकारी ने दी है।

मोहल्ले की खबर

कल जब मैथ्यू का पोस्ट देखा कि उनकी पत्नी जोसी दीदी जो पेशे से नर्स हैं, को कोविड हुआ है तब सोसाइटी के वट्सएप ग्रुप पर एक पोस्ट लिखी कि सारे पॉकेट-3 के लोगों के लिए यह वक्त है साथ रहने का, साथ ही लिखा कि क्यों न सोसाइटी में कोरोना संक्रमित परिवार की देखरेख के लिए वालंटियर बनाए जाएँ।

आज सुबह लोगों की पोस्ट का तांता लगा था। आखिर में कहना पड़ा कि अब हमें और वालंटियर नहीं चाहिए। मैथ्यू की बीवी जोसी दीदी हमारे कल्पना अपार्टमेंट की पहली कोविड रोगी हैं। लोगों की पोस्ट से यह तो पता लग रहा है कि दिल्ली में देश के दूसरे इलाकों की तरह किसी कोविड रोगी/परिवार को छुआछूत का सामना नहीं करना पड़ेगा। अब तक पॉकेट-6 में तीन, पॉकेट-5 में दो, पॉकेट-2+4 में चार-चार और हमारे पॉकेट-3 में एक कोविड रोगी है। एक डिसइंफेक्टेंट चैंबर बनाने की सोच रहा हूँ। बाजार में सारा सामान मिल गया।

भारत में नवंबर मध्य तक कोविड के पीक पर पहुँचने की संभावना जताई जा रही है। जून में ही देश में आईसीयू/वेंटीलेटर के लिए मारामारी हो रही है। नवंबर तक जाने क्या होगा!

दिल्ली सरकार ने 40 होटल और 30 बेंक्वेट हाल को कोविड-19 के उपचार केंद्र में बदलने का फैसला किया है।

15 जून

नेपाल में कोविड के बढ़ते संक्रमण को देखते हुए आम जनता सरकार की नाकामयाबी पर सड़कों पर उतर आई। नेपाल सरकार ने इस प्रतिरोध के खिलाफ कुल पाँच विदेशियों को देश से डिपोर्ट करने का फैसला किया है।

दवा की दुकानों, सब्जीवाले, दूध की बिक्री पर से सरकार ने प्रतिबन्ध हटा लिया है।

16 जून

दिल्ली के मुख्यमंत्री अरविंद केजरीवाल ने अस्पतालों में उपलब्ध बिस्तरों की जानकारी देने के लिए 'दिल्ली कोरोना' ऐप का उद्घाटन किया।

दिल्ली के ताज मानसिंह होटल ने कोविड फेसिलिटी उपलब्ध करवाई है।

चीन की राजधानी बीजिंग में कोविड के नए मामले आने से बीजिंग को 'नो-गो-जोन' घोषित किया गया है।

18 जून

भारत में कोविड मरीजों की संख्या 3.66 लाख के पार। पिछले 24 घंटों में देश में 12,000 नए रोगियों की शिनाख्त की गई।

मुम्बई के धारावी में कोविड मामलों की संख्या बढ़कर 2134 पहुँची।

म्याँमार के एक नाई ने कोविड के डर के चलते ग्राहक खोने से बचने का एक नायाब तरीका ढूँढ़ निकाला है। इस नाई ने अपनी दुकान को एक ट्रक में शिफ्ट कर दिया है और घर-घर जाकर लोगों की हजामत/बाल काटने का काम कर रहा है।

कोविड और व्यवसाय

कोविड ने उद्योगपतियों को अपने अब तक के व्यवसाय पर पुनर्विचार के लिए बाध्य कर दिया है। टाइम्स ऑफ इंडिया की खबर के अनुसार, मोहाली की एक कॉस्मेटिक प्रोडक्ट बनाने वाली कंपनी अब हैंड सैनिटाइजर बना रही है। नगालैंड की हस्तशिल्प बनाने वाली कंपनी मास्क बना रही है। इसी तरह गुड़गाँव के एक गारमेंट एक्सपोर्टर ने पीपीई सूट बनाना शुरू कर दिया है। गुजरात के वापी की एक पेपर कंपनी ने कार्डबोर्ड बैड बनाने का काम शुरू किया है। खबर आगे बताती है कि मार्केट रिसर्च कंपनी नीलसन के आँकड़ों के अनुसार, पिछले कुछ एक महीनों में करीब 160 नई कंपनियों ने हैंड सैनिटाइजर बनाने का काम शुरू किया है।

मनजीत सिंह कलसी का लिफ्ट और एलिवेटर का काम था। लॉकडाउन के चलते काम ठप हो गया। अब वह टूल ऑपरेटिड हैंड सैनिटाइजर डिस्पेंसर बना रहे हैं।

MHXXII0266

महामारी में इंसानियत-13

अक्षय कोठवले की कहानी

महाराष्ट्र के पुणे में अपनी शादी के लिए बचाए पैसों को एक ऑटो वाले ने प्रवासी मजदूरों को खाना खिलाने पर खर्च कर दिया। इस ऑटो रिक्शा वाले का नाम अक्षय कोठवले है। तीस साल के अक्षय ने अपनी शादी के लिए दो लाख रुपए इकट्ठा किए थे। उनकी शादी 25 मई को होनी थी जो लॉकडाउन के चलते स्थगित हो गई। उन्होंने अपने कुछ दोस्तों के साथ रसोई स्थापित की और लोगों को खाना खिलाने में जुट गए।

अक्षय कोठवले जरूरतमंदों को खाना बाँटने के अलावा वरिष्ठ नागरिकों, गर्भवती महिलाओं और डॉक्टरों को मुफ्त में अपने ऑटोरिक्शा से पहुँचाते हैं।

राष्ट्रीय राजधानी में बढ़ते कोविड मामलों को देखते हुए केजरीवाल सरकार ने दक्षिण दिल्ली स्थित राधास्वामी सत्संग स्प्रिचुअल सेंटर को क्वारंटाइन सेंटर में बदलने का निर्णय लिया है। 20 फुटबाल मैदान के आकार के इस स्थान में 10,000 बिस्तरों वाला यह दुनिया का सबसे बड़ा क्वारंटाइन सेंटर बनेगा। इसमें सारे बैड कार्डबोर्ड के बने होंगे जो न केवल हल्के और टिकाऊ हैं बल्कि धवन बॉक्स के विक्रम धवन के अनुसार, ये सुरक्षित भी हैं। विक्रम का कहना है कि मेटल/लकड़ी में वायरस चार-पाँच दिन तक जीवित रहता है जबकि कार्ड बोर्ड पर यह 24 घंटे भी नहीं टिकता।

सऊदी अरब ने इस वर्ष हज यात्रा को बहुत छोटी मात्रा में करने या इसको स्थगित करने का फैसला किया है। ऐसा आधुनिक इतिहास में पहली बार हो रहा है। पिछले साल दुनियाभर से लगभग 25 लाख लोग हज के लिए सऊदी अरब गए थे।

घटना मध्य प्रदेश के इंदौर की है। धर्मेंद्र निराले शादी के जोड़े में अपने दोस्तों के साथ बैठे थे पर उन्होंने चेहरे पर मास्क नहीं लगाया था, इसलिए महानगरपालिका ने उन पर 21,000 रुपए का जुर्माना लगा दिया।

एनडीटीवी की रिपोर्ट है कि हावड़ा (पश्चिम बंगाल) के रहने वाले सुप्रियो बन्धोपाध्याय कोविड-19 के रोगियों की देखरेख करते थे। पिछले 3 जून को उनकी शादी थी। शादी के दूसरे ही दिन उनको कोविड संक्रमित पाया गया और फूलेश्वर के जिला अस्पताल में क्वारंटाइन में भेज दिया गया। उनकी नई-नवेली दुल्हन को उनसे मिलने अस्पताल जाना पड़ा।

तमिलनाडु में 12 दिनों की तालाबन्दी के बाद 'अम्मा कैंटीन' की सेवाएँ फिर से शुरू की जा रही हैं।

कोविड को देखते हुए सुप्रीम कोर्ट ने इस वर्ष जगन्नाथ की रथयात्रा को स्थगित करने का फैसला सुनाया है। इस मसले पर सुनवाई करते हुए भारत के मुख्य न्यायाधीश जस्टिस बोबडे ने कहा, "अगर हम रथयात्रा को जारी रखते हैं तो भगवान जगन्नाथ हमें माफ नहीं करेंगे।"

19 जून

सविता पाठक के फेसबुक पोस्ट से यह लेख लिया गया है। रेल के डिब्बे को क्वारंटाइन सेंटर में बदलने की सरकार की योजना की खबर मार्च से ही आनी शुरू हो गई थी। 26 मार्च के इंडियन एक्सप्रेस में ऐरम सिद्दीकी की रिपोर्ट छपी है कि भारतीय रेलवे ट्रेन कोच को क्वारंटाइन के लिए तब्दील करने की योजना बना रहा है। अपनी योजना पर काम करते हुए रेलवे ने यात्री ट्रेन के डिब्बों को क्वारंटाइन/आइसोलेशन वार्ड में तब्दील किया। पर यह तसवीर का महज एक पहलू है। इसका दूसरा पहलू बिलकुल अलग है। इससे जुड़ी खबरें मुख्यधारा की मीडिया से गायब हैं। यह खबर फेसबुक से ली गई है।

डिब्बा है डिब्बा

"रेल के डिब्बे में क्वारंटाइन होने के खयाल से मेरी रूह काँप जाती है। जिसने स्लीपर और जनरल डिब्बे में गर्मियों में सफर नहीं किया वही इसकी प्रशंसा कर सकता है। गर्मी का मौसम अपने उफान पर है। मुझे याद है कि अगर थोड़ी देर के लिए भी गाड़ी देर तक रुक जाती है तो यात्रियों की कैसी हालत हो जाती है। चलती ट्रेन में फिर भी राहत होती है इसलिए खिड़कियों को लेकर मारामारी होती है। डॉक्टर और नर्स के लिए एसी डिब्बे हैं, बाकी मरीज सामान्य डिब्बों में रहेंगे। बुखार में तप रहे मरीजों को ऐसे क्वारंटाइन से कितनी मदद मिलेगी यह तो वह आदमी ही बता सकता है जिसकी दुनिया एसी से बाहर ही है।.."

20 जून

कल सुप्रीम कोर्ट की तीन सदस्यीय एक बेंच ने पुरी की वार्षिक रथयात्रा पर इस वर्ष प्रतिबंध लगा दिया था। मंदिर प्रबंधन के प्रमुख ने कोर्ट से इस फैसले पर पुनर्विचार का आग्रह किया है।

औरंगाबाद, महाराष्ट्र के पानवालों ने सरकार से अनुरोध किया है कि उन्हें दुकान खोलने की अनुमति मिले। उनका कहना है कि अब वह दुकान बन्द नहीं रख सकते। जिले में कुल 7500 पान की दुकानें हैं। 'पान विक्रेता संघ' के चेयरमैन सर्फुद्दीन सिद्दीकी ने बताया कि इस लॉकडाउन ने पान की दुकान वालों की कमर तोड़ दी है।

21 जून

मुम्बई से दरभंगा पहुँची प्रवासी महिला ने अपने नवजात बच्चे का नाम "सोनू सूद" रखा।

एक खबर के अनुसार दिल्ली में हर तीसरा व्यक्ति कोविड से संक्रमित बताया जा रहा है। दूसरी ओर भारत में एक ओर कोविड के मामलों में बेतहाशा वृद्धि हो रही है वहीं दूसरी ओर खबरों से, यहाँ तक कि फेसबुक से भी कोविड गायब होता जा रहा है। अब कोविड अपडेट के नाम पर लोगों की परेशानियों पर खबरें यदा-कदा ही मिल रही हैं। यह चिंताजनक है, हताशा उत्पन्न करता है। अखबारों की तरह सोशल मीडिया भी अब चीन-भारत युद्ध पर ज्यादा उत्साहित है।

22 जून

सुप्रीम कोर्ट ने अभी कुछ दिनों पहले ही पुरी के वार्षिक रथयात्रा समारोह पर प्रतिबंध लगा दिया था पर आज उसने अपने फैसले में बदलाव करते हुए रथयात्रा को 'कुछ शर्तों' के साथ निकालने की अनुमति दे दी है। सुप्रीम कोर्ट ने अपने नए आदेश में पुरी शहर में रथयात्रा के दौरान 'कर्फ्यू' लगाने के आदेश दिए हैं।

हर अखबार की तरह टाइम्स ऑफ इंडिया भी कोविड अपडेट इंफोग्राफिक प्रकाशित करता है। दिलचस्प है कि उसके इस इंफोग्राफ में स्टार्टेड फ्रॉम वुहान चाइना (चीन के वुहान से शुरू) जरूर होता है। क्या यह जानबूझकर किया जाता है?

राष्ट्रीय मानवाधिकार आयोग (एनएचआरसी) ने उत्तर प्रदेश के कानपुर स्थित शेल्टर होम में 57 नाबालिग बच्चियों के कोविड पॉजिटिव पाए जाने पर उत्तर प्रदेश सरकार को नोटिस जारी किया।

विश्व में कोविड के रोगियों की संख्या पहली बार 90 लाख के पार। अब तक 4.6 लाख लोगों की इस रोग से मौत हो चुकी है। कोविड मामलों की सही संख्या के बारे में कोई भी आधिकारिक रूप से नहीं कह रहा है। मामलों की कुल संख्या को लेकर अलग-अलग सूत्र अलग-अलग आँकड़े दे रहे हैं।

दिल्ली सरकार ने कोविड से पीड़ित उन रोगियों, जो होम क्वारंटाइन में हैं, को उनके घरों पर ऑक्सीजन-कंसनट्रेटर्स उपलब्ध कराने की घोषणा की है। यह जानकारी मुख्यमंत्री अरविंद केजरीवाल ने दी।

कोविड और ऊँट

आज विश्व ऊँट दिवस है। सदियों से ऊँट विश्व के कई हिस्सों के जनजीवन में अहम भूमिका निभाते रहे हैं पर कोविड के प्रभाव से वह भी नहीं बचे।

डाउन टू अर्थ में आशीष सेनापति की रिपोर्ट बताती है कि ओडिशा में ऊँट पर्यटन में एक खास स्थान रखते आए हैं। समुद्र तटों पर ऊँट की सवारी लोकप्रिय मनोरंजन रहा है पर कोविड लॉकडाउन से एक ओर पर्यटन उद्योग पर बुरा प्रभाव पड़ा वहीं ऊँटों की माँग भी घट गई। ओडिशा के प्रसिद्ध तटवर्ती पर्यटनस्थलों जैसे पुरी, पाराद्वीप में आज ऊँटों की हालत इतनी खराब हो गई है कि उनके मालिकों ने उन्हें आवारा छोड़ दिया है।

23 जून

लाला रामदेव ने कोविड की दवा के रूप में कोरोनिल बाजार में उतारी है। दाम रखा है 545 रुपए। दिलचस्प है कि भारत सरकार के आयुष मंत्रालय और आईसीएमआर ने इससे अपना पल्ला झाड़ लिया है।

ब्राजील के फेडरल जज ने राष्ट्रपति जेयर बोल्सोनारो को देश की राजधानी में कहीं जाने पर मास्क लगाने का आदेश दिया है। अल जजीरा की रिपोर्ट के अनुसार, ब्राजीलिया शहर में कई जगहों पर राष्ट्रपति बोल्सोनारो को बगैर मास्क लगाए देखे जाने के बाद कोर्ट ने यह आदेश दिया है।

यूनिसेफ की एक रिपोर्ट बता रही है कि कोविड महामारी और विश्वव्यापी लॉकडाउन ने दक्षिण एशिया में 1.20 करोड़ बच्चों को गरीबी में धकेला दिया है।

श्रीनिवास ने खबर दी है कि 'द हिंदू' अखबार समूह ने 100 लोगों को नौकरी से निकाल दिया है। टाइम्स ऑफ इंडिया अब तक सैकड़ों लोगों को नौकरी से हटा चुका है।

24 जून

जॉन हॉपकिंस यूनिवर्सिटी के अनुसार, विश्वभर में अब तक 90 लाख लोग संक्रमित हुए हैं और लगभग 47 लाख लोगों की जान गई है।

कोविड के संक्रमण को रोकने के लिए चीन के कुछ रेस्तराँ में रोबोट द्वारा वेटर का काम लिया जा रहा है।

दक्षिण अमेरिकी देशों में अब तक कोविड से दो लाख लोगों की जान गई है। रूस में कोरोना संक्रमित लोगों की संख्या छह लाख के पार पहुँच चुकी है।

झारखंड में युवाओं की आत्महत्या में तेजी

झारखंड में धनबाद और कोयलांचल में पिछले 82 दिनों में 101 लोगों द्वारा आत्महत्या की खबर है। वर्कर्स यूनिटी के फेसबुक पेज पर प्रकाशित खबर के अनुसार, धनबाद, बोकारो, गिरीडीह में प्रतिदिन एक से ज्यादा व्यक्ति आत्महत्या कर रहे हैं। इनमें युवाओं की संख्या सबसे अधिक है। कोविड के चलते 24 मार्च को देशव्यापी लॉकडाउन घोषित कर दिया गया था। 70 दिन बाद लॉकडाउन हटा पर इसी के बाद आत्महत्याओं की घटनाओं में तेजी आ गई। 70 दिनों तक घर में खाली बैठने से सारी जमापूँजी खत्म हो गई। इससे कई लोगों ने सपरिवार आत्महत्या कर ली। अखबारों की खबरों के मुताबिक जोड़ापोखर के बरारी इलाके में रहने वाले शहादत इराकी ने पहले अपनी बीवी बेगम परवीन को मार डाला फिर 13 माह की बेटी खुशबू को और फिर खुद आत्महत्या कर ली। कुछ इसी तरह की घटना बनियाहीर में हुई जहाँ रेशमा खातून ने फाँसी लगाकर आत्महत्या कर ली।

25 जून

कोविड के कुल मामलों के आधार पर भारत चौथे पायदान पर है पर आज के नए मामलों के आधार पर भारत विश्व में पहले स्थान पर पहुँच चुका है। उल्लेखनीय है कि भारत में आज भी प्रति दस हजार आबादी में टैस्ट विश्व में सबसे कम हैं। भारत में टैस्ट नाममात्र को हो रहे हैं। दूसरे शब्दों में कहें तो तथ्यों को छुपाया जा रहा है।

देश में रेल सेवा 12 अगस्त तक के लिए स्थगित कर दी गई है।

26 जून

हरियाणा ने प्राइवेट अस्पतालों में कोविड के इलाज का खर्च 15,000 रुपए प्रति दिन तय कर दिया है।

कर्नाटक के एक अस्पताल में 99 वर्षीय महिला को पिछले शुक्रवार को कोविड के चलते भर्ती किया गया था। मर्सिलीन सलदाना नामक इस महिला को आज अस्पताल से डिस्चार्ज कर दिया गया।

27 जून

यह जानना दिलचस्प होगा कि किस देश में कोविड रोगियों की संख्या आज के दिन सबसे कम है? वर्ल्डोमीटर वेबसाइट में जारी आँकड़ों के अनुसार, कोविड की सूची में 215वें और आखिरी पायदान पर स्थित सेंट पियेर मिक्वेलोन में कुल एक रोगी था जो अब स्वस्थ हो चुका है। लगभग छह हजार की आबादी वाला सेंट पियेर मिक्वेलोन न्यूफाउलैंड के पास स्थित छोटा सा द्वीप है।

कोविड पीड़ित की लाश को अर्थमूवर की मदद से ले जाया गया

आंध्र प्रदेश के श्रीकाकुलम जिले के पलासा शहर में एक कोविड पीड़ित की लाश को अर्थमूवर में लाद कर श्मशान घाट ले जाने का वीडियो सामने आया है। 72 वर्षीय यह व्यक्ति म्युनिसिपैलिटी में कोविड के रोगियों को घर-घर जाकर देखने का काम करता था। इसी में वह खुद कोविड से संक्रमित हो गया और उसकी मौत हो गई। उसके घरवालों ने जब इसकी जानकारी म्युनिसिपैलिटी को दी तब एक अर्थमूवर की मदद से उनके शव को श्मशान घाट ले जाया गया। उल्लेखनीय है कि बीते 24 जून को सोमपेटा शहर में कोविड से मरी एक महिला की लाश को ट्रैक्टर से श्मशान घाट ले जाने की घटना सामने आई थी।

माइक्रोसॉफ्ट ने न्यूयॉर्क, सिडनी और लंदन जैसी कुल चार जगहों के अलावा विश्वभर में अपने सभी स्टोर को बन्द करने का फैसला किया है। इस तरह वह अपने 80 से ज्यादा रिटेल स्टोर को बन्द कर रही है। कंपनी द्वारा जारी एक प्रेस विज्ञप्ति में कहा गया है कि अब कंपनी पूरी तरह ऑनलाइन से ऑपरेट करेगी।

स्पेन की राजधानी मैड्रिड में कोविड और इससे मुकाबला कर रहे स्वास्थ्यकर्मियों के प्रति आभार व्यक्त करने का अनूठा तरीका ढूँढ़ा गया। कुल 40 ड्रोन और एलईडी के द्वारा आसमान में कई आकृतियाँ बनाई गईं और होप लिखा गया।

28 जून

मुम्बई के अस्पतालों में चिकित्सकों द्वारा कोविड के लक्षण वाले बच्चों में कावासाकी रोग के लक्षण पाए गए हैं। यह एक अजीब रोग है जिसके बारे में ज्यादा कुछ नहीं पता है। यह मुख्यत: पाँच वर्ष से कम उम्र के बच्चों में होता है। इसमें तेज बुखार होता है और खून की धमनियों में सूजन आ जाती है।

चीन में कोविड का दूसरी बार प्रकोप। बीजिंग शहर में फिर लॉकडाउन।

मुम्बई में लॉकडाउन के बाद आज पहली बार सैलून खोले गए।

29 जून

महामारी में इंसानियत-14

सुशीला और मेहरुन्निसा की कहानी

मेहरुन्निसा अपने चार महीने के बच्चे के साथ श्रमिक स्पेशल ट्रेन से गोरखपुर जा रही थीं। रांची के पास ट्रेन जब हटिया स्टेशन पहुँची तब उनके पास खाना खत्म हो चुका था। भूखे बच्चे को खिलाने के लिए भी कुछ नहीं था। मेहरुन्निसा ने ड्यूटी पर तैनात आरपीएफ अफसर सुशीला बड़ाइक से अनुरोध किया कि वह बच्चे के लिए दूध का इंतजाम कर दे। सुशीला जी ने पहले आसपास की दूध की दुकानों पर तलाश किया पर सभी दुकानें बन्द थीं। इस पर उन्होंने अपनी स्कूटी उठाई और घर जाकर दूध उबाला और बोतल में दूध लेकर मेहरुन्निसा को दिया।

कोविड में चिकित्सकों और स्वास्थ्य कर्मचारियों के योगदान को सम्मान जताते हुए ममता बनर्जी ने 1 जुलाई यानी इंटरनेशनल डॉक्टर्स-डे के दिन राज्य में अवकाश की घोषणा की है।

ओडिशा में क्वारंटाइन में रखे गए लोगों को क्वारंटाइन की अवधि खत्म होने पर राज्य सरकार द्वारा दो हजार रुपए दिए जा रहे हैं।

30 जून

दिल्ली में कंटेनमेंट जोन की संख्या बढ़कर 470 के पार।

विश्वभर में लगभग एक लाख के करीब नए केस आए। अब तक कोविड से विश्वभर में 5,05,652 लोगों की मौत हो चुकी है।

चीन के शोधकर्ताओं ने आगाह करते हुए कहा है कि चीन में सुअर में होने वाले इनफ्लूएंजा के नए वायरस का पता चला है जो इतना खतरनाक है कि इससे ग्लोबल पैनडेमिक (वैश्विक महामारी) होने का खतरा है। हालाँकि इससे अभी कोई खास खतरा नहीं है पर यह कभी भी कहर बनकर टूट सकता है।

इंटरनेशनल लेबर ऑर्गेनाइजेशन (अंतरराष्ट्रीय श्रम संगठन) के आँकड़ों के अनुसार, कोविड लॉकडाउन/महामारी के चलते दुनियाभर में करीब 40 करोड़ लोगों की नौकरियाँ जा चुकी हैं।

एयर फ्रांस अपने 6500 कर्मचारियों को निकालने की योजना पर काम कर रही है।

आठ राज्य सरकारों ने सुप्रीम कोर्ट में प्राइवेट स्कूलों की फीस के मामले पर याचिका दायर की है। उनका कहना है कि ऑनलाइन क्लासेज को देखते हुए स्कूलों को पूरी फीस नहीं लेनी चाहिए।

कर्नाटक के टुमकुर जिले के गोलाराहट्टी तालुक के गोडेकेरे गाँव में लोगों ने एक गड़रिये को कोविड होने पर उसकी 50 से अधिक भेड़ों और बकरियों को क्वारंटाइन कर दिया। उन्हें अलग रखा जा रहा है। इलाके के पशु चिकित्सकों ने जानकारी दी है कि कुछ भेड़ों/बकरियों में साँस की तकलीफ देखकर यह कदम उठाया गया है।

01 जुलाई

कोलंबिया के मेयर कार्लोस हिगिन्स की कहानी

दुनिया भर में नेताओं को कोविड के नियमों को तोड़ने के लिए आलोचना का शिकार होना पड़ रहा है वहीं कोलंबिया के मेयर ने कोविड के नियम तोड़ने वाले अपने रिश्तेदारों के खिलाफ कड़ा कदम उठाया है। बीबीसी की रिपोर्ट के अनुसार, कोलंबिया के कस्बे युआन दी अकोस्टा के मेयर कार्लोस हिगिन्स विलायुएवा को जब पता चला कि उनके बेटे और भतीजे एक घर में बैठकर शराब पी रहे हैं तो वह खुद उनको गाड़ी में बिठाकर पुलिस स्टेशन छोड़ आए। एक रेडियो इंटरव्यू में उन्होंने कहा, "मैं नहीं चाहता कि कुछ ड्रिंक्स के लिए मेरे कस्बे के लोगों की जान खतरे में डाली जाए।" इस कदम से मेयर की बहुत तारीफ हो रही है।

कोविड के चलते दुनिया भर में स्कूल बन्द करने पड़े और इससे बच्चों की पढ़ाई पर बुरा असर पड़ा है। ऑनलाइन ने एक नया विकल्प दिया है पर गरीब बच्चों और पिछड़े इलाके के बच्चों को इससे खास मदद नहीं मिली। इस बीच लागोस की सरकार बच्चों की घर में पढ़ाई के लिए दस हजार रेडियो सेट बाँटने जा रही है। लागोस के गवर्नर की पत्नी जोक सानवो-ओलू ने ट्वीट कर जानकारी दी है कि उन्हें चंदे में रेडियो मिले हैं।

02 जुलाई

भारत बायोटेक इंडिया लिमिटेड (बीबीआईएल) द्वारा विकसित कोविड की वैक्सीन, कोवैक्सिन मानव परीक्षण के लिए तैयार है। इसे आईसीएमआर और नेशनल इंस्टीट्यूट ऑफ वायरोलॉजी की देखरेख में विकसित किया गया है।

बृहन मुम्बई कॉरपोरेशन (बीएमसी) ने सांताक्रूज स्थित एक सुपर स्पेशलिटी निजी अस्पताल के खिलाफ एक कोविड मरीज से ज्यादा पैसे वसूलने के आरोप में एफआईआर दर्ज कराई है। (मजे की बात यह है कि इंडिया टुडे की वेबसाइट में प्रकाशित इस खबर में इस अस्पताल का नाम नहीं है। नवभारत टाइम्स ने अपनी खबर में इस अस्पताल के नाम का उल्लेख किया है। अस्पताल का नाम है नानावटी अस्पताल।

ब्राजील में कोविड-19 से मरने वालों की संख्या 60,000 के पार।

दिल्ली में कोविड रोगियों की संख्या 92,000 के पार।

03 जुलाई

देश में आज 22,336 नए कोविड मामलों की पुष्टि हुई है जो अपने-आप में एक रिकॉर्ड है।

भारत बायोटेक लिमिटेड द्वारा विकसित भारत की पहली कोविड वैक्सीन पर राजनीति शुरू हो गई है। बताया जा रहा है कि सरकार चाहती है कि 15 अगस्त को इसका लोकार्पण हो यानी वैक्सीन को तमाम परीक्षणों के लिए महज 40 दिन दिए जा रहे हैं। विश्व के बाकी देशों में यह अवधि 7 से 12 महीने की है। आईसीएमआर ने कहा है कि 15 अगस्त तक इस वैक्सीन का बनना नामुमकिन है।

कोविड और दैवीय शक्ति

कोरोना देवी

हम देवी-देवताओं पर जरूरत से ज्यादा भरोसा करते हैं। ऐसे में कोरोना में भला देवी-देवता का जिक्र न हो, उनकी मदद के बिना इस महामारी से कैसे मुक्ति मिल सकती है?

यह बात केवल भारत पर ही नहीं विश्वभर में लागू होती है। मसलन, रोम में 541-549 ईसवी के जस्टीनियन प्लेग, जिससे विश्वभर में ढाई से दस करोड़ तक लोगों की जान गई, के वक्त कॉन्टेजियन-गॉडेस अवतरित हुईं। दिलचस्प यह भी है कि दुनिया भले ही सभ्यता के आदिकाल से पुरुष-शासित रही है पर जब मामला किसी रोग/महामारी का आता है, तो अचानक एक महिला का अवतार होता है। मसलन, जस्टीनियन प्लेग में 'देवी कॉन्टेजियन' थीं तो चेचक में माँ 'शीतला', हैजे के लिए माँ 'ओलाओठा' हैं।

यह कोई षड्यंत्र है या स्वाभाविक प्रवृत्ति?

खैर! इस बार भी कोरोना एक देवी के रूप में आई हैं जिसकी पूजा बिहार-झारखंड में विधिवत रूप से की जा रही है। 19वीं शताब्दी के ब्रिटिश दस्तावेजों के अनुसार, बेंगलुरु और उसके आसपास के इलाके में प्लेग के दौरान 'प्लेग अम्मा' देवी की उत्पत्ति हुई थी।

इन दिनों तमिलनाडु के कुछ शहरों में महिलाओं द्वारा 'मरिअम्मन देवी' के रूप में लोगों को मास्क पहनने और कोरोना के प्रति जागरूकता फैलाने का काम लिया जा रहा है। देवी मरिअम्मन का नाम तमिल शब्द 'मरी' से आया बताया जाता है, इसका अर्थ 'चेचक' और 'बदलाव' से जुड़ा है। अकसर देवी मरिअम्मन को 'माँ शीतला' का 'दक्षिण भारतीय एडिशन' माना जाता है। उल्लेखनीय है कि माँ शीतला की भारत के पूर्वी राज्यों जैसे पश्चिम बंगाल में चेचक की देवी के रूप में आज भी पूजा होती है। माँ 'शीतला' का अर्थ है 'बुखार' में शीतलता या ठंडक प्रदान करने वाली देवी।

दिलचस्प है कि इनकी पूजा समाज के निचले तबके के लोग करते हैं, जो आज भी स्वास्थ्य सेवाओं से कोसों दूर हैं। ठीक इतनी ही दूरी इन 'देवियों' की दुर्गा, काली, लक्ष्मी, सरस्वती जैसी देवियों से है। शीतला/मरिअम्मन जैसी देवियों को आज भी दुर्गा का स्थान नहीं मिला। दुर्गा को 'शेर' मिला, शीतला को 'गधा'।

एक ओर जहाँ पूरा विश्व कोविड-19 से लड़ने के लिए दवा/टीके की खोज कर रहा है वहीं भारत में 'कोरोना देवी' का आविर्भाव हो गया है। अनीलन नामक व्यक्ति, जो केरल के वडक्कल जिले के निवासी है, ने कोरोना मूर्ति की उपासना शुरू कर दी है। इस मूर्ति की शक्ल काफी कुछ कोरोना वायरस से मिलती-जुलती है। न्यू इंडिया एक्सप्रेस की रिपोर्ट के अनुसार, वडक्कल के 'मुहूर्तम चैरिटेबल ट्रस्ट' के ट्रस्टी अनीलन का कहना है,

"हिंदू धर्म में भगवान सर्वव्यापी है तो भगवान उस वायरस में भी है।"

अनीलन की यह भी शिकायत है कि राजनीतिक पार्टियाँ अपने हित में कोरोना का उपयोग कर रही हैं। थर्मोकोल से बनी अपनी कोरोना मूर्ति की अनीलन रोज पूजा करते हैं। अनीलन ने अपने अस्थायी कोरोना मंदिर को चिकित्सकों/बचाव कर्मचारियों/पत्रकारों को समर्पित किया है।

द न्यू इंडिया एक्सप्रेस कि रिपोर्ट है कि झारखंड के धनबाद में लोगों ने 'कोरोना माई' को खुश करने के लिए पूजा की। खबरों के मुताबिक हिजड़ों ने शहर की मुख्य सड़कों पर चलते हुए धार्मिक गीत गाए और लोगों से 'कोरोना माई' की पूजा करने का अनुरोध किया।

इन्हीं में से एक निर्मला किन्नर ने दावा किया कि उनको कोरोना मैया ने सपने में एक गाय के रूप में दर्शन दिए जो जल्द ही कोरोना 'माई' के रूप में आ गई। उन्होंने कहा कि अगर लोग मेरी पूजा करेंगे तो मैं जहाँ से आई हूँ वहीं वापस चली जाऊँगी।

राज्य के दूसरे इलाकों से भी 'कोरोना माई' की पूजा की खबरें हैं। गढ़वा में बांकी नदी के तट पर सैकड़ों महिलाओं ने 'कोरोना मैया' की पूजा की। रांची/बागबेड़ा/जमशेदपुर/डोमपारा/झरिया/धनबाद से भी लोगों द्वारा 'कोरोना मैया' की पूजा की खबर है।

इसी बीच, दिल्ली से खबर है कि यमराज का भेष बनाकर प्रशासन लोगों में कोरोना के प्रति सचेतना लाने का प्रयास कर रहा है। सोचने की बात यह है कि यह पूरी कवायद अंतर्द्वंद्व से भरी है, क्यों? इसका जवाब शोले फिल्म की बसंती के डायलॉग में छिपा है—"घोड़ा घास से दोस्ती करेगा तो खाएगा क्या?"

तो यमराज अगर लोगों को मरने से रोकने लगे और लोग मरना बन्द कर दें तो यमराज की नौकरी तो गई! आज कोरोना के चलते जब हर जगह छँटनी हो रही है ऐसे में यमराज को आखिर नई नौकरी मिलेगी कहाँ?

04 जुलाई

लगातार तीसरे दिन भारत में कोविड के रिकॉर्ड नए मामलों की पुष्टि हुई जिसकी संख्या आज 22,771 रही, कल यह संख्या 22,336 थी। समाचार संस्था एनडीटीवी की रिपोर्ट के मुताबिक भारत में अब तक : कोविड के 6,48,315 रो गियों की पहचान की गई। 18,655 लोगों की जानें गईं। 3,94,227 लोग स्वस्थ होकर घर लौटे।

ये सभी आँकड़े भारत सरकार के स्वास्थ्य मंत्रालय के हैं। स्वास्थ्य मंत्रालय की रिपोर्ट के मुताबिक अभी देश में कुल 2,35,433 लोग कोविड से पीड़ित हैं पर देश में कोविड से ठीक हुए लोगों का फीसदी 60.80 है।

है न आश्चर्य की बात! और यही है मीडिया का खेल!!! अगर कालांतर में कभी भारत में कोविड महामारी का इतिहास लिखा जाएगा तब यह भी लिखा जाएगा कि इस महामारी को महामारी बनाने में भारतीय मीडिया की बहुत अहम भूमिका थी। तथ्यों को छिपा कर, सरकार की गलत नीतियों का समर्थन कर, भ्रामक खबरों को फैलाकर, आम जनता को असली मुद्दों से भटका कर हमारे मीडिया ने एक महामारी को उसका असली रूप दिया।

महाराष्ट्र में कोविड के मामलों की संख्या दो लाख के पार जा पहुँची है। दूसरी पायदान पर तमिलनाडु है जहाँ कोविड के मामलों की संख्या 1,07,001 है, पर ध्यान रहे यह सभी सरकारी आँकड़े हैं!

भारतीय जनता पार्टी (बीजेपी) के राष्ट्रीय प्रमुख जे.पी. नड्डा के अनुसार, भाजपा ने लॉकडाउन के दौरान प्रवासी मजदूरों में कुल 22 करोड़ खाने के पैकेट बाँटे और पाँच करोड़ "मोदी राशन किट" लोगों में बाँटे गए।

जे.पी. नड्डा ने यह भी कहा कि भाजपा कार्यकर्ताओं ने देश के 58 लाख लोगों को पीएम केयर्स में दान करने के लिए प्रोत्साहित किया।

ओडिशा सरकार ने कोविड संकट को देखते हुए इस वर्ष राज्य में 'काँवड़ यात्रा' पर रोक लगा दी है।

05 जुलाई

भारत, रूस को पछाड़ कर दुनिया में तीसरा सबसे ज्यादा संक्रमित देश बना।

पुणे के पिंपरी-चिंचवाड़ के शंकर कुराडे सोने का मास्क पहन कर घूमने से चर्चा में आ गए हैं। शंकर का कहना है कि सोने से बने इस मास्क में छोटे-छोटे छेद हैं जिससे साँस लेने में परेशानी नहीं होती। इस मास्क की कीमत 2.89 लाख रुपए है। शंकर का कहना है कि कोल्हापुर के किसी व्यक्ति को चाँदी का मास्क पहने देखकर उन्हें यह आइडिया आया।

06 जुलाई

देश की पहली कोविड वैक्सीन का 1100 लोगों पर पहला परीक्षण किया जाएगा।

महाराष्ट्र के कल्याण के दुर्गामाता मंदिर इलाके के निवासी 104 वर्षीय आनन्दी झा कोविड से संक्रमित हुए और फिर ठीक भी हो गए। महाराष्ट्र के यह सबसे वयोवृद्ध कोविड रोगी हैं।

बेंगलुरु में लॉकडाउन फिर से लगने की आशंका से बड़ी संख्या में लोग शहर छोड़कर जाने लगे हैं। शुक्रवार को एसएसएलसी परीक्षाएँ खत्म होने के बाद हजारों लोग अपने-अपने शहरों और राज्यों के लिए निकल पड़े जिससे शहर की सभी मुख्य सड़कों पर लंबा जाम लग गया।

07 जुलाई

यह एक आश्चर्य की बात है कि पिछले कुछ दिनों से जहाँ रोज कोविड के 10-20 हजार मामले आते थे वहीं पर आज अचानक 2849 नए केस आए हैं। सरकार कहीं तथ्यों को छिपा तो नहीं रही है।

महाराष्ट्र में कोविड को देखते हुए गणेशोत्सव समितियों ने इस वर्ष खर्च में कटौती की घोषणा की है। मुम्बई की मेयर किशोरी पेंडरकर ने इस बार गणेशोत्सव को सादगी से मनाने का अनुरोध किया है।

मुम्बई के प्रसिद्ध लालबाग का राजा सार्वजनिक गणेशोत्सव मंडल ने इस बार इसे आरोग्योत्सव के रूप में मनाने का फैसला किया है जिसके अंतर्गत दस दिन चलने वाले इस उत्सव में रक्तदान और प्लाज्मा दान के कैंप लगाए जाएँगे।

गुजरात के सूरत शहर में कोविड को देखते हुए शहर के कटरगाम, वराचा और सरथाना इलाके में रेहड़ी-पटरी वालों के दुकान लगाने पर रोक लगा दी गई है। यह रोक अगले सात दिनों तक लागू रहेगी।

उत्तराखंड सरकार ने राज्य में बाहरी राज्यों से काँवड़ियों के प्रवेश पर पूरी तरह रोक लगा दी है।

ब्राजील के राष्ट्रपति जेयर बोल्सोनारो कोविड पॉजिटिव पाए गए।

कर्नाटक सरकार ने हड़ताल पर गए ठेके पर काम कर रहे चिकित्सकों को स्थायी करने का फैसला किया है।

आँकड़ों के अनुसार, भारत में एक लाख कोविड केस पहुँचने में 110 दिन लगे पर एक से सात लाख पहुँचने में केवल 49 दिन लगे।

विश्वविद्यालयों में कोविड के चलते इम्तहान रद्द होने के खिलाफ मुम्बई हाईकोर्ट में मुकदमा दाखिल। हाईकोर्ट ने इस बारे में यूजीसी को तलब किया। कोविड संक्रमित दैनिक भास्कर के पत्रकार तरुण सिसोदिया के एम्स की चौथी मंजिल से कूदकर आत्महत्या करने की खबर है।

कोविड के चलते मीडिया संस्थानों में भयानक छँटाई चल रही है। हिंदू अखबार समूह ने मुम्बई के अपने 20 रिपोर्टर को निकाल दिया और सुना जा रहा है कि वह अपना मुम्बई एडिशन बन्द कर रहा है। उधर, दैनिक जागरण एक के बाद दूसरे संस्करण बन्द कर रहा है।

समाचार संस्था द वायर की रिपोर्ट के मुताबिक, मेरठ के एक अस्पताल में 2500 रुपए देने पर कोविड निगेटिव का सर्टिफिकेट दिया जा रहा है।

मोहम्मद आमिर खान की कहानी

कोविड महामारी के चलते दसियों हजार लोगों को नौकरी से हाथ धोना पड़ा, लाखों लोगों को अपना बरसों पुराना काम-धंधा बदलना पड़ा पर कुछ ऐसे भी थे कोविड ने न केवल उनका कामकाज बल्कि उनकी जिंदगी को पूरी तरह से बदल दिया।

दिल्ली के मोहम्मद आमिर खान इन्हीं में से एक हैं। रायटर्स की खबर के मुताबिक, आमिर खान कोविड से पहले दिल्ली में टैक्सी चलाते थे। कोविड की रोकथाम के नाम पर देशभर में जारी लॉकडाउन से उनकी आमदनी खत्म हो गई और मजबूरन उन्हें एक प्राइवेट एम्बुलेंस के ड्राइवर की नौकरी करनी पड़ी। 38 वर्षीय आमिर खान बताते हैं कि जल्द ही उन्हें पता चल गया कि यह एम्बुलेंस दरअसल कोविड से मरे लोगों को ढोने का शव वाहन था। हर दिन आमिर की 'एम्बुलेंस' में लाशें लाद दी जाती हैं, एक के ऊपर एक, कभी-कभार छह लाशें। उनके बॉडी सैक पर उनके नाम परमानेंट मार्कर से लिखे होते हैं। आमिर को इन लाशों को श्मशान घाट/कब्रिस्तान ले जाना पड़ता है।

दिल्ली के मंडावली में किराये के मकान में रहने वाले आमिर कहते हैं कि पहले पहल उन्हें अपना यह काम काफी अजीब लगता था पर अब उन्हें आदत हो गई है लेकिन वह अपनी इस पहचान को किसी को नहीं बताते। आमिर का कहना है कि उनके दोस्तों को लगता है कि वह अब भी बेरोजगार हैं। भारत में स्वास्थ्य व्यवस्था एकदम लचर है। सरकारी अस्पतालों में एम्बुलेंस नहीं के बराबर हैं। सारा काम प्राइवेट वाले देखते हैं जिसमें ड्राइवर और कर्मचारी कोई भी शिक्षित नहीं होते। अत्यंत कम पगार पर काम करने को मजबूर आमिर इन्हीं में एक हैं।

08 जुलाई

केंद्र सरकार ने 21 जुलाई से शुरू होने वाली अमरनाथ यात्रा को मंजूरी दे दी है। एक बार में 500 यात्रियों को ही अनुमति दी जाएगी। दिलचस्प है कि इससे पहले जगन्नाथ रथयात्रा की भी अनुमति दी जा चुकी है।

न्यूजीलैंड के ऑकलैंड शहर में कोविड-19 संक्रमित 32 वर्षीय एक भारतीय आइसोलेशन फेसिलिटी से भाग निकला और उसने एक मॉल में जाकर खरीदारी भी की। न्यूजीलैंड सरकार ने उस पर 4000 डॉलर का जुर्माना लगाया है और उसे जेल भेज दिया है।

अमेरिका की सरकार ने आज यह जानकारी दी है कि कोविड की वैक्सीन के विकास के लिए नोवावैक्स को 1 बिलियन डॉलर की फंडिंग की गई है।

दिल्ली में कोविड से संक्रमित लोगों की संख्या पहली बार एक लाख के पार।

मुम्बई में कोविड-19 से मरने वालों की संख्या पहली बार 5000 के पार।

09 जुलाई

केंद्र सरकार के अनुसार, वंदे भारत मिशन के तहत भारत सरकार अब तक कुल 5,80,000 भारतीयों को विदेश से भारत ला चुकी है।

ब्रिटेन का कोविड पैकेज

ब्रिटेन की सरकार ने कोविड की मार से अर्थव्यवस्था को बचाने के लिए 33 अरब यूरो (करीब 277 अरब रुपए) के आर्थिक पैकेज की घोषणा की है। संसद में मिनी बजट पेश करते हुए वित्तमंत्री ऋषि सुनक ने कंपनियों से कर्मचारियों को न निकालने, ट्रेनी लोगों को बोनस और तनख्वाह देने और सभी नागरिकों को रेस्टोरेंट में डिस्काउंट में खाना देने की भी घोषणा की है।

12 जुलाई

महाराष्ट्र में 88 फीसद छात्र-छात्राओं ने बताया है कि कोविड और लॉकडाउन से उपजी आर्थिक तंगी और मंदी के चलते वह अपनी पढ़ाई का खर्च निकालने में असमर्थ हैं। आईआईटी मुम्बई के बीएन जगताप और शिक्षा शोधकर्ता आनंद मपुसकर के द्वारा किए अलग-अलग अध्ययनों से यह बात सामने आई। इंडियन एक्सप्रेस की रिपोर्ट के मुताबिक इस सर्वे में न केवल अर्बन-रूरल डिवाइड (शहरी-ग्रामीण विभाजन) दिखा है बल्कि लड़के-लड़की को लेकर समाज के दृष्टिकोण का भी पता चलता है। सर्वे में पाया गया है कि उच्च शिक्षा के खर्च को पूरा करने में 80 फीसदी छात्राओं और 85 फीसदी छात्रों ने परेशानी जाहिर की है, वहीं मेट्रो (महानगरों) में 77 फीसदी छात्रों ने और गाँवों के 83 फीसदी छात्रों ने बताया कि वे अपनी पढ़ाई के खर्च को पूरा नहीं कर पाएँगे।

पहली बार आज अमेरिकी राष्ट्रपति डोनाल्ड ट्रंप को सार्वजनिक जीवन में मास्क पहने देखा गया।

कर्नाटक के स्वास्थ्य मंत्री ने आशंका जताई है कि राज्य में कोविड रोगियों की संख्या अगले 15 से 30 दिनों में दोगुनी हो सकती है।

महामारी में इंसानियत-15

एक ओर जहाँ देश के हजारों लाखों मजदूर इस महामारी से नौकरी गँवा कर भुखमरी की कगार पर जा पहुँचे हैं , माँ-बाप के लिए बच्चों की फीस जुटा पाना मुश्किल हो रहा है वहीं कुछ लोगों के लिए महामारी भी अपने पैसे के प्रदर्शन का जरिया बन जुटाई है। गुजरात के एक व्यवसायी ने हीरे लगा मास्क बनवाया है। इसकी कीमत करीब चार लाख रुपए है।

13 जुलाई

वैज्ञानिकों ने दक्षिण अमेरिका में पाए जाने वाले जंतु लामा से दो एंटीबॉडी की पहचान की है जिसमें कोविड-19 को न्यूट्रलाइज करने की क्षमता पाई गई है। कहा जा रहा है कि इस एंटीबॉडी में कोविड के खास प्रोटीन एसीई-2 को रोकने की क्षमता पाई गई है। यह प्रोटीन कोविड वायरस को दूसरी कोशिकाओं में घुसने में मदद करता है। ब्रिटेन के रोजलाइव फ्रैंकलिन इंस्टीट्यूट के वैज्ञानिकों ने यह खोज की है।

दिल्ली के कॉमनवेल्थ गेम विलेज को क्वारंटाइन सेंटर में तब्दील किया गया है जहाँ रामायण धारावाहिक दिखाया जा रहा है।

14 जुलाई

अल जजीरा कि रिपोर्ट बता रही है कि अब तक विश्वभर में एक करोड़ 30 लाख लोग कोविड की चपेट में आए हैं। इनमें 73 लाख लोग स्वस्थ हो गए हैं और लगभग 5 लाख 73 हजार मौतें हो चुकी हैं। यह आँकड़ा जॉन हॉपकिंस विश्वविद्यालय के शोध पर आधारित है।

इंडोनेशिया के पत्रकार संगठनों ने मीडिया हाउस से कोविड के दौरान पत्रकारों की सुरक्षा के मुद्दे को पुख्ता ढंग से उठाया है। अल जजीरा में छपी रिपोर्ट के अनुसार, 'द एलायंस ऑफ इंडिपेंडेंट जर्नलिस्ट ऑफ इंडोनेशिया' ने माँग की है कि पत्रकारों की स्वास्थ्य और सुरक्षा का खास ध्यान रखा जाए। एलायंस के प्रमुख अब्दुल मन्नान ने माँग की है कि मीडिया संस्थानों को चाहिए कि पत्रकारों को उचित सुरक्षा उपकरण मुहैया करवाए जाएँ। उन्होंने यह भी माँग रखी कि पत्रकारों को 'वर्क फ्रॉम होम' की सुविधा मिलनी चाहिए।

मध्य प्रदेश सरकार ने सभी सामाजिक कामकाज के लिए उपस्थित लोगों की संख्या निर्धारित कर दी है, जिसके अनुसार :

शादी	**20 व्यक्ति**
घरेलू समारोह	**10 व्यक्ति**
अंतिम संस्कार	**20 व्यक्ति**
धार्मिक स्थल	**5 व्यक्ति**

कोरोना-लॉकडाउन के चलते भारत में कुल 130 मिलियन या 13 करोड़ लोगों के बेरोजगार होने की आशंका है। उल्लेखनीय है कि ग्लोबल कंसलटेंट द्वारा जारी यह रिपोर्ट 16 जून को प्रकाशित की गई थी यानी यह रिपोर्ट एक माह पुरानी है। रिपोर्ट के अनुसार, जिन क्षेत्रों पर इसका सबसे ज्यादा असर पड़ेगा वह हैं :

एविएशन
ऑटोमोबाइल
ट्रैवल एंड टूरिज्म
फूड
एंटरटेनमेंट
मैन्युफैक्चरिंग

पर कुछ क्षेत्र ऐसे हैं जहाँ इसका सकारात्मक असर पड़ेगा, जैसे :

दवा (फार्मास्यूटिकल)
स्वास्थ्य सेवा (हेल्थ)
ई-कॉमर्स
आईटी सर्विस
एसेंशियल रिटेल

16 जुलाई

भारत में पहली बार कोविड रोगियों की संख्या दस लाख से ज्यादा। मृतकों की संख्या 2500 के पार।

केरल सरकार ने राज्य की सभी ग्राम पंचायतों में कोविड के फर्स्ट लाइन ऑफ ट्रीटमेंट की व्यवस्था की।

देश के स्वास्थ्य मंत्री डॉ. हर्षवर्धन ने दावा किया है कि केवल 2 फीसदी रोगी आईसीयू में हैं। हालाँकि वह यह बताना भूल गए कि ऐसा आईसीयू बिस्तरों की कमी की वजह से है।

केरल में कोविड मामलों की संख्या फिर 10 हजार के आँकड़े के पार पहुँची।

वैज्ञानिकों ने एक विशेष कोटिंग (लेप) की खोज की है जिसे किसी सतह (सर्फेस) पर लगाने से कोविड वायरस 99.99 फीसदी तक घट जाते हैं। इस कोटिंग को काँच/धातु वगैरह पर लगाया जा सकता है। इंडियन एक्सप्रेस की रिपोर्ट के अनुसार, वैज्ञानिकों का मानना है कि इस कोटिंग के इस्तेमाल से कोविड-19 को फैलने से रोकने में काफी मदद मिलेगी।

विश्वभर में स्वास्थ्य कर्मी अपनी जान जोखिम में डालकर कोविड-19 महामारी से लड़ रहे हैं। अमेरिका में भी मुख्यत: डॉक्टर/नर्से और अन्य स्वास्थ्य कर्मी फ्रंटलाइन पर हैं। अमेरिका में वर्तमान में करीब 1,50,000 नर्सें हैं जो फिलीपींस मूल की हैं। अपने देश की बेरोजगारी और तंगहाली से भागकर उन्होंने अमेरिका में शरण ली है। आज इन नर्सों के बगैर अमेरिका की हालत और भी ज्यादा शोचनीय होती।

यूक्रेन के राष्ट्रपति वोलोदिमिर जेलनस्की ने कहा है कि उनका देश लॉकडाउन से परेशान हो चुका है।

माल्टा में पिछले हफ्तेभर से एक भी कोविड केस नहीं आया है। बताया जा रहा है कि लगातार किए जा रहे टैस्ट से उसने यह मुकाम हासिल किया है।

बांग्लादेश पुलिस ने मोहम्मद शाहिद नाम के एक व्यक्ति को जाली कोविड निगेटिव सर्टिफिकेट बनाने के आरोप में गिरफ्तार किया है। खबरों के अनुसार, ढाका शहर में उसका एक अस्पताल था जहाँ कोविड टैस्ट के आधार पर सर्टिफिकेट दिया जाता था। अब तक मोहम्मद शाहिद के अस्पताल में 10,000 से ज्यादा टैस्ट किए जा चुके हैं पर इनमें केवल 4200 टैस्ट असली हैं। बाकियों को वह पैसे के बदले कोविड निगेटिव रिपोर्ट देता आया है। मोहम्मद शाहिद को भारत-बांग्लादेश सीमा पर एक नदी किनारे से गिरफ्तार किया गया जहाँ वह बुर्का पहने भारत भागने की फिराक में था।

चीन की अर्थनीति में फिर से उछाल आया है। अर्बन अनएंप्लायमेंट रेट (शहरी बेरोजगारी दर) 5.9 फीसदी से घटकर 5.7 फीसदी हो गई है।

18 जुलाई

भारत कोविड संक्रमण के नए मामलों में विश्व में शीर्ष पर पहुँचा।

कर्नाटक सरकार के नए आदेश के अनुसार, बेंगलुरु में अब केवल मॉडरेटली और सीरियसली इल (गंभीर रूप से बीमार) मरीजों को भर्ती किया जाएगा।

कामरूप असम के एक कोविड सेंटर से रोगियों के निकल कर हाइवे जाम करने की खबर है। एनडीटीवी की रिपोर्ट के अनुसार, स्थानीय कोविड सेंटर से करीब 30 मरीजों ने बाहर आकर राष्ट्रीय राजमार्ग जाम कर दिया। ये लोग सेंटर में बदहाली और खाने-पीने के खराब इंतजाम का विरोध कर रहे थे।

अमेरिकी राष्ट्रपति ट्रंप ने फॉक्स न्यूज को दिए एक इंटरव्यू में कहा, "मैं नहीं मानता कि अगर सभी लोग मास्क पहन लें तो सारी चीजें (कोविड महामारी) गायब हो जाएगी।"

आईएमए (इंडियन मेडिकल एसोसिएशन) ने कहा है कि भारत में कोविड-19 कम्युनिटी ट्रांसमिशन के स्टेज में प्रवेश कर गया है। उल्लेखनीय है कि कम्युनिटी ट्रांसमिशन वह अवस्था होती है जब संक्रमण का कोई निश्चित स्रोत (सोर्स) नहीं होता और अचानक ही समुदाय का एक हिस्सा रोग की चपेट में आ जाता है।

19 जुलाई

तिरुअनंतपुरम में लॉकडाउन 31 जुलाई तक बढ़ाया गया।

सरकारी और निजी इंश्योरेंस कंपनियों द्वारा 'कोविड कवच' नाम से नए प्रोडक्ट बाजार में लाने की योजना है। इसमें पाँच लाख तक के इंश्योरेंस की व्यवस्था है।

कर्नाटक के कलबुर्गी के एक अस्पताल में सुअर घूमते पाए जाने के एक वीडियो ने प्रशासन को कार्रवाई करने पर मजबूर कर दिया है।

अमृतसर के एक अस्पताल द्वारा दो कोविड रोगियों के शवों की अदला-बदली की खबर है। टाइम्स ऑफ इंडिया की रिपोर्ट के अनुसार, 92 वर्षीय एक पुरुष की कोविड से मौत हो गई। श्मशान घाट में जब घरवालों ने आखिरी बार देखने के लिए बॉडी बैग को खोला तो उसमें एक महिला की लाश मिली।'

गुजरात के सूरत शहर के एक एनजीओ ने शहर की सेक्स वर्कर को अल्टरनेटिव जॉब (वैकल्पिक रोजगार) के रूप में कोविड मास्क बनाने की ट्रेनिंग देने का काम शुरू किया है। एएनआई की रिपोर्ट के अनुसार, अब तक 50 महिलाओं को ट्रेनिंग दी जा चुकी है।

20 जुलाई

कहीं कुछ घपला है। टाइम्स ऑफ इंडिया के अनुसार, केवल दिल्ली में 954 नए केस आए हैं। बाकी देश में केवल 350-400 मामले आए हैं। इंडियन एक्सप्रेस की रिपोर्ट बता रही है कि महाराष्ट्र में आज 473 केस आए हैं। कोई तो झूठ बोल रहा है, पर क्यों?

केरल सरकार ने कोविड प्रोटोकॉल न मानने के आरोप में तिरुअनंतपुरम के रामचंद्रन और पोथीस जैसे ब्रांड के शोरूम के लाइसेंस रद्द कर दिए हैं।

तिरुपति मंदिर के पूर्व मुख्य पुजारी की आज कोविड से मौत हो गई। श्रीनिवास मूर्ती दिमितुलु (75) नाम के इस पुजारी को शनिवार को अस्पताल में भर्ती करवाया गया था।

अखिल भारतीय आयुर्विज्ञान संस्थान (एम्स) के निदेशक डॉ. रणदीप गुलेरिया ने जानकारियाँ दी हैं कि भारत में 100 लोगों पर वैक्सीन का ह्यूमन ट्रायल किया जाएगा।

21 जुलाई

नेशनल सेंटर ऑफ डिजीज कंट्रोल के निदेशक डॉ. सुजीत कुमार सिंह ने आशंका व्यक्त की है कि छह माह कोविड में रहते हुए दिल्ली की 77 फीसदी जनता में कोविड से संक्रमित होने का खतरा उत्पन्न हो गया है।

22 जुलाई

भारत में कोविड संक्रमितों की संख्या 12 लाख के पार।

दिल्ली के चिकित्सक डॉ. जावेद अली की कोविड के रोगियों का इलाज करते हुए मौत हो गई थी। दिल्ली सरकार ने उनके परिवार को एक करोड़ रुपए देने की घोषणा की है।

श्रीनगर के 'रोशनी' नामक उर्दू अखबार ने अपने फ्रंट पेज पर मास्क लगाकर बँटवाया और लोगों को प्रेरित किया कि वे कोविड से बचाव के लिए मास्क पहनें।

कोविड वायरस के चलते इस वर्ष नोबल बेन्क्वेट स्थगित किए जाने की घोषणा की गई है। नोबल फाउंडेशन के चेयरमैन ने कहा कि हर साल कुल 1300 अतिथियों को आमंत्रित किया जाता है। सोशल डिस्टेंसिंग को देखते हुए इतने लोगों का एक साथ बैठना और स्वीडन आने-जाने के खतरे को देखते हुए यह निर्णय लिया गया है। 1956 में भी इस आयोजन को रद्द किया गया था पर उस समय किसी महामारी नहीं बल्कि सोवियत संघ के हंगरी पर आक्रमण के विरोध में यह कदम उठाया गया था।

23 जुलाई

दिल्ली के एक कोविड सेंटर में इलाज करवा रही 14 साल की लड़की का उसी सेंटर में इलाज करवा रहे एक अन्य रोगी द्वारा यौन उत्पीड़न का मामला सामने आया है। पुलिस ने दोषी को गिरफ्तार कर लिया है।

कोविड के चलते अमेरिका की अर्थव्यवस्था की बुरी हालत हो गई है। लाखों की संख्या में लोग बेरोजगार हो गए हैं, ऐसे में उनके लिए किराया देना असंभव हो गया है। अमेरिकी कानूनों के अनुसार, किराया न देने पर पुलिस जबरन किरायेदारों से घर खाली करवा सकती है। परन्तु कोविड को देखते हुए अमेरिका के कई राज्यों में इविक्शन कानून को फिलहाल निलंबित कर दिया गया है जिससे लोगों को किराया न देने की स्थिति में घर न छोड़ना पड़े।

बच्चों की पढ़ाई के लिए पिता ने गाय बेच दी

कोविड लॉकडाउन के लिए स्कूल बन्द हैं और पढ़ाई-लिखाई अब ई-क्लासेज की मदद से हो रही है। इसके लिए चाहिए एक स्मार्टफोन। एक स्मार्टफोन की कीमत है 6000 रुपए। एक आम भारतीय की औसत आमदनी 10,000 रुपए से कम है। पर शिक्षा जरूरी है। इसलिए हिमाचल प्रदेश के ज्वालामुखी के गुम्मेर गाँव के कुलदीप कुमार ने अपने दोनों बच्चों की पढ़ाई के लिए अपनी गाय

को बेच दिया। इस गाय के दूध से परिवार का खर्चा निकलता था। खबरों के मुताबिक अपने बच्चों की ई-एजुकेशन के लिए कुलदीप को एक स्मार्टफोन चाहिए था और उसकी कीमत थी 6000 रुपए। इतने पैसे कुलदीप के पास नहीं थे। उन्होंने दोस्तों-रिश्तेदारों से पैसे माँगे, साहूकार-बैंक से लोन लेना चाहा पर किसी ने उन्हें पैसे नहीं दिए। हार कर उन्हें अपनी गाय, जो उनकी आमदनी का इकलौता सहारा थी, को बेचना पड़ा।

श्रमिक ट्रेनों से कुल 428 करोड़ रुपए की कमाई

लॉकडाउन के दौरान प्रवासी मजदूर मजबूरी में पैदल निकल पड़े थे। मजदूरों की अंतहीन कतारों के चित्र देशी-विदेशी अखबारों में छपे। आखिरकार सरकार को श्रमिक स्पेशल ट्रेन सेवा शुरू करनी पड़ी जो पहले दिन से ही विवादों में रही। सरकार ने दावा किया कि श्रमिकों के लिए चलाई गई इन विशेष ट्रेन के किराये का 85 फीसदी सरकार सब्सिडी देगी पर मजदूरों का कहना है कि रेलवे पूरा किराया ले रहा है।

मुम्बई के आरटीआई कार्यकर्ता अजय बोस ने रेलवे बोर्ड से आरटीआई के तहत जानकारी माँगी। रेलवे बोर्ड के जवाब के अनुसार, भारत सरकार ने श्रमिक ट्रेनों से कुल 428 करोड़ रुपए की कमाई की है।

24 जुलाई

भारत में कोविड के मामलों की संख्या 13 लाख के पार। 22 जुलाई यानी 48 घंटे पहले यह संख्या 12 लाख थी। भारत में 48 घंटे में एक लाख नए रोगी बढ़ रहे हैं।

उत्तर प्रदेश सरकार ने राज्य में शराब की दुकानों को खोलने की अनुमति दे दी है बशर्ते वह दुकानें कन्टेनमेंट जोन से बाहर हों।

25 जुलाई

जॉन हॉपकिंस यूनिवर्सिटी के आँकड़ों के अनुसार, अब तक विश्व में 1.5 करोड़ (1,57,36,429) लोग कोविड की चपेट में आ चुके हैं जिनमें लगभग 6.3 लाख लोगों की मौत हो चुकी है।

अमेरिकी राष्ट्रपति डोनाल्ड ट्रम्प ने चार एक्सीक्यूटिव ऑर्डर पर दस्तखत किये हैं जिससे दवाओं के दाम कम हो जाएँगे। इसके अलावा ट्रम्प सरकार ने ऑनलाइन क्लास से पढ़ाई कर रहे विदेशी छात्रों के अमेरिका में प्रवेश पर प्रतिबन्ध की घोषणा की है।

सिंगापुर के प्रधानमंत्री ली हसेन ने कहा है कि कोविड को देखते हुए अपने पद से हटने का विचार उन्होंने टाल दिया है। उल्लेखनीय है कि बढ़ती उम्र को देखते हुए उन्हें अब तक अपने पद से इस्तीफा दे देना था।

26 जुलाई

"ऑक्सीजन के लिए सुपरिंटेंडेंट माँगते हैं पैसा, मृत पिता के हाथ से निकाल ली अंगूठी!" पूर्व एमपी के गले लग दहाड़ मारकर रोने लगा भाजपा मंडल अध्यक्ष। यह खबर जनसत्ता अखबार में छपी है।

संडे गार्जियन अखबार में बिहार के अस्पतालों पर एक रिपोर्ट के मुताबिक बिहार सरकार कोविड के लिए आबंटित किए गए धन का उपयोग नहीं कर रही है। केंद्र सरकार द्वारा भेजे एक निरीक्षण दल द्वारा किए गए आकलन में कहा गया है कि बिहार में हालात बहुत बुरे हैं। मसलन, अस्पतालों में एंटीजन किट नहीं हैं। केंद्र ने बिहार को 10,000 एंटीजन किट मुहैया करवाई थीं पर बिहार को कुल चार लाख किट चाहिए। इसी सर्वेक्षण में यह भी कहा गया है कि बिहार को 4000 डॉक्टर और 6000 नर्सों की जरूरत है पर इनकी नियुक्ति नौकरशाही की फाइलों में फँसी हुई है। उल्लेखनीय है कि अपनी 12 करोड़ आबादी के लिए बिहार सरकार के पास कुल 6434 ऑक्सीजन सपोर्टेड बैड हैं। पूरे राज्य में केवल 570 आईसीयू बैड हैं।

भाजपा नेत्री प्रज्ञा ठाकुर ने दावा किया है कि दिन में पाँच बार हनुमान चालीसा पढ़ने से कोविड खत्म हो जाएगा।

यह जानकारी फेसबुक में कबीर सिंह की पोस्ट से ली गई है जिसके अनुसार कल दक्षिण भारत के तिरुपति मंदिर में 5000 लोगों ने देवता के दर्शन किए। मंदिर के 150 कर्मचारी कोविड संक्रमित हैं। पूरा तिरुपति शहर कंटेनमेंट जोन घोषित किया जा चुका है। इसके बावजूद मंदिर को न केवल खुला रखा गया है बल्कि रोज हजारों लोग दर्शन कर रहे हैं। यह तसवीर का एक चेहरा है। कल की ही बात है स्थानीय मस्जिद में नमाज अदा करने के 'जुर्म' में गुजरात में 15 और उत्तर प्रदेश में 22 लोगों को गिरफ्तार किया गया है। उत्तर प्रदेश में इमाम के साथ पुलिस ने मारपीट भी की है।

इसी बीच बिहार के सप्ताल से एक कोविड रोगी के 'गायब' हो जाने की खबर है। खबरों के अनुसार शेखपुरा के निवासी रंजित कैंसर से पीड़ित थे। नियमित जाँच के लिए उन्हें महावीर अस्पताल में दाखिल करवाया गया जहाँ उन्हें कोविड पॉजिटिव पाया गया। उन्हें तुरंत आइसोलेशन वार्ड में भेज दिया गया और फिर उन्हें वहाँ से एनएमसीएच भेज दिया गया। अगले दिन जब उनके घरवाले उनसे वहाँ पर मिलने गए तब वह वहाँ पर नहीं मिले न ही वहाँ के किसी स्टाफ को उनके बारे में कुछ

जानकारी थी। परिवार वालों का कहना है कि रंजित की मौत हो गई है पर अस्पताल आँकड़ों को छुपा रझा है।

सच क्या है ? किसी को नहीं पता।

ताइवान ने कोविड पर शुरुआत से ही त्वरित कार्यवाही करते हुए इस पर बहुत जल्दी काबू पा लिया है खबरों के अनुसार पिछले तीन महीनों में ताइवान में कुल 11 कोविड के केस सामने आए।

दुनिया के सबसे बड़ी हॉलिडे कंपनी टीवीआई ने अगले अगस्त तक के लिए अपने सभी हॉलिडे को रद्द करने का फैसला किया है। कोविड महामारी और लॉकडाउन का सबसे बुरा प्रभाव पर्यटन उद्योग पर पड़ा है। हमारे सामने के फ्लैट में रहने वाले रोड्रिग्स पर्यटन व्यवसाय से जुड़े हैं और वह पिछले जाने कितने दिनों से घर बैठ गए हैं। जब भी उनसे कभी मुलाकात होती है और ऑफिस के बारे में पूछता हूँ तो वह एक बेबस सी शक्ल बना कर कहते हैं , " क्या पता कब फिर ऑफिस खुलेगा? "

इस साल मेक्सिकन फुटबाल लीग बगैर दर्शकों के यानी खाली स्टेडियम में शुरू किये गए।

27 जुलाई

इंडिगो एयरलाइंस ने अपने सीनियर कर्मचारियों के वेतन में डीपर सैलरी कट यानी 35 फीसदी की कटौती की।

ओडिशा के इंस्टीट्यूट ऑफ मेडिकल साइंस और एसयूएम हॉस्पिटल भुवनेश्वर में कोवैक्सीन का ट्रायल शुरू किया गया।

कल यानी इतवार को अगरतला (त्रिपुरा) के एक अस्पताल में बेटे की आँखों के सामने उसके वयोवृद्ध पिता की व्हीलचेयर में बैठे-बैठे ऑक्सीजन के इंतजार में मौत हो गई। पीटीआई की खबर के अनुसार, 76 वर्षीय श्यामलेन्दु भौमिक को पिछले कुछ दिनों से बुखार था। बाद में वह कोविड पॉजिटिव पाए गए। उनके पुत्र अमिताभ भौमिक ने बताया कि साँस लेने में दिक्कत की शिकायत होने पर वह अपने पिता को लेकर अस्पताल पहुँचे पर अस्पताल में व्हीलचेयर पर उन्हें घंटे भर बैठाए रखा गया और ऑक्सीजन के इंतजार में व्हीलचेयर पर ही उनकी मौत हो गई।

28 जुलाई

उत्तर प्रदेश के झाँसी शहर के एक अस्पताल में दाखिल एक कोविड रोगी का वीडियो इस समय सोशल मीडिया में काफी चर्चित है। एनडीटीवी की रिपोर्ट के अनुसार, झाँसी के मेडिकल कॉलेज अस्पताल की यह घटना है जिसमें एक रोगी ने अपने खराब स्वास्थ्य और अस्पताल की लापरवाही का 52 सेकेंड का एक वीडियो बनाया है। इसमें वह उसे किसी दूसरे अस्पताल में शिफ्ट करने की गुहार लगा रहा है। बताया जाता है कि इस वीडियो को बनाने के बाद उसकी मौत हो गई।

हाल ही में इलाहाबाद के एक अस्पताल में एक रोगी को अस्पताल के सीसीटीवी कैमरे में दाखिल होने के 24 घंटे बाद अस्पताल से बाहर जाते देखा गया। बाद में उसका शव अस्पताल से बाहर झाड़ियों में पड़ा मिला। उसके घरवालों ने बताया कि उक्त सरकारी अस्पताल के खराब इंतजाम से तंग आकर वह दूसरे अस्पताल जाने की कोशिश कर रहा था।

ग्रेटर नोएडा के एक्सप्रेस थाना इलाके के एक प्राइवेट अस्पताल में भर्ती एक महिला रोगी ने आरोप लगाया है कि आइसोलेशन वार्ड में उसी के साथ भर्ती एक डॉक्टर ने उससे छेड़छाड़ करने की कोशिश की। सवाल यह उठता है कि एक ही आइसोलेशन वार्ड में स्त्री और पुरुष रोगियों को एक साथ क्यों रखा गया था?

29 जुलाई

शंकराचार्य स्वामी स्वरूपानंद सरस्वती ने आज कहा कि 'वर्तमान समय में कोविड का संक्रमण पूरे देश में हावी है। लोग विपत्ति में हैं। ऐसे में श्रीराम भूमि ट्रस्ट, प्रधानमंत्री और उनके समर्थक एक ओर देवशयन की स्थिति में राम मंदिर के निर्माण कार्य का आरंभ करने जा रहे हैं और लोगों से दीप जलाने की अपील कर रहे हैं। इस समय हमारे प्रदेश के मुखिया शिवराज सिंह स्वयं कोविड की चपेट में हैं। जब प्रतिदिन पीड़ितों की संख्या बढ़ रही है तब बजाय स्वास्थ्य सुविधाएँ बढ़ाने के लोगों से उत्सव मनाने की अपील करना उचित नहीं।'

दिल्ली सरकार ने अनलॉक की घोषणा की। उम्मीद है कि मेट्रो/हवाई सेवा वगैरह शुरू होगी। रात का कर्फ्यू हटा लिया जाएगा। स्कूल-कॉलेज 31 अगस्त तक बन्द रहेंगे।

30 जुलाई

इंडियन एक्सप्रेस अखबार की एक रिपोर्ट बता रही है कि त्रिपुरा के कईला शहर, जिला उनारोटी की रहने वाली लक्ष्मी रानी चौधरी गर्भवती थीं। 28 जुलाई को अस्पताल में नियमित जाँच के समय उनका कोविड टैस्ट किया गया, जिसमें उन्हें कोविड पॉजिटिव पाया गया। अस्पताल ने उन्हें अगरतला स्थित गोविंद बल्लभ पंत अस्पताल में रेफर कर दिया। इसी अस्पताल के एक रोगी को कुमारघाट भेजा जाना था। सो एम्बुलेंस

पहले कुमारघाट गई और फिर अगरतला के लिए रवाना हुई जो 130 किलोमीटर की दूरी पर है। इसी दूरी को तय करते हुए रास्ते में ही लक्ष्मी ने एक बेटे को जन्म दिया। किसी कोरोना से संक्रमित महिला द्वारा संतान जन्म देने की यह पहली घटना है।

31 जुलाई

नए कोविड मामलों और मृतकों की संख्या के आधार पर भारत आज भी विश्व में सबसे ऊपर।

कोविड महामारी को देखते हुए हाँगकाँग में होने वाले लेजिस्लेटिव इलेक्शन को रद्द करने का फैसला किया गया है।

एक आपबीती

यह घटना बिहार के पटना शहर के निवासी एके सिन्हा के परिवार की है। सत्तर साल के सिन्हा जी और उनकी पत्नी पटना में एक फ्लैट में रहते थे। उनके तीन बेटों में एक बेल्जियम, एक इंग्लैंड और तीसरा हैदराबाद में काम करता है। पिछले हफ्ते शुक्रवार को सिन्हा जी को तेज बुखार आया। उनकी बीवी, जो खुद भी सत्तर नहीं तो पैंसठ से ज्यादा उम्र की होंगी, को कुछ समझ में नहीं आ रहा था कि क्या करें?

आखिरकार, उनके हैदराबाद में रहने वाले बेटे ने एक एम्बुलेंस की व्यवस्था की। एम्बुलेंस घर पर आई और सिन्हा साहब को लेकर उनकी बीवी अस्पताल के लिए रवाना हो गईं। पहले वह पटना मेडिकल कॉलेज गए पर मेडिकल कॉलेज के गेट से महज 100-200 मीटर की दूरी पर ड्राइवर ने श्रीमती सिन्हा से कहा कि वह एम्बुलेंस अस्पताल ले जाएगा बशर्ते उसके पेटीएम में 11 हजार रुपए ट्रांसफर किए जाएँ।

मजबूरी में सिन्हा परिवार को यह करना पड़ा। वह लोग पटना मेडिकल कॉलेज पहुँचे पर वहाँ की बदहाली और अव्यवस्था को देखकर उन्होंने पटना एम्स जाने की सोची। इस पर एम्बुलेंस के ड्राइवर ने फिर 11 हजार रुपए की माँग की और सिन्हा परिवार को यह पैसे ट्रांसफर करने पड़े।

पटना एम्स में कैजुअल्टी में ही सिन्हा जी का देहान्त हो गया। उनके साथ उस समय केवल उनकी बीवी थीं। वहाँ के डॉक्टरों ने कहा कि सिन्हा जी का पोस्टमार्टम करना जरूरी है, क्योंकि सिन्हा जी के लक्षण बता रहे थे कि उन्हें कोविड हो सकता है।

अस्पताल के कर्मचारी सिन्हा जी की लाश को पैथोलॉजी क्लीनिक ले गए और लाश से सबके सामने खून के नमूने लिए और लाश को मॉर्ग (शवगृह) में भेजने को कहा। मॉर्ग पूरा भरा हुआ था, इसलिए यह तय किया गया कि सिन्हा जी की लाश को शवगृह के बाहर रखा जाएगा पर इसकी रखवाली के लिए किसी का होना जरूरी था। सिन्हा परिवार ने इसका बन्दोबस्त किया। दूसरे दिन रिपोर्ट में पुष्टि हुई कि सिन्हा जी को कोविड-19 था। अस्पताल ने लाश को सिन्हा परिवार को देने से मना कर दिया। इसके बदले उन्हें एक पर्ची दी गई जिसमें कहा गया था कि अमुक तारीख को पटना नगरपालिका सिन्हा जी का अंतिम संस्कार करेगी।

यह घटना महज शुक्रवार शाम 7 बजे से शनिवार रात के बीच घटित हुई।

(यह पूरी घटना हमारी सहकर्मी सोनालिका की जुबानी है, सिन्हा जी सोनालिका के पति आशीष के चाचा थे)

महामारी के चलते देश में डॉक्टरों और नर्सों की माँग में बेतहाशा बढ़ोत्तरी हुई है जिसकी कमी को पूरा करने में सरकारी और निजी दोनों क्षेत्र को खासी परेशानी का सामना करना पड़ रहा है।

कोविड लॉकडाउन से पेट्रोलियम पदार्थों की माँग अचानक कम कर दी है जिससे दो अमेरिकी उत्पादकों एक्सान और इरविंग को अब तक तीस बिलियन डॉलर का नुकसान हुआ है।

03 अगस्त

विश्वभर में एक ओर जहाँ कोविड का प्रकोप थमने का नाम नहीं ले रहा है वहीं दूसरी ओर इसकी वैक्सीन बनाने में रोज नए खिलाड़ी मैदान में उतर रहे हैं। इंडियन एक्सप्रेस में छपी रिपोर्ट के अनुसार, डब्ल्यूएचओ की लेटेस्ट लिस्ट (नवीनतम सूची) में 65 देश इस वैक्सीन को बनाने में जुटे हैं। बताया जा रहा है कि एक रूसी वैक्सीन के हफ्तेभर बाद बाजार में आने की संभावना है। बाकी कई वैक्सीन अभी जंतुओं पर होने वाले परीक्षण के लिए तैयार नहीं हैं और उनको बाजार में आने में साल-दो साल का वक्त लगेगा।

बेंगलुरु में कोविड से मरने वालों को दफनाने के लिए 10 नए जमीन के टुकड़ों की पहचान की गई है, यहाँ धर्म की पहचान को न मानते हुए उन सभी को गाड़ा जाएगा जिनकी कोविड से मौत हुई है।

मरीजों से ज्यादा पैसे वसूलने के आरोप के बाद तेलंगाना की केसीआर सरकार ने हैदराबाद के एक निजी अस्पताल से कोविड के इलाज की अनुमति वापस ले ली।

समाचार संस्था 'द वायर' में छपी रिपोर्ट के अनुसार, 200 से ज्यादा लोगों ने सरकार के सिविल रजिस्ट्रेशन सिस्टम के आँकड़ों को सार्वजनिक करने की माँग की है जिससे कोविड से अब तक मरने वालों की सही संख्या पता लग सके। इन 200 लोगों में इतिहासविद, संक्रामक रोग विशेषज्ञ, पत्रकार इत्यादि शामिल हैं।

04 अगस्त

विश्व में कोविड से अब तक मरनेवालों की संख्या पहली बार 7 लाख के पार।

अर्धसैनिक बलों में बढ़ते कोविड मामलों को देखते हुए मिजोरम सरकार ने राज्य में अर्धसैनिक बलों के प्रवेश पर रोक लगा दी है।

विश्व स्वास्थ्य संगठन की एक हालिया रिपोर्ट के मुताबिक, कोविड के चलते विश्वभर में करीब 100 करोड़ बच्चों की पढ़ाई-लिखाई प्रभावित हुई है। यूएन के महासचिव एंतोनियो गुतेरस ने बताया कि विश्व के 160 देश कोविड की चपेट में आए हैं और इससे 100 करोड़ बच्चों की पढ़ाई-लिखाई बाधित हुई है जो दर्ज इतिहास में पहली बार हुआ है। इसका सीधा प्रभाव बच्चों में पौष्टिक भोजन, बाल विवाह, लैंगिक समानता जैसे क्षेत्रों पर पड़ा है।

भारत के वैज्ञानिकों ने एक ऐसी तकनीक की खोज की है जिससे फेंके गई पीपीई किट्स से लिक्विड बायोफ्यूल (तरल जैव ईंधन) बनाया जा सकता है। बताया जा रहा है कि इस तकनीक से पीपीई से पैदा हो रहे प्रदूषण को रोकने में काफी मदद मिलेगी।

05 अगस्त

अमेरिकी प्रशासन ने जॉनसन एंड जॉनसन को कोविड टीके के एक करोड़ डोज के लिए 1 बिलियन डॉलर या 100 करोड़ देने की घोषणा की है।

यूरोप, अमेरिका, ऑस्ट्रेलिया के 25 फीसद लोग कोविड के चलते अगले 12 महीनों में अपना पुराना घर बेचकर नई जगहों पर चले जाएँगे। नाइट फ्रैंक ग्लोबल बायर सर्वे के द्वारा किए गए एक अध्ययन से यह बात सामने आई है। इनमें से कुछ लोग अपने ही देश के किसी अन्य भाग में बसना चाहते हैं तो कई लोग देश छोड़कर किसी अन्य देश में बसना चाहते हैं।

बस एंड कार कन्फेडरेशन ऑफ इंडिया ने सरकार से कहा है कि पिछले दो महीनों में कोविड के चलते उन्हें 65,000 करोड़ का नुकसान हुआ है और उनका व्यवसाय बर्बादी की कगार पर है। उन्होंने सरकार से मदद की अपील करते हुए कहा है कि अब उनके पास इतनी भी पूँजी नहीं बची कि वह अपना कारोबार फिर से शुरू कर सकें।

प्रख्यात बंगाली अनुवादक और विद्वान मानवेंद्र बन्दोपाध्याय की कोविड से आज मौत हो गई। मानवेंद्र बन्दोपाध्याय मूलत: स्पेनिश से बाँग्ला में अनुवाद के लिए जाने जाते हैं।

06 अगस्त

अहमदाबाद के कोविड अस्पताल में भयंकर आग लग गई जिससे वहाँ भरती आठ रोगियों की आग में झुलसकर मौत हो गई।

देश के प्रसिद्ध फोरेंसिक विशेषज्ञ डॉक्टर रोबिन बसु की कोविड से मौत।

07 अगस्त

दिल्ली सरकार ने राज्य में शराब की दुकानों को एक घंटा ज्यादा देर तक खोलने की घोषणा की है। शुक्रवार यानी आज से दुकानें रात नौ बजे की जगह 10 बजे बन्द होंगी।

महामारी में इंसानियत-16

फोन नंबर 9999999999

दिल्ली के वकील गौरव बंसल ने एक पीआईएल दाखिल कर दिल्ली उच्च न्यायालय का ध्यान होमलेस मेंटली इल (बेघर और मानसिक रूप से बीमार) लोगों के कोविड इलाज/टैस्ट की ओर दिलाया था। इस पीआईएल में उन्होंने कहा कि किसी पहचान पत्र/टेलीफोन नंबर की अनुपस्थिति में इनका न टैस्ट हो रहा है और न ही इलाज हो रहा है। गौरव बंसल की इस पीआईएल पर उच्च न्यायालय ने आईसीएमआर को होमलेस मेंटली इल लोगों को एक डमी फोन नंबर देने का आदेश दिया है। यह नंबर है—99999-99999।

फेसबुक ने अपने कर्मचारियों को 2021 की जुलाई तक घर से काम करने की इजाजत दे दी है। गूगल के बाद फेसबुक दूसरी ऐसी कंपनी है। गूगल ने अगली गर्मी तक अपने कर्मचारियों को वर्क फ्रॉम होम की इजाजत दी है।

11 अगस्त

विश्वभर में कोविड रोगियों की संख्या पहली बार दो करोड़ के पार। भारत में कोविड संक्रमितों की संख्या 23 लाख के पार।

भूटान में कोविड के 113 रोगी होने पर पहली बार देशव्यापी लॉकडाउन की घोषणा।

विश्व स्वास्थ्य संगठन (डब्ल्यूएचओ) ने कहा है कि कोविड की वैक्सीन को विकसित करने और उसे हर नागरिक तक उपलब्ध करवाने में 100 बिलियन डॉलर या 7,40,000 करोड़ रुपयों की जरूरत पड़ेगी और अब तक इसके दसवें हिस्से के बराबर धन का इंतजाम नहीं हो सका है।

रूस के स्वास्थ्य मंत्रालय ने कोविड-19 वैक्सीन को रेगुलेटरी एप्रूवल दे दिया है। बताया जा रहा है कि यह विश्व की पहली कोविड वैक्सीन है। इसे मॉस्को के गेमल्या इंस्टीट्यूट में विकसित किया गया है। रूस के राष्ट्रपति व्लादिमीर पुतिन ने न्यूज एजेंसी एपी को बताया कि यह वैक्सीन सभी परीक्षणों में खरी उतरी है। बताया जा रहा है कि इस वैक्सीन को विकसित करने में केवल दो महीने का समय लगा है। पश्चिमी देशों ने आशंका व्यक्त की है कि जल्दबाजी में विकसित की गई इस रूसी वैक्सीन में कई पहलुओं को अनदेखा किया गया है।

केरल में फिर कोविड का प्रकोप। राज्यभर में अब तक 38,000 लोग कोविड से संक्रमित हो चुके हैं।

12 अगस्त

कोविड संक्रमित रोगियों की संख्या के मामले में आज भी भारत 'विश्व गुरु' बना रहा।

महाराष्ट्र सरकार ने कोविड टैस्ट की कीमत 300 रुपये घटा दी हैं जिसके बाद अब यह टैस्ट 1900 से 2500 के बीच करवाए जा सकेंगे।

रूस ने विश्व के सबसे पहले कोविड वैक्सीन स्पुतनिक-5 बनाए जाने की घोषणा की।

विश्व स्वास्थ्य संगठन (डब्लूएचओ) ने जानकारी दी है कि दुनिया भर में पिछले सात दिनों में होने वाली कोविड से मौतें सबसे ज्यादा भारत में हुई हैं।

अस्पताल में बिस्तर मिलने का इन्तजार करते एक कोविड संक्रमित व्यक्ति की एम्बुलेंस में मौत की खबर है। समाचार संस्था पीटीआई की रिपोर्ट बता रही है कि पश्चिम बंगाल के मिदनापुर के तामलुक इलाके की निवासी एक साथ वर्षीय महिला को साँस लेने में शिकायत होने पर उन्हें उनके घरवाले मिदनापुर के एक नर्सिंग होम में ले गए। अस्पताल ने उन्हें साढ़े तीन लाख रुपये जमा करने को कहा। जब तक परिवार के लोग रुपये का इंतजाम करते उक्त महिला की एम्बुलेंस में मौत हो गई।

13 अगस्त

महामारी में इंसानियत-17

9 अगस्त की रात को जब सब सो रहे थे, सूरत (गुजरात) में इंसानियत की एक नई मिसाल कायम हो रही थी। यहाँ के एक प्राइवेट अस्पताल में 71 वर्षीय मरीज को आईसीयू में भर्ती करवाया गया। कोविड संक्रमित इस बुजुर्ग को साँस लेने में दिक्कत हो रही थी। उनका ऑक्सीजन लेवल घटता जा रहा था और जल्द ही एक मौका आया जब वेंटीलेटर में भेजना जरूरी हो गया। यहाँ एक मुश्किल थी। वेंटीलेटर के पाइप को एक एनेस्थेटिस्ट डॉक्टर ही सही तरीके से गले में डाल सकता था। हालात तेजी से बिगड़ रहे थे। उसी वार्ड में एक दूसरे एनेस्थेटिस्ट इस बुजुर्ग के बिस्तर से दो-तीन बिस्तर की दूरी पर थे, नाम था संकेत उपाध्याय। उनका भी कोविड का इलाज चल रहा था। साँस लेने में दिक्कत की वजह से उन्हें ऑक्सीजन पर रखा गया था। डॉ. उपाध्याय इस बुजुर्ग को देख रहे थे और एक डॉक्टर होने के नाते उन्हें मौके की नजाकत का भी पता था। इससे पहले कि वहाँ के डॉक्टर और अन्य स्टाफ कुछ समझ पाते, डॉ. उपाध्याय अपने बिस्तर से लड़खड़ाते हुए उठे और अपना ऑक्सीजन सपोर्ट हटाकर अपनी जान की परवाह किए बिना उस बुजुर्ग के पास गए और उनकी श्वाँस नली में वेंटीलेटर को लगा दिया। बुजुर्ग अब स्वस्थ हैं और डॉ. उपाध्याय की तबीयत में भी काफी सुधार आ रहा है।

रामजन्म भूमि तीर्थ क्षेत्र ट्रस्ट या राम मंदिर ट्रस्ट के प्रमुख महंत नृत्य गोपाल दास कोविड पॉजिटिव पाए गए। इस बीच तिरुपति/तिरुमला के मंदिर के 743 कर्मचारी कोविड पॉजिटिव पाए गए हैं। मजे की बात यह है कि हजरत निजामुद्दीन मरकज में आए लोगों में कोविड पाए जाने पर मीडिया ने बड़ा शोर मचाया था पर तिरुपति मामले में सभी ने एकदम से चुप्पी साध ली है। केवल यही नहीं, एक ओर जहाँ सरकार मरकज के लोगों को कोविड फैलाने के अपराध में गिरफ्तार कर रही थी, वही सरकार पुजारियों पर कोई एक्शन लेना तो दूर बल्कि मंदिर को भी बन्द नहीं कर रही है।

15 अगस्त

दक्षिण अफ्रीका में लॉकडाउन का उल्लंघन करने के आरोप में मार्च से अब तक कुल 3 लाख लोगों को हिरासत में लिया जा चुका है। सीएनएन के अनुसार, यह जानकारी दक्षिण अफ्रीका के पुलिस मंत्री भेकी सेले ने दी है।

16 अगस्त

वाशिंगटन पोस्ट की एक रिपोर्ट के अनुसार, अमेरिका में बच्चों में कोविड संक्रमण तेजी से बढ़ रहा है। सेंटर फॉर डिजीज कंट्रोल (सीडीसी) के मुताबिक 17 साल से कम उम्र के बच्चों में संक्रमण पिछले मार्च के मुकाबले जुलाई में तेजी से बढ़ा है।

भारत के पूर्व क्रिकेटर और उत्तर प्रदेश सरकार में मंत्री रहे चेतन चौहान की आज कोविड से मौत हो गई।

फ्रांस, कोरिया, ऑस्ट्रेलिया में कोविड का दूसरी बार प्रकोप।

दक्षिण अफ्रीका के पुलिस मंत्री ने जानकारी दी है कि कोविड-19 के चलते वहाँ अपराध में 40 फीसदी की कमी आई है।

18 अगस्त

गणेश चतुर्थी आने वाली है पर कोविड के चलते मूर्तियों की माँग में बेहद कमी हो गई है। मूर्तिशिल्प उद्योग भारी मंदी की कगार पर है। एएनआई की रिपोर्ट में चंडीगढ़ के मूर्ति शिल्पी खोकन अधिकारी के हवाले से बताया गया है कि इस साल केवल छोटी मूर्तियों की माँग है और मूर्तियों को इतना छोटा बनाया जा रहा है कि उन्हें बाल्टियों में विसर्जित किया जा सकता है।

मुम्बई के घाटकोपर के एक शिल्पकार ने कोविड महामारी को देखते हुए 'सैनिटाइजर मूर्ति' बनाई है, जिसमें सैनिटाइजर डिस्पेंस होने की सुविधा है। इन मूर्तियों के नीचे हाथ रखने से स्वचालित रूप से सैनिटाइजर निकलता है।

19 अगस्त

केरल में महाबली बने कलाकार की मदद से पुलिस कोविड के बारे में जागरूकता फैला रही है।

27 अगस्त

आज लगभग हफ्तेभर बाद फिर रोजनामचा लिख रहा हूँ। शायद रोज-ब-रोज लिखते-लिखते कुछ बोरियत-सी आ गई थी। हमारे मेन स्ट्रीम मीडिया को तो जाने कब इस कोविड की खबरों की बोरियत ने ऐसा घेरा कि उसने अब अपना ध्यान कोविड जैसी 'छोटी' खबरों से हटाकर राहुल गांधी/कांग्रेस और सुशांत सिंह राजपूत जैसी बड़ी खबरों पर केंद्रित कर दिया है। इस बीच, पिछले 24 घंटों में भारत में 75,000 नए कोविड केस की पुष्टि हुई है और यह किसी एक दिन में नए केस की संख्या का विश्व रिकॉर्ड है। भारत में कोविड केस की कुल संख्या 33 लाख के पार पहुँच चुकी है।

अंडमान-निकोबार के ग्रेट अंडमान ट्राइब (जनजाति) के चार लोगों में कोविड की पुष्टि हुई है। समाचार संस्था इंडियन एक्सप्रेस में छपी रिपोर्ट के अनुसार, स्ट्रेट आइलैंड में इस जनजाति के कुल 53 सदस्य रहते हैं। आज से करीब महीने भर पहले हुए एक सर्वे में ग्रेट अंडमानीज ट्राइब के छह लोगों को कोविड पॉजिटिव पाया गया था।

अमेरिका में पिछले हफ्ते में करीब दस लाख लोगों ने बेरोजगारी भत्ते (अनएंप्लायमेंट बेनिफिट) के लिए आवेदन किया है। अब तक कुल 1.45 करोड़ अमेरिकियों ने बेरोजगारी भत्ते के लिए आवेदन किया है।

एक अनुमान (या आशंका?) के अनुसार भारत के आईटी सेक्टर का 5 फीसदी वर्कफोर्स या करीब 1.5 से दो लाख लोगों की नौकरी को कोविड के चलते आने वाली मंदी से खतरा है।

वित्तमंत्री निर्मला सीतारमण ने कहा है कि कोविड एक 'एक्ट ऑफ गॉड' है जिससे इकोनॉमी का कॉन्ट्रैक्शन हो सकता है।

28 अगस्त

जर्मनी की चांसलर एंजेला मार्केल ने आशंका जताई है कि आने वाले ठंड के मौसम में कोविड से लड़ाई और कठिन हो जाएगी।

03 सितंबर

एनडीटीवी की खबर बता रही है कि नागपुर की पुलिस ने मोनीश ददलानी (27) और विवेक सेवक (22) नाम के दो व्यक्तियों को वाहन चोरी करते पकड़ा है। पूछताछ करने पर पता चला कि दरअसल दोनों व्यवसायी हैं। इनमें मोनीश की कपड़ा उत्पादन की इकाई थी और सेवक ट्रैवल एजेंसी चलाता था। लॉकडाउन से व्यवसाय ठप हो गया और कर्ज उतारने के लिए ये लोग वाहन चोरी करते हैं।

ट्रांसपोर्ट सेक्टर पर कोविड के कहर ने लाखों लोगों को बेरोजगार कर दिया है। बस मालिकों की स्कूल/पर्यटन/शादी वगैरह में चलने वाली बसें खड़ी रह गईं। केवल ट्रक के सेक्टर में लगभग 40 लाख नौकरियाँ चली गई हैं। मुम्बई में 20 लाख लोग ट्रांसपोर्ट सेक्टर से जुड़े हैं। इन्हीं में से एक हैं 56 साल के ध्यानदेव वारटे। नामदेव का कहना है कि नौकरी नहीं होगी तो जिएगा कैसे? अब तो आत्महत्या के अलावा कोई चारा नहीं बचा। ध्यानदेव एक प्राइवेट बस के ड्राइवर हैं। उन्हें डायबिटीज है और डर है कि वह कोविड से संक्रमित न हो जाएँ। ध्यानदेव जी का कहना है, "सेठ पगार नहीं देता। पाँच लोगों का परिवार का खर्चा कैसे चलेगा?"

उधर बस मालिकों की हालत भी खस्ता है। बस मालिक विलास पाटिल की पाँच बसों हैं जो टूरिज्म पर चलती थीं। पिछले मार्च से ये बसें खड़ी हैं। इनकी ईएमआई जा रही है, वह अलग है। इतने दिनों तक खड़ी रहने से अब इन बसों को चलाने के लिए वर्कशॉप भेजना होगा जिसमें लाख-डेढ़ लाख का खर्चा आएगा। इंश्योरेंस-परमिट का खर्चा अलग। परिवहन क्षेत्र में पिछली तिमाही में 47 फीसदी की गिरावट देखी गई है। एक बस से ड्राइवर, कंडक्टर, क्लीनर, टायरमैन, गैराज में काम करने वाले जैसे करीब सात लोगों को रोजगार मिलता है। गौतम बुद्ध नगर (नोएडा) में गारमेंट फैक्ट्री

की बुरी हालत है। वहाँ 300 के करीब कारखाने बन्द हो गए हैं और 5 हजार के करीब कारखाने बन्दी के कगार पर हैं। बाकी उद्योगों की भी हालत सही नहीं है। हर दूसरी फैक्ट्री पर फॉर रेंट/टू लेट का बोर्ड लगा हुआ है। नोएडा की गारमेंट फैक्ट्रियों में कभी 10 लाख लोग काम करते थे, वहाँ अब ढाई लाख लोग ही काम करते हैं।

फरीदाबाद इंडस्ट्रियल एसोसिएशन के अध्यक्ष बीआर भाटिया ने बताया कि कारखानों से सरकार एक न्यूनतम बिजली बिल हर महीने लेती है पर मुश्किल तब आ गई जब सरकार ने लॉकडाउन के दिनों के लिए भी बिजली का बिल भेज दिया।

06 सितंबर

एक ओर आज भारत विश्व भर में दूसरा सबसे ज्यादा कोविड प्रभावित देश बना उधर दूसरी ओर मध्य प्रदेश की कैबिनेट मंत्री इमरती देवी का बयान आया है कि वह मिट्टी और गोबर में पैदा हुई हैं। कोविड उनका कुछ नहीं बिगाड़ सकता। उन्होंने यह भी कहा कि 'मास्क' जबरदस्ती लगाए हुए हैं।

पिछले 169 दिनों तक बंद रहने के बाद कल से दिल्ली मेट्रो के फिर से चालू होने की खबर है हालाँकि मेट्रो में सफ़र करते वक्त मास्क लगाना अनिवार्य कर दिया है।

08 सितंबर

जब पूरा विश्व कोविड महामारी से जूझ रहा है, कुछ ऐसे भी देश हैं जहाँ अभी तक एक भी कोविड रोगी की खबर नहीं आई। यह देश हैं :

किरिबाती
मार्शल द्वीप
माइक्रोनेशिया
नौरू
उत्तर कोरिया
पलाऊ
समोआ
सोलोमन द्वीप
टोंगा
तुर्कमेनिस्तान
तवालू
वनातु
इनमें से ज्यादातर देश छोटे-छोटे द्वीपों में बसे हैं।

सीएमआईई की रिपोर्ट बता रही है कि कोरोना लॉकडाउन में केवल अप्रैल के महीने में 1.22 करोड़ भारतियों को अपने रोजगार से हाथ धोना पड़ा। भारत में बेरोजगारी की दर 27.11 प्रतिशत तक पहुँच चुकी है। बिजनेस स्टैण्डर्ड अखबार की रिपोर्ट के अनुसार भारत में लॉकडाउन के चलते बेरोजगार हुए लोगों की संख्या करीब दो करोड़ है।

12 सितंबर

आज मेरा आखिरी चश्मा भी टूट गया। चश्मे की दुकानवाले से बातों-बातों ही पता चला कि उनकी पगार में एक तिहाई की कटौती हो गई है। उससे भी बड़ी बात ये है कि लॉकडाउन के दो-तीन महीनों का वेतन उन्हें नहीं दिया गया। अभी तक दुकान पर तीन आदमी थे, अब दो रह गए हैं। दुकान में काम करने वाले अब अपनी 30 फीसदी कटी तनख्वाह को लेकर परेशान हैं कि मकान का किराया दें या घर का खर्चा चलाएँ या बच्चों की फीस भरें। देखने की बात यह है कि न मकान मालिक ने किराया घटाया और न ही स्कूल ने अपनी फीस घटाई। यह तो एक चश्मे की दुकान की कहानी है। लोकतंत्र का एक महत्त्वपूर्ण खंभा 'मीडिया' एक दूसरी मार झेल रहा है। कुछ दिनों पहले आउटलुक में फोन किया। लोगों से बात करके पता चला कि अभी हफ्ते-दस दिन पहले ही वहाँ लोगों को सैलरी मिली है–अप्रैल की।

सितंबर के महीने में अप्रैल की सैलरी मिलती है!!!

कहानी अभी बाकी है। उन्हें बताया गया है कि मई और जून की सैलरी में 50 फीसदी कटौती और जुलाई/अगस्त/सितंबर में 23 फीसद की कटौती होगी। यानी जो सैलरी मिली ही नहीं उसमें 30-50 फीसदी की कटौती होगी। कई सीनियर लोगों को किसी न किसी बहाने नौकरी से निकाल दिया है। उम्मीद है अब वह खुश हैं कि भले ही अब घोषित रूप से बेरोजगार हैं पर बेगार तो नहीं खटना पड़ रहा है।

29 सितंबर

नवजात का नाम महोबा डिपो!

चलती बस में एक युवती ने बेटे को जन्म दिया। लोगों और यात्रियों ने बच्चे का नाम 'महोबा डिपो' रख दिया। इंडिया टीवी की रिपोर्ट के अनुसार, संतान को जन्म देने एक युवती सोमवार को उत्तर प्रदेश रोडवेज की बस से जिला मुख्यालय जा रही थी। बस में ही उसने एक बच्चे को जन्म दिया। यात्रियों ने बच्चे का नाम 'महोबा डिपो' रखा।

इससे पहले अप्रैल में सहारनपुर के एक दम्पती ने अपनी नवजात बेटी का नाम 'सैनिटाइजर' रखा और 27 मार्च को एक अन्य दम्पती द्वारा अपने जुड़वाँ बच्चों का नाम कोविड और कोरोना रखने की खबर है।

कोविड-19 ऑनलाइन क्लास और विकलांग बच्चों की कहानी

सन 1996 में एक फिल्म आई थी 'खामोशी दि म्यूजिकल' जिसमें नाना पाटेकर ने एक गूँगे व्यक्ति का किरदार निभाया था। इस फिल्म में एक सीन है जिसमें नाना पाटेकर के हाथ जल जाते हैं। उसकी बेटी अपने प्रेमी से कहती है, "मेरे पापा के हाथ केवल हाथ नहीं बल्कि उनकी जुबान भी है।"

काश कि हम 'सामान्य' लोग इस छोटी सी बात को समझ पाते!

महामारी के दौरान तिरुवनंतपुरम की नेत्रहीन सामाजिक कार्यकर्ता और शिक्षिका टिफ़नी बरार का कुछ ऐसा ही तजरबा रहा। उनका कहना है कि, "महामारी ने मुझे हिला कर रख दिया है। अब हमारे जैसे दृष्टिहीन लोगों के लिए एक सड़क पार करने जैसी आम घटना भी मुश्किल और चुनौती भरी होती जा रही है क्योंकि लोग महामारी के कारण हमारे हाथ पकड़ने में संकोच कर रहे हैं। हम दृष्टिहीन लोगों के लिए हाथों का स्पर्श ही हमारी आँखें हैं।"

सुमेश उनका एक छात्र है जो एक दृष्टिहीन है। टिफ़नी बताती हैं कि सुमेश के पिता दिहाड़ी मजदूर हैं। लॉकडाउन में उनके रोजगार के स्रोत खत्म हो गए हैं इधर खुद टिफ़नी की अपनी आय के स्रोत भी सूखते जा रहे हैं, वहीं इस बुरे दौर में उनके पास ऐसे फोन की संख्या बढ़ती जा

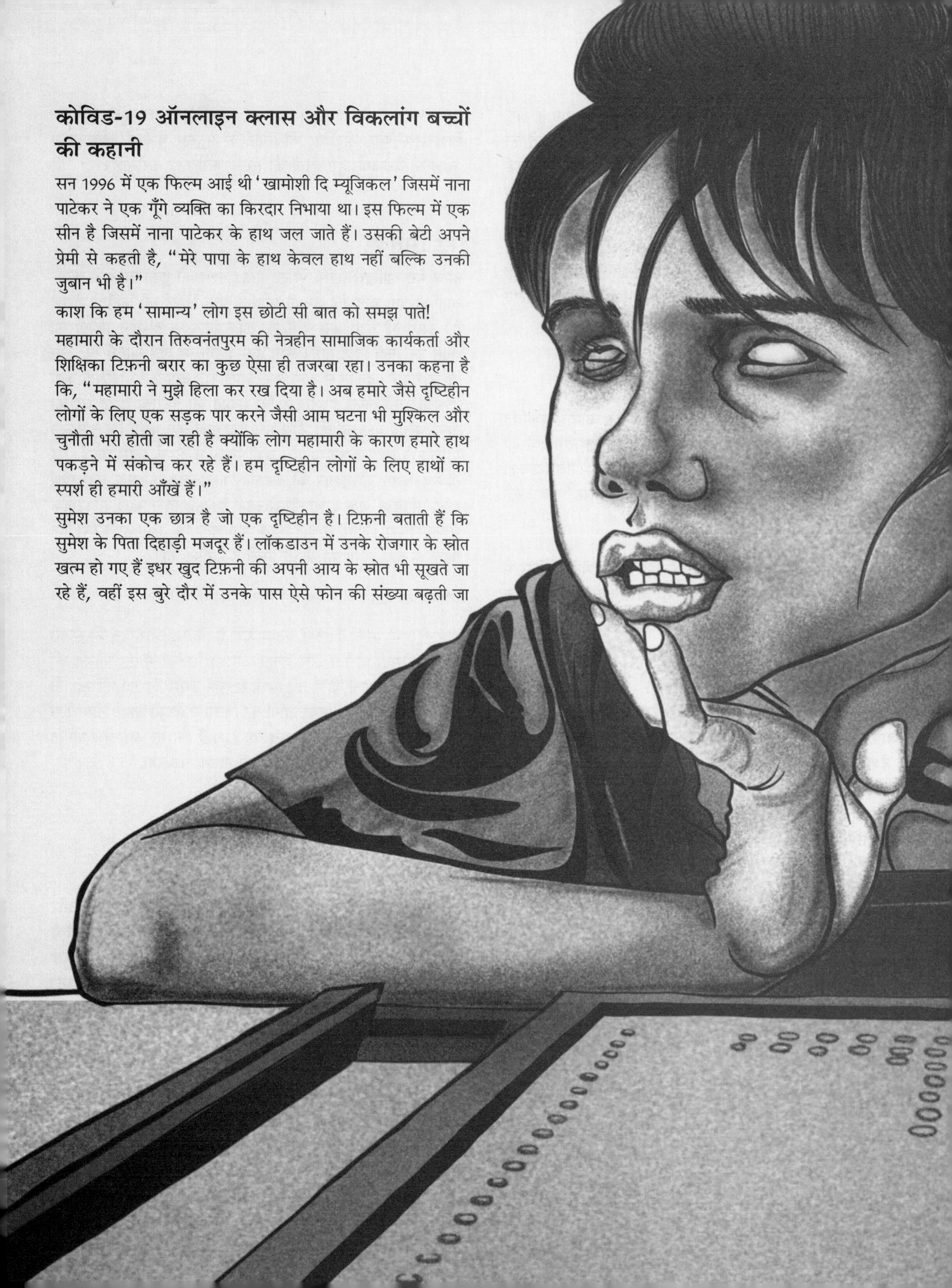

रही हैं जहाँ लोग उनसे मदद की गुहार लगा रहे हैं।

कोरोना और उसके चलते लॉकडाउन से स्कूल बंद हो गए हैं। स्कूलों ने इसका हल ऑनलाइन क्लासेज में ढूँढ़ निकाला। इससे छात्रों की मुश्किलें, खासकर विकलांग बच्चों की मुश्किलें बेहद बढ़ गई हैं। एक सर्वे के अनुसार, करीब 46% बच्चों की पढ़ाई छूटने का खतरा पैदा हो गया है।

ओडिशा स्थित 'स्वामीनाथन' नामक एनजीओ द्वारा एक सर्वे किया गया। सर्वे के परिणाम चौंकाने वाले थे :

56.5% बच्चों ने बताया कि ऑनलाइन में उन्हें परेशानी हो रही है पर उन्होंने अपनी पढ़ाई जारी रखी है।

77% बच्चों ने बताया कि वह अपनी कक्षा के सामान्य बच्चों से लगातार पिछड़ते जा रहे हैं।

43.52% बच्चों ने बताया कि ऑनलाइन पढ़ाई में आने वाली मुश्किल के चलते अब पढ़ाई छोड़ने के अलावा कोई चारा नहीं है।

39% दृष्टिहीन बच्चों ने बताया कि ऑनलाइन क्लासेज में एक साथ बहुत से बच्चे बात करते हैं जिससे उन्हें कुछ ठीक से समझ नहीं आता।

44% बधिर बच्चों ने बताया कि ऑनलाइन क्लास में साइन लेंग्वेज न होने से वह कुछ भी नहीं समझ पाते।

86% अभिभावकों ने बताया कि उन्हें टेक्नोलॉजी सीखने में परेशानी हो रही है।

81% अध्यापकों ने बताया कि उन्हें इसका कोई पूर्व अनुभव नहीं है और स्कूल से उन्हें इस बारे में कोई मैटेरियल उपलब्ध नहीं करवाया जा रहा है।

61% बच्चों ने बताया कि उन्हें एस्कॉर्ट (सहायक) नहीं मिल रहे।

आरोग्य सेतु की अजब कहानी

कोविड महामारी से निपटने के लिए भारत सरकार ने आरोग्य सेतु नामक एक ऐप विकसित किया है। सरकार ने दावा किया है कि इस ऐप से न केवल कोविड से संक्रमित लोगों की रियल टाइम जानकारी मिलती रहेगी बल्कि नागरिकों को भी रियल टाइम में इस बात की जानकारी मिलती रहेगी कि उनके आसपास कोई कोविड का मरीज है या नहीं।

यहाँ तक तो सब ठीक-ठाक सा लग रहा है पर कहानी बस यहीं पर खत्म नहीं होती बल्कि यहीं से शुरू होती है। हफिंगटन पोस्ट में 4 अप्रैल को गायत्री वैद्यनाथन की रिपोर्ट बताती है कि साइबर सुरक्षा विशेषज्ञों ने न केवल इस ऐप पर प्राइवेसी (निजता) उल्लंघन का आरोप लगाया है बल्कि उन्होंने चिंता जताई है कि इस ऐप की मदद से सरकार और सरकारी एजेंसियों को आम नागरिक पर अनप्रिसिडेंटिड सर्विलांस (अभूतपूर्व निगरानी) की छूट मिल जाएगी जिसका जमकर दुरुपयोग किया जा सकता है।

फ्रांस के पेरिस स्थित एक साइबर सुरक्षा कंसलटेंसी 'डिफेन्स लैब एजेंसीज' का कहना है कि इन आरोपों और संदेहों को नजरअंदाज नहीं किया जा सकता।

कैसे काम करता है आरोग्य सेतु?

सबसे पहले इस आरोग्य सेतु ऐप को अपने फोन पर डाउनलोड करना होता है। एक बार डाउनलोड होने पर यह आपके फोन नंबर की मदद से आपकी सभी जानकारियों को हासिल करने में सफल हो सकता है क्योंकि अभी हम सबके फोन नंबर, आधार कार्ड, बैंक खाते वगैरह एक-दूसरे से सिंक्रोनाइज्ड (जुड़े) हैं। इस ऐप से न केवल यूजर के मूवमेंट के रियल टाइम की जानकारी मिलती रहती है बल्कि यह भी जानकारी मिलती रहेगी कि यूजर किन लोगों से मिला या कौन यूजर से मिला क्योंकि सभी एंड्रॉयड डिवाइस इस आरोग्य सेतु से एक-दूसरे से जुड़े हुए हैं।

इसकी मदद से किसी भी यूजर का सोशल ग्राफ बनाया जा सकता है और पता लगाया जा सकता है और उसकी गतिविधियों पर बारीकी से नजर रखी जा सकती है। इस ऐप की एक और बड़ी कमी यह है कि इसमें कहा गया है कि इस ऐप के डाटा को कोविड-19 के अलावा भी इस्तेमाल में लाने की अनुमति यूजर दे रहा है। इसका सीधा मतलब यह हुआ कि सरकार इस ऐप द्वारा मिले डाटा को अपनी मर्जी से किसी भी तरह से इस्तेमाल कर सकती है। बेशक इस ऐप की प्राइवेसी पॉलिसी में यह कहा गया है कि इस ऐप से प्राप्त सूचनाओं को किसी थर्ड पार्टी को ट्रांसफर नहीं किया जाएगा पर इसमें यह भी कहा गया है कि जरूरत पड़ने पर सरकार यह डाटा (सूचना) अपने काम में लगा सकती है।

उल्लेखनीय है कि अब तक करोड़ों नागरिकों ने इस ऐप को डाउनलोड किया है। सरकार, हम नागरिकों को इस ऐप को डाउनलोड करने के लिए जबरदस्ती भी कर रही है। हाल ही में सरकार की ओर से फरमान आया कि अगर किसी संस्था के किसी कर्मचारी ने अपने स्मार्टफोन में इस ऐप को डाउनलोड नहीं किया तो उस संस्था के सर्वेसर्वा को गिरफ्तार किया जा सकता है। इसके बाद हम सभी को मजबूरन यह ऐप डाउनलोड करना पड़ा। 3 अप्रैल को मानव संसाधन विकास मंत्रालय (एचआरडी) ने स्कूलों को आदेश जारी किया कि वह छात्र और अभिभावकों से इस ऐप को डाउनलोड करवाएँ। 6 अप्रैल को नरेंद्र मोदी ने राष्ट्र के नाम अपने संदेश में नागरिकों से इस ऐप को डाउनलोड करने की अपील की है। जानकारों का मानना है कि विभिन्न देशों ने कोविड को रोकने के लिए ऐप डेवलप किए हैं। हर ऐप में प्राइवेसी के खतरे भी हैं पर ऐसा नहीं है कि उनको नजरअंदाज किया जा रहा है या उस पर कोई सुनवाई नहीं है, जैसा कि हमारे देश में हो रहा है।

मसलन, सिंगापुर सरकार द्वारा विकसित ऐप में यह साफ-साफ कहा गया है कि इस ऐप का उपयोग केवल कोविड तक ही सीमित है। आरोग्य सेतु ऐसी कोई बात नहीं कहता। केवल यही नहीं, इस बात का भी कहीं कोई उल्लेख नहीं है कि सरकार के पास यह डाटा कितने समय के लिए रहेगा। बेशक सरकार ने कहा है कि यह डाटा एनॉनीमाइज्ड और एग्रीगेटिड डाटाबेस के रूप में रहेगा। इस पर भी कोई स्पष्टता नहीं है कि इस ऐप से प्राप्त सूचनाओं पर अधिकार किसका रहेगा? ऐप के प्राइवेसी पॉलिसी स्टेटमेंट में कहा गया है कि यह डाटा एक महीने (30 दिन) में ऑटो डिलीट हो जाएगा पर यह नहीं कहा गया है कि ये सूचनाएँ (डाटा) सरकारी के सर्वर में कितने दिनों तक रहेंगी?

भारत में अभी तक किसी डाटा प्रोटेक्शन लॉ (डाटा सुरक्षा कानून) का अस्तित्व नहीं है। ऐसे में कभी डाटा लीकेज की सूरत में इस ऐप के डेवलपर पर किसी भारतीय कानून के अंतर्गत कार्यवाही भी नहीं की जा सकती।

यह तो थीं तकनीकी समस्याएँ पर इसका एक और पहलू भी है। अचानक खबर मिली कि पुलिसवाले जगह-जगह लोगों को रोक कर चेक कर रहे हैं कि उन्होंने इस ऐप को डाउनलोड किया है या नहीं। किसी व्यक्ति के फोन पर इस ऐप के न मिलने पर उसे पुलिस द्वारा बेधड़क परेशान किया जा रहा है। सबसे बुरी हालत में इस बार एक बार फिर गरीब मजदूर हैं। उनके फोन में आरोग्य सेतु ऐप न मिलने पर पुलिस उन्हें खदेड़ कर पीट रही है। कोई इन पुलिसवालों से पूछे कि जिसके पास की-पैड फोन है उसमें भला यह ऐप कैसे डाउनलोड हो सकता है? यह ऐप तो केवल स्मार्टफोन में ही डाउनलोड हो सकता है और ज्यादातर रिक्शे-ठेले वाले, दिहाड़ी मजदूरों के पास स्मार्टफोन नहीं बल्कि सस्ते की-पैड वाले फोन रहते।

पर यह पूछेगा कौन?

भाग-2

कोविड रोजनामचा के नाम से शुरू की गई डायरी में आखिरी एंट्री 28 सितम्बर की है। उसके बाद के महीनों में धीरे-धीरे अखबार के पन्नों से कोविड और उससे जुड़ी खबरें गायब होने लगीं। शायद इसकी वजह यह रही हो कि लोग अब उकताने लगे थे। कोविड पीछे हटता चला गया और उसकी जगह रोजमर्रा के तय खबरों और बाद में 'किसान-आन्दोलन' ने ले ली। नवम्बर के महीने से दिल्ली की 'सीमाओं' पर किसानों का जमावड़ा लगना शुरू हो गया। आने वाले कई महीने किसान आन्दोलन के नाम होने थे।

मगर जल्द ही यह बात साफ हो गई कि जिसे हमने कोविड की विदाई सोचा था वह तूफान के पहले का सन्नाटा था। फरवरी के महीने से महाराष्ट्र में कोविड का प्रकोप बढ़ना शुरू होता है। 12 फरवरी के अखबार हमें बताते हैं कि महाराष्ट्र में पिछले तीन दिनों से लगातार साढ़े तीन हजार से ज्यादा नए कोविड के मरीज अस्पतालों में दाखिल हुए हैं।

दिल्ली में कोविड के करीब डेढ़ सौ नए मरीज अस्पतालों में दाखिल हुए। कहाँ बात हजारों-लाखों की हो रही थी और कहाँ डेढ़ सौ!

लोगों ने कहा, "सब चंगा सी!"

हत्ता कि दावोस में मोदी विश्व के उन नेताओं और वैज्ञानिकों की लगभग खिल्ली उड़ा आए जिन्होंने भारत को आने वाले दिनों में कोविड की सुनामी के प्रति आगाह किया था।हुआ वही जिसका वैज्ञानिकों को डर था।

महामारी की दस्तक

20 फरवरी

देश में एक ही दिन में कुल 14 हजार नए कोविड केस सामने आए। यह संख्या पिछले बाईस दिनों में सबसे ज्यादा थी।

1 मार्च

सरकार ने अब कोविड को एक बार फिर गंभीरता से लेना शुरू कर दिया। हालत तेजी से बिगड़ रहे हैं। केंद्र सरकार ने 1 मार्च से टीकाकरण कार्यक्रम की शुरुआत की घोषणा की। सरकार की ओर से कहा गया कि पहले चरण में 45-55 की उम्र के लोगों को यह टीका लगाया जाएगा।

देश के दूसरे हिस्सों से कोविड के नए केस आने की खबरें आ रही हैं जिनमें महाराष्ट्र, आन्ध्र प्रदेश और केरल से सबसे ज्यादा केस आ रहे हैं। सबसे बुरा हाल महाराष्ट्र का है।

10 मार्च

इकोनॉमिक टाइम्स की खबर बता रही है कि पश्चिम बंगाल के जलपाईगुड़ी जिले के धूपगुड़ी इलाके के निवासी कृष्णा दत्ता की कोविशिल्ड वैक्सीन लेने के बाद अचानक तबीयत बिगड़ गई और बाद में उनकी मौत हो गई। वह 61 वर्ष के थे।

12 मार्च

एक ओर जहाँ महाराष्ट्र में कोविड के नए केस दिन दूनी रात चौगुनी रफ्तार से बढ़ते जा रहे हैं वहीं दूसरी ओर लोगों की लापरवाही नए कीर्तिमान बना रही है। महाराष्ट्र के ठाणे जिले में एक शादी में कोविड नियमों को धता बताते हुए 700 लोग शामिल हुए। बाद में इस शादी के आयोजकों को पुलिस ने गिरफ्तार कर लिया।

मुबई के साकीनाका इलाके में काम कर रहे पुलिस कर्मचारी एसीपी रमेश नांगरे की मौत हो गई। इससे कुछ दिनों पहले तक श्री नांगरे धारावी में पोस्टेड थे। पिछले वर्ष उन्होंने जिस तरह से कोविड को धारावी में फैलने से रोका था उसके लिए उनकी बहुत तारीफ हुई थी। पर असली खबर यह नहीं है। इस खबर की असली खबर इसकी हैडलाइन में छिपी है। हैडलाइन कह रही है कि दिल का दौरा पड़ने के चलते श्री नागरे की मौत हो गई। इसी खबर में आगे एक जगह लिखा है कि श्री नांगरे ने अपनी मौत के महज दो दिनों पहले कोविड का वैक्सीन लिया था। कोविड वैक्सीन लेने के बाद देश भर में कई लोगों की जान जा चुकी है पर सरकार इसे मानना नहीं चाहती। दूसरे खबरों की तरह इस बार भी इसे छुपाने की पूरी कोशिश की गई है कि श्री नांगरे की मौत वैक्सीन लेने के दो दिन बाद अचानक दिल का दौरा पड़ने से हो गई।

तो क्या उनके इस आकस्मिक मौत के पीछे वैक्सीन की कोई भूमिका है?

15 मार्च

एनडीटीवी इंडिया की वेबसाइट के अनुसार भारत में एक दिन में कोविड के 26,291 नए मामले सामने आए हैं। दूसरे शब्दों में देश में 85 दिन बाद एक दिन में सर्वाधिक नए मामले सामने आए। इससे पहले 20 दिसम्बर को 24 घंटे में 26,624 नए मामले सामने आए थे।

नागपुर में एक सप्ताह के लिए लॉकडाउन लागू कर दिया गया है।

27 मार्च

देश में पिछले 24 घंटों में 59,000 से ज्यादा केस आए हैं। इस साल यह किसी एक दिन में आई सबसे बड़ी संख्या है। पिछली बार 18 अक्तूबर 2020 को इतनी बड़ी संख्या में नए केस आए थे।

गुजरात सरकार ने कहा है कि आइंदे किसी और राज्य से गुजरात में आने के लिए कोविड (नेगेटिव) का सर्टिफिकेट होना जरूरी होगा। बगैर इसके किसी को राज्य में आने की अनुमति नहीं होगी।

सामने होली है। प्रशासन लोगों को घर पर रहकर होली खेलने की सलाह दे रहा है पर लोगों के बीच उत्साह (या लापरवाही?) देखकर लगता नहीं कि लोग हालत की संजीदगी को समझेंगे। दूसरी तरफ हरिद्वार में कुम्भ मेला पूरे जोर-शोर से चल रहा है। शाही स्नानों में लाखों लोग गंगा में डूबकी लगा रहे हैं। इसके बाद भी अगर देश में कोविड का विस्फोट नहीं होता है तो वह एक अजूबा ही होगा। उल्लेखनीय है कि पिछले साल किसी मरकज में शामिल लोगों को कोविड फैलाने का जिम्मेदार ठहराया गया था।

19 अप्रैल

महाराष्ट्र में कोविड की दवा रेमडेसिविर राजनीति में जा फँसा है और इसके पीछे वजह यह बताई जा रही है कि इसकी एक पूरी की पूरी खेप 'गायब' हो गई है। शनिवार 17 अप्रैल की रात से महाराष्ट्र राज्य के विभिन्न विभागों में उस समय सनसनी फेल गई जब यह पता चला कि कोविड के इलाज के लिए एक महत्त्वपूर्ण इंजेक्शन रेमडेसिविर के साठ हजार एम्प्यूल गायब हो गए हैं। सवाल उठाया जा रहा है कि 60 हजार रेमडेसिविर इंजेक्शन आखिर कहाँ गायब हो गए? इसका जवाब कोई नहीं दे पा रहा है। एनडीटीवी में सुनील कुमार सिंह की रिपोर्ट बता रही है कि महाराष्ट्र और मुम्बई में सैकड़ों मरीज रेमडेसिविर इंजेक्शन के लिए दर-दर भटक रहे हैं। लेकिन राज्य सरकार और विपक्ष के बीच आरोप-प्रत्यारोप जारी है। गृहमंत्री ने विपक्ष पर सरकारी काम में बाधा पहुँचाने का आरोप लगाया है। बताया जा रहा है कि जिस एफडीए ने ब्रुक फार्मा को महाराष्ट्र में इंजेक्शन वितरित करने की अनुमति दी उसे भी पता नहीं कि इंजेक्शन कहाँ हैं।

उधर इस दवा के न मिलने से मरीजों के परिजनों का हाल बेहाल है।

देश में पिछले चौबीस घंटों में दो लाख से ज्यादा कोविड के केस आए हैं। स्थिति भयावह है। दफ्तर में ज्यादातर लोग कोविड की चपेट में हैं। चैतन्य के पापा के गुजरने की खबर दोपहर को मिली और रात को अभी थोड़ी देर पहले ऋतु बासु के पापा के जाने की खबर मिली। कल पंकज बोल रहे थे कि आजकल फेसबुक खोलने से डर लगता है। खासकर किसी दोस्त का हँसता हुआ फोटो देखकर कि क्या पता इस फोटो के नीचे उसके जाने की खबर हो!

एक और जहाँ देशभर में हजारों चिताएँ जल रही हैं वहीं इस मौत के तांडव ने 'रोजगार' के अवसर बनाए हैं। चिता के लिए कुंटल कुंटल लकड़ियाँ, कफन बिक रहा है, टिकट बिक रही हैं, अन्त्येष्टि-क्रिया के सारे सामान 'किट' में 4000 रुपए के बिक रहे हैं।

इलाहाबाद की डॉक्टर रमा मिश्रा की आपबीती

"इलाहाबाद शहर के जिस स्वरूपरानी अस्पताल में पाँच दशक तक मेरे पति ने लोगों का इलाज किया और जिनके पढ़ाए हुए तमाम डॉक्टर इसी अस्पताल में हों, उन्हें इस कोविड बीमारी की वजह से एक डॉक्टर तक देखने वाला न मिला और मेरे सामने उन्होंने दम तोड़ दिया। डॉक्टर होने के बावजूद, मैं खुद उनकी कोई मदद न कर सकी।" प्रयागराज की नामी डॉक्टर रमा मिश्रा फोन पर यह बताते हुए रो पड़ती हैं। उनकी बेबसी सिर्फ इसी बात को लेकर नहीं है कि उनके पति ने उनकी आँखों के सामने अस्पताल की कथित लापरवाही, डॉक्टरों और कर्मचारियों की उपेक्षा और संसाधनों के अभाव में दम तोड़ दिया, बल्कि इसलिए भी है कि उन चार रातों में उन्होंने इसी तरह दम तोड़ते हुए दर्जनों लोगों को देखा।

80 वर्षीया डॉक्टर रमा मिश्रा प्रयागराज की चर्चित महिला रोग विशेषज्ञ हैं और इलाहाबाद (अब प्रयागराज) के मोतीलाल नेहरू मेडिकल कॉलेज में प्रोफेसर रही हैं। स्वरूपरानी नेहरू अस्पताल इसी मेडिकल कॉलेज से संबद्ध हैं। उनके पति डॉक्टर जेके मिश्रा और वो दोनों ही लोग पिछले हफ्ते कोविड संक्रमित होने के बाद स्वरूपरानी नेहरू अस्पताल में भर्ती हुए थे।

डॉक्टर रमा मिश्रा बताती हैं, "कोविड रिपोर्ट पॉजिटिव आने के बाद पहले हम लोग होम क्वारंटीन में ही रहे, लेकिन उनका ऑक्सीजन लेवल कम था। अस्पताल में बैड की भी बहुत किल्लत थी, लेकिन हमारे जानने वाले डॉक्टरों ने बैड का तो इंतजाम कर दिया, लेकिन उसके बाद के जो हालात थे, वो बेहद डरावने थे। मुझे बैड नहीं मिला। हालाँकि मुझे ऑक्सीजन की भी जरूरत नहीं थी और मेरी रिपोर्ट पॉजिटिव होने के बावजूद मेरी तबीयत खराब नहीं थी। उस रात डॉक्टर साहब को कोई इंजेक्शन लगाया गया, लेकिन हमें नहीं बताया कि कौन सा इंजेक्शन है। पूछने पर भी नहीं बताया। दूसरे दिन सुबह फिर इंजेक्शन लगा दिया। वहाँ रात में हमने जो देखा, वो बेहद डरावना था। रात भर मरीज चिल्लाते रहते थे। कोई उन्हें देखने वाला नहीं था। बीच-बीच में जब नर्स आती थी या डॉक्टर आते थे, तो डाँटकर चुप करा देते थे या कोई इंजेक्शन दे देते थे। उनमें से कई लोग सुबह सफेद कपड़े में लपेटकर बाहर कर दिए जाते थे, यानी उनकी मौत हो चुकी होती थी।"

डॉक्टर जगदीश कुमार मिश्रा और उनकी पत्नी डॉक्टर रमा मिश्रा ने एक मार्च को शहर के ही बेली अस्पताल में कोविड वैक्सीन की पहली डोज लगवाई थी। सात अप्रैल को दोनों ने दूसरी डोज लगवाई लेकिन इसके बावजूद दोनों संक्रमित हो गए।

डॉक्टर रमा मिश्रा कहती हैं, "अस्पताल में कोविड के नोडल ऑफिसर डॉक्टर मोहित जैन भी हमारे जूनियर रहे हैं। भर्ती होने के अगले दिन वो यहाँ आए, तो हमें देखकर चौंक गए। हँसते हुए हमसे बोले कि 'अरे आप लोग कैसे यहाँ आ गए?' कुछ देर तक रहे, हाल-चाल लिया लेकिन उन्होंने भी कुछ नहीं कहा कि आपको क्या हुआ है और यहाँ क्या ट्रीटमेंट दिया जा रहा है। उसके बाद फिर वो एक बार भी देखने नहीं आए।"

डॉक्टर रमा मिश्रा कहती हैं कि वॉर्ड के भीतर, खासकर रात में कोई नहीं रहता था, वॉर्ड बॉय भी नहीं। वो कहती हैं, "रात में सिर्फ एक जूनियर डॉक्टर आते थे। वो भी केवल ऑक्सीजन का लेवल देखकर चले जाते थे। पहले दिन एक डॉक्टर सचदेवा थे, जो हमारे डॉक्टर साहब के जूनियर थे। वो तीन फीट की दूरी पर खड़े होकर हाल-चाल लेकर चले गए और फिर वापस नहीं आए। थोड़ी देर बाद एक और डॉक्टर आए। उन्होंने हमें मेदांता जाने की सलाह दी।"

डॉक्टर रमा मिश्रा के मुताबिक, इसी तरीके से तीन दिन तक चलता रहा और 16 अप्रैल को डॉक्टर जेके मिश्रा की तबीयत ज्यादा खराब हो गई, "ऑक्सीजन लेवल लगातार कम हो रहा था। हमने वहाँ मौजूद एक व्यक्ति से इस बारे में कहा तो उसने लापरवाही से जवाब दिया कि ये सब तो इस बीमारी में होना ही है। मैं चिल्लाने लगी कि आप लोग कुछ करिए, वेंटिलेटर पर रखिए लेकिन डॉक्टर बोले कि यहाँ वेंटिलेटर है ही नहीं। जब तक मैं लिफ्ट से ऊपर पहुँची, तो देखा कि वो साँस ही नहीं ले रहे हैं। वेंटिलेटर लाने और उसे कनेक्ट करने में इतना समय लग गया कि उतनी देर में उनकी जान चली गई।"

फेसबुक पर किसी संजीव कश्यप की पोस्ट के कुछ अंश

कान खोल कर सुनिए!!

तुगलगी फरमानों से अपनी नाकामियों को छुपाने वाली निर्लज्ज भारत सरकार और उनके आँख कान नाक बन चुके पढ़े लिखे आईएएस की पूरी टोली कान खोलकर सुनो... ये जो फरमान जारी कर रहे हो कि मेडिसिन की कालाबाजारी की जानकारी दो...!! कार्रवाई करेंगे...!!

अपनी नाकामयाबियों और तमाशबीन हरकतों को काबू में करके सबसे पहले दवाई मुहैया करवाओ उसके बाद इसकी कालाबाजारी अपने-आप बन्द हो जाएगी... आज पूरा भारत समेत पूरा छत्तीसगढ़ तुम्हारी खींचतान, राजनीतिक लाभ हानि का दंश झेल रहा है।...

वरिष्ठ पत्रकार विकास परसाई जी (स्टेट हेड, लाइव टुडे) अपनी जिंदगी और मौत की सबसे कठिन जंग लड़ रहे हैं, उनके परिजन एक इंजेक्शन के लिए 24 घंटे से दर दर की ठोकरें खा रहे हैं। उनके सहयोगी और उनकी पत्नी से बात करने के बाद से रात 3 बजे तक इसके लिए भटका... आखिरकार ॐ हॉस्पिटल में जाकर डॉक्टर से मिला। उन्होंने सीधा कहा, "भाई! किसी भी हालत में मुझे ये इंजेक्शन चाहिए मतलब चाहिए। उन्होंने इसका एक सबटिट्यूट सॉल्यूशन भी मुझे लिखकर दिया कि कहीं से भी लेकर आओ। डॉक्टर बेचारा खुद अपने पेशेंट को बचाने को बेबस है।

प्रदेश सरकार के स्टॉकिस्ट कुमार मेडिकोज संजय रावत जी ने बताया— भाई ये इंजेक्शन आपको पूरे हिंदुस्तान में किसी मेडिकल में नहीं मिलेगी, ऑस्ट्रेलिया का प्रोडक्ट है, 20 तारीख को नागपुर डिपोर्ट होने की संभावना है।

आखिरकार एक ऐसा पेशेंट मिला जिसे दो दिन पहले यह इंजेक्शन लगाया गया था, उनके परिजनों के हाथ जोड़कर विनती करने पर भी उन्होंने अपना लिंक मुझे नहीं दिया। केवल एक टूक जवाब मिला, "मेरा बड़ा भाई अभी स्वस्थ नहीं हुआ है। मुझे आगे जरूरत पड़ जाएगी तो किसके पास जाऊँगा?"

इस कड़ी को पकड़े जब आगे बढ़ा तब एक लिंक मिला उसने बताया दो इंजेक्शन के लिए 5 लाख तक का जुगाड़ रखो। मैंने 'हाँ' कहा। जी हाँ, इस इंजेक्शन का मार्केट रेट 32 हजार से 40 हजार तक है, जिसकी कालाबाजारी की कीमत 2 से 5 लाख तक पहुँच चुकी है। फिर एक लिंक मिला जिनके पेशेंट की पिछले दिनों मौत हो गई थी। उन्होंने उनके लिए खरीदकर रखा था जो काम नहीं आई, उन्होंने भी ब्लैक में लिया था। जैसे तैसे मदद मिलते दोपहर तक एक इंजेक्शन हाथ आया...अब तुम्हारी बातों पर आता हूँ सरकार!! किस पर कार्रवाई करोगे? उन परिजनों पर जो सड़क पर मर रहे हैं या उन मरीजों पर जो वेंटिलेटर पर मर रहे हैं या मुझ जैसे किसी पर ?

खुली चुनौती देता हूँ... सुनो... तुम्हारे सरकारी डॉक्टर, नोडल, अफसर, तुम्हारे ही प्रदेश के निजी अस्पताल इसे दबाकर बैठे हैं।..

लिंक देता हूँ मेकाहारा में एक डॉक्टर है चेक करो... दुर्ग जाओ... ओडिशा के बलांगीर में क्या है? पता करो...

पिछले 24 घंटे में 63 लोगों तक मदद पहुँचाया हूँ केवल ऊपर लिखे केस पर मैं फेल हो गया और हाँ अभी लड़ाई जारी है...

रेमडेसिविर की कालाबाजारी निजी अस्पतालों से ही चल रही है... दो इंजेक्शन के 12 हजार लगते हैं... मेरे हाथ में रखी फोटो में देखिए... ऐसे खुले में दिया जाता है... पहले पर्ची मिलती है... पर्ची से पैसा देकर दूसरी पर्ची मिलती है... उस पर्ची को देने के बाद... डब्बे को अपने पास रखते हुए केवल इंजेक्शन की शीशी दी जाती है।

लो चुनौती!! जाओ पूरा सिस्टम बता दिया, करो कार्रवाई... लेकिन याद रखना !! तुम उन लोगों की मुसीबतें बढ़ा रहे हो जो किसी भी कीमत पर कोई अपने पति को... बेटे को... माँ को... बाप को... भाई को... बचाने की जुगत कर रहा है... जीवनभर की कमाई लगा रहा है... लड़ रहा है...

याद रखना!! तुम केवल उनकी मुसीबतें बढ़ाओगे... ना तुम उन्हें मुहैया करवा सकते ना तुम उन्हें खुद अपनी लड़ाई लड़ने दे रहे...

मैं कालाबाजारी का विरोधी हूँ...लेकिन किसी दलाल की कालाबाजारी का नहीं...भड़वई पर उतर आए सिस्टम से ही जुड़े उन शागिर्दों और गिद्धों की कालाबाजारी का विरोधी हूँ...अगर है ताकत तो चींटी मारना बन्द करो और उस छेद तक पहुँचो जहाँ से चींटियाँ निकल रही है...

हम भी देखें ताकत...थू है ऐसी भारत सरकार पर जो जले में नमक छिड़कती है... जो दिनभर मरीजों को रेमडेसिविर तो नहीं दिलवा पा रही... पर शाम को उसके दाम कम करके श्रेय ले रही है...

और लानत है ऐसी प्रदेश सरकार को जो अपने ही घर पर बैठे शागिर्दों को पहचान नहीं पा रही...

लड़ेंगे साथियो... !! आखिरी दम तक...

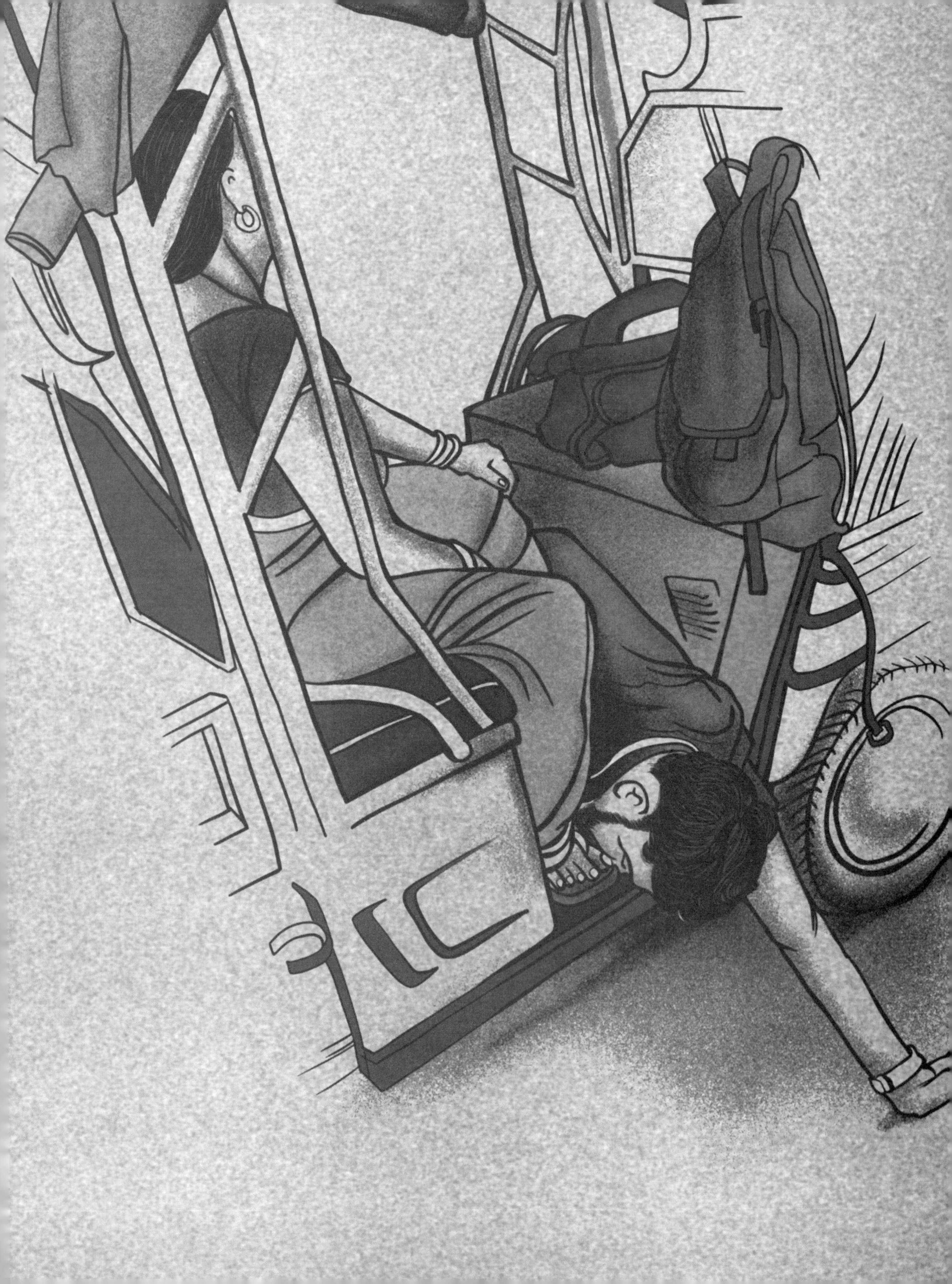

यह काशी की तसवीर है। 2014 में 'गंगा माँ के बुलावे पर' नरेंद्र मोदी गुजरात से काशी आया था और उसने वादा किया था कि काशी को क्योटो बना देगा। उसी क्योटो में एक माँ अपने जवान बीमार बेटे को लेकर घूमती रही और उसके बेटे को एक बैड नसीब नहीं हुआ। आखिर में जिंदगी हार गई और बेटे ने माँ के कदमों में गिरकर दम तोड़ दिया। दैनिक जागरण की रिपोर्ट में बताया गया कि जौनपुर जिले के मडियांहू निवासी विनय सिंह के भतीजे विनीत सिंह मुम्बई में काम करते थे। पिछले साल दिसंबर में विनीत एक शादी समारोह में आए थे और तब से यहीं थे। उन्होंने बताया कि बीते सोमवार को तबीयत खराब हुई तो अपनी माँ चंद्रकला सिंह के साथ विनीत इलाज के लिए बीएचयू गए थे। जब वहाँ डॉक्टरों ने कोविड-19 की वजह से नहीं देखा तो ककरमत्ता के एक निजी अस्पताल में ले गए। वहाँ भी उन्हें भर्ती नहीं किया गया। इसके बाद विनीत ने रिक्शा में ही उनकी माँ के कदमों में दम तोड़ दिया। विनीत अपने परिवार के चार भाई व एक बहन में तीसरे नंबर पर थे। तेज टीवी की रिपोर्ट के अनुसार, विनीत की मौत के बाद शव वापस ले जाने के लिए भी कोई एम्बुलेंस की व्यवस्था नहीं हो पाई जिसके कारण उनकी माँ को ई-रिक्शे में ही उनका मृत शरीर लेकर जाना पड़ा। यूपी में संक्रमण के मामलों में वाराणसी दूसरे स्थान पर है। पहले स्थान पर राजधानी लखनऊ है।

श्मशान कर्मचारियों का बुरा हाल, शवदाह के लिए लंबा इंतजार करना पड़ रहा है

भारत में कोरोना की दूसरी लहर इतनी खतरनाक हो चुकी है कि अभी हर दिन औसतन डेढ़ लाख से ज्यादा मामले सामने आ रहे हैं। मरने वालों का आँकड़ा प्रतिदिन 1000 से ज्यादा हो चुका है। मरीज अस्पताल में अपने इलाज का इंतजार कर रहे हैं और तो और दाह संस्कार के लिए मृतकों के परिजनों को लंबा इंतजार करना पड़ रहा है। बीबीसी की एक रिपोर्ट में सूरत के एक श्मशान का हाल है।

एक दिन में 50 से 60 दाह संस्कार कर रहे हैं

"अभी दोपहर के एक बजकर 10 मिनट हुए हैं और 22 शव अब तक जला चुके हैं, हर दिन 50 से 60 बॉडी जलाना पड़ता है। खाने का तो समझ लीजिए मैडम कि अगर किसी का शव जलने में वक्त लगा और समय मिल गया तो उसी बीच में खा पाते हैं। छह फ्रीज तो हैं, लेकिन लोग ज्यादा आते हैं तो कहाँ फ्रीज में जगह मिलेगी, शव के साथ बाहर लोग खड़े रहते हैं।"

दूसरी और पुणे के एक सरकारी शवगृह में काम करने वाले वरुण जनगम फोन पर अपनी बात जल्दी-जल्दी बोलते हैं, मानो कम वक्त में कितना कुछ बता देना चाहते हों। फिर कहते हैं, "मैडम थोड़ा काम है, हम आपको फ्री होकर कॉल करते हैं।"

वरुण देश के उन तमाम शवगृह कर्मियों की झलक अपनी बातों से पेश कर जाते हैं, जो हर दिन, हर मिनट कोरोना से मारे गए लोगों के शव जला रहे हैं। महाराष्ट्र, दिल्ली, गुजरात, यूपी, मध्य प्रदेश, तमिलनाडु, केरल और कर्नाटक राज्यों में कोरोना तेजी से फेल रहा है और कुल कोरोना केस के 80 फीसदी मामले इन राज्यों से सामने आ रहे हैं, इनमें भी महाराष्ट्र सबसे बुरी तरह प्रभावित राज्य है, जहाँ अब एक मई तक कई पाबन्दियाँ लगा दी गई हैं।

वरुण बताते हैं कि यूँ तो उनकी शिफ्ट आठ घंटे रहती है, लेकिन इसके बावजूद काम इतना है कि उन्हें घंटों ओवरटाइम काम करना ही पड़ता है। हालाँकि वह उन कर्मचारियों में से हैं, जिनके पास अपना काम करने के लिए पीपीई किट उपलब्ध है। हालाँकि गुजरात के राजकोट में कोविड से जान गँवाए लोगों के शवों के लिए अधिकृत श्मशान पर काम करने वाले दिनेशभाई और धीरुभाई संक्रमण से मरने वाले लोगों को बिना किसी पीपीई किट या दस्तानों के जला रहे हैं। कोविड से पहले यहाँ औसतन एक दिन में 12 शव आया करते थे, लेकिन अब 25 शव आते हैं। श्मशान पर काम करने वाले कर्मचारी ही केवल परेशान और हताश नहीं हैं, बल्कि वो लोग, जिन्होंने महामारी में अपनों को खोया है, उनके इंतजार और दुख भी अंतहीन हैं; ये लोग पहले अपनों के इलाज के लिए अस्पतालों के चक्कर लगाते हैं और फिर मौत हो जाने की स्थिति में उन्हें शव के लिए लंबा इंतजार करना पड़ रहा है।

इस बीच अस्पताल भी श्मशान की स्थिति देखते हुए शवों को देरी से सौंप रहे हैं। बीबीसी ने ऐसे ही एक परिवार से बात की। गुजरात में राजकोट के पास स्थित मोरबी से आए हुए हेमंत जादव ने बीबीसी को बताया कि उनके रिश्तेदार के शव के लिए उन्हें 12 घंटे तक ज्यादा इंतजार करना पड़ा।

सोमवार को सुबह पाँच बजे वे राजकोट के सिविल अस्पताल आए और शाम के सात बजे जब वे बीबीसी से बात कर रहे थे, तब तक उन्हें अपने भाई का शव नहीं मिल सका था। खासकर अहमदाबाद, सूरत और राजकोट सबसे बुरी तरह प्रभावित शहर हैं। सूरत के शवगृहों में लंबी कतारों में खड़े लोग अपनों की आखिरी यात्रा का इंतजार कर रहे हैं, लोगों को टोकन देकर घंटों लंबा इंतजार करवाया जा रहा है। बीबीसी की एक दूसरी रिपोर्ट बता रही है कि उत्तर प्रदेश राज्य में कोरोना की दूसरी लहर में बड़ी संख्या में कोरोना के केस सामने आ रहे हैं। खासकर राज्य की राजधानी लखनऊ में कोरोना वायरस का संक्रमण जहाँ लोगों पर कहर बनकर टूटा है, वहीं संक्रमण से मरने वालों के अंतिम संस्कार के लिए भी जगह और सुविधाओं की कमी पड़ गई है। लखनऊ के दो घाटों के अलावा कई अन्य शहरों में भी लोगों को अपने मृत परिजनों के दाह संस्कार के लिए घंटों लाइन में खड़ा होना पड़ रहा है।

लखनऊ के बैकुंठधाम (भैंसकुंड) शवदाह गृह का आलम यह है कि दाह संस्कार के लिए लकड़ियाँ कम पड़ रही हैं और घाटों पर शवों को जलाने के लिए भी कर्मचारी नहीं मिल रहे हैं।

प्रधानमंत्री नरेंद्र मोदी की उपस्थिति यहाँ पर भी है। बताया जा रहा है है कि प्रधानमंत्री नरेंद्र मोदी के 'मोक्ष सबका अधिकार' के नारे से प्रेरणा लेते हुए वार्ड नंबर 22 शिवपुर की पार्षद विजय श्री ने पुरानी चुंगी के समीप स्थित पुराने शव स्थल के स्थान पर पीपीपी मॉडल पर बने शव विश्राम स्थल का लोकार्पण किया।

शव विश्राम स्थल शिवपुर
मोक्ष सबका अधिकार
माननीय प्रधानमंत्री श्री नरेन्द्र मोदी जी की प्रेरणा से
PPP माडल पर शिवपुर के नागरिकों एवं व्यापारीगण
बन्धुओं के सहयोग से निर्मित शव विश्राम स्थल का लोकार्पण
माननीय पार्षद विजय श्री के कर कमलों द्वारा
दिनांक-16-2-2021 दिन मंगलवार बसंत पंचमी को सम्पन हुआ
नगर निगम-वाराणसी

देशभर के श्मशान घाटों में दाह के लिए शवों की भीड़ जम गई है। आठ-आठ घंटे का वेटिंग टाइम है। श्मशान में जलने की जगह न होने से अब शवों को सड़कों पर जलाया जा रहा है।

महाराष्ट्र के भाजपा नेता देवेन्द्र फड़नवीस रेमडेसिविर इंजेक्शन के डिब्बों को लेकर भागने की कोशिश करते पाए गए।

उत्तर प्रदेश की आदित्यनाथ सरकार ने राज्य के श्मशानों के चारों ओर ऊँची दीवार लगाने का काम शुरू किया है जिससे लोगों को पता न चल सके कि अन्दर कितनी चिताएँ जल रही हैं।

उत्पला से पता चला कि इलाहबाद में बदहवासी का आलम है। सभी लोग केवल इस बात कि चर्चा कर रहे हैं कि अस्पताल में बिस्तर कहाँ खाली है? दवा, ऑक्सीजन कहाँ मिलेगी। पूरी तरह से अफरातफरी का माहौल है।

महाराष्ट्र सरकार ने राज्य के अस्पतालों में घटती जा रही ऑक्सीजन को देखते हुए केंद्र सरकार से ऑक्सीजन की माँग की इस पर पीएमओ से जवाब आया कि प्रधानमंत्री अभी चुनाव दौरे पर हैं अतः उनके चुनाव दौरे के खत्म होने तक महाराष्ट्र सरकार को इन्तजार करना होगा।

सोमवार को इलाहाबाद हाईकोर्ट ने राज्य सरकार को जिन जिलों में लॉकडाउन लगाने का निर्देश दिया था, उनमें वाराणसी का भी नाम था। हालाँकि योगी सरकार ने ऐसा करने से इनकार कर दिया है।

गुजरात राज्य के वलसाड के सिविल अस्पताल में लाशों की इतनी भीड़ लग गई है कि उनके अंतिम संस्कार नहीं हो पा रहे हैं। कई-कई दिनों तक पड़े रहने से अब उनसे दुर्गंध आने लगी है।

दिल्ली में लगे लॉकडाउन को देखते हुए किसान नेता गुरनाम सिंह चढ़ूनी ने मजदूरों को आंदोलन स्थल में आमंत्रित किया और कहा कि उनके लिए असीमित मुफ्त भोजन और रहने की व्यवस्था है।

20 अप्रैल

केरल सरकार ने गोवा के कोविड रोगियों की जरूरत को देखते हुए को 20,000 लीटर ऑक्सीजन उपलब्ध करवाया है।

किशोरीलाल की कहानी

किशोरीलाल पेशे से इंजीनियर हैं। लखनऊ नगर निगम के प्रभारी सहायक अभियंता हैं। निर्माण कार्य इनका क्षेत्र है मगर पिछले दस दिनों से इनका काम बदल गया है। ऑफिस की जगह बैकुंठ धाम श्मशान घाट उनका कार्यस्थल हो गया है। कोविड के शवों की संख्या बढ़ने के बाद उनको यह जिम्मेदारी दी गई है। अब सुबह से शाम तक यहाँ शवों के अंतिम संस्कार की जिम्मेदारी निभाते हैं। लकड़ी से लेकर शवों को घाट तक पहुँचाने का काम खुद करवाते हैं। किशोरीलाल बताते हैं कि जिस तरह संक्रमण फैला है इससे उनके परिवारवाले बुरी तरह से डरे हुए हैं और इसलिए उन्होंने अपने परिवारवालों को नहीं बताया कि वह आजकल श्मशान घाट में ड्यूटी कर रहे हैं।

अल जजीरा की खबर बता रही है कि है गुजरात के दूसरे सबसे बड़े शहर और हीरों का केंद्र माने जाने वाले सूरत शहर के श्मशान घाटों में पिछले कुछ दिनों से प्रतिदिन सौ से ज्यादा शव जलाने के लिए लाए जा रहे हैं, जबकि इन श्मशान-घाटों की क्षमता प्रति दिन 25 शवों को जलने की है। शहर के तीसरे श्मशान-घाट 'अश्विनी कुमार' के एक ट्रस्टी प्रशांत काबरावाला ने कोविड प्रोटोकोल का हवाला देते हुए अल जजीरा को प्रतिदिन श्मशान में आने वाले शवों की संख्या बताने से इनकार कर दिया पर उन्होंने यह बताया कि हाल ही में यहाँ शवों की भारी भीड़ है। इतना उन्होंने इससे पहले कभी नहीं देखा था। हालात इतने बुरे हैं कि विद्युत शवदाह को चौबीसों घंटे चलाना पड़ रहा है और इसके चलते हाल ही में एक चिमनी पिघल कर गिर गई।

अस्पताल, ऑक्सीजन, टीके की कौन पूछे शवों को घाट तक ले जाने के लिए वाहन नहीं मिल रहे हैं। लोगों को ऑटो की छत पर शवों को बाँध कर लेकर जाना पड़ रहा है। ऐसा ही एक वीडिओ फेसबुक पर किसी ने साझा किया है।

महाराष्ट्र के अस्पतालों में ऑक्सीजन खत्म होने कि कगार पर है। डॉक्टरों का कहना है कि, ज्यादातर अस्पतालों में केवल 3-4 घंटे की ऑक्सीजन बची है जिसके चलते नए मरीजों को भर्ती करना बन्द कर दिया गया है और मरीजों के परिजनों से गुजारिश की गई है कि उन्हें किसी ऐसे अस्पताल में भर्ती कर दें, जहाँ ऑक्सीजन उपलब्ध हो लेकिन हर जगह यही हाल है।

उत्तर प्रदेश में हालत और भी भयावह हैं। वहाँ शवों के परिवारजनों को टोकन बाँटे जा रहे हैं और प्रतीक्षा समय बारह घंटे का है। लखनऊ शहर में अब तो श्मशान घाट के पास के पार्क में शवों को जलाया जा रहा है। इसी बीच अंतिम संस्कार में होने वाले खर्चे में बेतहाशा वृद्धि हुई है। श्मशान घाटों में लकड़ी की कमी हो गई है इसलिए लोग अपने मृत परिजनों के शवों को जलने के लिए लकड़ियाँ खुद ला रहे हैं। बनारस का भी बुरा हाल है। शहर की तंग गलियों से घाटों तक जहाँ 2-4 मिनट में पहुँचा जा सकता था अब गलियों में अपने परिजनों के शवों के जलाए जाने की बारी का इन्तजार करते परिजनों की भीड़ से गलियाँ पट गई हैं।

कब्रिस्तानों में कब्र खोदनेवालों की हालत बहुत खराब है। दिल्ली के 'जदीद कब्रिस्तान अहले' में शुक्रवार के दिन केवल तीन घंटे में कुल ग्यारह शवों को दफनाने के लिए लाया गया। शाम तक बीस और शव आ चुके थे। शामिम इस कब्रिस्तान में कब्रों की खुदाई का काम करते हैं। उनका कहना है कि अगर इसी तरह चलता रहा तो जल्द ही कब्रिस्तान में नए शवों को गाड़ने के लिए जगह नहीं बचेगी। शमीम अपना एक तजुर्बा साझा करते हुए कहते हैं की हाल ही में कोई शमीम के पास आकर बोला कि उनकी माँ को दफनाने कि तैयारी शुरू करें। पर वहाँ पर कोई लाश नहीं थी। बाद में पूछने पर उस व्यक्ति ने बताया कि डॉक्टर ने उनकी माँ को जवाब दे दिया है इसलिए वह शमीम के पास आए हैं। यह सुनकर शमीम सकते में आ गए। उनका कहना था कि अपने तीन पीढ़ियों के कब्र खोदने के काम में उन्होंने किसी जिन्दा इंसान की कब्र खोदने की बात नहीं सुनी। रिपोर्ट आगे बताती है कि भारत विश्व का इकलौता देश है जहाँ कोविड से मरनेवालों की असली संख्या आज संदेह के घेरे में है। देश में, खासकर दूर दराज के गाँव में ज्यादातर मौतों को किसी भी प्रकार का मेडिकल सर्टिफिकेट नहीं मुहैया करवाया जाता ऐसे में इसकी सटीक संख्या शायद हम कभी भी नहीं जान पाएँगे।

21 अप्रैल

हिंदुस्तान टाइम्स में हर्षित सबरवाल की रिपोर्ट है कि महाराष्ट्र के नासिक के जाकिर हुसैन नगर निगम अस्पताल में ऑक्सीजन लीक होने से पूरे अस्पताल में ऑक्सीजन की सप्लाई बिगड़ गई और इसके चलते 22 रोगियों की मौत हो गई। यह सभी कोविड के रोगी थे और इनका इस अस्पताल में इलाज चल रहा था। भाजपा सांसद प्रवेश वर्मा ने मंगलवार रात को आरोप लगाया कि दिल्ली में मेडिकल ऑक्सीजन की सप्लाई किसानों द्वारा सड़क जाम कर दिए जाने के कारण प्रभावित हुई है। हालाँकि टैंकर चालक की मानें तो किसानों की तत्परता से जल्द ही सड़कें खाली कराकर ऑक्सीजन टैंकर को रवाना किया गया। टेफिक जाम न मिलने के कारण समय से 2-3 घंटे पहले ही ऑक्सीजन टैंकर राजधानी दिल्ली में पहुँच गया। ऑक्सीजन टैंकर चालक ने बताया कि गाजीपुर बॉर्डर पर किसानों का आंदोलन चल रहा है, लेकिन ऑक्सीजन टैंकर को देखते ही किसान भाइयों ने जल्दी से रास्ता खाली करवा दिया।

किसान संगठनों का प्रतिनिधित्व करने वाले संयुक्त किसान मोर्चा ने बताया कि, "आंदोलन के पहले दिन से ही उन्होंने आपात सेवाओं के लिए एक तरफ का रास्ता खुला छोड़ रखा है। एक भी एम्बुलेंस या जरूरी वस्तु सेवा को नहीं रोका गया है। किसानों के विरुद्ध दुष्प्रचार किया जा रहा है कि उन्होंने सड़कें जाम कर रखी हैं। बल्कि केंद्र सरकार ने सड़कों पर बैरीकेडिंग (कील) लगा दिए हैं। किसान मानवाधिकारों के लिए संघर्ष कर रहे हैं और वे हर मानव के अधिकार का समर्थन करते हैं।"

कोविड के इस प्रकोप के बीच उत्तर प्रदेश में ग्राम पंचायत के चुनाव जारी हैं जहाँ कोविड से जुड़ी सभी सावधानियों की धज्जियाँ उड़ रहीं हैं।

ऑक्सीजन नहीं है, कृपया अपने मरीजों को यहाँ से ले जाएँ

उत्तर प्रदेश राज्य की राजधानी में लखनऊ में भी ऑक्सीजन की किल्लत हो गई है। लखनऊ के मेयो अस्पताल में एडमिट एक मरीज के रिश्तेदार ने बताया कि अस्पताल की तरफ से हमें सुबह ही बता दिया गया था कि 'यहाँ अब ऑक्सीजन नहीं है। आप अपने मरीज को लेकर कहीं और जाइए', लेकिन हम लेकर जाएँ कहाँ? सुबह से कम से कम 10 अस्पतालों के चक्कर लगा चुका हूँ। बैड तो मिल भी रहा, लेकिन ऑक्सीजन कहीं नहीं हैं और मेरा भाई तो बिना ऑक्सीजन के मर ही जाएगा।"

भाजपा सांसद कौशल किशोर अपने पोस्ट में लिखते हैं—"लखनऊ में ऑक्सीजन गैस प्लांट के कुछ मालिकों ने मुझे बताया कि ड्रग इंस्पेक्टर ने प्राइवेट अस्पतालों में ऑक्सीजन गैस देने पर रोक लगा रखी है। केवल सरकारी अस्पतालों में ही ऑक्सीजन गैस सप्लाई करने को कहा है। प्राइवेट अस्पतालों में ऑक्सीजन गैस न दें। प्राइवेट अस्पतालों में ऑक्सीजन गैस के बगैर मरीज मर रहे हैं तो मरने दें।

फेसबुक पर लिखा आखिरी गुड मॉर्निंग

मुम्बई की डॉक्टर मनीषा जाधव ने फेसबुक पर लिखा—"शायद ये आखिरी गुड मॉर्निंग है ..."

इस पोस्ट के महज 36 घंटे बाद डॉक्टर मनीषा जाधव कोविड से जिंदगी की जंग हार गई। डॉक्टर मनीषा जाधव टीबी के इलाज की स्पेशलिस्ट थीं और मुम्बई के सेवरी टीबी अस्पताल में नौकरी करती थीं।

राघव ने अपने यू ट्यूब चैनल में एक खबर को साझा किया है जिसमें उत्तर प्रदेश के पीलीभीत की एक खबर है। वहाँ एक आदमी ने टीका लगवाने के लिए रजिस्ट्रेशन करवाया। उसे दो दिन बाद का समय मिला पर दूसरे दिन उसके पास एक मैसेज आया जिसमें उसके टीका लगने का सर्टिफिकेट था। वह हैरान है कि उसके अनजाने में उसे आखिर टीका कब लगा? उधर सरकार ढोल पीट रही है कि भारत में सबसे तेजी से टीकाकरण चल रहा है।

यूपी के शामली के सामुदायिक स्वास्थ्य केन्द्र में तीन वृद्ध महिलाओं को कोविड वैक्सीन के स्थान पर रेबीज का टीका लगा दिया गया। गुरुवार को कस्बे के मोहल्ला सरावज्ञान निवासी 70 वर्षीय सरोज पत्नी स्वर्गीय जगदीश, नगर के रेलवे मंडी निवासी 72 वर्षीय अनारकली व 60 वर्षीय सत्यवती के साथ ई रिक्शा में बैठकर सामुदायिक स्वास्थ्य केन्द्र में कोविड की पहली वैक्सीन डोज लगवाने के लिये पहुँची थी। जैसे ही महिलाएँ स्वास्थ्य केन्द्र पर पहुँचीं तो वहाँ कर्मचारियों ने उन से 10-10 रुपए वाली सीरिंज मँगवाकर उन्हें कोविड का टीका लगाने की बजाय एंटी रेबीज का इंजेक्शन लगाकर घर भेज दिया। आरोप है

कि इसी बीच वृद्ध महिला सरोज की हालत बिगड़ गई। महिला को तेज चक्कर आने के बाद घबराहट शुरू हो गई। परिजनो आनन,फानन में प्राइवेट चिकित्सक के पास वृद्ध महिला को उपचार कराने के लिये ले गए। प्राइवेट चिकित्सक ने महिला के परिजनों को बताया कि स्वास्थ्य केन्द्र पर महिला को रेबीज का टीका लगाया गया है।

22 अप्रैल

देश में पिछले 24 घंटों में करीब तीन लाख नए केस आए हैं। अमेरिका को पछाड़ कर आज भारत विश्व का सबसे ज्यादा कोविड रोगियों वाला देश बन गया है।

दिल्ली के अस्पतालों में कुछ ही घंटों की ऑक्सीजन बाकी रहने की खबर के बाद मुख्यमंत्री अरविंद केजरीवाल ने केंद्र सरकार से मदद की गुहार लगाई है। मैक्स हॉस्पिटल को दिल्ली हाईकोर्ट का दरवाजा खटखटाना पड़ा तो अपोलो हॉस्पिटल ने हरियाणा पुलिस पर ऑक्सीजन टैंकर को रोकने का आरोप लगाया है।

समाचार संस्था द वायर की रिपोर्ट ने सीरम इंस्टीट्यूट ऑफ इंडिया (एसआईआई) का हवाला देते हुए कहा है कि कोविड के टीके 'कोविशील्ड' की कीमत राज्य सरकारों के लिए 400 रुपए प्रति खुराक और निजी अस्पतालों के लिए 600 रुपए प्रति खुराक होगी। कंपनी ने यह भी कहा कि 150 रुपए प्रति खुराक का मौजूदा अनुबंध समाप्त होने के बाद केंद्र सरकार के लिए भी दर 400 रुपए प्रति खुराक होगी। सीरम इंस्टीट्यूट ऑफ इंडिया के पूनावाला ने कहा है कि, "पिछली कीमत शुरुआती कीमत थी। उस समय काफी चीजें स्पष्ट नहीं थी। यह भी पता नहीं था कि टीका काम करेगा या नहीं..."

सवाल उठता है कि क्या सीरम इंस्टीट्यूट ऑफ इंडिया अब तक हम भारतीय नागरिकों पर अपने टीकों का परीक्षण (ह्यूमन ट्रायल)कर रही थी?

लखनऊ के 80 वर्षीय शायर सैय्यद शहरयार हुसैन को ऑक्सीजन सिलेंडर की जरूरत थी। बहुत खोज के बाद बेटे को एक सिलेंडर मिला लेकिन जब वह उसे ई-रिक्शा में रखने वाला था तो उसे पुलिस ने पकड़ लिया। सैय्यद शहरयार हुसैन का बेटा अब सआदतगंज थाने में है।

सीताराम येचुरी के पुत्र और पेशे से पत्रकार आशीष येचुरी की आज कोविड से मौत हो गई।

केंद्र ने बुधवार को यह जानकारी दी कि कोविड-19 टीकों की पहली खुराक लेने के बाद 21,000 से अधिक लोग वायरस से संक्रमित हो गए, जबकि 5,500 से अधिक लोग दूसरी खुराक लेने के बाद भी संक्रमित हो गए।

ऑक्सीजन त्रासदी की 6 कहानियाँ

समाचार संस्था गाँव कनेक्शन वेबसाइट में कुछ आपबीतियाँ

1. ईशान त्रिपाठी लखनऊ के बलरामपुर अस्पताल सरकारी अस्पताल में भर्ती थे, उन्हें वेंटिलेटर सपोर्ट की जरूरत थी, जिसकी वहाँ सुविधा नहीं थी। वेंटिलेटर के अभाव में 22 अप्रैल की दोपहर उनका निधन हो गया।

2. कोविड से पीड़ित लखनऊ में आलमबाग इलाके में रहने वाले सुबोध तिवारी चिनहट के एक नर्सिंग होम में भर्ती थे। बुधवार को हालत बिगड़ने पर उन्हें किसी बड़े अस्पताल में शिफ्ट किया जाना था, परिजन उन्हें एम्बुलेंस में लेकर निकले लेकिन रास्ते में ऑक्सीजन खत्म होने से उनकी मौत हो गई।

3. लखनऊ में रहने वाले लेखक हिमांशु बाजपेई ने सुबह अपने फेसबुक पर एक दर्दभरा मैसेज लिखा, "वही हुआ जिसका डर था। रात बहुत भारी साबित हुई। सबकी मदद करते रहे हम। अपने घर की बच्ची को नहीं बचा पाए। सारी दुआएँ बेकार गईं। कुछ नहीं हो पाया। कितने असहाय हैं हम। कहीं ऑक्सीजन नहीं बाकी। आज लखनऊ की तबाही का दिन है।"

हिमांशु के घर की एक बच्ची चरक अस्पताल में भर्ती थी लेकिन वहाँ ऑक्सीजन नहीं बची थी, कहीं से कुछ इंतजाम नहीं हो पाया और बच्ची की मौत हो गई।

4. लखनऊ के ठाकुरगंज इलाके में स्थित निजी अस्पताल रॉकलैंड में भर्ती आशीष श्रीवास्तव के भाई शैलेंद्र ने 21 अप्रैल की रात ट्विटर पर एक वीडियो शेयर किया जिसमें वे कह रहे थे कि, "रॉकलैंड अस्पताल में ऑक्सीजन खत्म हो रही है अपने मरीजों को कहीं और लेकर जाइए। लखनऊ में कहीं इंतजाम नहीं हो पा रहा है, मेरी मुख्यमंत्री योगी जी से विनती है कि हमारे मरीज को तुरंत ऑक्सीजन उपलब्ध कराई जाए।"

अगले दिन घरवाले मरीज को लेकर कानपुर जिले के अकबरपुर इलाके में भटक रहे थे। शैलेंद्र ने बताया, "सुबह रॉकलैंड अस्पताल में ऑक्सीजन पूरी तरह खत्म हो गई, तो लोग अपने-अपने मरीज लेकर अस्पताल खोजने लगे। मेरी यहाँ कानपुर के ग्रामीण इलाके के एक डॉक्टर से बात हुई लेकिन जब यहाँ पहुँचे तो यहाँ भी ऑक्सीजन नहीं थी, अब हमारा मरीज एम्बुलेंस में है और हम भटक रहे हैं। कहीं ऑक्सीजन का इंतजाम नहीं है।"

5. दिल्ली में रहने वाले पत्रकार मोहम्मद आदिल ने लखनऊ में अपने एक पत्रकार साथी को रात 1.58 मिनट पर मैसेज किया, "लखनऊ में मेरी खाला रहती हैं जिनका ऑक्सीजन लेवल 50 तक पहुँच गया है। अभी कोविड नहीं है। कहीं बैड या ऑक्सीजन का इंतजाम हो जाए, जानता हूँ मुश्किल काम है इस वक्त में।"

इससे पहले कि उनका पत्रकार साथी वो मैसेज देख पाता, उन्होंने

सुबह 6.20 मिनट पर एक और मैसेज किया, "खाला का सुबह 5 बजे इंतकाल हो गया।"

6. लखनऊ निवासी रंजीत गौतम के पिता मातादीन दुबग्गा के एक अस्पताल में भर्ती हैं, सुबह से वो बिना ऑक्सीजन सपोर्ट के हैं क्योंकि अस्पताल में ऑक्सीजन नहीं है। दो खाली सिलेंडर लेकर वो किसी तरह पूछते हुए चौधरी चरण सिंह एयरपोर्ट (अमौसी एयरपोर्ट) के आगे स्थित एक ऑक्सीजन प्लांट पर पहुँचे थे, लेकिन उन्हें ऑक्सीजन नहीं मिल सकी। 14 अप्रैल को उनकी माँ कोविड से गुजर चुकी हैं। रंजीत अपने पिता को बचाने के लिए हाथ पैर मार रहे है लेकिन हताश हो चुके हैं। अब तक उनके तीन से चार लाख रुपए खर्च हो चुके हैं, जो उन्होंने कर्ज लिया था।

ऑक्सीजन के लिए भोपाल में भी लोग परेशान हैं। अभय मिश्रा नाम के यूजर ने 22 अप्रैल को एक बजे ट्विटर पर लिखा "गुलमोहर कॉलोनी में स्थित निरवाना अस्पताल में महज एक घंटे की ऑक्सीजन शेष है। अस्पताल में 24 जिंदगियाँ ऑक्सीजन पर ही निर्भर हैं।"

दिल्ली के छह अस्पतालों में ऑक्सीजन खत्म हो गई है और सात और अस्पतालों में जल्द ही खत्म होने की कगार पर है।

24 अप्रैल

कोविड से होने वाली मौतों की संख्या में आई तेजी ने एक दूसरी समस्या पैदा कर दी है। वह है शवों के अंतिम संस्कार की परेशानी। प्राइवेट अस्पतालों, सरकारी अस्पतालों के शवगृहों में लाशों का अम्बार लगता जा रहा है। आज अनूप जी से पता चला कि पिछले एक दो दिनों से उन्हें दिन में एक से ज्यादा बार गाजीपुर के श्मशान घाट में जाना पड़ रहा है। उनका कहना है कि वहाँ हर मिनट एक लाश आ रही है। हालात इतने बुरे हैं कि चिता के लिए लकड़ी उठाने की गाड़ी के लिए भी मारामारी मची हुई है।

पिछले 24 घंटों में देश में 3.5 लाख कोविड के नए मरीज आए हैं। प्रतिदिन कोविड के इतनी बड़ी संख्या का आज यह लगातार चौथा दिन है। माना जा रहा है कि मई के मध्य तक कोविड पीक पर पहुँच जाएगा और तब प्रतिदिन नए रोगियों की संख्या पाँच लाख तक पहुँचने की उम्मीद है। पिछले साल संसदीय समिति और अधिकारियों ने सरकार को ऑक्सीजन का उत्पादन बढ़ाने का सुझाव दिया था। साथ ही संसद की स्वास्थ्य सम्बन्धी स्थायी समिति ने पिछले साल नवंबर में अपनी रिपोर्ट में यह पैरवी की थी कि राष्ट्रीय औषधि मूल्य प्राधिकरण को ऑक्सीजन सिलेंडर की कीमत का निर्धारण करना चाहिए। समिति ने अस्पतालों में बिस्तरों की संख्या बढ़ाने का भी सुझाव दिया था पर सरकार ने इन सुझावों को अनसुना कर दिया। अगर समय रहते सरकार इन सुझावों पर अमल करती तो शायद आज ऑक्सीजन को लेकर इतनी मारामारी नहीं होती।

उत्तर प्रदेश के मुख्यमंत्री आदित्यनाथ ने दावा किया है कि प्रदेश में कहीं पर भी ऑक्सीजन की कमी नहीं है। आदित्यनाथ ने कहा है कि जो भी कोई प्रदेश में ऑक्सीजन की कमी पर कुछ कहेगा या लिखेगा उसके खिलाफ राष्ट्रीय सुरक्षा कानून (एनएसए) लगाया जाएगा और उसकी संपत्ति को जब्त कर लिया जाएगा।

फोर्टिस, मैक्स जैसे अस्पताल नए रोगियों को दाखिल करने से मना कर दे रहे हैं। मैक्स अस्पताल ने आज सुबह जानकारी दी कि उसके पास केवल दो घंटे की ऑक्सीजन बाकी है। प्राइवेट अस्पताल नए रोगियों को लौटा दे रहे हैं। जो रोगी भरती हैं उनको भी हटाया जा रहा है और कुछ अस्पताल अब मरीजों के परिजनों से लिखवा ले रहे हैं कि अगर ऑक्सीजन की कमी से रोगी की जान चली जाती है तो इसके लिए अस्पताल प्रबंधन की कोई जिम्मेदारी नहीं होगी।

कांग्रेस के नेता पवन खेड़ा ने ट्वीट किया कि जब देश में कुछ हजार कोविड रोगी थे तब मरकज को इसके लिए जिम्मेदार बताया गया। जब आज हर दिन तीन लाख से ऊपर कोविड केस आ रहे हैं तब कुंभ, चुनावी रैलियों और सत्ता पक्ष को इसके लिए जिम्मेदार क्यों नहीं बताया जा रहा है? दिलचस्प यह है कि केंद्र सरकार ने इस ट्वीट को ट्वीटर से हटाने की माँग की जिसे ट्वीटर ने मान भी लिया है।

गुजरात सरकार ने श्मशान घाटों में बड़ी संख्या में चिताओं को बना कर तैयार रखा है जिससे शवों के अंतिम संस्कार में देर न हो।

दिल्ली के गंगाराम अस्पताल में ऑक्सीजन की कमी से दम तोड़ते रोगियों का एक विडिओ काफी वायरल हुआ है। बताया जा रहा है कि शाम तक गंगाराम में ऑक्सीजन की सप्प्लाई ठीक हो गई। अस्पताल प्रबंधन का कहना है कि आज तीन दिन बाद अस्पताल में ऑक्सीजन का प्रेशर नॉर्मल हुआ है।

उत्तर प्रदेश में गुरुद्वारों ने ऑक्सीजन लंगर शुरू कर दिया है।

डायग्नोस्टिक लैब ने चेतावनी दी है कि दिल्ली में अब कोविड टेस्टिंग मैटेरियल का संकट पैदा हो सकता है। दिल्ली की डॉक्टर डैंग लैब ने कहा है कि उसे कोविड टेस्टिंग के लिए ज्यादा सामग्री की जरूरत है। लैब ने कहा कि कोविड की टेस्टिंग में जिस जरूरी रिएजेंट की जरूरत होती है, उसकी कमी पैदा हो रही है।

पिछले कुछ दिनों से एक पोस्ट बहुत वायरल हो रहा है जिसमें कहा गया है कि 'अब पाकिस्तान, कोविड की मौत मरेगा'

दी न्यू इंडियन एक्सप्रेस अखबार ने आज अपने विशेष सम्पादकीय में कहा है कि अब से यह अखबार आईपीएल पर कोई खबर नहीं छापेगा। अखबार ने कहा है कि जब पूरा देश कोविड और ऑक्सीजन-दवा के संकट से गुजर रहा है तब आईपीएल की खबरों को छापना शोभा नहीं देता।

मध्य प्रदेश के मुख्यमंत्री भूपेश बघेल ने ट्वीट किया है कि, "केंद्र सरकार को 150 रुपए में मिलने वाली कोवैक्सीन यदि आप प्राइवेट अस्पताल में लगवाएँगे तो आपको 1200 रुपए खर्च करने होंगे। आपदा भी जनता ही झेले, आपदा से बचने का आर्थिक बोझ भी जनता ही झेले। आपदा को अवसर में बदलकर अपनी ही जनता को लूटने वालों का 'सिस्टम' केंद्र सरकार का ही है ना?"

भारत में बढ़ते कोविड को देखते हुए बांग्लादेश ने अपनी सीमाओं को बन्द कर दिया है।

26 अप्रैल

देश के प्रसिद्ध हिन्दुस्तानी शास्त्रीय संगीत के गायक पंडित राजन मिश्र नहीं रहे। कोविड से पीड़ित होने पर उन्हें दिल्ली के सेंट स्टीफेंस अस्पताल में ले जाया गया पर बिस्तर की कमी के चलते उन्हें घंटों अस्पताल के बाहर इन्तजार करना पड़ा। उनकी हालत बिगड़ती चली गई और उनकी मौत हो गई।

'कोवैक्सीन' नाम का वैक्सीन भारत के सीरम रिसर्च इंस्टीट्यूट ने बनाया है पर दिलचस्प यह है कि इस वैक्सीन को भारत में सबसे ज्यादा दाम में बेचा जा रहा है। भारत में इस वैक्सीन की कीमत 600 रुपए प्रति डोज है जबकि यूरोपियन यूनियन को यह 161-262 रुपए प्रति डोज बेचा जा रहा है।

बाजार में नकली रेमडेसिविर इंजेक्शन धड़ल्ले से बिक रहे हैं। लखनऊ की अमीनाबाद पुलिस ने ऐसे ही एक गिरोह का पर्दाफाश किया है। यह गिरोह 98 रुपए में मिलने वाले पीआईपीटी 4.5 mg इंजेक्शन के ऊपर रेमडेसिविर इंजेक्शन का लेबल लगाकर 15 से 20 हजार रुपए में बेच रहा था।

देश में अस्पतालों में ऑक्सीजन की कमी को लेकर राजनीति पूरे जोर शोर से चल रही है। यह कोशिश की जा रही है कि कैसे केंद्र सरकार की असफलता को ढका जाए और कैसे राज्य सरकारों को इसके लिए जिम्मेदार ठहराया जाए। भारत के सॉलिसिटर जनरल तुषार मेहता ने राज्य सरकारों के खिलाफ मोर्चा खोला है। दिल्ली में ऑक्सीजन की कमी को पूरा करने के लिए दिल्ली के मुख्यमंत्री अरविन्द केजरीवाल ने जिंदल ग्रुप से ऑक्सीजन माँगी जिस पर तुषार मेहता ने आपत्ति की कि ऑक्सीजन की आपूर्ति करने का जिम्मा केंद्र सरकार का है। औद्योगिक इकाइयाँ पहले केंद्र सरकार के कोष में ऑक्सीजन भेजेंगी उसके बाद केंद्र यह तय करेगी कि किसको कितनी ऑक्सीजन भेजना है। राज्य सरकारें इसमें कुछ नहीं कर सकतीं। मजे की बात यह है कि यही केंद्र सरकार देश में ऑक्सीजन की कमी के लिए राज्य सरकारों को जिम्मेदार ठहरा रही है!

देश की राजधानी दिल्ली के कुछ पार्कों और पार्किंग एरिया को श्मशान में बदला जा रहा है। उधर बनारस में शवों को कन्धा देने के लिए लोगों से पाँच हजार रुपए तक वसूल किए जा रहे हैं।

बीबीसी की गीता पांडे की रिपोर्ट बता रही है कि उत्तर प्रदेश से संक्रमण के बढ़ते मामलों के बीच व्यवस्था चरमरा गई है। प्रशासन हालाँकि दावा कर रहा है कि हालात नियंत्रण में हैं जबकि जमीनी हकीकत इसके उलट है। कानपुर निवासी कँवल जीत सिंह के 58 वर्षीय पिता निरंजन पाल सिंह की शुक्रवार को एक अस्पताल से दूसरे अस्पताल ले जाते समय एम्बुलेंस में मौत हो गई। बैड की कमी के कारण उन्हें चार अस्पतालों से लौटा दिया गया था।

कानपुर के कांशीराम अस्पताल में एक युवती ने कहा कि दो अस्पतालों ने उसकी बीमार माँ को भर्ती करने से मना कर दिया। उस युवती ने लगातार रोते हुए बताया, "वे कह रहे हैं कि उनके पास बैड नहीं है। यदि अस्पताल में बैड नहीं है तो मरीज को फर्श पर रखिए पर कम से कम उसका कुछ इलाज तो कीजिए। मेरे जैसे बहुत से रोगी हैं। मैंने कई मरीजों को लौटाए जाते देखा है। मुख्यमंत्री कहते हैं कि पर्याप्त बैड हैं। कृपया मुझे दिखाइए कि बैड कहाँ है? कृपया मेरी माँ का इलाज कीजिए।"

वाराणसी के निर्मला कपूर की बीते गुरुवार को एक अस्पताल में कोविड से मौत हो गई। निर्मला जी के बेटे विमल कपूर ने बताया, "मैंने बहुतों को एम्बुलेंस में मरते देखा है। अस्पताल मरीजों को भगा रहे हैं क्योंकि उनके पास कोई बैड नहीं है, दवा दुकानदारों के पास कोविड की दवाइयाँ नहीं हैं और ऑक्सीजन पर्याप्त नहीं हैं।"

उन्होंने कहा कि जब वह अपनी माँ के शव को श्मशान घाट ले गए, तो घाट पर लाशों का ढेर लगा था। चिता के लिए लकड़ी की कीमत तिगुना हो गई है। दाह-संस्कार के लिए इंतजार की अवधि 15-20 मिनट से बढ़कर पाँच-छह घंटे तक हो गई है।

कानपुर के निरंजन पाल सिंह और वाराणसी की निर्मला कपूर दोनों का नाम राज्य में कोविड महामारी से मारे गए लोगों की सूची में शामिल था। इसके बाद भी उनके डेथ सर्टिफिकेट में कहीं भी कोविड वायरस का जिक्र नहीं मिला।

मीडिया रिपोर्टों के अनुसार, लखनऊ और वाराणसी के श्मशान घाटों पर जलने वाले शवों और कोविड से मरे लोगों के सरकारी आँकड़ों में कोई मेल नहीं पाया जा रहा है। कानपुर में गुरुवार को सरकारी आँकड़ों के मुताबिक कोविड संक्रमण से मरने वालों की संख्या तीन थी जबकि

एक स्थानीय अखबार ने दावा किया कि उस दिन शहर के विभिन्न श्मशान घाटों पर 476 शव जले, जिनमें बड़ी संख्या में उन लोगों के शव थे जिनकी मौत कोविड संक्रमण से हुई। स्वास्थ्य अधिकारी इस मामले में आधिकारिक तौर पर कुछ भी कहने से बच रहे हैं लेकिन नाम न छापने की शर्त पर एक डॉक्टर कहते हैं, "ऑक्सीजन जब खत्म हो जा रही है तो कहाँ से आएगी? न जाने कितने लोग ऑक्सीजन की कमी से दम तोड़ चुके हैं।"

कोविड के भीषण संक्रमण से जूझ रहे महाराष्ट्र में बीते 23 अप्रैल को उस वक्त एक बड़ा हादसा हो गया जब पालघर जिले में विरार के विजय वल्लभ कोविड अस्पताल में आग लग गई, जिसमें 14 मरीजों की मौत हो गई। इससे दो दिन पहले 21 अप्रैल को नासिक के कोविड-19 अस्पताल में ऑक्सीजन लीक हो जाने के बाद 24 लोगों की जान चली गई थी।

27 अप्रैल

दिल्ली के पंचशील अस्पताल के डॉक्टर वीके गोयल का एक ट्वीट है जिसमें वह कह रहे हैं कि जब उन्होंने अपने अस्पताल में ऑक्सीजन खत्म होने की खबर जिला प्रशासन को देते हुए मदद माँगी तो उनके पास जिलाधिकारी का धमकी भरा पत्र आया। यह पत्र शुभंकर घोष, अतिरिक्त जिलाधिकारी उत्तर-पूर्वी दिल्ली की ओर से भेजा गया जिसमें कहा गया है कि , "दिल्ली और हृष्टक्र में अस्पतालों को एक तय मात्रा तक ऑक्सीजन मुहैया करवाया जा रहा है। अस्पतालों को चाहिए कि वह आने वाले दिनों में जरूरत को देखते हुए अपने यहाँ ऑक्सीजन का पर्याप्त भंडारण करें। ऐसा न करने पर अस्पताल प्रबंधन के खिलाफ नेशनल डिसास्टर मैनेजमेंट एक्ट, महामारी एक्ट और अन्य कानूनों के आधार पर कड़ी कार्रवाई की जाएगी।"

वह आगे कहते हैं कि, "एक ओर जब सरकार खुद मान रही है कि ऑक्सीजन की एक तय मात्रा सरकार की ओर से अस्पतालों को दी जा रही है और दूसरी ओर कोविड केसों में इतनी ज्यादा बढ़ोत्तरी हो रही है तो ऐसे में अस्पताल भला ऑक्सीजन का भंडारण कैसे करेंगे?"

हरियाणा के मुख्यमंत्री मनोहर लाल खट्टर ने आज कहा कि, "कोविड से मरने वालों पर हमें बहस न करके यह देखना चाहिए कि जो जिन्दा हैं उनका इलाज कैसे हो? बहस करने से मरे हुए लोग जिन्दा तो होंगे नहीं।"

उत्तर प्रदेश की राजधानी लखनऊ के मोहनलालगंज से भाजपा सांसद कौशल किशोर ने मुख्यमंत्री योगी आदित्यनाथ को लिखे गए एक पत्र में आरोप लगाया गया है कि जीवन बचाने के लिए आवश्यक वेंटिलेटर अस्पतालों में पड़े-पड़े धूल खा रहे हैं। बलरामपुर अस्पताल में गंभीर हालत में भर्ती गोलागंज निवासी एक महिला के बेटे ने कहा, "मुझे आश्चर्य है कि कई वेंटिलेटर होने के बावजूद अस्पताल उनमें से सिर्फ सात का संचालन कर रहा है। जिन रोगियों को वेंटिलेटर की आवश्यकता होती है, उन्हें भगवान की दया पर छोड़ दिया जाता है। ऐसा लगता है कि मानव जीवन का कोई मूल्य नहीं है।"

इस अस्पताल के एक कर्मचारी ने जानकारी दी कि कोविड-19 के हमले के बाद पिछले साल अस्पताल में 28 वेंटिलेटर पहुँचे, लेकिन वे बिना इस्तेमाल पड़े हुए हैं, क्योंकि उन्हें संचालित करने के लिए किसी को प्रशिक्षित नहीं किया गया था और कोई भी ऐसे परीक्षण समय के दौरान इन वेंटिलेटरों के संचालन की जिम्मेदारी नहीं लेना चाहता था।'

इससे दो दिन पहले किशोर ने अपील की थी कि होम आइसोलेशन में इलाज करा रहे मरीजों को ऑक्सीजन सिलेंडर खरीदने की मंजूरी दी जाए। हाल ही में कौशल किशोर के बड़े भाई का कोविड-19 के कारण निधन हो गया था।

दिल्ली में कोविड फैसिलिटी के बाहर आज एक व्यक्ति फुटपाथ पर रोता पाया गया। उसकी माँ का शव पास में ही खड़े एक ऑटो-रिक्शे में पड़ा था। 28 वर्षीय मुकुल व्यास अपनी माँ को आज सुबह दक्षिणी दिल्ली के सरदार वल्लभ भाई पटेल कोविड केयर सेंटर में ले आए थे लेकिन सेंटर के गेट नहीं खुले। यह सेंटर भारत-तिब्बत सीमा पुलिस द्वारा संचालित किया जा रहा था। तीन घंटे बाद 52 वर्षीय किरण व्यास की मृत्यु उसी ऑटो में हो गई जिसमें उनका बेटा उन्हें लाया था।

मुकुल रो पड़ा। उसने कहा, "उन्होंने मेरी माँ को मार डाला। अब मैं उसे कहाँ ले जाऊँगा? मैं यहाँ खड़ा था और घंटों इंतजार कर रहा था। वे मुझसे औपचारिकताएँ पूरी करने के लिए कहते रहे... मैं चिल्लाता रहा और मदद के लिए रोता रहा लेकिन कोई नहीं आया। अब मेरी माँ मर चुकी है।"

अन्य औपचारिकताओं के अलावा मुकुल से अपनी माँ को भर्ती कराने के लिए एक जिला निगरानी अधिकारी का रिफरेंस लाने के लिए कहा गया था। उन्होंने कहा "जब कोई मर रहा है, तब क्या मेरे पास 100 औपचारिकताएँ पूरी करने का समय है? किसी ने भी मदद नहीं की..."

यह कहानी केवल मुकुल की नहीं है। एक अन्य मरीज 40 वर्षीय सुरिंदर साजवान को साँस लेने में कठिनाई हो रही थी। वह अपनी पत्नी के पास फुटपाथ पर बैठे थे। चूँकि सेंटर में कोई आईसीयू या वेंटिलेटर बैड नहीं है, इसलिए 85 से नीचे के ऑक्सीजन स्तर वाले लोगों को अन्दर जाने की अनुमति नहीं थी। सुरिंदर की हालत खराब होती जा रही थी।

महामारी में लोकतंत्र

जहाँ एक ओर अदालतें चुनावी रैलियों में कोविड दिशानिर्देशों के पालन न होने को लेकर चुनाव आयोग को फटकार लगा रही हैं, वहीं यूपी के पंचायत चुनाव में बिना कोविड प्रोटोकॉल के चुनावी ड्यूटी करते हुए संक्रमित हो रहे कई सरकारी कर्मचारी अपनी जान गँवा रहे हैं। अमर

उजाला की रिपोर्ट के अनुसार, पंचायत चुनाव में ड्यूटी करने वाले राज्य के 135 शिक्षकों, शिक्षा मित्रों और अनुदेशक कोविड संक्रमण के चलते जान गँवा चुके हैं।

हालाँकि सरकार की ओर से लगातार कहा जा रहा है कि महामारी के मद्देनजर सभी दिशानिर्देशों का पालन किया जा रहा है, लेकिन हकीकत यह नहीं है। पहले चरण के मतदान में ड्यूटी कर चुके एक कर्मचारी ने मीडिया को बताया कि कोई मतदानकर्मी मतदाताओं के संपर्क में न आए, ऐसा नहीं हो सकता है। पर्ची पकड़ना, उनसे बैलेट पेपर के काउंटर पर दस्तखत या अंगूठा लगवाना, ये सब करवाना पड़ता है। लगभग 500 मतदाताओं से पास से मिलना होता है, सैकड़ों के बीच ब्लॉक में सामान लाना-जमा करना होता है। ऐसे कोई एक-दूसरे के संपर्क में कैसे नहीं आएगा?

एक अन्य कर्मी ने बताया कि इसके अलावा चुनाव ड्यूटी में जाने से पहले तमाम कामों के लिए इकठ्ठा होने में भी किसी तरह के कोविड प्रोटोकॉल का कोई पालन नहीं हो रहा है। बीबीसी संवाददाता से गोपनीयता की शर्त पर बात करते हुए एक शिक्षा कर्मी ने बताया था कि वे संक्रमित हैं और इसके बावजूद चुनाव में उनकी ड्यूटी लगाई गई है।

उन्होंने कहा, "मैं 20 अप्रैल से कोविड संक्रमित हूँ पर मतगणना में ड्यूटी लगी है। और प्रशिक्षण के लिए भी बुलाया गया है। मेरे जैसे कई अन्य संक्रमित शिक्षकों को भी मतगणना प्रशिक्षण के लिए बुलाया गया है। पिछले दो चरणों में ड्यूटी करने वाले कई लोग संक्रमित हैं और कई जान भी गँवा चुके हैं, लेकिन अब नौकरी करनी है तो सबको जाना है।"

इन खबरों के बाद मैंने स्वस्तिक से बात की। पेशे से अध्यापक स्वस्तिक ने जो कहा वो डराने वाला है। अध्यापकों को जबरदस्ती चुनाव ड्यूटी पर सरकार ने लगाया और साथ ही इस ड्यूटी को मना करने पर अध्यापकों के खिलाफ एफआईआर और पुलिस केस तक की धमकी तक दी गई। स्वस्तिक ने बताया कि हमारे साथ कॉलेज में पढ़ी शिवानी तपते बुखार में चुनाव की ड्यूटी करने आई थी। यह तो अच्छा हुआ कि स्वस्तिक ने उसे देखा और उसे आराम करने को कहकर उसका काम उसने खुद किया।

बेशक आम नागरिक को अपने कोविड पीड़ित रिश्तेदारों को अस्पताल में एक अदद बिस्तर दिलवाने में बहुत ज्यादा मुश्किल हो रही है पर जब यह पता चला कि कुख्यात माफिया डॉन छोटा राजन के कोविड पॉजिटिव होने पर उसे एम्स में भर्ती करवा दिया गया। दूसरी ओर केरल के सिद्दीक कप्पन और बहुत से पत्रकार कोविड पॉसिटिव होने के बाद भी हिरासत में हैं। सिद्दीक कप्पन को अस्पताल में उनके बिस्तर से बाँध कर रखा गया है और वह पिछले तीन दिनों से बाथरूम तक नहीं जा सके हैं।

दिल्ली हाईकोर्ट में कोविड नियमों के उल्लंघन पर नेताओं और स्टार प्रचारकों के खिलाफ कार्रवाई के लिए कोर्ट में एक याचिका दायर की गई है जिसमें कहा गया है कि चुनाव प्रचार अभियानों के कारण पश्चिम बंगाल में कोविड वायरस का संक्रमण दर 5 फीसदी से बढ़कर 24 फीसदी हो गई है। कोविड की दूसरी लहर के लिए मद्रास हाईकोर्ट द्वारा निर्वाचन आयोग को जिम्मेदार ठहराए जाने के बाद भाजपा अध्यक्ष जेपी नड्डा ने कहा कि चुनाव कराना आयोग की संवैधानिक बाध्यता है, जो उसे पूरा करना होता है।

दिल्ली हाईकोर्ट में मंगलवार को एक याचिका दायर कर निर्वाचन आयोग को निर्देश देने का अनुरोध किया गया है कि वह पश्चिम बंगाल विधानसभा चुनावों के दौरान कथित तौर पर कोविड-19 नियमों के उल्लंघन को लेकर स्टार प्रचारकों और सभी राजनीतिक दलों के नेताओं पर जुर्माना लगाने और प्राथमिकी दर्ज करने जैसी कार्रवाई करे।

मद्रास उच्च न्यायालय ने बीते 26 अप्रैल को निर्वाचन आयोग की तीखी आलोचना करते हुए उसे देश में कोविड-19 की दूसरी लहर के लिए 'अकेले' जिम्मेदार करार दिया और कहा कि वह 'सबसे गैर जिम्मेदार संस्था' है। चीफ जस्टिस संजीब बनर्जी ने चुनाव आयोग के वकील से कहा था, 'कोविड-19 की दूसरी लहर के लिए केवल आपकी संस्थान जिम्मेदार है।'

मुख्य न्यायाधीश ने मौखिक रूप से यहाँ तक कहा कि 'आपके अफसरों पर हत्या का मामला दर्ज होना चाहिए।'

जब मुख्य न्यायाधीश ने अदालत के आदेश के बावजूद रैलियों में कोविड दिशानिर्देशों—जैसे मास्क, सैनेटाइजर का इस्तेमाल, सामाजिक दूरी का पालन न होने की बात कही, तब आयोग के वकील ने कहा इनका पालन हुआ था, इस पर जस्टिस बनर्जी ने कहा था, 'जब चुनावी रैलियाँ हो रही थीं, तब आप क्या किसी और ग्रह पर थे?'

अदालत ने यह चेतावनी भी दी कि अगर मतगणना के दिन के लिए चुनाव आयोग द्वारा कोविड के मद्देनजर की गई तैयारियों का ब्लूप्रिंट नहीं दिया गया, तो वे 2 मई को होने वाली वोटों की गिनती रोक देंगे।

मद्रास उच्च न्यायालय द्वारा फटकार लगाए जाने के अगले दिन मंगलवार को निर्वाचन आयोग ने जिन राज्यों में विधानसभा चुनाव हुए हैं, वहाँ पर मतगणना के दौरान या उसके बाद में सभी विजयी जुलूसों पर प्रतिबंध लगा दिया।

एनडीटीवी द्वारा एक खोजी रिपोर्ट में यह दावा किया गया है कि 18 से 24 अप्रैल के बीच दिल्ली नगर निगम के श्मशान घाटों और कब्रिस्तानों में कुल 3096 कोविड पीड़ितों का अंतिम संस्कार किया गया पर सरकारी आँकड़ों की माने तो इस दरमियान केवल 1938 लोगों की कोविड में मौत हुई।

28 अप्रैल

पिछले 24 घंटों में देश भर में 3.6 लाख नए कोविड केस। देश भर में करीब तीन हजार से ज्यादा लोगों की मौत हो गई है जिनमें केवल महाराष्ट्र में एक हजार लोगों की मौत हुई है।

कर्नाटक में 37 हजार नए केस आए हैं इनमें आधे से ज्यादा बेंगलुरु से आए हैं। बेंगलुरु में कोविड के म्यूटेंट स्ट्रेन ने कहर मचा कर रखा

हुआ है। उधर शहर के सफाई कर्मचारियों ने आरोप लगाया है कि इस अत्यंत खतरनाक वायरस से उनको सबसे अधिक खतरा है क्योंकि वह अस्पतालों-घरों से कूड़ा बीन रहे हैं जबकि उन्हें इसके लिए बीबीएमपी (बृहन बेंगलुरु नगर पालिके) की ओर से किसी भी प्रकार के विशेष सुरक्षा जैकेट नहीं दिए गए हैं।

दिल्ली में लगातार छठवें दिन, प्रतिदिन तीन सौ लोगों की कोविड से मौत हो रही है।

घटना त्रिपुरा कि राजधानी अगरतला की है जहाँ एक वीडिओ में रात को दस साढ़े दस बजे के बाद एक शादी के पंडाल में स्थानीय जिलाधीश घुस आता है और दूल्हा समेत उसके घरवालों और यहाँ तक कि मेहमानों को दौड़ा-दौड़ा कर मारते हुए देखा जा सकता है। बेशक शादी में इतने सारे मेहमानों को बुलाना गलत था पर इस तरह जिलाधीश का काम करना अपने-आप में सामन्ती स्वाभाव को ही दर्शाता है। ऐसे बहुत से तरीके थे जिससे जिलाधीश लोगों को शादी का पंडाल छोड़ने को कह सकते थे। अगरतला वेस्ट के डीएम शैलेश कुमार यादव ने शादी समारोह के जाकर फंक्शन को बन्द करने के लिए कहा, इतना ही नहीं गुस्से में आगबूबला होकर जिलाधिकारी पंडित और दूल्हे को पीटते हुए भी नजर आए, साथ ही वहाँ मौजूद कई मेहमानों को गिरफ्तार करने के भी आदेश दिए।

मेरठ में ऑक्सीजन न मिलने की वजह से करीब बारह लोगों की मौत हो गई। अमर उजाला अखबार की रिपोर्ट बता रही है कि मेरठ के केएमसी अस्पताल में पिछले 24 घंटे में नौ लोगों की मौत हुई है। उधर, ऑक्सीजन की कमी के कारण घरों में रहने वाले ज्यादातर मरीज तड़प रहे हैं।

कुम्भ मेले के चलते उत्तराखंड राज्य में कोविड के रोगियों की संख्या में 1800 फीसदी का उछल आया है पर इसके बाद भी राज्य सरकार ने 4 मई से होने वाले चार धाम यात्रा को अनुमति दे दी है।

कर्नाटक के राजस्व मंत्री ने जानकारी दी है कि राज्य में कुल 3000 कोविड मरीजों के बारे में कुछ भी नहीं पता चल पा रहा है। दूसरे शब्दों में यह सभी मरीज सरकारी रूप से 'लापता' हैं। सरकार ने हाल ही में कोविड टैस्ट किए थे उसमें यह लोग कोविड पॉजिटिव पाए गए। पर इन सभी लोगों ने उसके बाद अपने मोबाइल फोन को स्विच ऑफ कर दिया जिससे अब उनको तलाशना लगभग नामुमकिन हो गया है।

गुजरात पुलिस ने वडोदरा के पाँच लोगों को रेमडेसिविर की कालाबाजारी के आरोप में गिरफ्तार किया है।

पश्चिम बंगाल में तृणमूल कांग्रेस के नेता काजल सिन्हा की पत्नी ने राज्य के उप-निर्वाचन आयुक्त सुदीप जैन के खिलाफ गैर-इरादतन हत्या का मामला दायर किया है। काजल सिन्हा की अभी थोड़े दिनों पहले कोविड में मौत हो गई है।

इंडियन मेडिकल एसोसिएशन (आईएमए) के राष्ट्रीय उपाध्यक्ष डॉ. नवजोत सिंह दहिया ने कहा कि जहाँ मेडिकल बिरादरी लोगों को कोविड के नियम-कायदे समझाने के लिए जी-जान से लगी हुई है, वहीं महामारी से सम्बन्धित सब नियमों को हवा में उड़ाते हुए प्रधानमंत्री मोदी ने बड़ी-बड़ी चुनावी रैलियाँ करने से कोई गुरेज नहीं किया। इंडियन मेडिकल एसोसिएशन के राष्ट्रीय उपाध्यक्ष डॉ. नवजोत सिंह दहिया ने देश में बढ़ती कोविड संक्रमण की दूसरी लहर के लिए प्रधानमंत्री को जिम्मेदार ठहराया और कहा कि वे खुद सुपरस्प्रेडर (संक्रमण फैलाने वाले) हैं।

गुजरात के सूरत में ऑक्सीजन कि इतनी भयंकर कमी हो गई है कि अगले कुछ दिनों में अगर ऑक्सीजन की व्यवस्था नहीं होती तो शहर के अस्पताल करीब चार हजार रोगियों को डिस्चार्ज करने को मजबूर हो जाएँगे। खबरें बता रही हैं कि मरीजों को डिस्चार्ज कर दिया जाएगा कि इसका तो सीधा मतलब यह हुआ कि अस्पताल मरीजों के परिजनों को कहेंगे कि वह मरीज को अस्पतालों से ले जाएँ।

पर कहाँ? इसका तो यही मतलब हुआ न कि अस्पताल अपनी जिम्मेदारियों से पल्ला झाड़ रहे हैं पर अखबार केवल एक शब्द, डिस्चार्ज, की मदद से पूरी बात को छिपा जा रहे हैं। जिम्मेदारियों से केवल अस्पताल ही नहीं मीडिया भी अपना पल्ला झाड़ रही है।

केंद्रीय स्वास्थ्य मंत्रालय के बुधवार सुबह तक के आँकड़ों के मुताबिक 3,293 और लोगों की मौत होने के बाद देश में अब तक कोविड से मृतक संख्या दो लाख को पार कर गई है।

29 अप्रैल

लगातार सातवें दिन देश भर में तीन लाख से अधिक कोविड केस सामने आए हैं। पिछले चौबीस घंटों में देश में 3.8 लाख नए केस आए हैं।

त्रिपुरा के डिस्ट्रिक्ट मजिस्ट्रेट, जिसने कल शादी के मंडप में बवाल किया था, को आज सस्पेंड कर दिया गया है। कल रात ही किसी फिल्मी 'सिंघम' की तरह दहाड़ने वाले जिलाधिकारी (डीएम) की हालत आज भीगी बिल्ली जैसी थी। यह कमाल स्मार्टफोन के उस वीडिओ का है जिसने देश भर के लोगों तक इस वारदात का आँखों देखे हाल को पहुँचाया।

महामारी में इंसानियत-18

रोटी-कपड़ा बैंक

आज कोरोना के खौफ से अपने सगे सम्बन्धी भी जिन शवों को हाथ नहीं लगाते, कुछ लोग और संस्थाएँ उन शवों का अंतिम संस्कार कर रही हैं। कोरोना महामारी में सिर्फ जान बचाना ही मुश्किल नहीं है। संक्रमण के खतरे के चलते कई बार परिजन शव को हाथ तक नहीं लगाते। देश में कई लोग और संस्थाएँ इस महामारी में अपनी जान जोखिम में डालकर कोरोना से मरने वालों का अंतिम संस्कार कर रही हैं, इन्हीं में एक है महाराष्ट्र के लातूर जिले का ये रोटी-कपड़ा बैंक। गाँव कनेक्शन में अरविन्द शुक्ल की रिपोर्ट बता रही है कि कोरोना महामारी के इस दौर में महाराष्ट्र के लातूर जिले का ये रोटी-कपड़ा बैंक लोगों की मदद के लिए आगे आया है। उदगीर जैसे छोटे से शहर में रोजाना 10-20 लोगों की मौत होती है। कोरोना का इतना खौफ है कि अकसर परिवारवाले शव को हाथ नहीं लगाते। शहर तो दूर गाँव में ऐसे ही हालात हैं, फिर हम लोग उनका अंतिम संस्कार करते हैं। इस साल अब तक 140 लोगों का अंतिम संस्कार किया है।" गौस शेख ने गाँव कनेक्शन को बताया। गाँव कनेक्शन ने जब पहली बार गौस शेख को फोन किया तो वो एम्बुलेंस चला रहे थे, क्योंकि उन्हें एक शव को उसके गाँव तक पहुँचाकर अंतिम संस्कार करना था। कुछ घंटे बाद जब गाँव कनेक्शन ने दोबारा गौस शेख (33 वर्ष) को कॉल किया तो पता चला कि गौस और उनके तमाम साथियों के पास इन दिनों दो ही मुख्य काम हैं, जो भूखे हैं उनके लिए खाने का इंतजाम करना और दूसरा ऐसे लोगों का अंतिम संस्कार करना, जिनकी कोविड या दूसरी बीमारियों से मौत हो गई है और कोई अंतिम संस्कार करने वाला नहीं या संक्रमण के डर से घरवाले हाथ नहीं लगा रहे। इनकी कोशिश रहती है कि कोई भी भूखा न रहे। महाराष्ट्र की राजधानी मुम्बई से करीब 600 किलोमीटर दूर उदगीर शहर है। ये सूखे के लिए कुख्यात मराठवाड़ा के लातूर जिले की एक तालुका (तहसील) है, लेकिन इस बार यहाँ से भी गर्मियों में पानी की किल्लत की जगह कोरोना के कहर की खबरें आ रही हैं। उदगीर में ही गौस शेख अपने कुछ साथियों की मदद से रोटी-कपड़ा बैंक चलाते हैं। गौस बताते हैं, "आपने जब फोन किया था उस वक्त उदगीर से 12 किलोमीटर दूर कमालनगर में एक महिला (राचप्पा कुलकर्णी) का शव लेकर जा रहा था। उनका अंतिम संस्कार करना था, सिविल अस्पताल में उनकी मौत हुई थी।" गौस की संस्था का नाम सलात माइनरटीज वेलफेयर सोसायटी है, जिसमें करीब 50 सक्रिय सदस्य हैं। गौस इसके सचिव हैं। "मेरे परिवार के 10 लोग कोविड की चपेट में आए थे, बाकी लोग ठीक हो गए, लेकिन दादी नहीं रहीं। उनके शव का भी अंतिम संस्कार रोटी-कपड़ा बैंकवालों ने किया। हम लोग सब क्वारंटीन थे। मैंने देखा है ये लोग शहर के अलावा गाँवों और आसपास के कस्बों में अंतिम संस्कार के लिए जाते हैं।" अदिति पाटिल गाँव कनेक्शन को बताती हैं। अदिति सामाजिक कार्यकर्ता हैं और लिंगायत समुदाय से ताल्लूक रखती हैं, जहाँ शव को दफनाने का रिवाज है। हालाँकि कोरोना के संक्रमण को देखते हुए सभी शवों को जलाया जा रहा है। "हमारा इलाका लिंगायत और मुस्लिम आबादी बाहुल्य है और दोनों में ही शवों को दफनाया जाता था, लेकिन कोरोना के संक्रमण के चलते ज्यादातर लोग शवों को जला रहे हैं, कोविड के केस में तो कोई रिस्क नहीं लेता है," अदिति आगे कहती हैं। गौस शेख और उनके साथियों के पास संस्था की एम्बुलेंस भी है, जो इन दिनों उदगीर में मुफ्त सेवा दे रही है। सरकारी अस्पतालों में भर्ती मरीजों के लिए गर्म पानी और खाने का इंतजाम तो महाराष्ट्र सरकार करती है, लेकिन तीमारदार के लिए व्यवस्था नहीं है। ऐसे लोगों के लिए भी ये लोग खाने का प्रबंध करते हैं। इतने सारे काम में काफी खर्च होता होगा, इन हालातों में मैनेज हो जाता है? इस सवाल के जवाब में गौस कहते हैं, "हम दोस्तों और परिचितों का एक सर्कल है, जो अपना पैसा बेजान चीजों पर नहीं इंसानों पर खर्च करता है। न हम मस्जिद में पैसा देते हैं न मंदिर में। तो बस इसी भावना के साथ पैसा आ जाता है। हम लोगों ने पिछले साल 40 अंतिम संस्कार किए थे इस बार डेढ़ महीने में ही 140 कर चुके हैं। 2 लाख पीस कपड़े धुलवाकर और सही कराकर लोगों तक पहुँचाए हैं। 300 लोगों को रोज खाना खिलाते हैं, कभी पैसा कम नहीं पड़ता है।" इनकी टीम की तारीफ कई साल पहले प्रधानमंत्री नरेंद्र मोदी ने मन की बात कार्यक्रम में भी की थी।

एमए और बीएड पास गौस बताते हैं कि 30 अप्रैल 2017 उनकी रोटी बैंक की तारीफ प्रधानमंत्री नरेंद्र मोदी मन की बात कार्यक्रम में कर चुके हैं। पिछले साल कोरोना में उनके सामाजिक कार्यों के लिए मुख्यमंत्री उद्धव ठाकरे भी ट्वीट पर सराहना कर उनका हौसला बढ़ा चुके हैं।

कोविड पर नेताओं के बयान

देश में ऑक्सीजन की माँग पर नियंत्रण की जरूरत है। हमें यह जानकारी मिली है कि कुछ लोग बेवजह ऑक्सीजन का इस्तेमाल कर रहे हैं।

—पीयूष गोयल

हम कोविड को हराने के आखिरी चरण पर हैं।

—डॉ. हर्षवर्धन

भाजपा के मेहनती कार्यकर्ताओं को कभी कोविड नहीं हो सकता। अतः उन्हें डरने की जरूरत नहीं है।

— गुजरात भाजपा नेता/गोविन्द पटेल

माँ गंगा के आशीर्वाद से हमें कोविड नहीं होगा।

—तीरथ सिंह रावत

लोग बूढ़े हो रहे हैं। उनको एक न एक दिन मरना ही है।

—प्रेम सिंह पटेल, भाजपा मंत्री/ मध्य प्रदेश

मैंने अपनी जिंदगी में एक साथ इतनी बड़ी भीड़ को नहीं देखा।

—नरेन्द्र मोदी

डॉ. परकाला प्रभाकर का लेख

डॉ. परकाला प्रभाकर जाने माने अर्थशास्त्री हैं, वे देश की वित्तमंत्री निर्मला सीतारमण के पति भी हैं। उनका यह कॉलम देश के कई अखबारों में कई भाषाओं में आया है। दैनिक भास्कर ने इसे छापा है, जो आज की तारीख में वाकई हिम्मत की बात है।

पेश है डॉ. परकाला प्रभाकर का लेख—

हम देश में कोरोना संक्रमण को दुनिया में सबसे तेजी से बढ़ते हुए देख रहे हैं। मौतें आसमान छू रही हैं। देश में एक करोड़ से अधिक लोग संक्रमित हो चुके हैं। यह हेल्थ इमरजेंसी है। यह संकट क्या उजागर करता है। आज हम केंद्र की तैयारी, पॉलिटिकल सिस्टम की जवाबदेही और मानवीय संवेदनाओं को परखेंगे। अपनों की मौत कष्टदायी होती है और दूसरों की मौतें संख्या यानी आँकड़ा हो सकती हैं।

मैं जानता हूँ कि वर्ष 1981 तक मेरे लिए ऐसी मौतों का कोई मतलब नहीं था। मेरे लिए यह सिर्फ सूचनाएँ भर होती थीं। अपने जीवन के शुरुआती दिनों में इसी साल मैंने अपने पिता को खोया तो जाना कि मौत कितनी दुखदायी होती है। बीते एक साल में कोरोना ने मेरे कई दोस्तों को छीन लिया है। मैं जानता हूँ कि उनके परिवार, पत्नी, पति, बच्चे, मित्र और सहयोगियों पर क्या गुजर रही होगी।

मेरा दोस्त अपनी पत्नी और शादी योग्य दो बेटियों को अपने पीछे छोड़ गया। परिवार उनका अंतिम संस्कार तक नहीं कर सका। हॉस्पिटल में जिंदगीभर की सारी कमाई चली गई। इस घटना को एक साल हो चुके हैं और परिवार इस सदमे से उबर नहीं सका है। एक अन्य मित्र ने अपने 81 वर्षीय पिता को निजी अस्पताल में भर्ती कराया। यहाँ एक दिन का चार्ज 1 लाख रुपए था।

उसे अगले दो दिन के इलाज का पैसा नकद देना पड़ता था। यदि पेमेंट में देरी होती थी तो अस्पताल इलाज रोक देने की धमकी देता था। अस्पताल ने यह तक नहीं बताया कि उन्हें क्या इलाज दिया जा रहा है। 15 दिन हॉस्पिटल में रहने के बाद पिता चल बसे और परिवार ने 20 लाख रुपए का बिल भरा। इस संकट की वजह से लोग आय खो रहे हैं। जमापूँजी और आजीविका गँवा रहे हैं।

इनमें से ज्यादातर लोग वित्तीय नुकसान से उबर नहीं पा रहे हैं। अब हम जो कुछ देख रहे हैं, वो हेल्थ इमरजेंसी है। बीते सोमवार को एक दिन में देश में 2.59 लाख केस आए। 1761 मौतें हुईं, जो देश में एक दिन का सर्वाधिक स्तर था। जब से महामारी शुरू हुई है तब से 1.80 लाख से ज्यादा लोग जान गँवा चुके हैं। हम जानते हैं कि संक्रमण और मौत के आँकड़े वास्तविकता से काफी कम हैं।

डॉक्टर हमें बता रहे हैं कि हालात बदतर हो रहे हैं। टैस्टिंग घट रही हैं। हॉस्पिटल और लैब सैंपल लेने से मना कर रहे हैं क्योंकि उन पर काम का इतना दबाव है कि वे सभी सैंपल का टैस्ट नहीं कर सकते हैं। बीते रविवार को सिर्फ 3.56 लाख टैस्ट हुए जो उससे एक दिन पहले हुए टैस्ट से करीब 2.1 लाख कम हैं।

कोविड अस्पतालों के बाहर एंबुलेंस और संक्रमित लोगों की कतारें, श्मशान घाटों में एक साथ धधकती दर्जनों चिताएँ, एक बैड पर कई मरीजों की तसवीरों से सोशल मीडिया पर बाढ़ आई हुई है, लेकिन हमारे सियासी और धार्मिक नेताओं पर जूँ तक नहीं रेंग रही है। सियासी पार्टियों के लिए चुनाव जरूरी हैं और धार्मिक नेताओं के लिए उनकी धार्मिक पहचान। पब्लिक हेल्थ, लोगों का जीवन इनके लिए बिलकुल मायने नहीं रखता। हमारे टेलीविजन दिखाते हैं कि कैसे प्रधानमंत्री, केंद्रीय मंत्री, मुख्यमंत्री और विपक्षी नेताओं की चुनावी रैलियों के लिए हजारों की भीड़ जुटाई गई।

कुंभ मेला के शाही स्नान के लिए लाखों लोग जुटे। स्थिति बिगड़ने के बाद धार्मिक नेता कहते हैं कि कुंभ मेले को सांकेतिक रखा जाएगा और राहुल गांधी अपनी रैलियाँ रद्द कर देते हैं। बंगाल में प्रमुख प्रतिद्वंद्वी भाजपा और टीएमसी कोविड प्रोटोकॉल की धज्जियाँ उड़ाते हुए रैलियाँ कर रही हैं। हद तो तब होती है जब कुछ एक्सपर्ट, एनालिसिस और सियासी नेता इन चुनावी रैलियों और कुंभ मेले में जुटी भीड़ को जायज ठहराने में लग जाते हैं। उनको सुनकर मुझे काफी गुस्सा आता है। अब यह सुनकर और धक्का लगा, जब वे तर्क देते हैं कि दूसरों देशों की तुलना में हमारी स्थिति अच्छी है।

वे अर्थहीन, बेमेल और सेलेक्टिव डेटा रख रहे हैं। ऐसा प्रतीत होता है कि इन लोगों के दिलों में उनके लिए कोई संवेदना नहीं हैं, जिन्होंने अपनों को खोया है। हम इस ड्राइ नंबर की वजह से पूरे संकट को नजरअंदाज कर रहे हैं। हम इन नंबर के पीछे के चेहरे, परिवारों को इग्नोर कर रहे हैं। यदि हम प्रति 10 लाख आबादी के हिसाब से संक्रमण की दर, मृत्युदर की तुलना दूसरों देशों से करें तो हमारा प्रदर्शन पड़ोसी देश भूटान, नेपाल, पाकिस्तान, बांग्लादेश से भी खराब है। कोरोना वायरस से लड़ने के लिए हमें 70 करोड़ लोगों का टीकाकरण करना होगा।

इसके लिए कम से कम 140 करोड़ डोज की जरूरत पड़ेगी। रिपोर्ट कहती हैं कि यह महामारी रुकने वाली नहीं है। लेकिन क्या सरकार इसके लिए तैयार है। यह स्पष्ट है कि वैक्सीनेशन धीमे चल रहा है। बीते सोमवार को 23.29 लाख डोज लगी, जो एक दिन पहले की तुलना में 14.55 लाख कम है।

सरकार ने इस बात को नजरअंदाज किया कि लॉकडाउन समस्या का हल नहीं है, बल्कि यह व्यवस्था वैक्सीन बनने तक संक्रमण को रोकने का तरीका है। जब इस समय का इस्तेमाल अस्पतालों का बुनियादी ढाँचा सुधारने और क्षमता बढ़ाने पर किया जाना चाहिए था, तब दीया जलाने और ताली बजाने में देश की ऊर्जा को व्यर्थ किया गया।

इकोनॉमिक पैकेज के जरिए वंचित वर्ग को मदद पहुँचाने की जगह सरकार हेडलाइंस मैनेजमेंट में लगी रही। देशभर में प्रवासी मजदूरों

के मार्च ने सरकार की निष्ठुरता को उजागर किया। हमने बीते साल अप्रैल से लेकर अब तक सिर्फ 19,461 वेंटिलेटर, 8,648 आईसीयू बैड और 94,880 ऑक्सीजन सपोर्टेड बैड जोड़े। केंद्रीय स्वास्थ्य मंत्री ने सदन में दिए एक जवाब में बताया कि 9 राज्यों के अस्पतालों की क्षमता घट गई है। इसलिए हॉस्पिटल के बाहर लगी एंबुलेंस की लंबी कतारें देखकर हैरानी नहीं होती है।

इसका कोई सबूत नहीं है कि इस समस्या से निपटने के लिए सरकार ने गैरसरकारी विशेषज्ञों, जिनके पास असीम अनुभव का भंडार है, से मदद लेने का प्रयास किया हो। ऐसा लगता है कि प्रधानमंत्री की लोकप्रियता, पॉलिटिकल पूँजी और वाकचतुरता ने उन्हें उनकी सरकार के गैरजिम्मेदाराना रवैये, अयोग्यता और निष्ठुरता से बचा रखा है। वे जवाबदेही से बच कर निकल पा रहे हैं। सरकार और सरकार को चलाने वाली पार्टी अब प्रचार के सहारे यानी आउटरीच मैनेजमेंट करने में निपुण हो चुकी है। वे जानते हैं कि देश शुरुआती दुख से गहरी चीख-पुकार कर लेने के बाद शांत हो जाएगा।

नोटबंदी के समय भी सरकार ने यही तरीका आजमाया था। फिर जनता की इसी सुषुप्तावस्था की वजह से सरकार और पार्टी अप्रवासी मजदूरों के लंबे पलायन का दुख भी झेल सकी। वे अभी भी अपनी पीठ थपथपाने में लगे हैं। उन्हें लगता है कि वे मौजूदा समस्या को भी इसी तरह पार कर ले जाएँगे। लेकिन लोकप्रियता और पॉलिटिकल पूँजी बिना चेतावनी के खत्म हो जाती हैं।

वाकचतुरता जल्दी ही नाटकीयता में तब्दील हो जाती हैं और राष्ट्र की खामोशी बहुत समय तक नहीं चलेगी। चलती तो मानवता, पारदर्शिता और जवाहदेही ही है। इन्हीं की बदौलत ही नेता इतिहास में अपने लिए जगह और आदर बना पाते हैं। प्रधानमंत्री को कम से कम अब तो अपने सही आचरण का चुनाव करना चाहिए।

ऐसा प्रतीत हो रहा है कि सरकार किसी भी परेशान करने वाले सवाल का जवाब देने से बच रही है। कोरोना को रोकने के लिए पूर्व प्रधानमंत्री मनमोहन सिंह ने जिम्मेदारी भरा और रचनात्मक सुझाव दिया, जिस पर केंद्रीय मंत्री ने बेहद असभ्य प्रतिक्रिया दी। पूरे मुद्दे को सियासी जामा पहनाने की कोशिश की।

श्मशान घाट के साए में जिंदगी

पश्चिम दिल्ली के शहीद भगत सिंह कैंप में रहने वाले लोग अपने घर-बार छोड़कर गाँव वापस जाने की तैयारी कर रहे हैं और इसकी वजह नजदीक के श्मशान घाट पर बड़े स्तर पर शवों का अंतिम संस्कार का होना है, जिससे इलाके में धुआँ छा जाता है और बदबू का माहौल होता है।

द वायर की रिपोर्ट बता रही है कि झुग्गी कॉलोनी के निवासियों को इससे कोविड-19 महामारी के फैलने का भी खतरा सता रहा है। लोगों का कहना है कि श्मशान घाट के इतने नजदीक रहना कभी भी आसान नहीं था, जहाँ पहले एक दिन में तीन-चार शवों का दाह संस्कार किया जाता था, वहीं अब करीब 200-250 शवों का अंतिम संस्कार किया जा रहा है।

इलाके में रहने वाली सरोज कहती हैं कि उनकी आँख शवों के जलने की गंध से खुलती है और वे रात में इसी स्थिति में सोती हैं।

शहीद भगत सिंह कैंप नाम की इस झुग्गी कॉलोनी में करीब 900 झुग्गियाँ हैं, जिनमें लगभग डेढ़ हजार लोग रहते हैं। 38 वर्षीय कूड़ा उठाने वाली सरोज इन्हीं में से एक हैं उनका कहना है कि, 'यह बहुत डरावनी स्थिति है। हम एम्बुलेंसों को आते-जाते देखते रहते हैं और रात हो या दिन हो, गंध और धुआँ लगातार बना रहता है।'

वह कहती हैं कि चौबीसों घंटे और सातों दिन श्मशान घाट पर चिताओं के जलने से न दिमागी सुकून मिलता है और न नींद आती है।

14 अप्रैल की रात को इसी झुग्गी में आग लग गई थी, जिसमें कोई हताहत तो नहीं हुआ था, लेकिन 30 झुग्गियाँ जल गई थीं। सरोज का आधा घर भी इस आग में जल गया था और वह इस दर्द से उबर ही रही थीं कि कोविड-19 को नियंत्रित करने के लिए लॉकडाउन लगा दिया गया।

सरोज की पड़ोसी ककोली देवी कहती हैं कि 22 अप्रैल को करीब 300 शवों का दाह संस्कार किया गया है। बीते दो दिनों में 200-250 शवों का अंतिम संस्कार किया गया है।

सरोज तीन बच्चों समेत सात सदस्यीय परिवार के साथ रहती हैं और वह भी उत्तर प्रदेश के अपने गाँव वापस जाने का मन बना रही हैं। संक्रमण के मामले बढ़ने के कारण उनका कूड़ा उठाने का काम छूट गया है। उन्होंने कहा, 'कुछ दिन तो हम सिर्फ पानी पीते हैं तो कुछ दिन एनजीओ के जरिये खाना मिल जाता है। स्थिति बहुत डरावनी है।'

श्मशान घाट के नजदीक रहने की वजह से कई महिलाओं का काम भी छूट गया है, जो वे नजदीक की पश्चिम विहार कॉलोनी के घरों में काम वाली बाई का काम करती थीं। ऐसी ही एक 16 वर्षीय लड़की ने बताया कि उनके नियोक्ता ने उनसे काम पर नहीं आने को कहा है, क्योंकि वह श्मशान घाट के पास रहती हैं।

बाल अधिकारों के लिए काम करने वाले गैर सरकारी संगठन चाइल्डहुड एनहांसमेंट थ्रू ट्रेनिंग एंड एक्शन (सीएचईएनए) के विजय कुमार ने कहा कि कई बच्चे मादक पदार्थों के सेवन करते हैं और ये शवों को ले जाने में मदद करने के लिए श्मशान के श्रमिकों द्वारा घसीटे जा रहे हैं।

उन्होंने कहा, 'उन्हें कोई सुरक्षात्मक उपकरण नहीं दिया जाता और उन्हें पैसे का प्रलोभन दिया जा रहा है—जितने अधिक शवों को वे ले जा रहे हैं, उतना ही अधिक पैसा दिया जाता है। यह उनके लिए बहुत जोखिम भरा है।'

सीएचईएनए के निदेशक संजय गुप्ता ने इसके दीर्घकालिक प्रभाव को लेकर चिंतित हैं। उन्होंने कहा, 'पहले से ही कठिन जीवन जी रहे बच्चे, कोविड-19 रोगियों की लाशों को दिन-रात जलते हुए देख रहे हैं। यह उनकी मानसिक स्वास्थ्य और सोच पर गहरी छाप छोड़ेगा।'

दिल्ली सरकार के वकील ने आज दिल्ली उच्च न्यायलय को यह जानकारी दी है कि दिल्ली सरकार ने अपने उस आदेश को वापस ले लिया है जिसमें शहर के पाँच सितारा होटल, अशोका में उच्च-न्यायालय के जजों और उनके परिवार के सदस्यों के कोविड चिकित्सा का प्रावधान किया गया था।

आज उत्तराखंड सरकार ने अपनी प्रस्तावित चार-धाम यात्रा को रोक दिया है। सरकार की ओर से बयान दिया गया है कि कोविड को देखते हुए सरकार ने यह कदम उठाया है।

अमेरिका ने भारत में कोविड की बढ़ती संख्या को देखते हुए अपने सभी नागरिकों को जल्द से जल्द भारत छोड़ने को कहा है।

गुजरात के सूरत शहर में अंतिम संस्कार के लिए लोगों को कई-कई घंटे इन्तजार करना पड़ रहा है। श्मशान घाटों में बिजली से चलने वाली चिताएँ लगातार जल रही हैं। हालात इतने ज्यादा खराब हो गए हैं कि आज शवदाह गृह की चिमनी टूटकर बिखर गई।

राजस्थान के जिला नागौर के ब्लॉक सुजानगढ़ के गाँव यशवंत नगर के इरशाद खान कहते हैं, "कुछ दिन पहले मेरे पड़ोस के गाँव में रह रहे चाचा की तबीयत रात में अचानक से खराब हो गई। उन्हें साँस लेने में दिक्कत थी। लक्षण सारे कोविड के थे। जिला अस्पताल ले गए, लेकिन वहाँ बोला गया कि कोविड होगा तभी एडमिट करेंगे। उन्होंने जाँच नहीं कराई थी तो रिपोर्ट थी नहीं। घर लेकर आए और सुबह उनकी मौत हो गई।"

गुजरात के जिला कच्छ के तालुका मुंद्रा के गाँव देशलपर में रहने वाले महेश माहेश्वरी जो खुद कोविड पॉजिटिव हैं, कहते हैं, "20 अप्रैल को पता चला कि मुझे और मेरे परिवार के दो लोगों को कोविड हो गया। गाँव में दूसरे लोगों की तरह हम भी बीमार थे, लेकिन हमने टैस्ट करवाने का फैसला किया। एंटीजन टैस्ट में मेरी रिपोर्ट पॉजिटिव आई, जबकि पापा की रिपोर्ट निगेटिव आई। एक हफ्ते बाद जब आरटीपीसीआर टैस्ट की रिपोर्ट आई तब पता चला कि पापा भी पॉजिटिव हैं। वे गंभीर अवस्था में आईसीयू में हैं। आप विश्वास नहीं करेंगे, 21 अप्रैल को जब हम मुंद्रा स्वास्थ्य केंद्र में जाँच कराने गए थे तब हमें 5 घंटे लग गए थे टैस्ट कराने में। इतनी भीड़ थी कि लग रहा था हम किसी मेले में आए हैं। भीड़ और रिपोर्ट में आने वाली देरी के कारण भी गाँव के लोग टैस्ट कराने नहीं जा रहे। जबकि अगर मेरे गाँव में ही सबकी जाँच हो जाए तो हर घर में कोविड पॉजिटिव पेशेंट मिलेगा।"

भारत में कोरोना संक्रमण के बढ़ते आँकड़े डराने लगे हैं। इस महामारी की विभीषिका को हम बस शहरों से जोड़कर देख रहे हैं, गाँव में क्या हो रहा? वहाँ क्या स्थिति है, इसकी खबर ही नहीं है। देश के ग्रामीण क्षेत्रों में सबसे बड़ी समस्या यह आ रही है कि लोग बीमार होने के बावजूद कोविड टैस्ट नहीं करा रहे हैं। ऐसे में स्थिति बिगड़ने पर कोविड अस्पताल उनका इलाज करने से यह कहकर मना कर रहे हैं कि यहाँ तो बस कोविड पेशेंट का इलाज हो रहा है। ऐसा एक नहीं, कई परिजन आरोप लगा रहे हैं। परिजनों का कहना हैं कि उनके मरीज को इलाज और ऑक्सीजन मिल गया होता तो शायद उनकी जान बच जाती। खबर संस्था गाँव कनेक्शन की यह रिपोर्ट उत्तर प्रदेश के जिला सोनभद्र से सटे राज्य झारखंड के जिला गढ़वा के प्रखंड खरौंदी के मनोज की कहानी बता रही है। मनोज कोविड पॉजिटिव हैं और घर में ही आइसोलेट हैं। गाँवों में लोग बीमार होने पर भी जाँच क्यों नहीं करवा रहे हैं?

इस सवाल के जवाब में मनोज कहते हैं, "गाँव में अभी भी लोगों को लगता है कि कोविड जैसी कोई बीमारी है ही नहीं। लोगों को बुखार है, खाँसी है, लक्षण कोविड के हैं फिर भी घरों में शादियाँ हो रही हैं। रही बात जाँच कराने की तो गाँव के ज्यादातर लोगों को तो यह पता ही नहीं है कि जाँच होगी कहाँ ? इसके अलावा लोग सरकार की जाँच पर विश्वास भी नहीं कर रहे हैं। किसी की पहली रिपोर्ट नेगेटिव आ रही है तो किसी की दूसरी।"

कुछ ऐसी ही आपबीती है रामबहादुर की।

"कहाँ नहीं ले गए उसे, छोटा भाई था। मेरे सामने ही उसकी साँसें रुक गईं। मैं उसके सिरहाने बैठा था। मरते हुए देखता रहा, लेकिन कुछ कर नहीं पाया।" यह कहते हुए राम बहादुर मिस्त्री रोने लगे और फोन काट दिया। उत्तर प्रदेश के जिला अंबडेकर नगर, तहसील अकबरपुर के गाँव शहजादपुर में रहने 50 वर्षीय राम बहादुर के भाई लाल बहादुर (42) की मौत 23 अप्रैल को हो गई। वे लगभग एक हफ्ते से बीमार चल रहे थे। गुरुवार 22 अप्रैल की रात अचानक से उनकी तबीयत बिगड़ गई, उन्हें अस्पताल तो ले गए लेकिन बचाया नहीं जा सका। फोन काटने के लगभग एक घंटे बाद राम बहादुर ने खुद फोन किया और बताया, "कई दिनों से उसे (लाल बहादुर) हल्का बुखार था। पास के बाजार में एक डॉक्टर से दवा ली थी तो उसे आराम था, लेकिन मंगलवार को उसे साँस लेने में तकलीफ होने लगी।" राम बहादुर ने आगे कहा, "लक्षण तो सारे कोरोना वाले ही थे। सामान्य अस्पतालों में ऑक्सीजन नहीं मिला। वह साँस नहीं ले पा रहा था। फिर जिला अस्पताल और मेडिकल कॉलेज (पीजीआई) ले गए तो उन्होंने एडमिट नहीं लिया। डॉक्टर बोले कि यहाँ उसे ही ऑक्सीजन मिलेगी जो कोरोना पॉजिटिव होगा। थक-हारकर हम उसे घर ले आए। ऑक्सीजन ढूढ़ते रहे, लेकिन मिला नहीं और अगले दिन सुबह उसकी मौत हो गई।"

मध्य प्रदेश के जिला टीकमगढ़ के ब्लॉक जतारा के गाँव तिगौड़ा में रहने वाले शैलेन्द्र सिंह घोष गाँव की स्थिति के लिए प्रशासन को जिम्मेदार बताते हैं। वे कहते हैं, "मेरे आसपास के गाँवों में कई मौतें हो चुकी हैं। क्यों हुईं, यह किसी को नहीं पता। जिससे पूछिए, वह यही कहता है कि कुछ नहीं हुआ था, बस साँस लेने में दिक्कत हुई और मौत हो गई। सब यही कह रहे हैं, लेकिन उन्हें कोविड था कि नहीं, यह किसी को नहीं

पता। टैस्ट सब करा लेंगे, लेकिन इतना डर फेल गया है कि लोगों को लग रहा कि जाँच कराने जाएँगे तो पक्का ही कोविड हो जाएगा, क्योंकि वहाँ इतनी भीड़ रहती है और सब बीमार ही आते हैं। जाँच कराने में कम से कम 4-5 घंटे लग जाते हैं। इसलिए लोग जाँच नहीं करा रहे हैं। यही कारण है कि बीमार होने पर आसपास के डॉक्टर से दवा ले रहे हैं, लेकिन जाँच नहीं करा रहे हैं।"

कोविड के महँगे इलाज, ऑक्सीजन और दवाओं का इंतजाम करने के लिए बहुत सारे लोग उधार और कर्ज ले रहे हैं। लखनऊ निवासी रजनीश गौतम बताते हैं कि "11 अप्रैल को मेरे माता-पिता दोनों की तबीयत खराब हुई, जिन्हें दुबग्गा के एक अस्पताल में किसी तरह भर्ती कराया, 14 को माँ की मौत हो गई। पिता का इलाज अब भी जारी है। अब तक दोस्तों और रिश्तेदारों से माँग कर तीन से साढ़े तीन लाख रुपए खर्च कर चुका हूँ। अब तो उधारी के डर से रिश्तेदार भी फोन नहीं उठा रहे।"

रजनीश महीने भर पहले तक वो एक सर्जन के यहाँ नौकरी करते थे, जिसके लिए महीने के 10,000 रुपए मिलते थे। पिता को पेंशन मिलती नहीं थी। पूरा परिवार रजनीश की कमाई पर निर्भर था।

रजनीश बताते हैं कि "पिछले कई दिनों से मेरा काम सिर्फ इतना है कि कहीं से पैसे का जुगाड़ करो और ऑक्सीजन का इंतजाम हो। अस्पताल वाले अच्छे हैं, मेरा पूरा सहयोग कर रहे हैं। माँ अब नहीं रहीं, ये बात हमने पिता जी को नहीं बताई है। भाई की तबीयत भी ठीक नहीं रहती है। अस्पताल में मेरी छोटी बहन रहती है और मैं इधर-उधर भटकता हूँ। अस्पताल में जब तक ऑक्सीजन रही कोई दिक्कत नहीं हुई, लेकिन अब रोज सिलेंडर भरवाने पड़ते हैं। अगर 2 लीटर प्रति घंटा पर भी ऑक्सीजन चलाते हैं तो 12 घंटे एक सिलेंडर (बड़ा वाला) चलता है। पिता जी की तबीयत में सुधार है तो डॉक्टर ने कहा है कि एक ऑक्सीजन कंडेनसर का इंतजाम हो जाए तो काफी सहूलियत हो जाएगी, क्योंकि इन्हें अभी कई दिनों तक ऑक्सीजन के सहारे की जरूरत हो सकती है।"

रजनीश की बहन पायल का कहना है, "माँ नहीं रहीं, अब बस कुछ भी करके पापा बच जाएँ। दवा और इलाज के लिए कर्ज में डूबने वाले रजनीश अकेले नहीं हैं। अस्पताल और दवाओं के बढ़ते कर्ज में कई परिवार डूब गए हैं तो कुछ लोग अपने ठीक हो चुके लोगों के लिए पैसों का इंतजाम करने के लिए हाथ-पैर मार रहे हैं। हेमंत शुक्ला उन्ही में से एक हैं।"

उसका कहना है कि "मेरा भाई जिस अस्पताल में भर्ती है उसका बिल ही ढाई लाख हो गया है, जबकि मैं दवाओं का भी खर्च पूरा नहीं कर पा रहा। जो परिचित थे, दे सकते थे सबसे पैसा ले चुका हूँ। ढाई लाख सिर्फ अस्पताल का बिल हो गया है और मैं तो रोज की दवाइयों का ही इंतजाम नहीं कर पा रहा।"

हर जगह सीएमओ दफ्तर के बाहर रेमडेसिविर के लिए लंबी लाइनें लगी हुई है। तमाम कोशिशों के बावजूद लोगों को ऑक्सीजन और रेमडेंसिविर जैसी दवाइयाँ नहीं मिल पा रही हैं। आलम ये है कि लोग डॉक्टरों को देखते ही उनके पैर पकड़ जिंदगी बचाने की गुहार लगा रहे हैं। पिछले दिनों नोएडा का एक वीडियो खासा वायरल हुआ था, जहाँ एक माँ अपने बच्चे के लिए रेमडेसिविर की माँग के साथ सीएमओ के पैरों में गिड़गिड़ाती हुई दिखाई दी थी। बुधवार को उसके बेटे की मौत हो गई। मरीजों के परिजनों द्वारा बार बार सीएमओ दफ्तर के चक्कर लगाने और दवाई करने की माँग से तंग आकर उन्होंने लोगों को गिरफ्तार करवाने की धमकी भी दी थी। यही हाल गोरखपुर का भी है।

लोगों का गुस्सा ऑनलाइन प्लेटफार्म पर फूट रहा है। पिछले कुछ दिनों से फेसबुक पर #Resign—modi खूब वायरल हो रहा था पर फेसबुक ने #Resign—modi को अचानक बुधवार को हटा दिया। उसकी जगह यह आने लगा कि, 'इसमें कुछ ऐसी बातें हैं जो फेसबुक के नियमों के खिलाफ हैं।' बाद में इसे फिर से जारी कर दिया। फेसबुक ने कहा है कि यह किसी तकनीकी दिक्कत की वजह से हुआ और इसकी जाँच की जा रही है।

दिल्ली में लगातार कोविड मरीजों की संख्या में इजाफा हो रहा है। मरीजों की बढ़ती संख्या को देखते हुए राष्ट्रीय राजधानी के छतरपुर इलाके में 26 अप्रैल से सरदार पटेल कोविड केयर सेंटर शुरू हुआ। अब इसका बुरा हाल है। यह 500 बैड वाला सेंटर हैं। कहा गया था कि यहाँ सारी सुविधाएँ होंगी। यहाँ सिर्फ 150 मरीज भर्ती होने आए, और तो और जो भर्ती हैं वह भी अब यहाँ से पिंड छुड़ाकर भागना चाहते हैं, क्योंकि यहाँ भयानक बदइंतजामी है। ज्यादातर बैड खाली हैं। जो लोग भर्ती हैं और वहाँ से जाना चाहते हैं, तो उन्हें डिस्चार्ज नहीं किया जा रहा है। यह कोविड केयर सेंटर दिल्ली सरकार और आईटीबीपी द्वारा चलाया जा रहा है। तमाम मरीजों के परिजनों का कहना है कि अन्दर का हाल बहुत बुरा है। न मरीज को खाना मिल पा रहा है और न ही दवाई।

बीते दिन दिल्ली में कोविड फैसिलिटी के बाहर एक व्यक्ति फुटपाथ पर रोता हुआ पाया गया। उसकी माँ का शव पास में ही खड़े एक ऑटो-रिक्शे में पड़ा था। 28 वर्षीय मुकुल व्यास अपनी माँ को आज सुबह दक्षिणी दिल्ली के सरदार वल्लभ भाई पटेल कोविड केयर सेंटर में ले आए थे लेकिन सेंटर के गेट नहीं खुले।

29 अप्रैल

उत्तर प्रदेशीय प्राथमिक शिक्षक संघ ने पंचायत चुनावों के दौरान कोविड संक्रमण से 706 शिक्षकों व कर्मचारियों की मौत का दावा करते हुए मृतकों की पूरी सूची मुख्यमंत्री और राज्य निर्वाचन आयोग को भेजी है। प्राथमिक शिक्षक संघ के महामंत्री संजय सिंह का कहना है कि पंचायत चुनाव के दौरान 700 से ज्यादा शिक्षकों की मौत के बावजूद सरकार ने ना तो मृतकों के परिजनों को मुआवजे का ऐलान किया है और न ही 2 मई को होने वाली मतगणना स्थगित की है। इससे बाकी लोगों में भी संक्रमण फैलने का खतरा बढ़ गया है।

ग्रामीण इलाकों में कोविड के कहर को उत्तर प्रदेश के बिजनौर जिले की स्थिति से समझा जा सकता है। एक अप्रैल को जिला बिजनौर में कोविड के मात्र 39 एक्टिव केस थे जो 29 अप्रैल को बढ़कर 3,390 तक पहुँच गए। यह सभी सरकारी आँकड़े हैं। वास्तविक स्थिति आँकड़ों से कहीं ज्यादा भयावह है। गाँवों की स्थिति बहुत खराब है। कोविड की जाँच कहाँ होगी, लोगों को जानकारी ही नहीं है। बहुत से लोग भय या लापरवाही के चलते भी जाँच कराने से बच रहे हैं। सरकारी अस्पतालों का बुरा हाल है, जबकि प्राइवेट अस्पताल एक घंटा ऑक्सीजन देने के 1500 रुपए तक माँग रहे हैं।

सुप्रीम कोर्ट ने शुक्रवार को कहा कि इंटरनेट पर मदद की गुहार लगा रहे नागरिकों पर रोक इस आधार पर नहीं लगाई जानी चाहिए कि वे गलत शिकायत कर रहे हैं। न्यायालय ने कहा कि कोविड वायरस महामारी की दूसरी लहर राष्ट्रीय संकट है।

उत्तर प्रदेश के आधा दर्जन से अधिक शिक्षक कर्मचारी संगठनों ने कोविड महामारी के बीच हो रहे पंचायत चुनाव में काउंटिंग की ड्यूटी के बहिष्कार का ऐलान कर दिया है। इन संगठनों का दावा है कि चुनाव ड्यूटी में लगे शिक्षकों-कर्मचारियों की कोविड होने से मौत हो गई है।

हिमाचल के कोटगढ़ में रहने वाला सिंह परिवार गाँव की भीड़-भाड़ से दूर, सेब के बगीचे में बने घर में रहता है। रमन सिंह के 74 वर्षीय पिता नंदकिशोर सिंह रिटायर्ड स्कूल टीचर थे। उनकी 71 वर्षीया माँ कांता सिंह गृहिणी थीं। रमन के माता-पिता एक रिश्तेदार के अंतिम संस्कार में पास के गाँव गए थे। उसके बाद परिवार के सभी छह सदस्य माता-पिता, रमन, उनकी पत्नी शिल्पा और दोनों बच्चे (आठ साल का श्रेष्ठ और चार साल का सहर्ष) कोविड पॉजिटिव पाए गए। सबसे पहले कांता सिंह को 8 नवंबर को कुछ लक्षण दिखे। माँ के बाद रमन को भी बुखार हो गया। घर में लगातार इलाज के बाद भी माँ की हालत नहीं सुधर रही थी। ऑक्सीजन स्तर गिरने लगा तो रमन माँ को लेकर शिमला के इंदिरा गांधी मेडिकल कॉलेज अस्पताल पहुँचे। उन दिनों को याद करते हुए रमन बताते हैं, "बड़ी मुश्किल से उन्हें वार्ड में जगह मिली तो ऑक्सीजन दी जाने लगी। माँ को जल्दी ही वेंटिलेटर पर ले जाया गया। हालत में कोई सुधार नहीं हुआ।"

रमन माँ का इलाज करा ही रहे थे कि घर से पिता, पत्नी और दोनों बच्चों के पॉजिटिव होने की खबर आई। पिता को शिमला के दीनदयाल उपाध्याय अस्पताल लाया गया, लेकिन तीन दिन तक उनका इलाज शुरू ही नहीं हो सका और हालत बिगड़ती चली गई। उनकी बहन ने चंडीगढ़ के कई बड़े अस्पतालों के बारे में जानकारी ली, लेकिन ऑक्सीजन बैड या वेंटिलेटर कहीं उपलब्ध नहीं था। नंदकिशोर सिंह ने 24 नवंबर को आखिरी साँस ली। कुछ ही घंटे बाद उनकी पत्नी कांता भी चल बसीं।

उत्तर प्रदेश के गाजियाबाद में रहने वाले शाहिद सईद के 4 परिजनों को कोविड-19 मौत की नींद सुला चुका है। उनके परिवार के 2 लोग और उनकी पत्नी के घर के 2 लोगों की मौत हो चुकी है। संकट की शुरुआत पिछले साल नवंबर में हुई। अलीगढ़ में रहने वाली उनकी बहन तलत बानो की तबीयत एक रात खराब होने लगी तो उन्हें जवाहरलाल नेहरू मेडिकल कॉलेज अस्पताल ले जाया गया। फरवरी में एक दिन तबीयत ज्यादा बिगड़ गई। वे साँस नहीं ले पा रही थीं। लक्षण देखकर डॉक्टर ने कहा कि इन्हें कोविड-19 हुआ है। उन्हें तत्काल ऑक्सीजन दी गई। सीटी स्कैन में फेफड़े काफी खराब दिखे, पर कोविड टैस्ट निगेटिव आया। उन्हें रेमडेसिविर और दूसरी दवाएँ दी गईं, लेकिन तब तक बहुत देर हो चुकी थी। मुँह से खून आने लगा तो डॉक्टरों ने उन्हें वेंटिलेटर पर डाल दिया। अगले दिन, 23 फरवरी को उनकी मौत हो गई।

इसके करीब डेढ़ महीने बाद एक दिन तलत बानो के पति फिरोज अचानक बेहोश हो गए। उनका भी कोविड टैस्ट निगेटिव आया, लेकिन चार दिन बाद 10 अप्रैल को उनकी भी मौत हो गई। दरअसल, पति-पत्नी को पहले संक्रमण हुआ था, लेकिन तब कोविड का इलाज नहीं होने के कारण शरीर के अंग एक-एक कर खराब होने लगे। इससे पहले कि शाहिद इस हादसे से उबरते, खबर आई कि पत्नी के ताऊ अचानक काफी बीमार हो गए हैं। वे साँस नहीं ले पा रहे थे। कोविड टैस्ट निगेटिव आया, लेकिन सीटी स्कैन में पता चला कि फेफड़े काफी खराब हो गए हैं। तीन दिन बाद वे भी चल बसे। उनके छोटे भाई तीन हफ्ते से बीमार हैं और हर दिन स्थिति नाजुक होती जा रही है। इस बीच, एक और रिश्तेदार की मौत हो चुकी है। परिवार पर संकट का साया अभी तक मँडरा रहा है। शाहिद के भाई-भाभी और सास-ससुर समेत कम से कम 15 परिजन कोविड पॉजिटिव हैं, जिनका इलाज चल रहा है।

कोविड ने मध्य प्रदेश के देवास जिले के अग्रवाल समाज के अध्यक्ष बालकिशन गर्ग के परिवार में कोहराम मचा दिया है। एक सप्ताह में ही पत्नी व दो बेटों की कोविड से मौत हो गई। अपनों के जाने का दर्द उनकी छोटी बहू से बर्दाश्त नहीं हुआ और उसने फाँसी लगा ली। परिवार में अब गर्ग के अलावा उनकी बड़ी बहू और पोते-पोतियाँ रह गए हैं।

दिल्ली हाईकोर्ट में वकील अमित शर्मा लगातार वर्चुअल सुनवाई में पेश होते रहे। वो जजों से अपने जीजा की जिंदगी बचाने के लिए गुहार लगाते रहे। जस्टिस विपिन सांघी और जस्टिस रेखा पल्ली भी उनके लिए भरसक कोशिश करते रहे, लेकिन उनकी जिंदगी नहीं बचाई जा सकी। पीठ ने शुक्रवार को वकील से पूछा था कि क्या अभी भी मदद की जरूरत है। इस पर, भीतर से टूट चुके वकील ने कहा, "मदद की अब कोई जरूरत नहीं है।" उनका अभी-अभी निधन हो गया है। मैं असफल हो गया हूँ। यह सुनकर बेंच के जज बेहद निराश नजर आए। हाईकोर्ट ने कहा, "हम केवल यह कहना चाहते हैं कि राज्य मौलिक अधिकारों की रक्षा के अपने मौलिक दायित्वों को पूरा करने में विफल रहा है।"

1 मई

देश में पिछले 24 घंटों में दो लाख नए केस आए हैं। यह अपने-आप में एक रिकॉर्ड है।

दिल्ली में पिछले 24 घंटों में सरकारी आँकड़ों के अनुसार करीब 412 लोगों की मौत हो गई है।

सीरम इंस्टीट्यूट ऑफ इंडिया (एसआईआई) के अदार पूनावाला ने ब्रिटेन की टाइम पत्रिका को दिए एक इंटरव्यू में कहा है कि उन पर कुछ रसूख वाले भारतीय वैक्सीन के मामले में बहुत ज्यादा दबाव बना रहे हैं। हालाँकि उन्होंने इन लोगों के नाम नहीं बताए हैं।

महामारी की इस कठिन समय पर राजनीति जारी है। नया प्रकरण है किसी राष्ट्रीय स्वयं सेवक संघ के 85 वर्षीय सदस्य का जिनके बारे में दावा किया जा रहा है कि उन्होंने कोविड ग्रस्त होते हुए भी अपने अस्पताल के बिस्तर को किसी और के इलाज के लिए छोड़ दिया।

आरएसएस द्वारा मंगलवार को जारी एक बयान या 'समाचार' में दावा किया गया कि 'दाभाडकर ने बहुत दौड़-भाग करने के बाद अस्पताल में एक बिस्तर हासिल किया था। जब उन्हें अस्पताल लाया गया, तो वह मुश्किल से साँस ले पा रहे थे और अस्पताल की सभी औपचारिकताएँ पूरी हो चुकी थीं। तभी दाभाडकर ने एक महिला को रोते हुए देखा और अधिकारियों से उसके चालीस वर्षीय पति को भर्ती करने और उसे ऑक्सीजन प्रदान करने का अनुरोध किया। उसके बच्चे भी रो रहे थे। दाभाडकर ने चिकित्सा कर्मचारियों से कहा कि वह पचासी वर्ष के हैं और उन्होंने अपना जीवन जी लिया था और यदि कोई बिस्तर उपलब्ध नहीं है, तो उनके लिए आरक्षित बिस्तर उस व्यक्ति को दिया जाए जिसके परिवार को उसकी आवश्यकता है। इसके बाद दाभाडकर घर लौट आए, जहाँ तीन दिनों के बाद उनकी मृत्यु हो गई।'

बाद में पाया गया कि हकीकत इससे एकदम अलग है। मीडिया की रिपोर्ट कह रही है कि 85 वर्षीय नारायणराव दाभाडकर ने वास्तव में चिकित्सा सलाह के खिलाफ छुट्टी ले ली थी, लेकिन इस दावे पर कोई स्पष्टता नहीं थी कि उन्होंने अपना बिस्तर किसी और के लिए छोड़ दिया था।

सोशल मीडिया पर वायरल हो रहे दावे के बारे में पूछे जाने पर नागपुर नगर निगम द्वारा संचालित अस्पताल में प्रभारी डॉक्टर शीलू चिमुरकर ने कहा, "उस दिन ड्यूटी पर मौजूद हमारा स्टाफ ऐसी किसी घटना का गवाह नहीं है।"

गाँवों से बुखार-खाँसी जैसी समस्याएँ ही नहीं बल्कि मौतों की लगातार खबरें आ रही हैं। महाराष्ट्र में लातूर जिले के रोटी-कपड़ा-बैंक नामक एन.जी.ओ. के गौस शेख कहते हैं, "पिछले साल मुश्किल से किसी गाँव से किसी व्यक्ति की मौत की खबर आती थी। लेकिन इस बार हालात बहुत बुरे हैं। मैं आसपास के 50 किलोमीटर के गाँवों में काम करता हूँ। आए दिन किसी का अंतिम संस्कार करता हूँ, गाँवों में ज्यादातर घरों में कोई न कोई बीमार है।"

गौस शेख और उनके साथी पिछले डेढ़ महीने में महाराष्ट्र के उदगीर तालुका में 152 से ज्यादा लोगों का अंतिम संस्कार कर चुके हैं, जिनमें से कम से कम 50 लोग गाँव से थे।

राजस्थान के बीकानेर जिले के पलाना गाँव के एक किसान आशुराम गोदारा कहते हैं कि, "मैं खुद कोविड पॉजिटिव हूँ, गाँव में ज्यादातर घरों में लोगों को बुखार-खाँसी की दिक्कत है। पहले गाँव में छिटपुट केस थे, फिर जब 5-6 लोग पॉजिटिव निकले तो सरकार की तरफ से एक वैन आई और उसने जाँच की तो 80 के करीब लोग पॉजिटिव मिले हैं।"

बीकानेर जोधपुर एनएच-89 के किनारे बसे इस गाँव की बीकानेर शहर से दूरी 21 किलोमीटर है और यहाँ की आबादी आशुराम के मुताबिक करीब 4000 है। गाँव में ऐसा क्या हुआ कि एक साथ इतने लोग बीमार हो गए, इस सवाल के जवाब में गोदारा बताते हैं, "सबसे पहले तो गाँव में एक-दो बारातें आईं, फिर 23-24 अप्रैल को यहाँ आँधी-पानी (बारिश) आया था, जिसके बाद लोग ज्यादा बीमार हुए। शुरू में लोगों को लगा मौसमी बुखार है लेकिन जब लोगों की जाँच हुई तो पता चला कोविड है।

मुम्बई के स्वास्थ्य कार्यकर्ता और जनस्वास्थ्य अभियान से जुड़े रवि दुग्गल बताते हैं, "कोविड का जो डेटा है वो ज्यादातर शहरों का ही होता है। गाँव में तो पब्लिक हेल्थ सिस्टम बदतर है। जाँच टेस्टिंग की सुविधाएँ नहीं हैं। लोगों की मौत हो भी रही है तो पता नहीं चल रहा, दर्ज नहीं हो रही कहीं। दूसरा अगर आप शहरों की स्थितियाँ देखिए तो जो डाटा हम लोगों तक आ रहा है वो बता रहा है कि शहरों में ही मौतें आँकड़ों से कई गुना ज्यादा है। अगर ग्रामीण भारत में सही से जाँच हो, आँकड़ दर्ज किए जाएँ तो ये नंबर कहीं ज्यादा होगा।"

ग्रामीण भारत में हालात कैसे, इसका अंदाजा छोटे-छोटे कस्बों के मेडिकल स्टोर और इन जगहों पर इलाज करने वाले डॉक्टरों (डिग्री धारी और गैर डिग्री वाले, जिन्हें बोलचाल की भाषा में झोलाछाप कहा जाता है) के यहाँ की भीड़ से लगाया जा सकता है। यूपी जैसे राज्यों में ब्लॉक और तहसील पर स्थित पीएचसी और सीएचसी में ओपीडी पहले से बन्द है। गाँवों और कस्बों के मेडिकल स्टोर्स पर इस समय सबसे ज्यादा खाँसी-बुखार की दवाएँ लेने आ रहे हैं।

सूरतगंज (बाराबंकी) में एक मेडिकल स्टोर के संचालक अमित कुमार बताते हैं, "रोज के 100 लोग बुखार और बदन दर्द की दवा लेने आ रहे हैं। पिछले साल इन दिनों के मुकाबले ये आँकड़ा काफी ज्यादा है।"

कोविड से जुड़ी दवाएँ तो अलग बात है, बुखार की पेरासिटामोल, विटामिन सी की टैबलेट और यहाँ तक की खाँसी की अच्छी कंपनियों के सिरप तक नहीं मिल रहे हैं। ज्यादातर ग्रामीण इलाकों में खाँसी और बुखार को लोग सामान्य फ्लू मानकर चल रहे हैं।

महामारी में इंसानियत-19

वर्षा वर्मा की कहानी

कोरोना के डर से जब अपने भी साथ छोड़ जाते हैं, ऐसे में बहुत से लोग अपनी जान जोखिम में डालकर लोगों की मदद के लिए आगे आ रहे हैं, इन्हीं में एक हैं लखनऊ की वर्षा वर्मा, जो पिछले कई दिनों से लगातार 10-12 शवों का अंतिम संस्कार कर रही हैं। वर्षा बताती हैं, "मैंने देखा कि लोगों के पैसा नहीं होता कि शव का अंतिम संस्कार करा पाएँ, एक तो उनके ऊपर ऐसे ही इतना दुख होता है कि परिवार का सदस्य चला गया और ऊपर से एम्बुलेंस और शव वाहन हजारों रुपए माँगते हैं।"

42 साल की वर्षा पिछले तीन वर्षों से लावारिस शवों का अंतिम संस्कार कर रही हैं। वर्षा कहती हैं, "मेरे दिमाग में आया कि क्यों न एक गाड़ी किराए पर लेकर सेवा शुरू की जाए। फिर मैंने एक गाड़ी किराए पर ली, ड्राइवर किया। इसके बाद इतने ज्यादा फोन आने लगे और एक गाड़ी से हर जगह जाना संभव नहीं था तो हमने दो और गाड़ियाँ किराए पर ले ली हैं। हम ये सब लोगों के सहयोग से कर रहे हैं।"

हर दिन सुबह से लेकर शाम तक वर्षा राम मनोहर लोहिया अस्पताल में लोगों की मदद के लिए पहुँच जाती हैं। एक गाड़ी में वो खुद ड्राइवर के साथ रहती हैं, कई बार तो वो खुद से ही गाड़ी चलाकर जाती हैं। वो कहती हैं, "वैसे हर गाड़ी में एक ड्राइवर और उनके एक सहयोगी रहता है, क्योंकि कई बार ऐसा होता है कि किसी एक सदस्य की मौत हो जाती है और पूरा का पूरा परिवार कोरोना से पीड़ित होता है और कई ऐसे भी लोग होते हैं जो अकेले रहते हैं और उनके परिवार के सदस्य कहीं विदेश में रहते हैं। ऐसे में हम शव को गाड़ी पर रखते हैं और श्मशान पर उनका अंतिम संस्कार करते हैं।"

वर्षा के मुताबिक पिछले तीन साल में पाँच सौ से अधिक लाशों का वो अंतिम संस्कार करवा चुकी हैं। कोरोना संकट में जब अपने भी मरीज से दूर-दूर रहते हैं लेकिन वर्षा लोगों की मदद के लिए दिन भर श्मशान और अस्पतालों का चक्कर लगाती रहती हैं। इनके इस फैसले का असर उनके परिवार पर कैसे पड़ा, इसे बारे में वो बताती हैं, "मैंने जब ये काम शुरू किया तो करीब दस दिनों तक मेरी माँ ने मुझसे बात नहीं की थी, उन्हें लग रहा था कि शायद इस काम की वजह से वो मुझे खो देंगी। ऐसा ही मेरे हस्बैंड के साथ हुआ, लेकिन जब उन्हें लगा कि मैं मानने वाली नहीं हूँ, तो अब वो मेरा खयाल रखते हैं और इम्युनिटी बूस्टर देते रहते हैं, पीपीई किट, लंच सबका ध्यान रखते हैं। अब मेरी मम्मी भी नॉर्मल हो गई हैं, लेकिन मेरी बेटी शुरू से मेरे साथ थी।"

वो बताती हैं, "हर दिन कुछ न कुछ होता रहता है। एक वाकया मैं शेयर करना चाहूँगी। एक दिन मेरे पास इंदिरा नगर से एक महिला की कॉल आयी कि मेरे हस्बैंड की डेथ हो गई है। इसके बाद मैं और ड्राइवर उनके घर पहुँचे। डेड बॉडी के पास वो महिला अकेली थी और दूसरी महिला मैं वहाँ पहुँची थी, क्योंकि डेथ घर में हुई थी, इसलिए बॉडी को प्लास्टिक बैग में पैक करना था। हम तीनों ने मिलकर बॉडी को प्लास्टिक बैग में पैक किया और जब उसे उठाने लगे तो बैग फट गया, क्योंकि वजन बहुत ज्यादा बढ़ गया था। फिर हमने सोचा कि चादर में लपेटकर उठाते हैं, लेकिन चादर भी फट गया। ये सब कुछ चलता रहा, उनके परिवार वाले दूर खड़े होकर मोबाइल में वीडियो बनाते रहे, कोई हमारी मदद के लिए आगे नहीं आया। किसी ने हाथ तक नहीं लगाया, सिर्फ वीडियो बनाते रहे, चलिए लोग मेरी मदद न करते लेकिन लड़का तो आपके घर का था, बहू तो आपकी थी, उसकी मदद के लिए तो आगे आ जाते। हम लोगों ने किसी तरह बॉडी को गाड़ी पर रखा और उसका अंतिम संस्कार कराने गए।"

वर्षा बताती हैं, "मैंने लखनऊ के बैकुंठ धाम के बाहर जल सेवा शुरू की है, इसे हमने इसलिए शुरू किया क्योंकि इस समय श्मशान घाट पर ज्यादातर कोरोना के शव ही आ रहे हैं और पीपीई किट पहनकर आते हैं, पीपीई किट दस मिनट भी पहनकर देखिए पसीने से हालत खराब हो जाती है और प्यास लगती है, इसलिए हमने बैकुंठ धाम के बाहर निशुल्क जल सेवा भी शुरू की है। लेकिन इसके लिए मेरे पास धमकी भरे फोन भी आने लगे हैं, क्योंकि बैकुंठ धाम के बाहर महँगे दाम पर पानी बेच रहे हैं और अब मैंने नि:शुल्क सेवा शुरू की तो अब लोग धमकी दे रहे हैं।"

महामारी में इंसानियत-20

जावेद खान की कहानी

मध्यप्रदेश के भोपाल के एक ऑटो चालक ने एम्बुलेंस की कमी को देखते हुए अपने ऑटो को एम्बुलेंस में बदल दिया और मुफ्त में मरीजों को अस्पताल ले जाने लगा। ऑटो चालक जावेद खान का कहना है कि उसने टेलीविजन और सोशल मीडिया पर देखा था कि राज्य में किस तरह बदहाली है और एम्बुलेंस और ऑक्सीजन की कमी से लोग अपने मरीजों को अस्पताल लेकर नहीं जा पा रहे हैं। इसलिए मैंने अपने ऑटो को ऑक्सीजन से लैस एम्बुलेंसमें तब्दील कर दिया। जावेद खान बताते हैं कि उनका मोबाइल नंबर सोशल मीडिया पर वायरल है। वो मरीजों को मुफ्त में अस्पताल लेकर जाते हैं। जावेद ने आगे बताया कि इस काम के लिए मैंने अपनी पत्नी की ज्वेलरी बेच दी और इसके बाद मैं एक ऑक्सीजन केंद्र के बाहर लाइन में खड़ा रहा और एक सिलिंडर भराकर अपने ऑटो में रख दिया। बकौल जावेद, वो ये काम पिछले 15 से 20 दिन से कर रहे हैं और अब तक नौ गंभीर मरीजों को अस्पताल लेकर जा चुके हैं।

महामारी में इंसानियत-21

कोलकाता निवासी वर्षीय श्रीमती ज्योत्सना बोस ने अपना शरीर कोविड अनुसंधान के लिए दान किया है। 93 वर्षीय ज्योत्सना बोस ट्रेड यूनियन से जुड़ी हैं। गैर-लाभकारी संगठन, 'गनदर्पण' द्वारा जारी एक बयान में यह जानकारी दी गई।

महामारी में इंसानियत-22

सलढाना परिवार की कहानी

इस संकट काल में जहाँ कुछ ऐसे लोग हैं जो लोगों की मजबूरी का फायदा उठाने से भी नहीं चूक रहे हैं वहीं कुछ ऐसे भी लोग हैं जो गरीब जरूरतमंदों के मददगार बनकर उभरे हैं। मुम्बई में मालवणी का एक परिवार इन दिनों गरीब जरूरतमंदों के लिए मसीहा बनकर आगे आया है। पास्कल सलढाना अपने बेटे के साथ मिलकर कोरोना से पीड़ित बीमार जरूरतमंद परिवारों को ऑक्सीजन सिलेंडर दे रहे हैं, वह भी मुफ्त। कभी स्कूल टीचर रहीं रोजी सलढाना पहले ब्रेन हैमरेज, फिर लकवा और अब दोनों किडनी खराब होने से डायलिसिस पर हैं। घर में खुद के लिए ऑक्सीजन की जरूरत पड़ती है, लेकिन अप्रैल महीने में जब से किसी और व्यक्ति को उस सिलेंडर की जरूरत पड़ी तब से जरूरमंदों को मुफ्त में ऑक्सीजन सिलेंडर देना इस परिवार का अभियान बन गया है।

रोजी सलढाना के पुत्र शलोम सलढाना कहते हैं कि "मम्मी का ऑक्सीजन सिलेंडर जब से हमने दूसरे को दिया तब से अब तक इस तरह लोग आते हैं और हम उनका आधार कार्ड और डॉक्टर का प्रिस्क्रिप्शन देख कर देते हैं।"

पास्कल सलढाना ने कहा कि "गरीबों की मदद करना उन्हें (रोजी सलढाना) अच्छा लगता है। वो नहीं सोचतीं कि मैं बीमार हूँ, या आगे क्या होगा? गरीब लोगों के बारे में सोचती हैं कि वे अच्छे हो जाएँ।"

पास्कल का डेकोरेशन का काम बन्द है इसलिए वे बेटे के साथ मिलकर अब पूरी तरह से लोगों की मदद में लग गए हैं।

महामारी में इंसानियत-23

अजरा मोबिन की कहानी

रॉयटर्स की यह रिपोर्ट लखनऊ के समाजसेवी अजर मोबिन पर है। मेरा नाम अजरा मोबिन है। पिछले एक-एक महीने से मैं कोविड की दूसरी लहर से प्रभावित लोगों का समर्थन कर रही हूँ। होली के बाद से ही राज्य में स्थिति बद से बदतर होती जा रही है।

1:00 बजे रात

कानपुर में रहने वाले एक व्यक्ति के फोन से मेरी नींद खुल गई। उनके पिता को कोविड-19 था, और उन्हें लखनऊ में अस्पताल में भर्ती कराया गया था। उसने मुझे यह बताने के लिए फोन किया था कि थोड़ी देर पहले उसे खबर मिली कि उनके पिता का निधन हो गया है। वह और उनके परिवार के बाकी लोग भी कोविड-पॉजिटिव हैं, इसलिए अंतिम संस्कार की औपचारिकताओं को पूरी करने के लिए लखनऊ नहीं जा सकता। इसलिए वे किसी ऐसे व्यक्ति की तलाश कर रहे हैं जो अस्पताल में औपचारिकताओं के साथ-साथ दाह संस्कार में भी उनकी मदद कर सके। मैं उन्हें आश्वासन देती हूँ कि मैं सुबह अस्पताल जाऊँगी और स्थिति को सँभालूँगी। मैं कुछ घंटे सोने की कोशिश करती हूँ।

सुबह 4.30 बजे

चूँकि यह रमजान का पवित्र महीना है, इसलिए मैं सुबह होने से पहले प्रार्थना करने के लिए उठती हूँ और सूरज उगने से पहले खाना खा लेती हूँ।

सुबह 7:00 बजे

मैं एक अन्य सामाजिक कार्यकर्ता के साथ अस्पताल पहुँचती हूँ। हम अस्पताल में सभी औपचारिकताओं को कुछ ही घंटों में पूरा करने के बाद शव को पास स्थित श्मशान स्थल बैकुंठ धाम ले जाने के लिए एम्बुलेंस की व्यवस्था करते हैं।

सुबह 10:00 बजे

बैकुंठ धाम पहुँचने पर हमें पता चलता है कि नए नियमों के अनुसार शवों को उनके मृत्यु के कारणों के आधार पर सामान्य और कोरोना से हुई मौत के रूप में वर्गीकृत किया जा रहा है और उसी आधार पर दाह संस्कार भी किया जा रहा है। कोविड प्रमाणपत्र होने पर श्मशान के कार्यकर्ता शव को सँभालने और जलाऊ लकड़ी की व्यवस्था करने का ध्यान रखते हैं और सरकार इन दाह संस्कार से जुड़े खर्च का वहन करती है। हम सभी जरूरी कागजातों को इकठ्ठा करने के लिए निकल पड़ते हैं। सब कुछ व्यवस्थित करने में थोड़ा समय लगता है। शुरुआत में कोई भी शव को एम्बुलेंस से श्मशान घाट तक ले जाने को तैयार नहीं हो रहा था। हमें जलाऊ लकड़ी और अन्य व्यवस्थाओं की भी तैयारी करनी थी।

एक मुस्लिम महिला के रूप में, मुझे हिन्दू रीति-रिवाजों और प्रथाओं के बारे में ज्यादा जानकारी नहीं थी। मैंने हाल ही में ही इनके बारे में सीखा है।

शाम 4:00 बजे

मुझे एक अन्य सामाजिक कार्यकर्ता का फोन आता है जो एक गंभीर रूप से बीमार अपने किसी रिश्तेदार के लिए अस्पताल में ऑक्सीजन बैड खोजने की कोशिश कर रहा है जिसकी हालत गंभीर है। उसे किसी से मेरा नंबर मिला और वह चाहता है कि परेशानी की इस घड़ी में मैं उसकी मदद करूँ। पिछले कुछ हफ्तों में, वट्सएप पर कई ग्रुप बनाए गए हैं। इन समूहों के कुछ लोग मेरे जैसे सामाजिक कार्यकर्ता हैं, अन्य सिर्फ आम नागरिक हैं जो मदद करना चाहते हैं जहाँ वे कर सकते हैं। मुझे अपने कुछ ग्रुप से कुछ अस्पतालों की जानकारियाँ मिलती हैं। मैं उन अस्पतालों को कॉल करना शुरू करती हूँ पर पता चलता है कि कई नंबर बन्द कर दिए गए हैं, या 'आउट ऑफ रीच' हैं। दूसरे कॉल में रिंग जाती रही पर किसी ने उसे उठाया नहीं। अंत में, मैंने बलरामपुर अस्पताल में फोन किया। फोन के दूसरी ओर पर मौजूद व्यक्ति ने मुझसे कहा उनके पास एक बिस्तर उपलब्ध है लेकिन वे ऑक्सीजन नहीं दे सकते। ऐसे हालात में खुद को बहुत असहाय महसूस करती हूँ। लेकिन मैंने भी हार नहीं मानी और मेरे पास जितने भी अस्पतालों के फोन नंबर थे उन सबको फोन करती रही। आखिरकार, एक अस्पताल ने बताया कि उनके पास ऑक्सीजन बैड उपलब्ध है। मैंने तुरंत अपने एक सामाजिक कार्यकर्ता दोस्त को फोन किया और उसे इस अस्पताल की जानकारी दी। आखिरकार उस रोगी को हम समय पर एक ऑक्सीजन वाली बिस्तर मुहैया करवाने में सफलरहे।

शाम 6:00 बजे

करीब एक हफ्ते पहले मेरे पास एक दोस्त का फोन आया, जिसने मुझे एक युवक का नंबर देते हुए उससे बात करने को कहा। मैंने इस नंबर पर फोन किया वहाँ घंटी तो जा रही थी पर फोन को कोई उठा नहीं रहा था। आखिरकार दूसरी ओर से जब उठाया तो मैंने उसे अपना परिचय दिया कि मैं एक सामाजिक कार्यकर्त्ता हूँ। फोन उस युवक ने ही उठाया था। मैंने उससे उसका हालचाल पूछा और उससे यह भी पूछा कि क्या मैं किसी भी तरह से उसकी कोई मदद कर सकता हूँ?

शुरू-शुरू में वह खास कुछ बात नहीं कर रहा था लेकिन थोड़ी ही देर की बातचीत के बाद वह एकाएक रोने लगा। उसने मुझे बताया कि पिछले कई दिनों से उसके माता-पिता दोनों की तबीयत बहुत खराब चल रही थी। उसकी बातचीत से लगा कि वे दोनों कोविड से पीड़ित

थे। दो दिन पहले ही में उसकी माँ का देहान्त हो गया मगर उसने अपने अस्वस्थ पिता को यह बात नहीं बताई उसकी माँ का देहान्त हो गया है। मैंने उन्हें सांत्वना देने की पूरी कोशिश की और उसके पापा और उसके स्वास्थ्य की जानकारी ली। उसने मुझे बताया कि वह ठीक महसूस कर रहा था लेकिन दो दिन पहले उसकी माँ के निधन के बाद से वह कुछ भी नहीं खा पा रहा था। उसे अपनी माँ की बहुत याद आ रही थी। मैंने उसे कुछ खाने के लिए मनाने की कोशिश की और उससे यह भी कहा कि मैं उसके पिता के लिए जल्द ही कुछ चिकित्सा की व्यवस्था करने की कोशिश करूँगी। मुझे बस इतना पता था कि यह परिवार रायबरेली रोड पर रहता है पर मेरे पास उसका पूरा पता नहीं था और मेरे पूछने से पहले ही उसने कॉल काट दिया। मैं उससे बात करने की कोशिश कर रही थी, लेकिन उसको किए मेरे सभी कॉल अनुत्तरित रहे। मैंने फिर भी कोशिश करनी नहीं छोड़ी और आखिरकार किसी लड़की ने मेरे फोन उठाया। बातचीत में पता चला कि वह उस युवक की छोटी बहन है। मैंने उसे करीब हफ्ते भर पहले उसके भाई के साथ हुई बातचीत के बारे में बताया और उनका हालचाल पूछा। मुझे बातचीत से वह लड़की बहुत परेशान लगी। उसकी बातचीत से समझना मुश्किल था कि वह कहना क्या चाह रही है पर यह सुन कर मैं सन्न रह गई कि उसका भाई, पिता और दादी नहीं रहे। इतना कहने के बाद उसने मेरा फोन काट दिया और उसके बाद से वह मेरा फोन नहीं उठा रही है। मैं खुद को बहुत ज्यादा असहाय महसूस कर रही हूँ। मुझे पता है कि मैं शायद आज रात सो नहीं पाऊँगी। इस परिवार की और इसी तरह के कई अन्य लोगों की परिस्थिति और उनकी कहानियाँ मेरे दिमाग में एक अंतहीन लूप में पूरी रात चलती रहेंगी। अकसर मेरा काम मुझ पर बहुत ज्यादा हावी हो जाता है लेकिन मुझे पता है कि अगर मेरे परिवार में मैं खुद ऐसी परिस्थितियों से गुजर रही होती, फिर भी मैं अपने को तनहाई और अकेलेपन में नहीं झोंकती और शायद तब भी मैं उन लोगों की मदद करने की कोशिश करती जिन्हें मदद की जरूरत है।

महामारी में इंसानियत-24

ये मुम्बई के **शाहनवाज़ शेख भाई** हैं। इन्हें ऑक्सीजन मैन के नाम से जाना जाता है। वह इसलिए क्योंकि पिछले साल जब कोरोना मुम्बई पर कहर बरपा रहा था, तब इनके दोस्त की बहन ने बिना ऑक्सीजन के ऑटो रिक्शा में दम तोड़ दिया था। अगर उन्हें समय पर ऑक्सीजन मिलता तो जान बच जाती। इस घटना ने शाहनवाज़ को कोरोना से लोगों की जिंदगी बचाने की प्रेरणा दी। मरीजों की मदद करने के लिए शाहनवाज़ ने अपनी फोर्ड एंडेवर एसयूवी कार तक बेच दी और 60 ऑक्सीजन सिलेंडर खरीदे व 40 किराए पर लिए। और संसाधन जोड़ पिछले कोरोना काल में 300 कोविड-19 मरीजों को ऑक्सीजन सिलेंडर समय पर देकर मदद कर चुके हैं शाहनवाज़ भाई।

महामारी में इंसानियत-25

स्वधा प्रसाद और उनके दोस्तों की कहानी

मुम्बई की एक छात्रा स्वधा प्रसाद एग्जाम की तैयारी करने के बाद अब अपने असल काम में जुट गई हैं। वह कोविड मरीजों के लिए अस्पताल में बैड, दवाएँ और ऑक्सीजन खोज रही है क्योंकि संक्रमण की दूसरी लहर में भारत को उपरोक्त वस्तुओं की कमी का सामना करना पड़ रहा है।

स्वधा प्रसाद कई वॉलेन्टियर्स के साथ मिलकर एक युवा संगठन अनकट से जुड़ी हुई हैं। इस संगठन के सभी वॉलेंटियर्स 14 से 19 साल के बीच के हैं। संगठन ने एक ऑनलाइन डेटाबेस तैयार किया है, जिसमें देशभर में मौजूद चिकित्सा संसाधनों के बारे में जानकारी है। जरूरतमंदों लोगों की मदद की यह मुहिम 24 घंटे और सातों दिन की है। युवाओं की ये टीम लगातार फोन के माध्यम से आपूर्ति की उपलब्धता की पुष्टि और रियल टाइम में जानकारियों को अपडेट करती है। 17 वर्षीय प्रसाद बताती है कि "हम में कुछ लोग सुबह की शिफ्ट से लेकर आधी रात तक काम करते हैं क्योंकि सुबह तीन बजे तक कॉल आना बन्द नहीं होती हैं। यह एक लंबा और अकसर थका देने वाला मामला है, लेकिन अगर मैं किसी का जीवन बचाने में मदद कर सकती हूँ, तो मेरे न कहने का कोई सवाल ही नहीं है।"

महामारी में इंसानियत-26

लक्ष्मण और इर्तिजा की कहानी

यह कहानी फेसबुक पर विक्रम सिंह चौहान की पोस्ट से ली गई है। पहली तसवीर दिल्ली के युवा इरतिजा कुरैशी की है। दूसरी तसवीर दिल्ली के बुराड़ी के लक्ष्मण तिवारी और उनके 4 साल के बेटे की है। पिछले दिनों लक्ष्मण तिवारी के माँ-बाप दोनों का एक ही दिन कुछ घंटों के अंतराल में इंतक़ाल हो गया था। माँ को दिया जा रहा ऑक्सीजन खत्म हो चुका था। एक घंटे तक हाँफने, तेजी से घरघराहट, छटपटाहट और बेटे द्वारा पम्पिंग के बाद भी उनकी माँ की मौत हो गई।

बमुश्किल कुछ घंटे बाद ही जब तक लक्ष्मण तिवारी इस दु:ख को सँभाल पाते, उनके पिता भी ऑक्सीजन के लिए हाँफने लगे। हताश बेटे ने अपने पिता की छाती को पंप करना शुरू किया। लेकिन उनके पिता ने भी साथ छोड़ दिया। माँ-बाप की मौत लक्ष्मण और उनके चार साल के बेटे की आँखों के सामने हो गई। लक्ष्मण के ऊपर जैसे वज्रपात हो गया। पत्नी हॉस्पिटल में भी गंभीर थी। रोये कि बच्चे को संभाले, कि माँ-बाप की लाश को अंतिम संस्कार के लिए ले जाए। लक्ष्मण ने पास के पड़ोसियों के यहाँ दौड़ लगानी शुरू की। सबसे मदद माँगी। लेकिन एक आदमी लक्ष्मण और उसके बच्चों को सहारा देने नहीं आया। लक्ष्मण ने रिश्तेदारों को फोन लगाया, लेकिन कोई नहीं आया। 15 घंटे तक दोनों माँ-बाप का शव घर में पड़ा रहा। यह खबर किसी तरह दिल्ली के 35 साल के युवा इरतिजा कुरैशी तक पहुँचती है। इरतिजा सुबह 4 बजे ही बुराड़ी थाने पहुँच जाते हैं और इस परिवार की मदद के लिए गुहार लगाते हैं। लेकिन, पुलिस की तरफ से कहा जाता है, "हमारे पास ऐसी कोई सुविधा नहीं है। 102 या 112 पर कॉल करें।" वो 102 नंबर पर कॉल करता है तो उसे जवाब मिलता है, "हमारे पास कोविड मरीजों के शवों के लिए कोई व्यवस्था नहीं है। हम केवल जीवित रोगियों के मामलों को हैंडल करते हैं।" 112 नंबर डायल करने पर उन्हें अजीबोगरीब चीजें बताई जाती है, "आप जस्टडायल के लिए प्रयास क्यों नहीं करते और नंबर क्यों नहीं लेते हैं?" इरतिजा सामाजिक संगठनों की मदद माँगते हैं। एक संगठन तैयार होता है तो शर्त लगा देता है, शव को श्मशान के बाहर छोड़ आएँगे। ड्राइवर हाथ लगाएगा तो 8 हजार लगेगा। परिवार की आर्थिक स्थिति ऐसी नहीं थी कि वे इसे वहन कर सकें। शव भी गर्मी की वजह से खराब होना शुरू हो गया था। इरतिजा फिर पुलिस से गुहार करता है प्लीज इस परिवार में चार साल का बच्चा है, उसकी मनोदशा समझिए, कुछ कीजिए। पुलिस मदद करने से फिर इंकार कर देता है और इरतिजा को सलाह देते हैं श्मसान घाट जाकर देखिए वहाँ कोई एम्बुलेंस होगी। इरतिजा तुरंत निगमबोध घाट जाते हैं। वहाँ बुरी स्थिति थी, वे घंटों इंतजार नहीं कर सकते थे। उन्होंने वेब पोर्टल हिंदुस्तान लाइव के फरहान

याहिया से मदद माँगी साथ ही डीसीपी नॉर्थ दिल्ली को टैग किया। वेब पोर्टल ने लाइव किया। एक करोड़ लोगों ने देखा। लेकिन मदद को एक ही आया, उसका भी धर्म इस्लाम था। करीब 22 घंटे की कड़ी मशक्कत, दुख और निराशा के बाद लक्ष्मण के माता-पिता को आखिरकार 'सम्मानजनक' विदाई मिलती है। चार साल का बच्चा करीब पूरे एक दिन अपने दादा-दादी की क्षत-विक्षत लाशों को देखता है और उसके पिता मदद की भीख माँगते हैं फिर भी एक आदमी मदद को नहीं आता है। यही समाज बनाया है हमने। इस तिवारी परिवार के दर्जनों मिश्र, शुक्ला, पांडेय, चौबे आदि से नाता जरूर रहा होगा। इरतिजा उस चार साल के बच्चे के लिए किसी सुपरहीरो से कम नहीं है। जब नफरत बोई जाएगी इरतिजा के कौम के खिलाफ तो मुझे पूरी उम्मीद है लक्ष्मण तिवारी का चार साल का बेटा आगे आकर प्रतिकार करेगा।

#इंसानियत जिंदाबाद!

सीवान, बिहार के माफिया डॉन और पूर्व विधायक सैयद शाहबुद्दीन की कोविड से मौत हो गई।

दिल्ली के बत्रा अस्पताल में ऑक्सीजन की आपूर्ति रुक जाने से आज करीब बारह रोगियों की मौत हो गई है।

किन्हीं कीर्ति दुबे ने ट्वीट किया है कि उत्तर प्रदेश के गोरखपुर में श्मशान घाट ढके जा रहे हैं। इसी के साथ श्मशान घाट में तसवीरें लेना अब दंडनीय अपराध घोषित कर दिया गया है।

द हिन्दू अखबार ने ट्वीट किया है कि अनंतपुर के सरकारी अस्पताल में ऑक्सीजन की आपूर्ति रुक जाने से वहाँ कोविड का इलाज करवा रहे चौदह रोगियों की मौत हो गई है।

गुजरात के भरूच शहर के एक अस्पताल में आग लगने से कोविड के 16 मरीजों समेत 18 लोगों की मौत होने की खबर है।

सुप्रीम कोर्ट ने शुक्रवार को केंद्र की कोविड टीकाकरण नीति पर गंभीर सवाल उठाए जो केंद्र और राज्यों के बीच मूल्य दामों में अंतर करने और निजी कंपनियों को कीमतें निर्धारित करने की अनुमति देता है।

लाइव लॉ की रिपोर्ट के अनुसार, सुप्रीम कोर्ट ने यह भी पूछा कि केंद्र कोविड टीकों पर पेटेंट अधिनियम के तहत अनिवार्य लाइसेंसिंग की शक्तियों पर विचार क्यों नहीं कर रहा है।

अदालत ने कहा, 'वैक्सीन मूल्य निर्धारण और वितरण को मैन्युफैक्चरर्स पर न छोड़ें, यह सार्वजनिक वस्तुओं पर इक्विटी है। इसके लिए आपको जिम्मेदारी उठाने की जरूरत है।'

जस्टिस रविंद्र भट्ट ने कहा, "वैक्सीन को विकसित करने के लिए संस्था को 4,500 करोड़ रुपए दिए गए। इसका मतलब है कि उस पर हमारा ही अधिकार है!"

उन्होंने आगे कहा, "वही निर्माता आपको 150 रुपए और राज्यों को 300-400 रुपए कह रहा है! थोक स्तर पर कीमत का अंतर 30,000 से 40,000 करोड़ रुपए का होगा। राष्ट्र को इसका भुगतान क्यों करना चाहिए? यह कहीं और इस्तेमाल किया जा सकता है! केंद्र सरकार थोक में क्यों नहीं ले सकती है और फिर राज्य इसे उठा लेंगे?"

दिल्ली के मैक्स हॉस्पिटल के डॉक्टर विवेक राय ने आत्महत्या कर ली है। सुसाइड नोट में उन्होंने लिखा—कोविड मरीजों की जान नहीं बचा पा रहे इसलिए आत्महत्या कर रहे हैं!

फेसबुक की एक पोस्ट

दोस्तों एक जरूरी सूचना!

मैं गौड़ सिटी-2, नोएडा में रहता हूँ। इस तरह से मदद कर सकता हूँ। मेरे पास बचत किए हुए 35-40 हजार रुपए हैं जिससे मदद की जा सकती है। घर के आसपास या 8-10 किलोमीटर तक मदद की जा सकती है। कोई जो अकेला रह रहा हो और खाना किसी तरह बना पाने में सक्षम ना हो तो उसे सुबह का नाश्ता मैं बनाकर उसके यहाँ पहुँचा सकता हूँ। (मुझे पोहा या ऐसे कुछ छोटा-मोटा आता है, हर रोज के हिसाब से उसे बदल सकते हैं, मेरी खाना बनाने वाली आ जाएगी तो लंच भी पहुँचाया जा सकता है) ऐसा ना हो कि हमारे आसपास कोई व्यक्ति भूखा सो जाए इसलिए कि वो अकेला है और बीमार है। कोई बूढ़ा व्यक्ति घर पर अकेला हो तो उसे जो चाहिए, पहुँचा सकता हूँ। कोई दवाई चाहिए हो और घर पर कोई ना हो, (उनके लिए मुफ्त है जो खरीदने में सक्षम नहीं हैं, रेमडेसिविर के लिए ना कहें) फल, सब्जियों के लिए कहा जा सकता है अगर कोई दुकानदार ना पहुँचाए तो।

अकेले महसूस कर रहे हों और लगे कि साँस फँस जाएगी कोई बात करने वाला होना चाहिए तो मुझे फोन किया जा सकता है और बाकी छोटी-छोटी मदद के लिए आप कह सकते हैं।

मेरा नंबर : 999****954

(फोन नंबर फेसबुक पर शेयर किया गया था पर यहाँ नहीं दिया गया है)

एक घंटे पहले बत्रा अस्पताल के अधिकारियों ने दिल्ली हाईकोर्ट में यह बताया कि वह आज सुबह 6 बजे से ही ऑक्सीजन के संकट से जूझ रहे थे। अस्पताल में 307 मरीज भर्ती थे, जिनमें से 230 को ऑक्सीजन सपोर्ट पर रखा गया था। उसके पास ऑक्सीजन का पूरा स्टॉक खत्म हो गया जिसके चलते 8 मरीजों की जान भी चली गई, जिसमें उस अस्पताल के डॉक्टर आर के हिमथानी भी शामिल हैं।

2 मई

देश की राजधानी दिल्ली में रविवार को कोविड संक्रमण के नए मामलों में थोड़ी गिरावट दर्ज की गई लेकिन लगातार दूसरे दिन 400 से ज्यादा मरीजों की मौत हो गई।

भारत में एक दिन में 3,92,488 नए कोविड केस दर्ज, पिछले 24 घंटे में सबसे ज्यादा 3,689 की मौत।

पिछले एक दिन में 3,92,488 नए केस दर्ज किए गए हैं। मौत का आँकड़ा आज सबसे ज्यादा ऊँचा है। पिछले 24 घंटे में सबसे ज्यादा 3,689 मौतें हुई हैं।

उत्तर प्रदेश में पंचायत चुनाव की मतगणना जारी है। लोगों को डर है कि ये भीड़ कहीं गाँव में कोविड संक्रमण की बड़ी वजह न बन जाए। भीड़ से सोशल डिस्टेंसिंग की धज्जियाँ उड़ रही हैं और कोविड संक्रमण का खतरा और बढ़ गया है। कई प्रत्याशियों के एजेंट कोविड पॉजिटिव मिले हैं। सुप्रीम कोर्ट ने मतगणना की इजाजत देते हुए कहा था कि कोविड को देखते हुए मतगणना स्थल के बाहर कर्फ्यू होगा, किसी तरह का विजय जुलूस या जश्न नहीं होगा।

वाराणसी : कोविड मरीजों की उखड़ती साँसों को साँस अब मोबाइल ऑक्सीजन वैन से मिल रही है। संजीवनी महामना मालवीय मोबाइल ऑक्सीजन पॉइंट पर उन मरीजों को नि:शुल्क ऑक्सीजन दिया जा रहा है, जो बीएचयू कोविड अस्पताल में भर्ती नहीं हो पा रहे हैं या उन्हें भर्ती होने का इंतजार करना पड़ रहा है।

3 मई

आज कुछ भी नहीं लिखूँगा। पिछला जन्मदिन लॉकडाउन में गुजरा और इस बार का महामारी की दहशत के साये में गुजर रहा है जहाँ हर दिन केवल मौत और हताशा की खबरें हैं इसलिए आज इस महामारी की डायरी से मैंने एक दिन की छुट्टी ले ली है।

4 मई

देश में पिछले 24 घंटों में तीन लाख से ज्यादा नए कोविड केस। देश में कोविड रोगियों की कुल संख्या दो करोड़ के पार। अखबारों, न्यूज चैनल से अचानक खबरें बदलती हुई दिख रही हैं। क्या यह मेरी गलतफहमी है या वाकई कुछ ऐसा है? मसलन कल तक इस बात पर जोर दिया जा रहा था कि कितने नए केस आए। आजकल इस बात पर ज्यादा जोर दिया जा रहा है कि कितने लोग स्वस्थ हो रहे हैं। सरकार की पॉजिटिव न्यूज का डंडा शायद मीडिया हाउस पर पड़ा है।

बेंगलुरु के अर्का अस्पताल में ऑक्सीजन खत्म हो जाने से वहाँ दो मरीजों की मौत हो गई है। कल बेंगलुरु से डेढ़ सौ किलोमीटर दूर स्थित कामराजनगर के सरकारी अस्पताल में ऑक्सीजन खत्म हो जाने से 24 मरीजों की मौत हो गई थी।

भोपाल में मृतकों का सरकारी आँकड़ा 104 है लेकिन 2,557 लोगों के अंतिम संस्कार कोविड प्रोटोकॉल से किए गए हैं। 'दि वायर' की रिपोर्ट बता रही है कि इस पर मध्य प्रदेश के गृह मंत्री नरोत्तम मिश्रा ने कहा कि प्रदेश में कोविड से हुई मौतों को छिपाया नहीं जा रहा है। पर आँकड़े कुछ और ही कहानी कह रहे हैं। मसलन मध्य प्रदेश की राजधानी भोपाल स्थित दो श्मशान घाटों और एक कब्रिस्तान में अप्रैल में 2,557 शवों को अंतिम संस्कार कोविड-19 प्रोटोकॉल के मुताबिक किया गया, जबकि भोपाल जिले में सरकारी आँकड़ों के अनुसार, अप्रैल में मात्र 104 लोगों की ही मौत इस महामारी से बताई गई है। क्या सरकारी आँकड़े हमें बेवकूफ बना रहे हैं?

कानपुर में कल 2800 शव-दहन किए गए। गाजियाबाद में श्मशान घाट में 3 दिन से लोग लाइन में खड़े हैं। श्मशान में जगह न होने से लोग अब रोड पर शव-दहन कर रहे हैं।

हिमाचल प्रदेश सरकार ने राज्य में कोविड के मरीजों की चिकित्सा के लिए डॉक्टरों, नर्स और पैरा-मेडिकल स्टाफ रखने की घोषणा की है। इस योजना के तहत चौथे और पाँचवे वर्ष के डॉक्टरों को और फाइनल ईयर में पढ़ाई कर रहे नर्सों को रखे जाने की घोषणा की गई है। डॉक्टरों को इसके लिए 3000/- प्रति माह और नर्सों को 1500/-रुपए की तनख्वाह दी जाएगी।

5 मई

पिछले चौबीस घंटों में देश में लगभग चार हजार लोगों की मौत। 3.82 नए कोविड केस।

एनडीटीवी की एक रिपोर्ट बता रही है कि मध्य प्रदेश के सुसनेर गाँव संतरे के एक बगीचे में दरी और गत्ते के डिब्बों के ऊपर ही मरीजों को लिटाकर, पेड़ पर लटकी हुई बोतलों से मरीजों का उपचार किया जा रहा है।

लखनऊ और मेरठ में लोगों की ऑक्सीजन की कमी से होने वाली मौत की खबरों के बाद इलाहाबाद उच्च न्यायालय ने कहा है कि ऑक्सीजन की कमी से होने वाली मौतों को नरसंहार (जिनोसाइड) से कम करके नहीं देखा जा सकता।

दिल्ली में निवासी जसविंदर सिंह जॉली ने एक जनहित याचिका दायर कर अदालत से दिल्ली में श्मशान घाटों और कब्रिस्तानों की कमी पर अदालत से दखल देने कि अपील की है।

विश्व व्यापार संगठन (डब्ल्यूटीओ) कोविड वैक्सीन को आईपीआर (बौद्धिक सम्पदा कानून) के दायरे से हटाने की बात पर सोच-विचार कर रही है जिससे इसके उत्पादन का अधिकार विकासशील देश भी ले सकें। दैनिक भास्कर की रिपोर्ट बता रही है कि कोविड से देश की रक्षा के लिए आरएसएस ने पूरे राजस्थान में हनुमान चालीसा के पाठ का आयोजन किया है।

27 अप्रैल

कोरोना महामारी के चलते हालात लगातार बिगड़ते जा रहे हैं। रीजों को न अस्पताल में जगह मिल रही है और न ऑक्सीजन। फेसबुक में ऐसी तसवीरें हैं जिसे देखकर भी यकीन नहीं होता कि, यह सच है। देश में हालात इतने बुरे हैं कि रोगी के बिस्तर/ऑक्सीजन/दवा की बात तो दूरी शवों को अंतिम संस्कार के लिए ले जाने के लिए एम्बुलेंस नहीं मिल रहीं। लोगों को अपने प्रियजनों के शवों को ई-रिक्शा में ले जाना पड़ रहा है। ऐसी ही एक तसवीर फेसबुक में शेयर की जा रही है जिसमें एक महिला अपने पति के शव को अपने शरीर के साथ गमछे में बाँध कर ले जा रही है। एक दूसरी तसवीर में बाप-बेटे एक रिक्शे में अपने बीच में माँ के शव को 'बैठा' कर ले जाते हुए दिख रहे हैं।

आंध्र प्रदेश के श्रीकाकुलम से आई ऐसी ही एक खबर ने देश को हिलाकर रख दिया है। श्रीकाकुलम जिले के मंडासा मंडल गाँव की जी चेन्चुला (56) को कोरोना जैसे लक्षण आने पर उन्हें सोमवार अस्पताल ले जाया गया था पर तबीयत बिगड़ने के चलते उनका निधन हो गया। वह अपनी जाँच रिपोर्ट का इंतजार कर रही थीं। लेकिन इससे पहले की रिपोर्ट आती उनकी मौत हो गई। परिवारवालों को यह भी नहीं पता था कि मृतका कोरोना पॉजिटिव थी या नहीं। उनकी मौत के बाद परिवार के लोग काफी देर तक एम्बुलेंस का इंतजार करते रहे, ताकि शव को अंतिम संस्कार के लिए ले जाया जा सके। मगर जब कहीं से कोई मदद नहीं मिली, तो महिला के बेटे और दामाद को शव को बाइक पर ही श्मशान घाट ले जाना पड़ा।

महामारी और गाँव के गरीब

अल जजीरा में मयंक जैन पारीछा की यह रिपोर्ट भारत की गरीब आबादी पर महामारी की मार पर है। ग्रामीण स्वास्थ्य सेवाओं की लचर हालत के चलते गरीब को शहर के अस्पतालों का रुख करना पड़ रहा है जो गाँव से काफी दूर हैं। कुछ लोग नीम हकीमों या झोलाछाप डॉक्टरों या घरेलू उपचार की ओर रुख कर रहे हैं।

अस्पताल में दाखिले की नाकाम कोशिश करते हुए विनोद कुमार की अपने घर से 60 किलोमीटर दूर एक एम्बुलेंस में मौत हो जाती है। उनके भाई कमलेश्वर बताते हैं कि "हमें किसी अस्पताल में एक बिस्तर नहीं मिला, आखिरकार एक नर्सिंग होम में हमें एक बिस्तर मिला, पर यहाँ इलाज की बात तो दूर मरीजों को अपना ऑक्सीजन सिलिंडर खुद लाना पड़ रहा था। केवल यही नहीं यहाँ ऑक्सीजन की राशनिंग भी चल रही। मेरे भाई की साँसें उखड रहीं थीं इसलिए मजबूरन उन्हें लेकर हम दूसरे अस्पताल ले जाने लगे पर रास्ते में ही उनकी मौत हो गई।

मध्य प्रदेश राज्य के शिवपुरी जिले में रहने वाली 36 वर्षीय पुष्पा यादव को जब पिछले महीने बुखार और खाँसी हुई, तो वह डर गई कि उसने 'मनहूस' कोरोना वायरस को पकड़ लिया है। लेकिन गाँव में जाँच कराना आसान नहीं था। निकटतम परीक्षण केंद्र उनके गाँव से करीब दस किलोमीटर दूर पोहरी में था। पुष्पा के परिवार के पास अपना कोई वाहन नहीं है। ऐसे में अगर उन्हें अस्पताल जाना हो तो शिवपुरी तक की दूरी बस से तय करनी पड़ती।

'मानव संसाधन एवं महिला विकास संस्थान' नाम के एनजीओ के कार्यकर्त्ता सुरेश कुमार का कहना है गाँवों में स्थिति खतरनाक हो गई है। लगभग हर दूसरे घर में मौतें होती हैं।

मध्य-प्रदेश के शिवपुरी जिले की भ्रमरी बाई और मीना बाई सहरिया जनजाति से सम्बन्धित हैं। सहरिया लोग मुख्यत: खेती-बाड़ी से जुड़े हैं पर आजकल यह दोनों महिलाएँ शिवपुरी के श्मशान घाट पर काम कर रही हैं। उनके पास न तो मास्क है और न ही पीपीई किट। उनका काम दाह संस्कार के लिए लकड़ी इकट्ठा करना है जिसके बदले उन्हें दिन के डेढ़ सौ रुपए मिलते हैं।

यह पूछे जाने पर कि उन्होंने कोई फेस मास्क क्यों नहीं पहना है, भ्रमरी देवी जवाब देती हैं, "मेरी साड़ी ही मेरा मुखौटा है।"

बिहार की राजधानी पटना के बाहर एक छोटे से शहर बिक्रम में, 15 गाँवों के लगभग 2,00,000 निवासियों के लिए 12 ऑक्सीजन सिलेंडर और एक एम्बुलेंस के स्टॉक के साथ कोविड देखभाल के लिए मात्र एक प्राथमिक स्वास्थ्य केंद्र (पीएचसी) है।

शिवपुरी में परीछा गाँव में एक 'चिकित्सक' लोगों का इलाज कर रहा है, हालाँकि उसके पास कोई मेडिकल डिग्री नहीं है।

नाम न बताने की शर्त पर वह बताते हैं कि उन्होंने पिछले कुछ हफ्तों में कई लोगों का इलाज किया था जिनमें कोरोना वायरस के लक्षण थे। कुछ ठीक हो गए, कुछ मर गए। पिछले हफ्ते तक वह रोजाना 60-70 मरीज देख रहे थे पर पिछले कुछ दिनों से पुलिस उन्हें अपना क्लिनिक खोलने नहीं दे रही है। गाँव में और कोई डॉक्टर है नहीं, ऐसे में लोग मजबूरन सीधे मेडिकल स्टोर पर आ रहे हैं और सिर्फ लक्षण बताकर दवा खरीद रहे हैं।

महाराष्ट्र की लक्ष्मी मोरे के पास अपने गंभीर रूप से बीमार पति को पंढरपुर के एक निजी अस्पताल में ले जाने के अलावा कोई विकल्प नहीं था, जो उसके गाँव से लगभग 55 किमी दूर है।

उन्होंने कहा कि 25 अप्रैल को आईसीयू में उनके पति की मृत्यु हो गई। इस आईसीयू में जिसमें 10 रोगियों की क्षमता थी, लेकिन उस समय 20 का इलाज कर रहे थे। अस्पताल ने उन्हें पाँच लाख रुपए का बिल पकड़ा दिया। लक्ष्मी के पति एक ड्राइवर की नौकरी करते थे। उनके जाने के बाद अब परिवार चलाना बहुत मुश्किल हो गया है ऊपर से इलाज के लिए जो उधारी चढ़ी सो अलग।

5

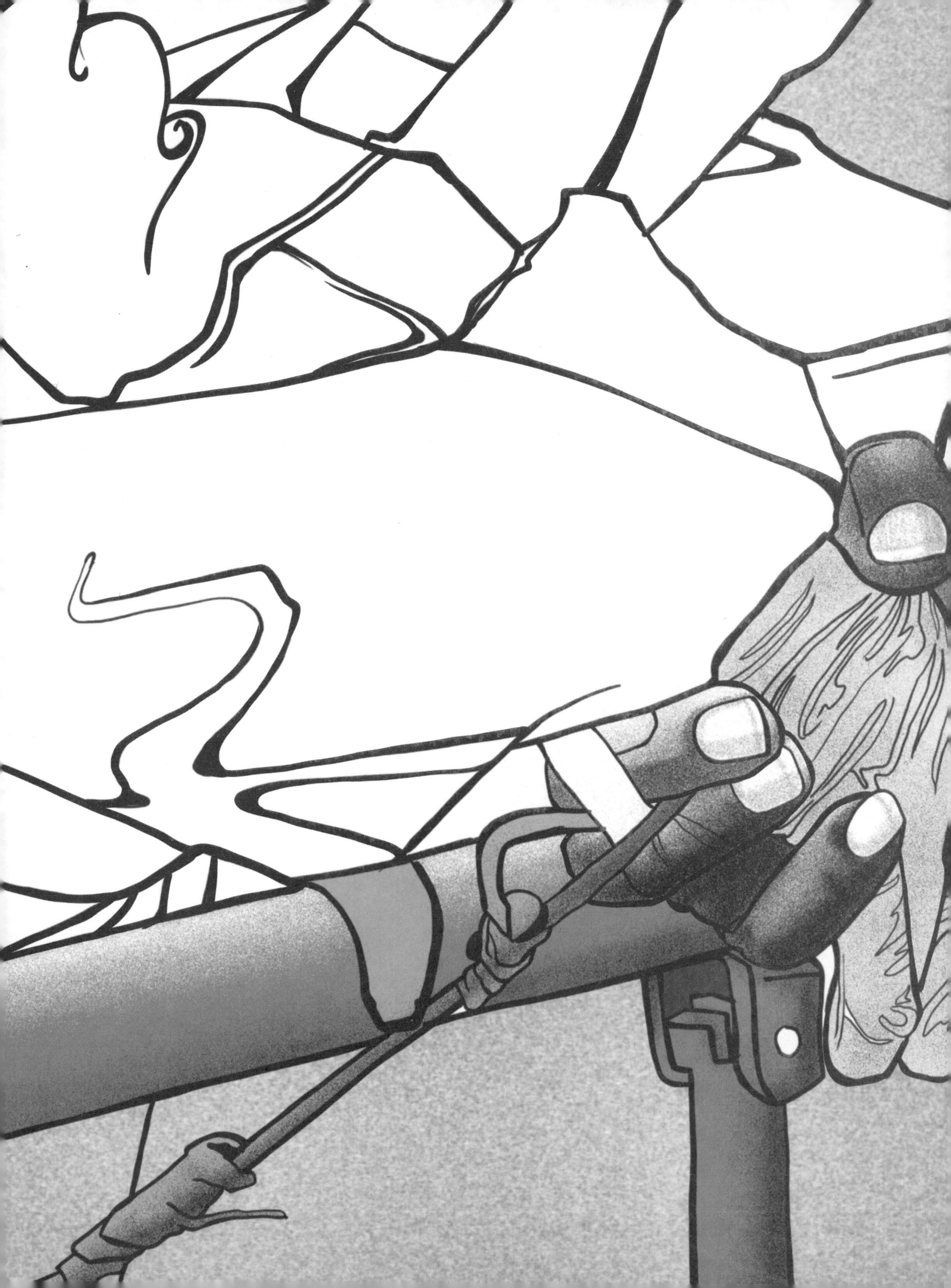

डॉ. आफताबुद्दीन अहमद दिल्ली के एक सरकारी अस्पताल में सर्जन हैं। महामारी की पहली लहर के दौरान उनके अस्पताल में हर रोज पाँच हजार से अधिक रोगियों का इलाज होता था जिसमें कोविड और सामान्य दोनों रोगी शामिल थे। इस साल अप्रैल की शुरुआत में कोविड की दूसरी लहर शुरू होने के बाद से उनके अस्पताल को केवल कोविड के इलाज के लिए बदल दिया गया है।

डॉ. अहमद बताते हैं, "रात हो चुकी है और मेरी आँखें थक गई हैं। मेरे लिए दिन सुबह 6 बजे से शुरू होता है। आज मेरी नींद एक फोन कॉल के साथ खुली। एक सज्जन थे जो अपने प्रियजन के लिए बेताबी से एक बिस्तर की खोज कर रहे थे। मुझे उन्हें मना करना पड़ा क्योंकि अब हमारे पास कोई बिस्तर उपलब्ध नहीं है। मैं खुद को बहुत असहाय महसूस करता हूँ जब मैं उन्हें दूसरे अस्पताल में रेफर करता हूँ, क्योंकि मुझे नहीं पता कि उस अस्पताल में बिस्तर है या नहीं।

मैंने इससे पहले कभी बिस्तरों और ऑक्सीजन इतनी कमी होती नहीं देखी। हर दिन, मुझे लगभग 20 कॉल आते हैं। कभी कोई कहता है मेरे पिता को ऑक्सीजन की सख्त जरूरत है, कृपया उनकी मदद करें नहीं तो वह मर जाएँगे। कभी कोई रोती हुई आवाज में कहता है कि मेरे छोटे-छोटे बच्चे हैं, मुझे बचा लो। कुछ लोगों को लगता है कि यह हम डॉक्टर लोगों की गलती है। लेकिन सच्चाई तो यह है कि यह स्थिति नियंत्रण से बाहर जा चुकी है।

जितनी मुझसे हो पाई उतनी मदद मैं करने की कोशिश करता हूँ, सलाह देता हूँ या उन लोगों के बारे में जानकारी देता हूँ जहाँ से उन्हें ऑक्सीजन वगैरह मिल पाएगी।

आज अपनी ड्यूटी खत्मकर घर लौटते हुए अपने अस्पताल में जो देखा वह भयानक था। हमारा 400 बिस्तरों का अस्पताल है जिसमें हर बिस्तर पर कोविड मरीज है। मैं शारीरिक रूप से बेहद थका हुआ था लेकिन तभी मैंने एम्बुलेंस के सायरन की आवाज सुनी। उस एम्बुलेंस से एक 60 वर्षीय व्यक्ति को ले आया गया था। "कोविड है," उसको ला रहे लोगों में से एक चीखा। जाँच करने पर हमने पाया कि उसका ऑक्सीजन लेवल गिरकर 30 फीसदी रह गया था जबकि सामान्य रूप से 94 फीसदी से ऊपर होना चाहिए। हमने उन्हें ऑक्सीजन दी और और उनके उपचार के बाद उनकी जान बचाने में कामयाब रहे, पर ऐसा हमेशा नहीं होता। कई अन्य मामलों में हम सफल नहीं हुए।

एक सर्जन का सपना होता है कि वह सफल सर्जरी करे फिर वह किसी के पित्ताशय की हो या अपेंडिक्स की, यहाँ तक कि कोई सर्जरी का केस अगर देर रात को आता है तो भी कोई दिक्कत नहीं है। यही तो काम होता है एक सर्जन का। यह वह काम है जिसकी मुझे ट्रेनिंग मिली है। मैंने कभी नहीं सोचा था कि मैं एक इतने नन्हे से वायरस से केवल इसलिए हार जाऊँगा क्योंकि एक वायरस को स्केलपेल की मदद से रोगी के शरीर से काट कर हटाया नहीं जा सकता था लेकिन इतना तो तय है कि हम जिस तजर्बों के दौर से गुजर रहे हैं इसके बारे में हम किसी ने सपने में भी नहीं सोचा था।

इंसानों को साँस लेने के लिए हाँफते हुए देखना, उनके इस हाँफने की आवाज कितनी परेशान करने वाली होती है यह वही जानता है जिसने ऐसा मंजर देखा है। रात को सोते समय मुझे ऐसे हाँफने की आवाजों के बुरे सपने आते हैं। हम डॉक्टर की ड्यूटी दिन के चौबीसों घंटे और हफ्ते के सातों दिन की होती है। स्थिति विकट है लेकिन मुझे डर है कि सबसे बुरे दिनों का आना अभी बाकी है।

दिल्ली में मैं अकेला रहता हूँ। मेरी माँ, पिता और मेरे बड़े भाई कोलकाता में रहते हैं। मेरी माँ मधुमेह और उच्च रक्तचाप से ग्रस्त हैं और मेरे पिता भी बीमार रहते हैं। मुझे लगातार उनके संक्रमित होने का डर बना रहता है और इसी डर से मैंने कोलकाता उनसे मिलने जाने का प्लान कैंसिल कर दिया है।

दिल्ली लॉकडाउन की स्थिति में है इसलिए अकसर काम से पहले नाश्ता करना भी एक चुनौती होती है। दिल्ली की गर्मी में पीपीई किट को पहनने और उसी हालत में सारा दिन रहने के चलते कई स्वास्थ्य कर्मचारी बीमार हो रहे हैं। मैं हमेशा अपने जूनियर्स को ज्यादा से ज्यादा पानी पीने की सलाह देता हूँ लेकिन पीपीई किट को पहने हुए पानी पीते रहना भी आसान नहीं होता। इन सबके अलावा आँखों के सामने एक के बाद दूसरी मौतों को देखते रहना सीने पर एक बोझ जैसा बना रहता है। चारों ओर मौत का साम्राज्य है और इन शवों में बच्चे भी हैं, उनके माता, पिता, बहन, भाई, दादा-दादी हैं। कोविड ने यहाँ किसी पीढ़ी को नहीं बख्शा है।

हम अगले ऑक्सीजन डिलीवरी ट्रक के जल्द आने का इंतजार कर रहे होते हैं। सौभाग्य से, हमारे अस्पताल ने पिछले साल एक ऑक्सीजन संयंत्र स्थापित किया था, इसलिए ऑक्सीजन की कमी कम से कम

हमारे अस्पताल में नहीं है लेकिन माँग बहुत अधिक है और रोजाना माँग बढ़ती ही जा रही है।

आपातकालीन कक्ष के हालात को मैं बयान नहीं कर सकता। हर जगह मरीज हैं, यहाँ तक कि हॉल भी भरे हुए हैं। हिलने-डुलने तक की जगह नहीं है।

रोज मरीज मरते जा रहे हैं। डॉक्टरों के रूप में, हम अपने मरीजों को बचाने के लिए हर संभव प्रयास करते हैं पर जब एक मरीज की मौत हो जाती है तब मानो वक्त ठहर सा जाता है, हम एक विराम लेते हैं और फिर से अपने काम पर लग जाते हैं और कोशिश करते हैं कि हमें अब किसी को न खोना पड़े। मैं खुद से पूछ सकता हूँ कि क्या इससे बचा जा सकता था? शायद हम इससे बच सकते थे अगर सरकार ने समय रहते इस महामारी को अधिक गंभीरता से लिया होता और लॉकडाउन को सख्ती से लागू किया होता।

रेजिडेंट डॉक्टर्स एसोसिएशन के अध्यक्ष के रूप में मेरा काम केवल मरीजों के इलाज तक सीमित नहीं है। मुझे अपने अस्पताल में रेजिडेंट डॉक्टरों की जरूरतों का भी ध्यान रखना होता है और उनकी परेशानियों का समाधान करना होता है। कोविड का खतरा जितना आम जनता के लिए है, उतना ही हमारे लिए भी है। हम स्वास्थ्यकर्मी बिना किसी अतिरिक्त प्रोत्साहन के इस महामारी के दौरान अथक और निस्वार्थ भाव से काम कर रहे हैं, आम जनता से कहीं ज्यादा इस रोग के संपर्क में हमें रोजाना आना पड़ता है। हमारे अस्पताल में हाल ही में कोविड परीक्षण में आधे से ज्यादा स्वास्थ्य कर्मचारी कोविड पॉजिटिव पाए गए। जाहिर है उन लोगों को आइसोलेशन में भेज दिया गया जिससे हमारे पर काम का दबाव और ज्यादा बढ़ गया।

हम स्वास्थ्य कर्मचारियों के लिए महामारी ही एकमात्र परेशानी का सबब नहीं है। ऐसी कई घटनाएँ हुई हैं जहाँ स्वास्थ्य कर्मियों को मरीजों के रिश्तेदारों द्वारा गाली-गलौज और मारपीट का शिकार होना पड़ा। लोग भूल जाते हैं कि हम भी इंसान हैं और दुनिया की हर चीज हमारे वश में नहीं है।

हम स्वास्थ्य कर्मचारी सभी की देखभाल के लिए तैयार हैं। लेकिन यह जीवन का बलिदान करने की कीमत पर तो नहीं हो सकता। अगर ऐसा हुआ तो पूरी व्यवस्था कल नहीं बल्कि आज चरमरा कर ढह जाएगी। आज मुझे जिस मानसिक तनाव और शारीरिक थकावट में लगातार काम करना पड़ रहा है मुझे डर है कि इसका असर जिंदगी भर मेरे शारीरिक और मानसिक स्वास्थ्य पर रहेगा।

पिछले 70 वर्षों में स्वास्थ्य सेवा प्रणाली की अनदेखी की गई है। अंडरफंडिंग किसे कहते हैं इसे मैंने अपनी आँखों से देखा है। हमारे पास जितने अस्पतालों, डॉक्टरों, नर्सों और अन्य कर्मचारियों की जरूरत है, उसके अनुपात में उनकी संख्या बहुत कम है। हमारे पास न पर्याप्त उपकरण हैं, न बिस्तर हैं और न ही संसाधन हैं। जब देश की राजधानी का ये हाल है तब आप सोचिए कि ग्रामीण भारत में हालत कैसे होंगे।

ऐसा इसलिए है क्योंकि स्वास्थ्य कभी भी चुनाव जीतने का एजेंडा रहा ही नहीं।

निशुल्क चिकित्सा सुविधाओं की वजह से लोग सरकारी अस्पताल की ओर खींचे चले आते हैं। फिर वह गरीब हो या अमीर हर कोई यहाँ बैड की तलाश कर रहा है, लेकिन हम एक सीमा के बाद मरीजों को दाखिल नहीं कर सकते क्योंकि हमारे पास बिस्तर भी सीमित मात्रा में हैं। ऐसे में लोगों को मना करने के अलावा हमारे पास और कोई चारा नहीं रहता पर इस सोच भर से दिल बैठ जाता है क्योंकि मुझे पता है कि सरकारी अस्पताल से मन होने का मतलब है कि मरीज मर जाएगा।

घर ले जाने के लिए अगली मेट्रो ट्रेन का इंतजार करते हुए मुझे यह चिंता खाए जा रही कि आगे क्या होगा। कोविड तेजी से फेल रहा है, रोगियों की संख्या दिन पर दिन बढ़ती ही रही है।

अगर आप मुझसे यह पूछें कि आम लोगों को मैं क्या कहना चाहता हूँ तो मैं उनसे बस इतना ही कहना चाहूँगा कि कृपया घबराएँ नहीं। जब तक आप अपने घरों पर रहकर रोग के लक्षणों का इलाज कर सकते तब तक अस्पताल न आएँ। ऐसा करने से न केवल आप स्वास्थ्य कर्मचारियों के दबाव को कम करने में हमारी मदद कर सकेंगे बल्कि आपको भी एक अस्पताल से दूसरे अस्पताल भटकना नहीं पड़ेगा जो आपके लिए भी बहुत महत्त्वपूर्ण है। हमारी मदद करने का सबसे अच्छा तरीका संक्रमण की श्रृंखला को तोड़ना है और इसके लिए जरूरी है कि घर पर रहें, मास्क पहनें, सामाजिक रूप से दूरी बनाएँ, चिकित्सा सलाह का पालन करें और उन लोगों की बात न सुनें जो बिना तथ्यों के टीकों की आलोचना करते हैं या आपको यह समझाने की कोशिश करते हैं कि कोविड वास्तविक नहीं है। और सरकार से, मैं कहूँगा कि कृपया स्वास्थ्य को सबसे ऊपर प्राथमिकता दें।

ब्रिटेन की पत्रिका लान्सेट ने भारत में अगस्त तक करीब दस लाख लोगों के मरने की आशंका जताई है।

दिल्ली के बाड़ा हिंदूराव अस्पताल से 24 कोविड मरीजों के गायब हो जाने की खबर है। दिल्ली के उप-मुख्यमंत्री मनीष सिसोदिया ने जाँच के आदेश दिए हैं।

ग्रामीण इलाकों में जाँच की रफ्तार और रिपोर्ट का आलम ये है कि आरटीपीसीआर रिपोर्ट के आने में 10-12 दिन लग जा रहे हैं।

वहीं आरटीपीसीआर टैस्ट की रिपोर्ट न होने की वजह से स्थिति बिगड़ने पर अस्पताल मरीजों को एडमिट भी नहीं कर रहे हैं। उत्तर प्रदेश की राजधानी लखनऊ से लगभग 350 किलोमीटर दूर जिला कुशीनगर के पट्टी पडरौना निवासी आयुषी बगरिया बताती हैं कि "सरकारी अस्पताल से आरटीपीसीआर की रिपोर्ट एक मई को आई, जबकि पापा का टैस्ट हमने 24 अप्रैल को ही कराया था। 26 अप्रैल तक जब रिपोर्ट नहीं आई और स्थिति बिगड़ने लगी तब हमने एक निजी लैब में जाँच कराई जिसमें रिपोर्ट पॉजिटिव आई। शुक्र है कि हमने ये कदम उठाया और आश्चर्य की बात तो यह है कि सरकारी रिपोर्ट निगेटिव में आई है।"

6 मई

वैज्ञानिकों का कहना है कि महामारी के प्रकोप को देखते हुए देश में तीसरी लहर का आना तय है। हालाँकि उन्होंने यह नहीं कहा कि यह तीसरी लहर कब आएगी।

कल पंजाब में एक पुलिस वाले का वीडिओ शेयर हुआ जिसमें वह रेहड़ी पर दुकान लगाए सब्जीवाले के ठेले पर लात मार रहा था। आज खबर है कि उस पुलिस अधिकारी को सस्पेंड कर दिया गया है। मीडिया की जुबानी सुनें तो अलग कहानी मिलेगी। टीवी चैनेल जानकारी दे रहे हैं कि, "पंजाब में कथित तौर पर एक रेहड़ी-पटरी वाले की सब्जी की टोकरी को ठोकर मारने का वीडियो सोशल मीडिया पर वायरल होने के बाद एक एसएचओ (थाना प्रभारी) को निलंबित कर दिया गया।"

पुलिस का एक दूसरा चेहरा भी है। दिल्ली पुलिस के एक अधिकारी अपने काम की वजह से सुर्खियों में छाए हुए हैं। इन दिनों जहाँ हर कोई संक्रमण से बचने के तरीके खोज रहा है और घर से बाहर जाने में कतरा रहा है ऐसे में एएसआई राकेश कुमार अपने काम से लोगों का दिल जीत रहे हैं। राकेश कुमार निजामुद्दीन थाने पर तैनात है और वो 11 अप्रैल से लोधी रोड के श्मशान घाट पर ड्यूटी कर रहे हैं।

एनडीटीवी इंडिया के रविश रंजन शुक्ल कि रिपोर्ट बता रही है कि एम्बुलेंस बुक करवाते वक्त आप लोग भी थोड़ा सतर्क रहें क्योंकि कई जालसाज गूगल प्रमोशन के जरिए अपना नंबर सबसे ऊपर फ्लैश करवा रहे हैं।

लूट खसोट का आलम यह है कि एक कोविड मरीज को गुरुग्राम से लुधियाना पहुँचाने के नाम पर प्राइवेट एम्बुलेंसवालों ने एक लाख बीस हजार रुपए तक वसूला है। अब इस बिल के वायरल होने के बाद इस कंपनी के तीनों मोबाइल फोन स्विच ऑफ हैं।

प्राइवेट एम्बुलेंस यूनियन 15 किलोमीटर के 3500 हजार रुपए फिक्स करने की माँग कर रही और इसी के चलते अपनी सर्विसेज को फिलहाल स्थगित कर दिया है। एम्बुलेंस यूनियन के उपाध्यक्ष सुरेंद्र तँवर का कहना है कि मैं बीस साल से इस लाइन में हूँ, मुझे मरीज मिठाई देते थे लेकिन अब हमारा पेशा बहुत बदनाम हो गया। मुझे रोना आता है लेकिन अब हम खुद ऐसे जालसाजों को खोज रहे हैं। उनपर हम जालसाजी का मामला दर्ज कराएँगे।

एक फेसबुक पोस्ट

विदेश से जो मेडिकल मदद आ रही है उसको लेकर मोदी सरकार कितनी लापरवाह है ये भी समझ लीजिए। 25 अप्रैल को मेडिकल हेल्प की पहली खेप भारतीय बन्दरगाहों पर पहुँच गई थी लेकिन उसके वितरण के नियम यानि एसओपी स्वास्थ्य मंत्रालय ने 2 मई को जारी किए। यानी एक हफ्ते तक आई मेडिकल मदद एयरपोर्ट, बन्दरगाहों पर यूँ ही पड़ी रही। केंद्र में बैठी मोदी सरकार को इस बारे में एसओपी बनाने में ही सात दिन लग गए कि इसे कैसे राज्यों और अस्पतालों में वितरण करे जबकि अगर आमद के साथ ही यह राज्यों में पहुँचना शुरू हो जाती तो कई मरीजों की जान बचाई जा सकती थी।

एक और बात है भारत सरकार विदेशों से आ रही मेडिकल मदद रेडक्रॉस सोसायटी के जरिए ले रही है, जो कि एक एनजीओ है। मेडिकल सप्लाई राज्यों तक न पहुँच पाने के सवाल पर रेडक्रॉस सोसायटी के प्रबंधन का कहना है कि उसका काम सिर्फ विदेशों से आने वाली मदद को कस्टम क्लीयरेंस से निकाल कर सरकारी कंपनी एचएलएल को सौंप देना है। वहीं, एचएलएल का कहना है कि उसका काम केवल मदद की देखभाल करना है। मदद कैसे बाँटी जाएगी, इसका फैसला केंद्रीय स्वास्थ्य मंत्रालय करेगा। स्वास्थ्य मंत्रालय इस बारे में चुप्पी साधे हुए है...

गुजरात के गांधीधाम के सेज (एसईजेड) में जहाँ देश के कुल दो तिहाई ऑक्सीजन सिलेंडर बनते हैं वहाँ पिछले 10 दिनों से सेज के सभी प्लांट्स में ताला बन्द है। वजह ये है कि सरकार ने औद्योगिक ऑक्सीजन के इस्तेमाल पर पाबन्दी लगाई थी। लेकिन जाने क्यों इस

आदेश में इन सिलेंडर निर्माता इकाइयों को भी शामिल कर लिया गया। अभी हालत ये है कि सरकार विदेशों से भीख माँग रही है या फिर दोगुने-चौगुने दाम पर ऑक्सीजन सिलेंडर खरीद रही है जबकि जो अपने कारखाने हैं, वहाँ ताला जड़कर बैठी हुई है। मतलब आप सिर पीट लो कि ऐसे क्राइसिस में भी लालफीताशाही किस तरह से हावी है।

उत्तर प्रदेश सरकार ने राज्य कि गौ-शालाओं के लिए ऑक्सिमीटर, थर्मामीटर और ऑक्सीजन की व्यवस्था की है। इसी के साथ खबर यह भी है कि 'मऊ' में जेसीबी लाकर बड़े गढ्ढे खोदे जा रहे हैं जिसमें कई लोगों को एक साथ दफनाया जा सके।

उत्तर-प्रदेश में अस्पतालों में खाली बिस्तरों के सरकारी दावे की पोल उस समय खुली जब इस मामले की सुनवाई करते हुए इलाहाबाद उच्च न्यायलय ने बहस के दौरान एक अस्पताल में फोन किया और पाया कि वहाँ पर एक भी बिस्तर खाली नहीं था हालाँकि पोर्टल पर बताया गया था कि उस अस्पताल में बिस्तर खली है। खबर यह भी है कि योगी आदित्यनाथ कि सरकार ने एक अस्पताल के प्रबंधन पर कार्रवाई के आदेश दिए हैं क्योंकि उस अस्पताल के बाहर नोटिस लगा था कि अस्पताल में ऑक्सीजन नहीं है अत: वहाँ रोगी न आएँ।

7 मई

पिछले 24 घंटों में 4 लाख 24 हजार नए कोविड केस आए हैं।

दोपहर को खबर आई कि सितारवादक देबू चौधरी के बेटे प्रतीक चौधरी की कोविड में आज मौत हो गई। अभी दो-तीन दिन पहले देबू चौधरी का कोविड में निधन हो गया था। एक ही घर में दो-चार दिनों के फासले में बाप और बेटे की मौत बहुत दुखद है। शोभोन को फोन किया तो पता चला कि प्रतीक की तबीयत खास खराब नहीं थी पर वह शुरुआत से ही अपने पिता के साथ अस्पताल में रहना चाहता था इसके चलते उसकी बिमारी बढ़ गई और आज आखिर उसकी मौत हो गई।

कनाडा की एक कम्पनी ने नाइट्रिक ऑक्साइड आधारित नाक के सैनेंटाइज स्प्रे पर दूसरे ट्रायल के परिणाम घोषित किए हैं। पहला ट्रायल कनाडा में 7000 लोगों पर किया गया था। यह पाया गया कि सेनेंटाइज स्प्रे से उपचार करने पर पहले 24 घंटे में वायरस लोड 95 फीसदी कम हो जाता है और 72 घंटे में 99 फीसदी से ज्यादा।

राजस्थान सरकार ने आरोप लगाया है कि वैक्सीन की पहली खेप पर आयत शुल्क लगा कर केंद्र सरकार ने करीब 56 करोड़ रुपए की आमदनी की है। इस पैसे से 18 लाख डोज और आ जाते।

उत्तर प्रदेश की आदित्यनाथ सरकार ने निर्देश दिया है कि सभी गोशालाओं में कोविड प्रोटोकॉल बनाए रखा जाना चाहिए, जिसमें गायों और अन्य जानवरों के लिए ऑक्सीमीटर और थर्मल स्कैनर जैसे उपकरणों का स्टॉक भी शामिल होना चाहिए।

यह आदेश ऐसे समय में आया है जब भारत के अधिकांश राज्यों के साथ-साथ उत्तर प्रदेश भी कोविड-19 संक्रमितों की बढ़ती संख्या और चिकित्सा आपूर्ति की कमी से पीड़ित है।

बिहार में कोविड के बढ़ते मामलों के बीच सारण से बीजेपी सांसद राजीव प्रताप रूडी के दफ्तर में धूल फाँक रही एम्बुलेंस का मामला गरमा गया है। पूर्व सांसद पप्पू यादव ने जब इसको लेकर सवाल उठाया तो रूडी बुरी तरह बिफरे और उन्हें ड्राइवर लाकर सारी एम्बुलेंस चलवाने की चुनौती दे डाली। पप्पू यादव ने भी कहा कि चुनौती कबूल है। उन्होंने ट्वीट कर कहा, "सम्मान के साथ चुनौती स्वीकार है। आपको ड्राइवर नहीं मिल रहा है तो सारण, पटना जहाँ चलाना चाहते हैं, सभी एम्बुलेंस उपलब्ध कराएँ। मैं 70 ड्राइवर देता हूँ और कोविड मरीज को मुफ्त सेवा दी जाएगी। घटिया राजनीति नहीं करता, सेवा और जिंदगी बचाने को लड़ रहा हूँ।"

कोविड कर्फ्यू से बचने के लिए एक व्यक्ति ने नकली दूल्हा बनकर प्रशासन को चकमा देने की कोशिश की लेकिन वह कामयाब नहीं हो पाया। खबरों के अनुसार, मुंदी ग्राम के माता चौक में नायब तहसीलदार कुणाल अवास्या और सीएमओ संजय गीते, कोविड कर्फ्यू का पालन करवा रहे थे। इसी बीच एक चार पहिया वाहन को रोका गया जिसमे वाहन की अगली सीट पर एक युवक गले में फूलों की माला पहने दूल्हा बना बैठा था। पूछताछ की गई तो चार पहिया वाहन में सवार लोगों ने कहा कि बारात ले जा रहे हैं। इन लोगों से जब बारात की परमिशन माँगी गई तो बगल झाँकने लगे। इस बीच एसडीएम ने कडा रुख अख्तियार किया तो पता चला कि जिस युवक को दूल्हा बताकर बारात ले जाना बताया जा रहा है वह दूल्हा और बाराती 'फर्जी' था।

देश भर की दस लाख से अधिक आशा कार्यकर्ता कोविड महामारी से ग्रामीण भारत को जागरूक कर रही हैं, लेकिन उन्हें कोविड संक्रमण से सुरक्षा के लिए जरूरी सुरक्षा उपकरण जैसे फेस मास्क, सैनिटाइजर नहीं दिए गए हैं। केवल यह नहीं उन्हें 1,000 रुपए प्रति माह का कोविड ड्यूटी इंसेंटिव भी कई महीने से उन तक नहीं पहुँचा है। आशा कार्यकर्ता सरोज सिंह को यह याद नहीं होगा कि उन्होंने आखिरी बार एक दिन में कितने घंटे काम किया। कोविड महामारी को एक साल से अधिक समय हो गया है। अब वह दिन-रात लोगों को कोविड संक्रमण से बचाने के लिए जागरूक करती रहती हैं। "अपने गाँव को बचाना है, यही सोच कर हम ड्यूटी कर रहे हैं।"

कोरोना और राजनैतिक बन्दी

नताशा नरवाल और महावीर नरवाल की कहानी

दिल्ली हाईकोर्ट ने सोमवार को 'पिंजरा-तोड़' की कार्यकर्ता नताशा नरवाल को तीन हफ्ते की अंतरिम जमानत दे दी, ताकि वे अपने पिता के अंतिम संस्कार में शामिल हो पाएँ। दिल्ली के जाफराबाद मेट्रो स्टेशन के बाहर 'नागरिकता संशोधन कानून' के खिलाफ हुए एक प्रदर्शन में हिस्सा लेने पर नरवाल को उनकी एक साथी देवांगना कलीता के साथ गिरफ्तार किया गया था। नताशा के पिता महावीर नरवाल की बीते रविवार को कोरोना संक्रमण के चलते रोहतक में मौत हो गई।

जस्टिस सिद्धार्थ मृदुल और जस्टिस अनूप जे. भम्बानी की पीठ ने इस बात संज्ञान लिया कि उनके परिवार में अंतिम संस्कार करने के लिए कोई नहीं है और नताशा के पिता का पार्थिव शरीर अभी भी अस्पताल में पड़ा हुआ है। करीब 15 साल पहले नताशा नरवाल की माँ की मौत हुई थी और उनका एकमात्र भाई इस समय कोरोना के चलते आइसोलेशन में है।

इससे पहले नरवाल ने कोर्ट में याचिका दायर कर कहा था कि उनके वृद्ध पिता कोरोना पॉजिटिव होने के बाद हरियाणा के रोहतक में भर्ती हैं और उनका भाई भी कोरोना पॉजिटिव है, इसलिए उन्हें तत्काल जमानत दी जाए, ताकि वे उनकी देखभाल कर सकें। कोर्ट ने 28 अप्रैल को इस पर अपना फैसला सुरक्षित रख लिया था। नताशा नरवाल इस समय दिल्ली के तिहाड़ जेल में बन्द हैं।

पिछले साल नताशा की गिरफ्तारी के बाद महावीर नरवाल ने अपने इंटरव्यू में कहा था कि उन्हें अपनी बेटी पर बहुत गर्व है और वे हमेशा उनके साथ खड़े हैं। उन्होंने इस बात की भी संभावना जताई थी कि ऐसा भी हो सकता है कि वे इस दुनिया से चले जाएँ और उनकी बेटी जेल में रहे।

महावीर नरवाल ने कहा था कि ये लड़ाई सिर्फ इसलिए नहीं लड़ी जा रही है कि ऐसे लोगों को जेल से रिहा किया जाए, बल्कि सभी अच्छे विचारों को बचाने का ये संघर्ष है। इसके अलावा पिछले साल दिसंबर में हुए इसी तरह के एक कार्यक्रम में नताशा के पिता ने कहा था कि कई लोग तानाशाही शासन के खिलाफ आवाज उठा रहे हैं और सरकार इनके ऊपर 'षड्यंत्र' का झूठा आरोप दर्ज कर रही है। महामारी के दिनों में दुनियाभर के देशों की सरकारों ने अपने-अपने जेलों से कैदियों को रिहा कर दिया था जिससे कोरोना की रोकथाम में मदद मिल सके। हमारे देश में जेलों से कैदियों को इन्हीं दिनों रिहा गया था पर इस महामारी के बीच सरकार ने एक खास किस्म के लोगों को जबरन जेलों में डालना शुरू किया। यह वे लोग थे जो सरकार की नीतियों की आलोचना करते थे। इस मायनों में यह 'राजनैतिक कैदी' थे। सवाल उठता है कि क्या महामारी जैसी 'आपदा' में सरकार ने अपने राजनैतिक विरोधियों को सबक सिखाने का एक 'अवसर' ढूँढ़ निकाला है?

वजह चाहे जो भी हो पर एक बात तो तय है कि महामारी के इन दिनों में यह 'राजनैतिक-कैदी', कैदखानों में अपने घरवालों से दूर एक बहुत बुरी स्थिति में जी रहे हैं। इनमें से कई ने अपने करीबी लोगों को खोया तो कुछ खुद कोरोना से पीड़ित हैं। अल-जजीरा में यशराज शर्मा की रिपोर्ट नताशा नरवाल नाम की एक राजनैतिक बन्दी की कहानी बता रही है।

"मान लीजिए कि मेरी बेटी को लंबे समय तक जेल में रहना हो, क्या पता वह मुझे फिर कभी देख भी पाएगी कि नहीं। मैं बूढ़ा हो रहा हूँ, शायद मैं उसे नहीं देख पाऊँगा।"

71 वर्षीय सेवानिवृत्त प्रोफेसर महावीर सिंह नरवाल ने यह बात पिछले साल नवंबर में कही थी। इनकी इकलौती बेटी नताशा नरवाल भारत के कई राजनीतिक कैदियों में से एक है और दिल्ली की एक जेल में उसे रखा गया है। महावीर नरवाल जी की बात सच साबित हुई। महावीर सिंह नरवाल को कोविड हो गया था और बीते 12 मई को उनकी मृत्यु हो गई।

उनकी हालत बिगड़ने पर उनकी बेटी नताशा नरवाल ने अस्पताल में अपने बीमार पिता की देखभाल के लिए जमानत याचिका दायर की। मगर जब तक न्यायलय इस बारे में अपना फैसला सुनाती तब तक बहुत देर हो चुकी थी। महावीर नरवाल की मृत्यु के एक दिन बाद, अदालत ने नताशा को अपने पिता के अंतिम संस्कार करने की अनुमति देते हुए उसे तीन सप्ताह की अंतरिम जमानत दी।

32 वर्षीय नताशा को गैरकानूनी गतिविधि (रोकथाम) अधिनियम (यूएपीए) के तहत पिछले साल गिरफ्तार किए गए दर्जनों कार्यकर्ताओं में से एक है। यूएपीए के तहत बिना किसी आरोप के किसी आरोपी को 180 दिनों तक हिरासत में रखने की अनुमति देता है। नताशा और उन्हीं जैसे दर्जनों कार्यकर्ताओं को नागरिकता संशोधन अधिनियम (सीएए) के खिलाफ विरोध प्रदर्शन करने पर गिरफ्तार कर लिया गया था और इन पर दिल्ली में धार्मिक दंगे पैदा करने की साजिश का आरोप लगाया गया था।

देश की जेलें अपने अत्यधिक संख्या के कैदियों के लिए पहले से ही समय-समय पर चर्चा में आती रही हैं। जेलों में कोरोना के फैलने के डर से लोग कैदियों की रिहाई की माँग कर रहे हैं जिनमें राजनैतिक कैदी भी शामिल हैं। इनमें से कुछ कैदियों की उम्र 70-80 वर्षों की है के और कुछ लोग संक्रमण की चपेट में भी हैं लेकिन उनकी अधिकांश दलीलें अनसुनी हो गईं।

सामाजिक कार्यकर्ता हर्ष मंदर ने अल जजीरा को बताया, "भारत अपने विचाराधीन राजनीतिक कैदियों को आतंकवादियों और विद्रोहियों के रूप में मानता है। उन्हें उनकी सुरक्षा और अन्य कैदियों और कर्मचारियों की सुरक्षा के लिए जमानत दी जानी चाहिए थी। इसके बजाय, सरकार ने नई गिरफ्तारियाँ की हैं।"

नताशा नरवाल की ही तरह सरकार ने कई सामाजिक-राजनैतिक कार्यकर्ताओं को महामारी के दौरान गिरफ्तार करके जेलों में डाल दिया है जिनमें हैनी बाबू, आनंद तेलतुम्बडे, फादर स्टेन स्वामी, शोमा सोम इत्यादि शामिल हैं।

बिहार के बक्सर के बाद अब उत्तर प्रदेश के गाजीपुर में गंगा में लाशें तैरती पायी गई हैं। गंगा में लाशों का अम्बार लग गया है। करीब अठहत्तर से ज्यादा लाशें बिहार में बरामद हुई हैं। बक्सर के जिलाधीश ने कहा यह लाशें उत्तर-प्रदेश से आ रही हैं। हाल फिलहाल बिहार में सीमा पर महाजाल लगा दिया गया है। जिसमे लाशें फँस रही हैं।

आशा कार्यकर्त्ता लोगों को घर-घर जाकर लोगों को हैंडवॉशिंग, सोशल डिस्टेंसिंग और मास्क पहनने के फायदों के बारे में बताती हैं पर उनके पास अच्छे मास्क की कमी है। आशा कार्यकर्ता नीतू सिंह बताती हैं, "कुछ दिनों तक मैंने मास्क खरीदा फिर खुद से सिलाई करके मास्क बनाया।"

उत्तर प्रदेश के गोरखपुर जनपद के मिर्जापुर गाँव की रहने वाली आशा कार्यकर्ता रेणु देवी बताती हैं "हमें पिछले साल मार्च और अप्रैल महीने के दौरान मास्क और सैनिटाइजर मिले थे, लेकिन इस बार हमें कुछ नहीं मिला। हमें सरकार से एक पैसा भी नहीं मिला है।"

उत्तराखंड में आशा कार्यकर्ताओं का कहना है कि 'उन्हें हर महीने 1,000 रुपए की प्रोत्साहन राशि मिलती रही है। एक हजार रुपए में क्या होता है? इतने में क्या घर चलता है?"

राष्ट्रीय राजधानी को ऑक्सीजन आपूर्ति के मामले की सुनवाई कर रही सुप्रीम कोर्ट की पीठ ने कहा कि केंद्र को अदालत के अगले आदेश तक रोजाना दिल्ली को 700 मीट्रिक टन ऑक्सीजन की आपूर्ति सुनिश्चित करनी है। ऐसा न हो कि एक दिन के लिए आपूर्ति हुई और फिर 'टैंकर नहीं हैं' और परिवहन में दिक्कतें हैं। न्यायालय ने यह भी कहा कि इस पर अमल होना ही चाहिए तथा इसके अनुपालन में कोताही उसे 'सख्ती' करने पर मजबूर करेगी।

देश के ज्यादातर जिला अस्पतालों में वेंटिलेटर ही नहीं है और अगर है भी तो उसे चलाने वाले तकनीशियन नहीं हैं। इसके अलावा कोविड परीक्षण करना भी देश के ज्यादातर जिलों में एक चुनौती की तरह है। मध्य प्रदेश में सरदार वल्लभभाई पटेल जिला अस्पताल सतना में कुल नौ वेंटिलेटर हैं। एक वेंटिलेटर दो साल पहले शॉर्ट सर्किट की वजह से क्षतिग्रस्त हो गया था, और शेष आठ में से फिलहाल केवल दो ही काम कर रहे हैं।

8 मई

दिल्ली के मुख्यमंत्री अरविन्द केजरीवाल ने ट्वीट कर यह जानकारी दी है कि दिल्ली में ऑक्सीजन कि आपूर्ति अब सामान्य हो गई है।

सरकारी आँकड़ों के अनुसार देशभर में 38,000 से ज्यादा लोग इस महीने कोविड-19 वजह से जान गँवा चुके हैं।

हिमांशु कुमार का फेसबुक पोस्ट

देश में इस वक्त दायाँ हाथ क्या कर रहा है, ये बाएँ हाथ को पता नहीं। इंडियन एक्सप्रेस ने आज अपनी स्टोरी इसी लाइन से शुरू की है। मामला ऑक्सीजन प्लांट का है।

गांधीधाम के सेज में देश के कुल दो तिहाई ऑक्सीजन सिलेंडर बनते हैं। पिछले 10 दिनों से सेज के सभी प्लांट्स में ताला बन्द है। इसकी वजह ये कि सरकार ने औद्योगिक ऑक्सीजन के इस्तेमाल पर पाबन्दी लगाई थी। लेकिन, आदेश में इन सिलेंडर निर्माता ईकाइयों को भी शामिल कर लिया गया। बाद में जब गृह मंत्रालय को इलहाम हुआ तो एक 'स्पष्टीकरण' जारी किया गया। इसमें कहा गया कि ऑक्सीजन सिलेंडर बनाने वाले कारखानों को लिक्विड ऑक्सीजन की आपूर्ति की जाए, लेकिन यह आदेश कागजों में ही सिमटकर रह गया। उद्योग से जुड़े लोगों का दावा है कि उन्होंने ऑक्सीजन की आपूर्ति की कमी को लेकर सरकार के 'सर्वोच्च स्तर' पर अपनी चिंता जाहिर की, लेकिन हुआ कुछ नहीं। गांधीधाम से ऑक्सीजन सिलेंडर की आपूर्ति देश के लगभग सभी राज्यों में होती है क्योंकि 100 में से 66 सिलेंडर यही बनते हैं। अभी हालत ये है कि सरकार विदेशों से भीख माँग रही है या फिर दोगुने-चौगुने दाम पर ऑक्सीजन सिलेंडर खरीद रही है। जो अपने कारखाने हैं, वहाँ ताला जड़कर बैठी हुई है।

वाशिंगटन विश्वविद्यालय, डीसी के इंस्टीट्यूट फॉर हेल्थ मेट्रिक्स एंड इवैल्यूएशन (आईएचएमई) की हालिया रिपोर्ट बता रही है कि विश्व में कोविड महामारी से लगभग 70 लाख लोगों की मौत हुई है, जो रिपोर्ट किए गए 32.5 लाख की तुलना में बहुत अधिक है। आईएचएमई का कहना है कि कोविड से होने वाली ज्यादातर मौतों की रिपोर्ट नहीं की जाती है क्योंकि अधिकांश देशों में केवल वही रिकॉर्ड होते हैं जो अस्पतालों में होते हैं।

10 मई

लगातार नवें दिन देश में चार लाख से अधिक केस, चार हजार से ज्यादा मौत।

बिहार के बक्सर में गंगा नदी में सौ से ज्यादा लाशें निकली हैं। कहा जा रहा है कि उत्तर प्रदेश से बह कर आ रही यह लाशें कोविड संक्रमित लोगों की है और उत्तर प्रदेश सरकार ने कोविड से होने वाली मौतों को छुपाने के लिए लाशें गंगा में बहा दी हैं।

डब्ल्यूएचओ की मुख्य वैज्ञानिक सौम्य स्वामीनाथन ने एएफपी को दिए एक इंटरव्यू में कहा है कोविड-19 के एक स्ट्रेन बी-1.617 वेरिएंट के चलते अभी विश्व भर में कोविड महामारी ने तबाही मचाई हुई है।

मोनी के कॉलेज के एक अध्यापक पांडे सर की आज कोविड से मौत हो गई। वह कोविड से संक्रमित होने के बाद अस्पताल में भर्ती हुए और फिर घर भी वापस आ गए थे। बाद में उनकी हालत बिगड़ने पर उनकी मौत हो गई।

बागपत पुलिस ने 7 लोगों के एक ऐसे गिरोह का पर्दाफाश किया है जो श्मशान घाट व कब्रिस्तान से कोविड संक्रमित मुर्दों के कफन व कपड़े चोरी करता था। इन लोगों पर आरोप है कि ये लोग कपड़ा चोरी कर उस पर ब्रांडेड कंपनी के लेबल लगाने के बाद दोबारा उसे बाजार में बेच देते थे। पुलिस ने आरोपियों के पास से बड़ी संख्या में कपड़े भी बरामद किए हैं।

हरियाणा के रोहतक जिले के टिटौली गाँव में पिछले दस दिनों में 40 लोगों की मौत हो गई। ज्यादातर लोगों को बुखार आ रहा था और कोविड जैसे दूसरे लक्षण थे। इनमें से बहुत कम लोगों की, लगभग 10-12 लोगों की जाँच हुई थी, हर दिन दो-तीन मौत हो रही हैं। सभी में कोविड के लक्षण थे, कुछ ही लोग डॉक्टर के पास पहुँच पाए थे।" इसी गाँव के सुरेश सिंह कनेक्शन को बताते हैं। गाँव कनेक्शन ने गाँव की सरपंच प्रमिला सिंह से संपर्क करने की कोशिश थी, लेकिन बात सुरेश सिंह से हुई।

भारी मन से सुरेश आगे कहते हैं, "भाई इतने लोगों की मौत होने के बाद अब डॉक्टरों की टीम आई, यहाँ पर लोगों की जाँच हो रही है अगर पहले यह हो जाता तो लोग क्यों मरते?" हरियाणा की मीडिया में भी इस गाँव से 40 से 50 मौतों की खबर रही है, लेकिन सरकारी आँकड़े कुछ और कह रहे हैं। रोहतक के मुख्य चिकित्साधिकारी डॉ. अनिल बिरला के अनुसार टिटौली गाँव में कोविड से सिर्फ पाँच मौतें हुई हैं। वो बताते हैं, "टिटौली गाँव में कोविड से सिर्फ पाँच मौत हुईं, अगर सरपंच कह रहे हैं कि वहाँ 40 मौत हुई हैं तो मैं पता करता हूँ। इतनी तो वहाँ पर मौतें नहीं हुई हैं, बाकी जिनकी मौत हुई हैं उन्हें दूसरी प्रॉब्लम थीं। किसी को हार्ट की प्रॉब्लम थी, किसी को जॉन्डिस (पीलिया) की प्रॉब्लम थी।"

उल्लेखनीय है कि सरकारी आँकड़ों के अनुसार हरियाणा में 9 मई तक कोविड से अब तक 5605 मौतें हुई हैं, जिसमें रोहतक में कोविड से मरने वालों की संख्या 236 है। गाँव में हो रही मौतों से दहशत सिर्फ हरियाणा में नहीं बल्कि महाराष्ट्र से लेकर राजस्थान तक में जारी है।

7 मई को राजस्थान के सिरोही जिले के गुलाबगंज गाँव की 58 वर्षीय आँगनबाड़ी सहायिका मंजु देवी को बुखार आता है, पास के प्राइवेट डॉक्टर के पास से दवा लेकर आती हैं, लेकिन जब उन्हें ज्यादा दिक्कत होती है तो घरवाले पास के सरकारी अस्पताल लेकर जाते हैं, जहाँ पर उनका आरटी पीसीआर टैस्ट होता है, लेकिन रिपोर्ट आने से पहले ही नौ मई को उनकी मौत हो जाती है। गुलाबगंज गाँव में पिछले 20 दिनों में मंजू देवी के अलावा 16 और भी लोगों की मौत हो गई है, इन सभी को बुखार, खाँसी कोविड की तरह लक्षण थे। इनमें से किसी का भी कोविड टैस्ट नहीं हुआ था।

दूरसंचार विभाग ने कहा है कि 5जी के साथ कोविड का कोई सम्बन्ध नहीं है जैसा कि सोशल साइट्स में प्रचार किया जा रहा है।

रेल मंत्रालय ने जानकारी दी है अब तक रेलवे के दो हजार कर्मचारी कोविड के चलते जान गँवा बैठे हैं और हर दिन एक हजार के करीब कर्मचारी कोविड से संक्रमित हो रहे हैं।

आम आदमी पार्टी की नेता आतिशी मार्लेना ने कहा है कि दिल्ली में टीके के कमी के चलते 18-44 आयु वर्ग के लोगों को सोमवार तक ही को-वैक्सीन का टीका लगाया जाएगा। दिल्ली में को-वैक्सीन खत्म होने के कगार पर है और कोवि-शील्ड भी केवल अगले चार दिनों तक के लिए है। दिल्ली के उप-मुख्यमंत्री मनीष सिसौदिया ने केंद्र पर आरोप लगाया है कि भाजपा ने टीका देने में लोगों को देने के बजाय विदेशों में बेचा है।

खबर है कि नेपाल के प्रधानमंत्री के.पी. ओली को देश में कोविड की बिगड़ती हालत के लिए आज अपने पद से त्यागपत्र देना पड़ा।

अर्थशास्त्री कौशिक बासु ने अपने एक ट्वीट में कहा है कि भारत विश्व का सबसे बड़ा वैक्सीन उत्पादक देश है पर फिर भी अब तक केवल 2.4 फीसदी भारतीयों को पूरी तरह से वैक्सीन लग पाया है।

जबलपुर में नकली रेमडेसिविर इंजेक्शन सप्लाई के मामले में पुलिस ने सिटी अस्पताल के संचालक सरबजीत सिंह मोखा, देवेश चौरसिया और सपन जैन पर विभिन्न धाराओं में केस दर्ज हुआ। इनमें सरबजीत सिंह मोखा विश्व हिन्दू परिषद के नेता हैं।

11 मई

गोवा के एक अस्पताल में ऑक्सीजन लीकेज की घटना घटित हुई है। इस बारे में अभी तक खास कुछ जानकारी नहीं मिल पा रही है।

दिल्ली के मुख्यमंत्री अरविन्द केजरीवाल ने मोदी से अनुरोध किया है कि पेटेंट कानूनों में संशोधन करके देश में अन्य उत्पादकों को वैक्सीन उत्पादन की अनुमति दी जाए। इसी के साथ केजरीवाल ने राज्य में वैक्सीन की कमी को पूरा करने के लिए ग्लोबल टेंडर देने की घोषणा की है।

कोविड के ठीक हो चुके मरीजों में एक अजीब बीमारी के संक्रमण की खबर आ रही है। यह संक्रमण एक फंगस से आँखों में हो रहा है और बताया जा रहा है कि इससे लोगों की आँखों की रोशनी चले जाने का खतरा है। इस रोग का नाम मिउकोरमाइकोसिस है।

बिहार में पप्पू यादव ने जब राजीव प्रताप रूडी के घर में छुपा कर रखे दर्जनों एम्बुलेंस का पर्दाफाश किया तो बिहार सरकार ने पप्पू यादव को एक 35 साल पुराने केस के तहत जेल में बन्द कर दिया।

महामारी और बेरोजगारी

वर्ष 2020 की ही तरह 2021 के कोरोना काल में भी लोगों की नौकरियाँ जा रही हैं। लोगों के व्यवसाय बन्द हो रहे हैं, लेकिन पिछले साल की तरह इस साल उसकी चर्चा नहीं हो रही। सेंटर फॉर मॉनिटरिंग इंडियन इकोनॉमी के अनुसार देश में कोरोना की दूसरी लहर को रोकने के लिए लगाए गए लॉकडाउन की वजह से इस साल अप्रैल में संगठित और असंगठित क्षेत्र के 75 लाख लोगों की नौकरी चली गई। वहीं, बेरोजगारी दर भी चार महीने के उच्च स्तर को पार करते हुए 8 फीसदी के करीब पहुँच गई है।

पाँच मई को स्टेट ऑफ वर्किंग इंडिया नाम की एक रिपोर्ट में भी दावा किया गया है कि पिछले साल अप्रैल-मई में किए गए लॉकडाउन के बाद 10 करोड़ लोगों की नौकरी चली गई। बनारस हिन्दू विश्वविद्यालय में अर्थशास्त्र के प्रोफेसर डॉ. चंद्र सेन चिंता जाहिर करते हुए कहते हैं कि अगर समय पर सरकार ने फैसले नहीं लिए तो रोजगार को लेकर स्थिति बिगड़ेगी, ग्रामीण क्षेत्रों में बड़ा रोजगार संकट पैदा हो सकता है। कारण यह है कि गाँवों में बनने वाला प्रोडक्ट शहरों में जाता है और शहरों में ज्यादातर जगहों पर लॉकडाउन है। एक बड़ी आबादी शहरों से गाँव लौट आयी है, ऐसे में सरकार को गाँवों में केंद्र में रखकर आर्थिक नीतियाँ तैयार करनी होंगी वह भी जल्द से जल्द।"

यूपी के जिला मऊ के कोपागंज के युवक गौरव चौरसिया ने बी.कॉम. के बाद एकाउंटेंट की नौकरी हासिल की थी। गौरव कहते हैं, "निजी कंपनी में एकाउंटिंग का काम करता था। मार्च के दूसरे सप्ताह में घर से काम करने को कहा गया फिर महीने के आखिरी में मुझे कहा गया कि अब काम नहीं करना है। मुझे 12 हजार रुपए महीना मिलता था, पिता जी नहीं हैं। घर पर माँ-मौसी रहती हैं। जमीन-जायदाद कुछ नहीं है। मौसी की दवा चलती है। पिछले साल तो नौकरी गँवाने वालों की खूब बात होती थी, लेकिन इस बार तो कोई पूछ ही नहीं है।"

राजस्थान के जिले झुंझुनू के ओजीटू गाँव के रोहित चौधरी पेशे से इंजीनियर हैं और एमटेक किया है। पिछले साल लॉकडाउन में नौकरी गँवा चुके रोहित की किस्मत ने फिर धोखा दिया और इस साल दोबारा नौकरी से हाथ धोना पड़ा।

लखनऊ के रहने वाले पूर्ण कुमार गुप्ता पेशे से व्यवसायी है और एमबीए किया है। पूर्ण इवेंट मैनेजमेंट का काम करते थे। लोन लेकर अपना काम शुरू किया तो लॉकडाउन लग गया। पूर्ण ने बताया, "नोएडा में इवेंट मैनेजमेंट का अच्छा काम करता था। फिर लगा कि कुछ अपना काम शुरू किया जाए। 35 लाख रुपए लोन लिया। 2020 में जब काम शुरू हुआ तभी लॉकडाउन लग गया। कर्ज कैसे उतरेगा, पता नहीं।"

महाराष्ट्र सरकार ने मैन्युफैक्चरिंग कंपनियों को छूट दी है, लेकिन असल दिक्कत दूसरे राज्यों में हुए लॉकडाउन की वजह से है। माल बन तो रहा है लेकिन उसकी डिलिवरी नहीं हो रही है।

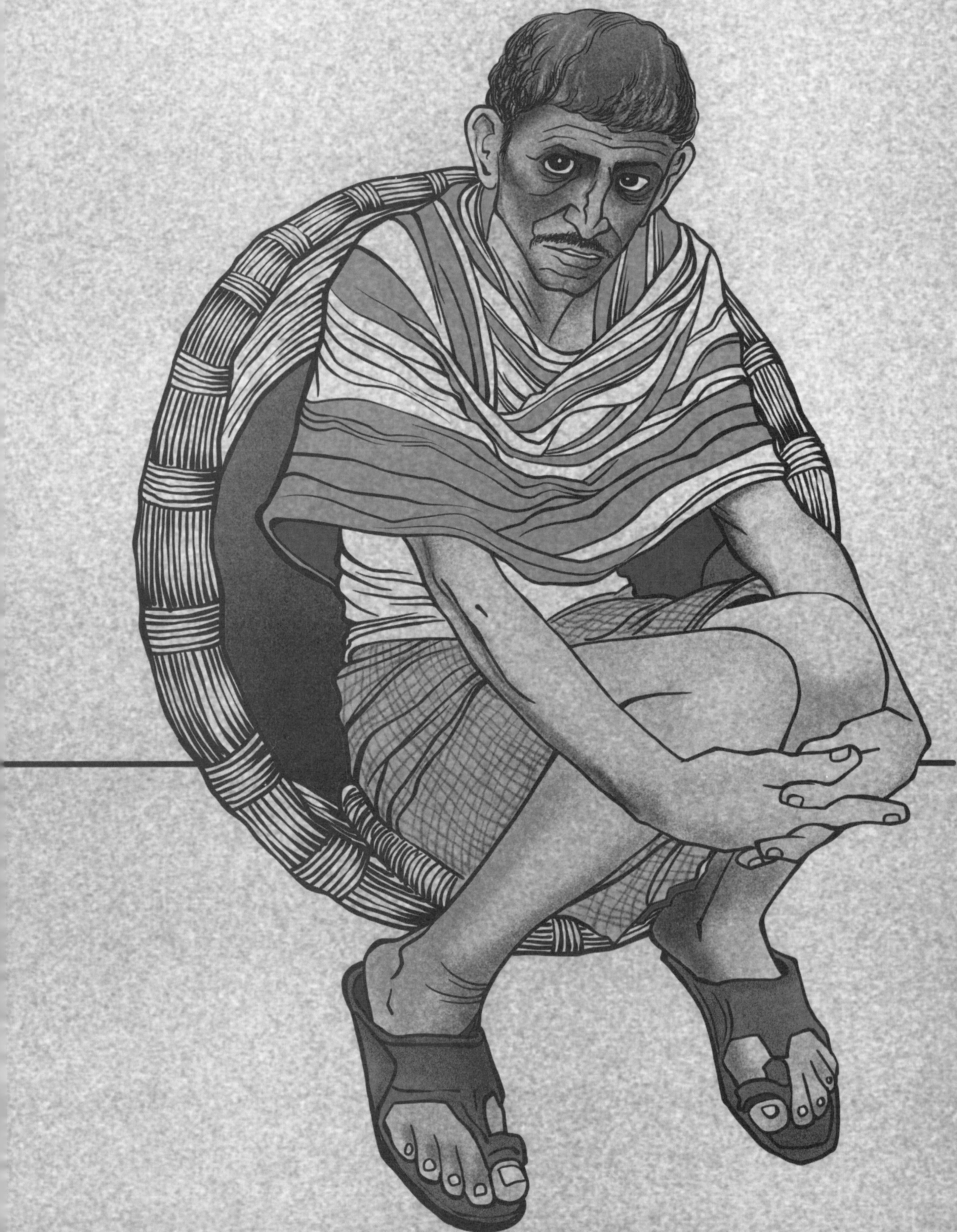

गाँव में सब्जियाँ और फल माटी के मोल बिक रहे हैं। तोरई, लौकी, खीरा, तरबूज, आम, पोल्ट्री के किसान परेशान हैं। ये लगातार दूसरा साल है जब सब्जियाँ और फल की कमाई और माँग वाले सीजन में देश लॉकडाउन का सामना कर रहा है।

मध्यप्रदेश के हरदा जिले के किसान हरिओम ने से 6 लाख रुपए सिंडिकेंट बैंक से कर्ज लेकर करीब आठ एकड़ में तरबूज की फसल लगायी थी। तरबूज की फसल तैयार है पर कोई खरीददार नहीं हैं।

उनका कहना हैं कि अगले 5-6 दिन में फसल नहीं बिकी तो पूरा पैसा डूब जाएगा।

महाराष्ट्र के कोल्हापुर में रहने वाले अल्फांसो (हाफूस) आम के बड़े कारोबारी नंदकुमार वालान्जू कहते हैं कि वहाँ पर आम की हालत खराब हो गई है। न लोकल में माल खप रहा है और न एक्सपोर्ट हो रहा है। उनके एक एजेंट सुहैल बागवान ने रत्नागिरी से 7 गाड़ी (ट्रक) एक्सपोर्ट वाला आम मँगाया था जिसकी कीमत करीब 60 लाख रुपए है। लेकिन माल जा नहीं पाया। ट्रक और उसके गोदाम में माल सड़ रहा है। सुहैल कह रहा है कि वो इतना परेशान हो गया है कि कह रहा है कि कुआँ और नदी में डूबकर जान दे देगा। नंदकुमार बताते हैं इस तरह की परिस्थितियों में उत्पादक (किसानों) को मिलने वाला दाम गिर जाता है जबकि उपभोक्ता के लिए महँगा हो जाता है।

राजस्थान के अलवर जिले के खानपुर मेवान गाँव में रहने वाले दीनू प्याज के बड़े किसान हैं। दीनू के मुताबिक बाजार में सिर्फ मेडिकल स्टोर और किराना की दुकानें खुल रही हैं। बाजार जाओ तो पुलिस वाले डंडे मारते हैं। जो दुकाने कुछ घंटे खुल रही हैं वो कह रहे कि बन्दी में माल नहीं मिल रहा तो जो है वो महँगा मिल रहा, जबकि किसान का माल सस्ते में जा रहा है।

महामारी में नर्स

पिछले साल 12 मई 2020 को अंतरराष्ट्रीय नर्स दिवस पर पीएम ने ट्वीट किया था—

'फ्लोरेंस नाइटिंगेल से प्रेरित, हमारे मेहनती नर्सिंग स्टाफ प्रचुर करुणा का प्रतीक हैं। आज, हम नर्सों के कल्याण के लिए काम करते रहने और इस क्षेत्र में अवसरों पर अधिक ध्यान देने की अपनी प्रतिबद्धता दोहराते हैं ताकि देखभाल करने वालों की कमी न हो।'

तब से पूरा एक साल बीत चुका है लेकिन नर्सों की सामाजिक-आर्थिक स्थिति आज भी जस की तस है, उसमें कोई सुधार नहीं हुआ है। बीबीसी में गीता पांडे की यह रिपोर्ट दिल्ली के एक सरकारी अस्पताल में काम कर रहीं एक नर्स की हालत बयान कर रही है—

दिल्ली के इस सरकारी अस्पताल में कोविड वार्ड में 40 बिस्तर हैं जो हमेशा भरे रहते हैं। इन चालीस रोगियों के लिए हर शिफ्ट में दो नर्सों की व्यवस्था है। दूसरे शब्दों में इन चालीस रोगियों को खिलाने, पिलाने, दावा देने और देखभाल करने का जिम्मा केवल दो नर्सों पर है। केवल शारीरिक देखभाल नहीं बल्कि नर्सों को इन रोगियों का मानसिक और भावनात्मक देखभाल करनी पड़ती है, क्योंकि अस्पताल के बाकी रोगियों से अलग-थलग यह रोगी पीपीई किट पहने नर्सों और डॉक्टरों को देख कर अकसर सदमे में चले जाते हैं।

नर्सों के लिए, दिल्ली की जानलेवा गर्मी में पूरे समय पीपीई किट को पहनना अपने-आप में किसी चुनौती से कम नहीं होता क्योंकि पीपीई किट को पहनने के बाद आपके लिए खाना या पानी पीने जैसे कामकाज करना ही नहीं बल्कि शौचालय जैसे आवश्यक कामकाज भी बेहद मुश्किल हो जाते हैं। लेकिन कोविड वार्ड में नर्सों के लिए सबसे बड़ी चुनौती रोज-ब-रोज आँखों के सामने एक के बाद दूसरी मौतों को देखना है। एक नर्स कहती हैं, "हर शिफ्ट में एक या दो मरीजों की मौत हो जाती है। कल, मैंने सुबह एक मरीज को देखा जो काफी बेहतर महसूस कर रहा था। मैंने उसे बाथरूम तक जाने में मदद भी की। थोड़ी देर बाद जब मैं उसे एक इंजेक्शन देने के लिए वापस आयी, तो मुझे बताया गया कि उसकी मौत हो गई है। इसको सुनने के बाद मेरे लिए अपने पैरों पर खड़ा होना असंभव सा लग रहा था।"

नर्सें मरीजों को उनके परिवारों को वीडियो कॉल करने में भी मदद करती हैं। लगातार कोविड रोगियों के साथ रहने के चलते इन्हें संक्रमण का खतरा सबसे ज्यादा रहता है भले ही उन्हें टीका लगाया गया हो या न हो। ऐसे में न केवल एक नर्स बल्कि उनके परिवार के सदस्यों को भी संक्रमण का खतरा बना रहता है। हकीकत तो यह है कि नर्सें लगातार संक्रमित हो रही हैं और बीमार भी। कई नर्सों की अपनी ड्यूटी में रहते हुए कोविड का संक्रमण हुआ और उनकी मौत भी हो गई। आज उन्हें बस 'कोविड-शहीद' के रूप में याद किया जाता है। पर उनके परिवार ने, उनके बच्चों ने जो खोया क्या वह कभी वापस आ पाएगा?

नर्सों की पगार हमेशा से ही कम रही है, इतनी कम कि जिसे कोई भी सुन कर चौंक जाए। मसलन दस साल के अनुभव वाली एक नर्स की पगार आज 15,000 रुपए प्रति माह घर ले जा सकती है। तीस साल की अनुभव प्राप्त नर्स की पगार केवल 45,000 रुपए है।

दिल्ली के एक निजी अस्पताल में कोविड वार्ड की गहन चिकित्सा इकाई (आईसीयू) में काम कर रहीं एक वरिष्ठ नर्स ने बताया कि वह 25 वर्षों से इस काम को कर रही हैं। जब से महामारी शुरू हुई, कई नर्सों ने नौकरी छोड़ दी। उन्होंने मुझसे कहा कि हमारा वेतन इतना कम है कि हम यह जोखिम नहीं उठा सकतीं।

कोविड की इस दूसरी लहर ने अस्पताल में मरीजों की बाढ़ सी ला दी है। रोगियों की तादाद इतनी ज्यादा है कि दिल्ली के बाकी अस्पतालों की तरह हमें भी रोगियों को वापस भेजना पड़ रहा है।

मैं 22 साल से नर्स के पेशे से जुड़ी हूँ। पहले भी कई बार मैंने प्राकृतिक आपदाओं में अस्पताल में रोगियों की बढ़ती संख्या को देखा है पर इस बार जिस तेजी से रोगियों की संख्या में बढ़ोत्तरी हुई है ऐसा मैंने पहले कभी नहीं देखा। रोगियों की इस बढ़ती जा रही संख्या और उनके देखभाल को करते हुए इतनी ज्यादा थक जाती हूँ कि घर तक जाने की ताकत नहीं बचती। लगता है मैं कहीं पर भी सो जाऊँगी। मुझे बिस्तर की भी जरूरत नहीं है।

जब भी कोई नया मरीज अस्पताल में भर्ती होता है, तो सबसे पहले एक नर्स ही उनसे मिलती है और वे हमारे साथ एक विशेष बंधन बना लेते हैं।

कोविड की पहली लहर के दिनों में वृद्ध रोगियों की संख्या ज्यादा थी लेकिन दूसरी लहर में इस रोग ने युवाओं और बच्चों को ज्यादा निशाना बनाया। एक नर्स और स्वास्थ्य कर्मचारी के रूप में हम अपनी तरफ से एक मरीज को तब तक बचाने की कोशिश करते हैं जब तक कि उसकी एक भी साँस बाकी है।

जब एक मरीज की मौत होती है तो मैं खुद को कुचला हुआ महसूस करती हूँ खासकर किसी युवा व्यक्ति की मौत हमारे अन्दर ही अन्दर कुछ तोड़ कर रख देता है। हाल ही में, मेरी बेटी के दोस्त के पिता का देहान्त हो गया। उनकी उम्र भी कम थी। इस घटना से मेरा दिल टूट गया, लेकिन उसके परिवार को सांत्वना देने के अलावा मैं कर भी क्या सकती थी?

पिछले हफ्ते, मेरे अस्पताल में ऑक्सीजन की कमी के चलते 25 मरीजों की मौत हो गई। खुद को इतना असहाय इससे पहले कभी नहीं महसूस किया।

मेरे पति, जो एक सरकारी अस्पताल में डॉक्टर हैं, पिछले एक पखवाड़े से बीमार हैं। अस्पताल के अपने काम के अलावा मुझे अपने पति और बच्चों की देखभाल करनी होती है और पूरे घर के काम को करने का जिम्मा भी आजकल मेरे ऊपर ही आ गया है।

इसी बीच खबर आई कि मेरी माँ जो मथुरा में रहती हैं उन्हें कोविड हो गया है और वह वेंटिलेटर पर हैं। अब वह ठीक हो गई है और अब घर वापस आ गई है। कल्पना कीजिए कि एक 90 वर्षीय व्यक्ति इस जानलेवा वायरस को हरा रहा है! मैं मानती हूँ कि मैंने अब तक जो भी अच्छे काम किए, लोगों से जो आशीर्वाद मिला उसी के चलते मेरी माँ सकुशल अस्पताल से वापस आई हैं। मुझे मेरे रिश्तेदारों और पड़ोसियों से बहुत प्यार मिला और उसी के सहारे में यह लड़ाई लड़ रही हूँ। हमारे पड़ोसी अकसर कहते हैं कि, "जब हम संक्रमण के डर से अपने घरों में बैठे हैं उस समय आप रोगियों की देखभाल कर रही हो। यह बहुत बड़ी बात है।"

हाल ही में एक पड़ोसी ने मुझे बताया कि पहले वह अपने परिवार की लंबी उम्र के लिए प्रार्थना करने के लिए हर दिन शाम को दीपक जलाती थी। वायरस के प्रकोप के बाद से रोज एक दूसरा दीपक मेरे लिए जलाती है। यही मेरे काम और जीवन को सार्थक बनाता है।

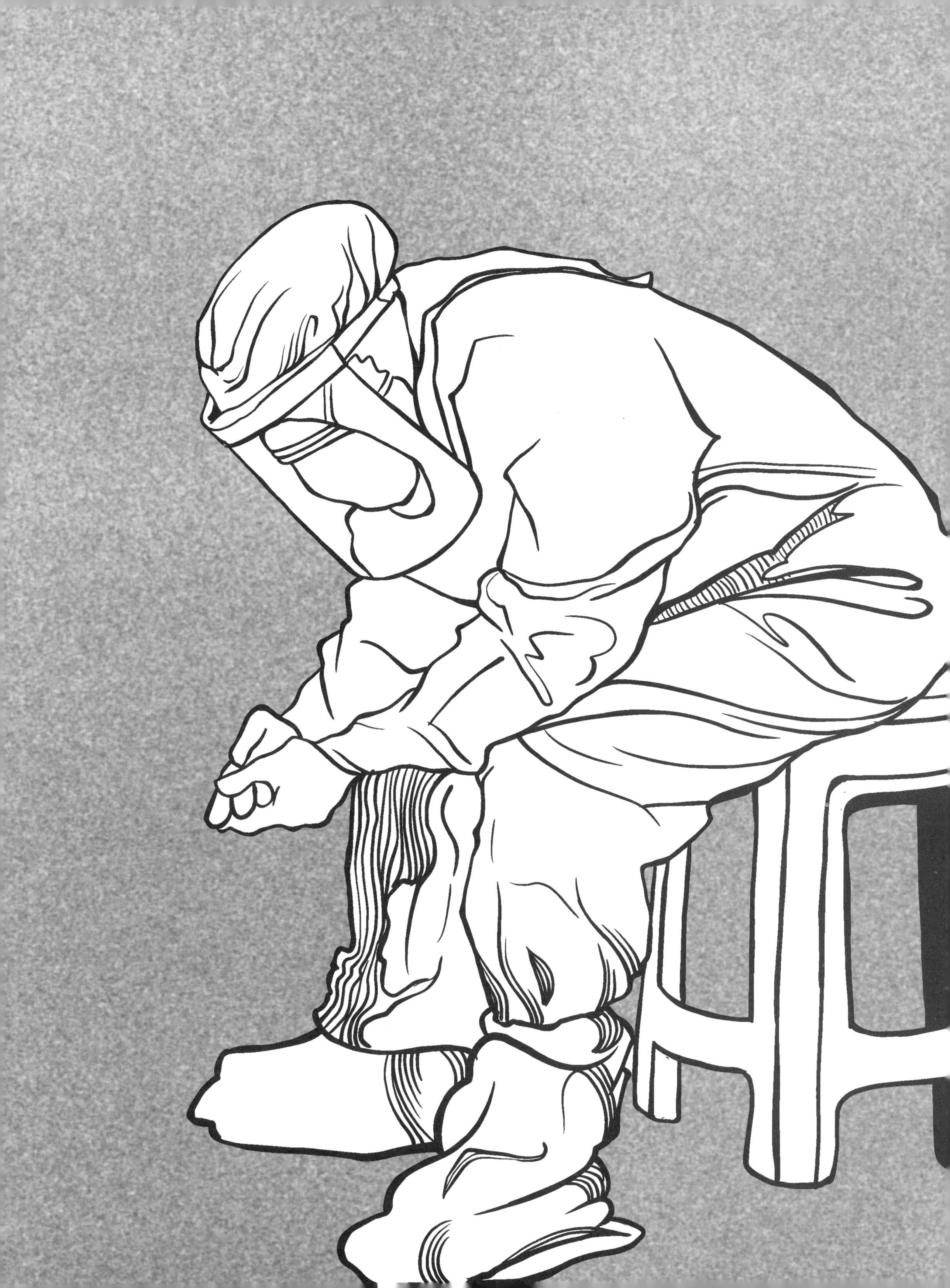

तिरुपति के श्री वेंकटेश्वारा रामनारायण रिया सरकारी अस्पताल में ऑक्सीजन की समय से आपूर्ति न होने के चलते करीब 11 कोविड मरीजों की मौत हो गई। आंध्र प्रदेश के मुख्यमंत्री जगनमोहन रेड्डी ने मृतकों के परिजनों को दस-दस लाख रुपए अनुदान की घोषणा की है।

इंडियन एक्सप्रेस की रिपोर्ट बता रही है कि पिछले अप्रैल से कोविड के संक्रमण में करीब पाँच गुणे की वृद्धि दर्ज की गई है जबकि इससे होने वाली मौतों में इसी दरमियान करीब दस गुणे की वृद्धि हुई है।

महामारी की चपेट में आकर अलीगढ़ मुस्लिम विश्वविद्यालय (एएमयू) में अब तक 44 लोग अपनी जान गँवा चुके हैं। मरने वालों में 19 प्रोफेसर और अन्य स्टॉफ शामिल हैं।

12 मई

कर्नाटक सरकार ने राज्य में 18-44 साल के उम्र के लोगों के टीकाकरण की योजना को फिलहाल के लिए रोक दिया है।

कुछ राज्य सरकारों ने अपने राज्य में कोविड की टेस्टिंग को कम कर दिया है जिससे राज्य में मरीजों की संख्या कम आँकी जा सके। इसके चलते संक्रमण रुकना तो दूर बल्कि बढ़ने का खतरा बढ़ गया है।

हृदयेश जोशी का एक ट्वीट है जिसमें उन्होंने जानकारी दी है कि ऑस्ट्रेलिया में कोई नागरिक अगर कोविड टैस्ट करवाता/ती है तो सरकार उसके बैंक खाते में 450 आस्ट्रेलियाई डॉलर जमा करवाती है।

ब्रिटन के प्रधानमन्त्री बोरिस जॉनसन ने देश में कोविड नियंत्रण की जाँच के लिए एक पब्लिक इंक्वेरी की मंजूरी दे दी है। इस समिति को विशेषाधिकार प्राप्त होंगे। बोरिस जॉनसन ने कहा है कि हमें कोविड से काफी कुछ सीखना है।

पेरू की राजधानी लिमा के एक अस्पताल में कुछ नर्सों को वैक्सीन के नाम पर लोगों को खाली इंजेक्शन (इम्पटी इंजेक्शन) देने की खबर है। पेरू के राष्ट्रपति फ्रांसिस्को स्तागास्ती ने जाँच के आदेश दिए हैं।

पंडित राजन मिश्र जी का अभी हाल ही में दिल्ली के एक अस्पताल में निधन हो गया था। वह कोविड से पीड़ित थे और उन्हें ठीक चिकित्सा नहीं मिली। अब सरकार बनारस में उनके नाम से एक कोविड अस्पताल खोल रही है।

मध्य प्रदेश की संस्कृति मंत्री उषा ठाकुर ने कहा है कि यज्ञ करने से कोविड से मुक्ति मिल सकती है।

सेन्ट्रल विस्टा को लेकर हो रही आलोचनाओं के बाद सरकार ने उस पूरे इलाके में फोटोग्राफी निषेध कर दी है।

13 मई

देश में पिछले 24 घंटों में 3.5 लाख नए कोविड केस दर्ज किए गए हैं।

नीति आयोग के वी.के. पॉल ने जानकारी दी है कि अगस्त से दिसंबर के बीच देश में करीब दो सौ करोड़ वैक्सीन उपलब्ध हो जाएँगे जिससे देश के सभी नागरिकों के टीकाकरण होने में कोई परेशानी नहीं होगी। उधर आज केन्द्रीय स्वास्थ्य मंत्री डॉ. हर्षवर्धन ने कोविड के दो टीकों के बीच के समय को वर्तमान के 4-6 हफ्ते से बढ़ाकर 12-16 हफ्ते कर दिया गया है। ये कैसा मजाक चल रहा है?

दिल्ली में को-वैक्सीन खत्म हो गई है। ऐसे में दिल्ली सरकार ने अदार पूनावाला को कोवि-शील्ड उपलब्ध करवाने के लिए गुहार लगाई है।

दिल्ली के बाद अब कर्नाटक सरकार ने टीकाकरण के लिए ग्लोबल टेंडर दिया है।

उन्नाव में गंगा नदी के बक्सर घाट पर ऐसे बहुत से लोग आ रहे हैं, जो अंतिम संस्कार के लिए 15000 रुपए नहीं दे पा रहे, इसलिए 700 रुपए में उन्हें गंगा किनारे दफनाया जा रहा है, जंगली जानवर लाशों को निकाल रहे हैं।

बॉम्बे हाईकोर्ट ने केंद्र सरकार से पूछा है कि जब टीकाकरण केंद्रों पर जाने में असमर्थ वरिष्ठ नागरिकों के जीवन का सवाल है, तो घर-घर जाकर टीकाकरण का कार्यक्रम क्यों शुरू नहीं किया जाता? इसके अलावा अदालत ने बृहनमुम्बई महानगरपालिका से यह जानना चाहा कि बेघर लोगों, भिखारियों और सड़कों पर रह रहे लोगों के टीकाकरण के लिए उसकी क्या योजना है?

उत्तर प्रदेश के उन्नाव जिले में 14 स्वास्थ्य केंद्रों के अधीक्षकों ने बुधवार को प्रशासन के वरिष्ठ अधिकारियों पर कथित तौर पर उनका उत्पीड़न करने और उनके साथ गलत व्यवहार का आरोप लगाते हुए अपने पदों से हटने की पेशकश की। इंडियन एक्सप्रेस की रिपोर्ट बता रही है कि

इससे एक दिन पहले ही जिला प्रशासन ने फतेहपुर चौरासी और असोहा प्राथमिक स्वास्थ्य केंद्र के प्रभारियों को हटा दिया था।

उत्तराखंड के पूर्व मुख्यमंत्री त्रिवेंद्र सिंह रावत ने कहा है कि चूँकि कोविड वायरस एक जीवित प्राणी है इसलिए उसे भी जीने का पूरा अधिकार है।

14 मई

देश में पिछले चौबीस घंटों में 3.62 लाख कोविड के नए केस आए हैं और चार हजार से ज्यादा लोगों की मौत हो गई है।

कोविड से हो रही मौतों की बढ़ती संख्या से राज्य के श्मशान घाटों की बुरी हालत हो गई है। गोवा के सबसे पुराने श्मशान घाटों में से एक मारगाव में है। इस श्मशान की प्रबंधन समिति के प्रमुख भाई नाइक ने पीटीआई को बताया की बढ़ती शवों की संख्या को देखते हुए यहाँ अब चार नए प्लेटफॉर्मों को बनाया गया है। कोविड से संक्रमित पहला शव इस श्मशान घाट में पहली बार पिछले जून में आया था।

देश में वैक्सीन को लेकर भारी विषमता देखी जा रही है। इंडियन एक्सप्रेस की खबर के अनुसार 18-44 आयु वर्क के लिए उपलब्ध वैक्सीन का 86 फीसदी हिस्सा देश के केवल सात राज्यों को मिला है।

बृहन मुम्बई नगरपालिका ने मुम्बई के निवासियों को टीकाकरण के लिए कुल एक करोड़ वैक्सीन के लिए ग्लोबल टेंडर दिया है। उल्लेखनीय है कि इसमें एक शर्त यह रखी गई है कि इस टेंडर को वह देश नहीं भर पाएँगे जिसकी सीमा भारत से मिलती हो। दूसरे शब्दों में चीन अब इस टेंडर को नहीं भर पाएगा। वैसे इस खास शर्त की कोई सफाई नहीं दी गई है।

बक्सर के बाद अब बिहार के बलिया से छपरा तक गंगा में लाशें बहती देखी जा रही हैं जिससे ग्रामीण इलाकों में दहशत फेल गई है। लोगों का कहना है कि प्रशासन से शिकायत के बाद भी कोई कार्रवाई नहीं हो रही है। इससे मजबूर होकर लोगों ने ऑनलाइन प्लेटफार्म पर अपनी शिकायतें रखनी शुरू कर दी हैं।

उत्तराखंड की पहाड़ियों पर कोविड तेजी से पाँव पसार रहा है। चमोली और रुद्रप्रयाग के कई गाँव सील कर दिए गए हैं। खबर है कि पिछले कुछ दिनों में कुल दो हजार से ज्यादा लोगों की मौत हो गई है और शवों का खेतों में अंतिम संस्कार किया जा रहा है। राज्य के चमोली और रुद्रप्रयाग जिलों के कई गाँवों में कोविड के मामले मिलने पर प्रशासन ने इन प्रभावित गाँवों को सील कर दिया है। वहीं ग्रामीणों और विशेषज्ञों ने राज्य में अचानक बढ़े मामलों की वजह कुंभ मेले का आयोजन, शादियों और अन्य उत्सवों को बताया है।

राज्य के पहाड़ी इलाकों के कई गाँवों में पर्याप्त बुनियादी चिकित्सा सुविधाओं की भारी कमी है और निकटतम अस्पताल भी कई किलोमीटर दूर है। इतना ही नहीं कई बार तो लोगों को अस्पताल जाने के लिए साधन लेने के लिए भी 8 से 9 किलोमीटर पैदल चलना पड़ता है।

15 मई

दैनिक भास्कर की रिपोर्ट है कि गंगा किनारे करीब 1140 किलोमीटर पर दो हजार शव पड़े हुए हैं।

पीटीआई की रिपोर्ट है कि पिछले 2 मई को भोपाल के श्मशान घाटों में कुल 2557 शवों को जलाया गया पर सरकारी आँकड़ों के अनुसार उस दिन मरने वालों की संख्या केवल 104 थी।

देश के बाकी हिस्सों की ही तरह मध्य प्रदेश में भी नकली रेमडेसिविर और अन्य दवाओं का कारोबार फल-फूल रहा है। हालाँकि अब यह खबर पुरानी हो चुकी है। अभी की खबर यह है कि मध्य प्रदेश में इन नकली दवाओं को इस्तेमाल करने वाले करीब 90 फीसदी लोग कोविड से संक्रमित होने के बाद भी स्वस्थ हो गए हैं।

बिहार के गया जिले के बुनकर आजकल रात-दिन काम कर रहे हैं। कफन के कपड़े की बढ़ती माँग के चलते बुनकरों के पास एक पल भी खाली बैठने का वक्त नहीं है। गया जिले में रोज आजकल करीब पचास हजार कफन बुने जा रहे हैं।

अल जजीरा की रिपोर्ट बता रही है कि भारत में अब कोविड के टीके के लिए मारामारी शुरू होने की नौबत पैदा हो गई है। मुम्बई के एक ट्विटर यूजर ने कहा, "मेरे पास टीकाकरण शॉट लेने की तुलना में लॉटरी जीतने की बेहतर संभावना है।"

अब तक, भारत के 130 करोड़ लोगों में से केवल 3 फीसदी यानी लगभग 30 लाख लोग टीके की दोनों खुराक या पूर्ण टीकाकरण प्राप्त कर चुके हैं। अब तक देश की केवल 10.6 फीसदी आबादी ने अपना पहला शॉट प्राप्त किया है।

क्यूबा एक गरीब देश है और वह दशकों से अमेरिका के कठोर प्रतिबंधों को भुगत रहा है। उसके पास कोविड वैक्सीन के लिए पैसा नहीं था। क्यूबा के वैज्ञानिकों ने इस चुनौती को स्वीकार लिया और उनका टीका बनकर तैयार है।

क्यूबा को उम्मीद है कि अगस्त तक उसकी 70 फीसदी वयस्क आबादी को टीका लग जाएगा। चूँकि अमेरिकी पाबन्दियों के कारण वहाँ सिरिंज की कमी है इसलिए उन्होंने ऐसा टीका बनाया है जिसे नाक से स्प्रे किया जा सकेगा। उसके वैक्सीनों के नाम भी बड़े दिलचस्प हैं। 'अब्दाला' महान साहित्यकार और स्वतंत्रता सेनानी होसे मार्ती (1853-1895) की एक कविता का शीर्षक है। 'सोबेराना' का अर्थ है—संप्रभुता। 'माम्बिसा' क्यूबा के गुरिल्ला योद्धाओं से सम्बन्धित है।

दिल्ली पुलिस ने अब तक 17 एफआईआर किए हैं और 15 लोगों को गिरफ्तार किया है। इन लोगों पर आरोप है कि इन्होंने राजधानी की दीवारों पर देश में टीकाकरण न होने के लिए प्रधानमंत्री मोदी को जिम्मेदार ठहराने वाले पोस्टर चिपकाए हैं। पोस्टर में लिखा था—"मोदी जी आपने हमारे बच्चों की वैक्सीन विदेश क्यों भेज दी!"

मणिपुर सरकार ने प्रदेश भाजपा की आलोचना करने के 'आरोप' में दो संवाददाता/सामाजिक कार्यकर्त्ता किशोरचन्द्र वान्खेम और एरेंद्रोम लाईचोम्बाम को गिरफ्तार कर लिया है। इन दोनों ने हाल ही में कुछ भाजपा नेताओं की आलोचना की थी जिन्होंने कोविड से रक्षा के लिए गोबर और गोमूत्र से नहाने का सुझाव दिया था।

गोवा मेडिकल कॉलेज एंड हॉस्पिटल (जीएमसीएच) में शुक्रवार सुबह ऑक्सीजन की सप्लाई बन्द हो जाने के चलते 13 और मरीजों की जान चली गई।

असली भारत डॉट कॉम की रिपोर्ट बता रही है कि गाँव खानपुर, ब्लॉक-जानी, मेरठ में पूरा गाँव गम्भीर बीमारियों की चपेट में है। ज्यादातर घरों में बुखार, खाँसी, साँस समस्या से पीड़ित है। 20 से ज्यादा लोग अपनी जान गँवा चुके हैं।

16 मई

देश में पिछले चौबीस घंटों में तीन लाख से ज्यादा केस। चार हजार से ज्यादा लोगों की मौत। पिछले महीने भर से हर रोज तीन लाख से ज्यादा केस आ रहे हैं। बीच में करीब दस-पंद्रह दिन प्रतिदिन करीब चार लाख केस आ रहे थे।

साइक्लोन ताउते (Tauktae) को देखते हुए कल मुम्बई में टीकाकरण पूरी तरह से बन्द रहेगा।

कोविड में डॉक्टरों की कमी को पूरा करने के लिए भारतीय सेना के पशुओं के डॉक्टरों की मदद लेने का फैसला किया गया है।

गोवा सरकार ने नेशनल डिसास्टर एक्ट का इस्तेमाल करते हुए राज्य के सभी निजी अस्पतालों में कोविड का इलाज करने का आदेश दिया है।

पिछले एक साल में देश में कोविड रोगियों की संख्या में 300 फीसदी का उछाल आया है जबकि इसी बीच देश के अस्पतालों में आईसीयू बिस्तर में केवल 19 फीसदी का इजाफा हुआ है।

17 मई

उत्तर प्रदेश में पंचायत चुनावों में ड्यूटी के बाद लगभग 1621 अध्यापकों की मौत हो गई है। उत्तर प्रदेश शिक्षक संघ ने आज लिस्ट जारी करके यह जानकारी साझा की है।

मध्यप्रदेश के राजगढ़ इलाके में बारिश के बाद के सरकारी अस्पताल के आईसीयू की छत से पानी टपकने लगा जिससे वहाँ इलाज करवा रहे मरीजों और डॉक्टरों को खासी मुसीबत का सामना करना पड़ा।

मध्यप्रदेश के जबलपुर में नकली मडेसिविर इंजेक्शन का खुल्लमखुल्ला धंधा जोरों पर चल रहा है। लोग असली रेमडेसिविर मान कर नकली दवाइयों का इंजेक्शन लगवा रहे हैं। यह आरोप कोई आम नागरिक नहीं बल्कि केन्द्रीय पर्यटन मंत्री प्रह्लाद सिंह पटेल के भाई और मध्यप्रदेश भाजपा के नरसिंगपुर विधानसभा के विधायक जलम सिंह पटेल ने लगाया है। उनका कहना है कि हाल ही में जब वह कोविड से पीड़ित होकर अस्पताल में भर्ती थे तब उनको नकली रेमडेसिविर इंजेक्शन लगाया गया जिससे उनकी हालत बिगड़ गई थी। उन्होंने इस पूरे मामले की उच्चस्तरीय जाँच करवाने की माँग की है।

कर्नाटक में लगभग 97 लोग कोविड के बाद ब्लैक फंगस से संक्रमित होने की खबर है। उत्तराखंड में मिउकोरमाइकोसिस या ब्लैक फंगस से संक्रमित एक व्यक्ति की मौत हो गई है। राज्य में यह इस तरह की पहली घटना है।

देश के विख्यात विषाणु वैज्ञानिक शाहिद जमील ने केंद्र सरकार के सलाहकार मंडल से इस्तीफा दे दिया है।

इंडियन मेडिकल एसोसियेशन (आईएमए) ने जानकारी दी है कि इतवार को एक दिन में देश में कोविड से कुल 50 डॉक्टरों की मौत हो गई है। कोविड के 'दूसरी लहर' में अब तक कुल 244 डॉक्टरों की मौत हो गई है। उत्तर प्रदेश में सबसे ज्यादा कुल 69 डॉक्टर कोविड के चलते अब तक मर गए।

19 मई

राजस्थान सरकार ने राजस्थान में ब्लैक फंगस को महामारी घोषित कर दिया गया है।

20 मई

ब्रिटेन के प्रधानमंत्री बोरिस जॉनसन के कोविड वायरस से संक्रमित पाए जाने के बाद आईसीयू में उनकी देखभाल करने वाली नर्स ने इस जानलेवा महामारी से निपटने के सरकार के तरीके की आलोचना करते हुए इस्तीफा दे दिया है। साथ ही उसने कहा कि नर्सों को वह 'सम्मान' और 'तनख्वाह' नहीं मिल रही है जिसकी वे हकदार हैं।

21 मई

केन्द्रीय मंत्री सदानंद गौड़ा ने संसद में जानकारी दी है कि देश भर में अब तक कुल 9,000 लोग ब्लैक फंगस के संक्रमण का शिकार हुए हैं।

22 मई

इंडियन मेडिकल एसोसिएशन (आईएमए) ने जानकारी दी है कि कोविड संक्रमण की दूसरी लहर में देश भर में 420 डॉक्टरों की जान गई है।

जम्मू-कश्मीर के ऊधमपुर जिले के ग्रामीण इलाकों में रहने वाली एक 120 वर्षीय महिला लोगों के लिए एक प्रेरणा बन गई हैं। इन्होंने कोविड का टीका लगवाने के लिए अपने दूर-दराज के गाँव में लोगों का नेतृत्व किया। इस खबर के बाद उत्तरी सेना के कमांडर लेफ्टिनेंट जनरल वाई.के. जोशी ने उस महिला को उनके इस विशेष योगदान के लिए सम्मानित किया।

सरकार ने पहले कहा कि देश में कोविड वैक्सीन की कोई किल्लत नहीं है, इसके कुछ दिन बाद यह कहा कि देश में वैक्सीन की कमी को देखते हुए अभी सबका टीकाकरण नहीं हो पाएगा इसलिए फिलहाल 45 और उससे ऊपर की आयु के लोगों को टीका दिया जाएगा। टीकाकरण में एक नया पेंच तब आया जब कोवैक्सीन और कोविशील्ड टीके को लेकर विवाद पैदा हुआ। विवाद यह था कि इसमें अन्तरराष्ट्रीय स्तर पर कोवैक्सीन को मान्यता नहीं मिली है। उधर यह भी खबर थी कि कोवैक्सीन, कोविशील्ड से ज्यादा कारगर है। कुल लब्बो-लुआब यह कि टीके को लेकर केंद्र और राज्य सरकारें अपनी-अपनी डफली बजाने में व्यस्त हैं। बहरहाल हमने भी कोविन ऐप पर रजिस्ट्रेशन करवा लिया। हैरानी की बात यह थी कि केवल 3-4 घंटे की मशक्कत के बाद रजिस्ट्रेशन हो भी गया। पंद्रह दिन बाद मोहल्ले के एक सरकारी क्लीनिक में हमें कोवैक्सीन के लिए डेट मिली। इसके तीन-चार दिन में खबर यह आई कि दिल्ली सरकार के पास कोवैक्सीन का स्टॉक केवल कुछ दिनों का है। आखिरकार हमने अनूप जी को पकड़ा और आउट ऑफ दी टर्न जाकर एक क्लीनिक में कोविशील्ड का टीका लगवा लिया। चलो पहला टीका तो लग गया अब देखना ये है कि दूसरा कब और कैसे लगेगा।

24 मई

लाला रामदेव का एक वीडियो ट्विटर पर काफी शेयर हो रहा है जिसमें वह कह रहे हैं, "गजब का तमाशा है, ऐलोपैथी एक ऐसी स्टुपिड और दिवालिया साइंस है कि पहले क्लोरोक्वीन फेल हुई, फिर रेमडेसिविर फेल हो गई, फिर एंटीबायोटिक फेल हो गए, फिर स्टेरॉयड फेल हो गए। फिर प्लाज्मा थेरेपी के ऊपर भी कल बैन लग गया। और बुखार के लिए जो दे रहे हैं फैबिफ्लू, वह भी फेल है। जितनी भी दवाएँ दे रहे हैं। ये तमाशा हो क्या रहा है।"

जाहिर है उसके इस बेतुके बयान से विवाद होना ही था और विवाद उत्पन्न हुआ भी। सफदरजंग अस्पताल दिल्ली के रेजिडेंट डॉक्टर्स एसोसिएशन ने भी मई को एक प्रेस-नोट जारी किया था जिसमें बाबा रामदेव से बिना शर्त माफी माँगने को कहा गया है।

हालाँकि विवाद बढ़ा तो बाबा ने तुरंत सफाई भी दे डाली, लेकिन केंद्रीय स्वास्थ्य मंत्री डॉ. हर्षवर्धन ने बाबा रामदेव को तल्ख पत्र लिख उनकी सफाई को नाकाफी बताकर कड़ी नाराजगी जाहिर की। इसके बाद बाबा ने अपना बयान वापस तो ले लिया, लेकिन अगले ही दिन आईएमए पर एलोपैथी से सम्बन्धित 25 सवालों का गोला दाग दिया। इस पर आईएमए ने एलोपैथी को लेकर बाबा के ज्ञान पर तो सवाल उठाए ही साथ ही सार्वजनिक माफीनामा न होने की दशा में एक हजार करोड़ के मानहानि के दावे तक की धमकी दे डाली।

वहीं, इस बीच रामदेव के शिष्य आचार्य बालकृष्ण के बयान ने मामले को अलग ही दिशा दे दी। उन्होंने कहा कि देश को ईसाई बनाने के षड्यंत्र के तहत रामदेव को टारगेट किया जा रहा है।

देश में मिउकोरमाइकोसिस या ब्लैक फंगस के रोगियों की संख्या बढ़ती ही चली जा रही है। चिकित्सकों का मानना है कि अस्पतालों और चिकित्सकीय उपकरणों की उपयुक्त साफ-सफाई की कमी के लिए ऐसा हो रहा है। हालाँकि इस बारे में चिकित्सकों की अभी तक कोई एक राय नहीं बन पायी है

ग्रामीण भारत में टीकाकरण की कहानी

बीबीसी की रिपोर्ट बता रही है कि उत्तर प्रदेश में सरकार एक ओर कोविड टीकाकरण की रफ्तार बढ़ाने की कोशिश कर रही है तो दूसरी ओर ग्रामीण इलाकों में टीके को लेकर अभी भी कई तरह की आशंकाएँ सामने आ रही हैं। उत्तर प्रदेश के औरैया में पिछले दिनों टीकाकरण करने वाली स्वास्थ्य विभाग की टीम पर जहाँ कुछ लोगों ने हमला बोल दिया वहीं दो दिन पहले बाराबंकी में स्वास्थ्य विभाग की टीम को देखकर कुछ लोग भाग गए। बाराबंकी में 22 मई को कोविड वैक्सीन लगाने के लिए स्वास्थ्य विभाग की टीम रामनगर तहसील के सिसौंडा गाँव पहुँची थी। ग्रामीणों ने स्वास्थ्य विभाग की टीम को देखकर नदी में छलांग लगा दी थी।

सिसौंडा गाँव की सरिता का कहना है कि कुछ लोगों में यह भय था कि टीकाकरण से मौत हो जाती है। इसीलिए लोग डरे हुए थे। कई लोग गाँव से बाहर भी चले गए हैं। रोहतक से बारह किलोमीटर दूर करोंथा गाँव में वैक्सीनेशन सेंटर पर ताला लटका हुआ है। गाँव के ही किसान मंजीत धनखड़ बताते हैं कि, "गाँववालों में वैक्सीन को लेकर कई तरह की बातें घूम रही हैं। मेरे साथी सुखबीर, बुंदे और राजेश ने वैक्सीन का एक डोज महीने भर पहले लिया था, पूरे 15 दिन लगे बुखार से उठने में। इन लोगों की हालत देखकर गाँव में डर का माहौल है।"

सुमित आर्य जो मकड़ौली गाँव के सरपंच हैं, वे बताते हैं कि कुछ समय पहले एक बुजुर्ग महिला की वैक्सीन का डोज लेने के बाद मौत गई थी। तब से गाँव में बस यही बात होती है कि वैक्सीन जो लेगा उसकी मौत हो जाएगी।

टिटौली गाँव की निवासी बबली बताती हैं कि गाँव में जनवरी से लेकर बीस मई तक 90 लोगों की मौत हो चुकी है। इनमें से दस के कोविड संक्रमित होने की पुष्टि हुई थी पर लोगों की चर्चा का केंद्र गाँव में लगा टावर है।

वे बताती हैं कि "ग्रामीण लोगों का मानना है कि कोविड बीमारी असली वजह नहीं है बल्कि गाँव में लगा टावर है, जिस पर 5जी की टेस्टिंग चल रही है और इसीलिए गाँव में मौतें हो रही हैं।"

गाँव के ही एक सरकारी अस्पताल में मौजूद नर्स ने बताया कि जब वैक्सीन लगवाने की बारी आई तो उन्होंने खुद वैक्सीन नहीं लगवाई थी और सरकारी कागजों में खानापूर्ति के लिए अपना नाम दर्ज करवा दिया था। कारण पूछने पर महिला नर्स ने कहा कि उन्होंने सुना है कि टीका इम्यूनिटी को कम कर देता है और ज्यादा उम्र के लोग उसकी चपेट में आ जाते है और यहाँ तक कि कुछ लोगों की मौत भी हो जाती है।

राजस्थान में एक ओर जहाँ शहरों में अधिकतर टीकाकरण केंद्रों के बाहर कतारें दिखाई देती हैं और टीकों की कमी पड़ रही है, वहीं ग्रामीण इलाकों में टीका केंद्रों पर डोज भी हैं और चिकित्सक भी, मगर फिर भी लोग टीका लगवाने से कतरा रहे हैं। आदिवासी बहुल कोटड़ा तहसील के सामुदायिक स्वास्थ्य केंद्र तक बमुश्किल ही लोग जा रहे हैं।

लोगों के नहीं आने के पीछे ऑनलाइन रजिस्ट्रेशन को भी डॉक्टर पंडोर एक कारण मानते हैं। राज्य सरकार और स्थानीय प्रशासन दावा तो कर रहे हैं कि वे लोगों को टीकाकरण के लिए जागरूक कर रहे हैं लेकिन राजस्थान के ग्रामीण इलाकों में लोगों का कम वैक्सीनेशन सरकारी दावों को झुठला रहा है। राजस्थान के सर्वाधिक पिछड़े इलाकों में कोटड़ा का भी नाम रहता है। कोटड़ा क्षेत्र उदयपुर ग्रामीण में झाड़ोल विधानसभा में आता है। झाड़ोल सीट से विधायक बाबू लाल खराड़ी कहते हैं, "लोगों में अफवाहें फैली हुई हैं कि वैक्सीनेशन कराओगे तो मर जाओगे, नपुंसक हो जाओगे। इसलिए लोग वैक्सीनेशन कराने में रुचि नहीं ले रहे।"

देश के अन्य राज्यों की तरह मध्यप्रदेश के ग्रामीण इलाकों में भी टीकाकरण करने पहुँची टीमों को भी लोगों के विरोध का सामना करना पड़ रहा है।

प्रदेश के आगर मालवा जिले के गाँव निपानिया बैजनाथ में ज्यादातर लोग किसी भी तरह से टीका लगवाने के लिये तैयार नहीं हैं।

इसी गाँव की एक महिला का कहना था, "चाहे मैं मर जाऊँ, लेकिन मैं टीका नहीं लगवाऊँगी। टीका लगाने से ही कोविड फेल रहा है और मुझे भी हो जाएगा और अस्पताल में गई तो वहाँ मौत हो जाएगी।"

कई जगह टीकाकरण दल गाँव के अन्दर जाने से घबरा भी रहा है क्योंकि उन्हें हमले का डर है। वही कुछ जगहों पर उन्हें धमकाया भी जा रहा है।

उज्जैन जिले के उन्हेल तहसील के गाँव मालीखेड़ी में सोमवार को टीकाकरण दल को ऐसे ही एक हमले का सामना करना पड़ा था।

जब कुछ लोगों ने इसके फायदे बताना शुरू किया तो लोगों ने उन पर लाठी से हमला कर दिया।

इसके बाद कुछ लोगों ने पत्थरों से भी हमला किया। टीकाकरण दल बड़ी मुश्किल से वहाँ से जान बचाकर भागा। जिला प्रशासन और पुलिस की टीम ने वहाँ पहुँच कर स्थिति को संभाला।

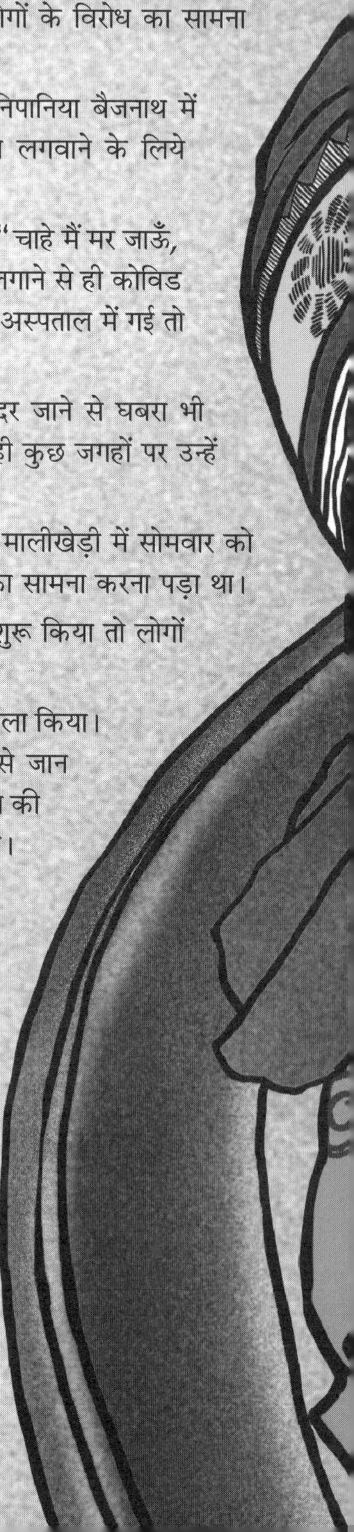

एक तरफ जहाँ भारत के कुछ अन्य राज्यों में कोविड-19 की वैक्सीन को लेकर लोगों में कई तरह की भ्रांतियाँ होने की खबर है वहीं असम में लोग अपना स्लॉट बुक न कर पाने से परेशान है। यहाँ ग्रामीण इलाकों में भी लोग वैक्सीन लेने के लिए अपनी बारी आने का इंतजार करते दिख रहें है।

जोरहाट जिले के मुरमुरिया चाय बागान के भीतर रहने वाले 38 साल के हाथीराम भूमिज कोविड संक्रमण से बीमार पड़ रहे लोगों के कारण काफी डरे हुए है। हाथीराम की परेशानी यह है कि अब तक उन्हें और उनके परिवार के किसी भी सदस्य को कोविड की वैक्सीन नहीं मिल पाई है।

उन्होंने बताया, "पहले मुझे मालूम नहीं था इसलिए लगातार तीन दिन वैक्सीन लेने के लिए ब्लॉक ऑफिस के बाहर लाइन में खड़ा हुआ था। फिर पता चला कि वैक्सीन के लिए 45 से कम उम्र वाले लोगों को मोबाइल फोन पर रजिस्ट्रेशन करवाना पड़ता है। हमारे गाँव के कई लोगों ने रजिस्ट्रेशन करवाया है लेकिन अभी तक किसी का भी नंबर नहीं आया है।"

देश में एक ओर जहाँ कोविड के रोगियों की संख्या दिन दूनी और रात चौगुनी होती जा रही है वहीं दूसरी ओर अस्पतालों में बिस्तर की कमी से लोग-बाग परेशान हैं। 'दि वायर' रिपोर्ट बता रही है कि उत्तर प्रदेश के मेवला गोपालगढ़ गाँव में कोविड के रोगियों के लिए एक अस्थायी अस्पताल बनाया गया है। यह 'अस्पताल' कहते हैं, वास्तव में गाँव के एक खुले मैदान में स्थित है जहाँ बीमार लोगों को एक नीम के पेड़ के नीचे एक खाट पर लिटा दिया गया है। पेड़ की शाखों से ग्लूकोज की बोतलों को झुलाया गया है।

मरीज नीम के पेड़ के नीचे खाट पर यह सोचकर लेट जाते हैं कि नीम के पेड़ के औषधीय गुणों के कारण उनका ऑक्सीजन का स्तर बेहतर हो जाएगा। पास ही गोबर का ढेर पड़ा है जिसकी बदबू से पूरे खुले इलाके की हवा बजबजा रही है। पेड़ के नीचे बिछाए खाटों के बीच में एक मेज है जहाँ दवाएँ और अन्य चिकित्सा उपकरण रखे हैं। इसी से थोड़े फासले पर इस्तेमाल के बाद फेंके गए दस्तानों और अन्य उपकरणों का ढेर लगा हुआ है। इस 'अस्पताल' में गंभीर रोगियों, जिनमें ज्यादातर बुजुर्ग शामिल हैं, के लिए नीम के पेड़ के नीचे एक निश्चित स्थान चिह्नित किया गया है। रोगी दिन का अधिकांश भाग अपनी खाटों पर पेड़ के नीचे बिताते हैं और देर शाम को अपने घरों को लौट जाते हैं। उनमें से कुछ को चिंता है कि वे अपने परिवार के सदस्यों को संक्रमित कर सकते हैं। कुछ बुजुर्ग पेड़ के नीचे चर्चा करते नजर आ रहे हैं कि अब गाँव में कोई बूढ़ा नहीं बचेगा।

अब तक छह से ज्यादा लोग इस नीम के पेड़ के नीचे बसे 'अस्पताल' में गाँव के डॉक्टरों से इलाज कराकर ठीक हो चुके हैं। गाँव के लोगों का मानना है कि हाल ही में हुए पंचायत चुनावों के बाद से कोविड के केसों में बेतहाशा वृद्धि हुई है।

लॉकडाउन और प्रवासी मजदूर-46

कोरोना लॉकडाउन में सबसे बुरी हालत में प्रवासी मजदूर थे। देश के एक कोने में रहने वाले यह लोग रोजगार की तलाश में अपना घर छोड़ कर देश के एकदम दूसरे हिस्से में बसे थे। लॉकडाउन के बाद इनको अपने घर तक का सफर पैदल तय करना पड़ा पर एक मायनों में यह मजदूर उन प्रवासी मजदूरों से अच्छे हालात में थे जो रोजगार और एक बेहतर जिंदगी की तलाश में विदेशों में जा बसे थे। आम बोलचाल में उन्हें हम प्रवासी मजदूर न कह कर अप्रवासी भारतीय (एनआरआई) कहते हैं।

मैं खुद भी एक प्रवासी मजदूर हूँ जो अपने शहर कलकत्ता को छोड़ कर रोजगार की तलाश में करीब दो दशक पहले दिल्ली आकर बस गया था। अब तक सब कुछ ठीक-ठाक था पर कोरोना महामारी ने सब कुछ बदल कर रख दिया। महामारी के दिनों पहली बार इस सच से सामना हुआ कि आपके रोजगार का शहर आपका अपना शहर नहीं होता। दिल्ली की किसी भी आम सोसाइटी की तरह हमारे सोसाइटी में कई राज्यों के लोग रहते हैं। महामारी के दिनों में हमारे सोसाइटी के कई लोग अपने-अपने गृह-राज्यों में अपने घर लौट गए।

हम एक ओर अपने परिवार के सदस्यों को लेकर फिक्रमंद थे वहीं दूसरी ओर कलकत्ता में रह रहे अपने माँ-बाप और दूसरे उम्रदराज रिश्तेदारों को लेकर परेशान थे। इतनी दूर से परेशान रहने के अलावा और किया भी क्या जा सकता है। मई महीने के पहले हफ्ते खबर आई कि तृष्णा के मम्मी-पापा और भाई तीनों कोविड से पीड़ित हैं। पापा जी की हालत तो इतनी बुरी हो गई थी कि लग रहा था कि शायद उनका बचना ही मुश्किल है। हम यहाँ से कलकत्ता कभी एक रिश्तेदार को फोन करते तो कभी दूसरे को। कोई भी खबर, एक छोटी से खबर कि, "सब ठीक-ठाक है" हमारे लिए काफी थी पर इस खबर को पाने के लिए हमें जाने क्या-क्या करना पड़ा।

यह केवल मेरी कहानी नहीं बल्कि हर उस प्रवासी मजदूर की कहानी है जो घर से दूर रह रहे हैं।

अल जजीरा में सुखदा टटके की आपबीती एक ऐसी ही कहानी को बयान करती है। अपने लेख, 'मेरा दिमाग जिन्दा लोगों के कब्रिस्तान में बदल चुका है' में सुखदा लिखती हैं–'मेरे आसपास की दुनिया अब धीरे-धीरे सामान्य हो रही है, जबकि मेरा अपना देश अभी भी जल रहा है।' ट्विटर पर साझा की गई एक वट्सएप बातचीत के एक स्क्रीनशॉट ने मुझे झकझोर कर रख दिया। मेरे लिए देश में घट रही घटनाएँ अब तब एक खबर भर थी। यह ट्वीट किसी ईशा नाम की महिला का था जिसमें वह लिखती हैं, "मैं अपनी माँ से हजारों किलोमीटर की दूरी पर हूँ। उनके आखिरी पलों में मैं उनके साथ नहीं रह सकी। बस इतना चाहती हूँ की वह मेरे इस वट्सएप सन्देश को पढ़ लें। उनके वट्सएप मैसेज में वह अपनी माँ को लिखती हैं कि घर से इतनी दूर उन्हें हमेशा अपने माँ की याद आती है। वह लिखती हैं कि, 'माँ तुम तो एक योद्धा हो। तुम इतनी जल्दी हार नहीं मानने वाली। तुम एकदम ठीक हो जाओगी।' इशा की माँ अपनी बेटी के इस मैसेज को नहीं पढ़ पातीं। अगले मैसेज में निशा लिखती हैं, "लव यू"

वट्सएप के मैसेज बॉक्स में बस इसी मैसेज पर दो नीली टिक लगे हैं।

सुखदा आगे लिखती हैं कि किसी कहानी में ऐसी किसी घटना के बाद आपके अन्दर कुछ टूट जाता है क्योंकि पढ़ते हुए आप एक पाठक के रूप में उस चरित्र के साथ जुड़ाव महसूस करते हो। मगर असली जिन्दगी में ऐसी किसी घटना को सुनने के बाद आप बुरी तरह डर जाते हो क्योंकि सबसे पहला खयाल यह आता है कि, 'कहीं मेरे साथ ऐसा हुआ तो क्या होगा ?'

मई के पहले सप्ताह में मेरी माँ के 60वें जन्मदिन पर, हमारे साथ हुए एक वीडियो कॉल में उन्होंने कुछ खबरों को साझा किया था जिसमें हमारे एक चचेरे भाई और उसके बुजुर्ग माता-पिता के कोविड से पीड़ित होने की खबर थी। एक और खबर थी कि हमारे भतीजे की एक दोस्त की मौत कोरोना से हो गई थी। उसका एक चार महीने का बच्चा है। बेशक मेरी माँ उस महिला को व्यक्तिगत रूप से नहीं पहचानती थीं, लेकिन उन्होंने हमसे कहा कि भला इतनी कम उम्र में कोई कैसे मर सकता है? हम बुजुर्गों का क्या कोई हक है अब जीते रहने का?

अगले दिन माँ ने हमें बताया कि हमारे एक दोस्त की तेरह साल की बेटी कोरोना से गुजर गई। उनके ओरिगेमी क्लब की उनकी एक साथी और उनके पति भी कोरोना से गुजर गए थे। कुछ मिनट बाद, मेरी माँ ने मुझे एक बार फिर फोन किया, इस बार केवल यह बताने के लिए कि अचानक ऑक्सीजन लेवल गिर जाने के बाद उनकी चाची को आईसीयू में ले जाया गया था। कुछ दिनों बाद उनकी मृत्यु हो गई।

इन दिनों हर कॉल और संदेश आपदा और मौत की खबर लाते हैं। मैं एक भी व्यक्ति को नहीं जानती जो इस त्रासदी से होकर न गुजरा हो।

पिछले कुछ दिनों से सुबह मेरी नींद भारत, टीके, अस्पताल, ऑक्सीजन, भारत, मृत्यु, बिस्तर, तनाव, वायरस, संस्करण, भारत, भारत, कोविड, भारत...जैसे शब्दों से टूट रही है। लिविंग रूम में मेरे पति टीवी पर समाचार देख रहे होते हैं। इससे पहले कि वह मुझसे पूछें कि, "रात को नींद अच्छी आई?" मैं उनसे भारत, के बारे में पूछती हूँ कि वहाँ पर सब कैसा है? मेरे सवाल के जवाब में वह बस अपना सर हिला देते हैं, यानी, 'वैसा ही है जैसा कि पहले था'।

एक दिन उन्होंने मुझसे कहा कि ब्रिटेन की सरकार ने भारत को 'ग्रेड-लिस्ट' में डाल दिया है। इसका मतलब यह है कि हम जैसे ब्रिटेन में रहने वाले भारतीयों के लिए अब अपने देश जाना और

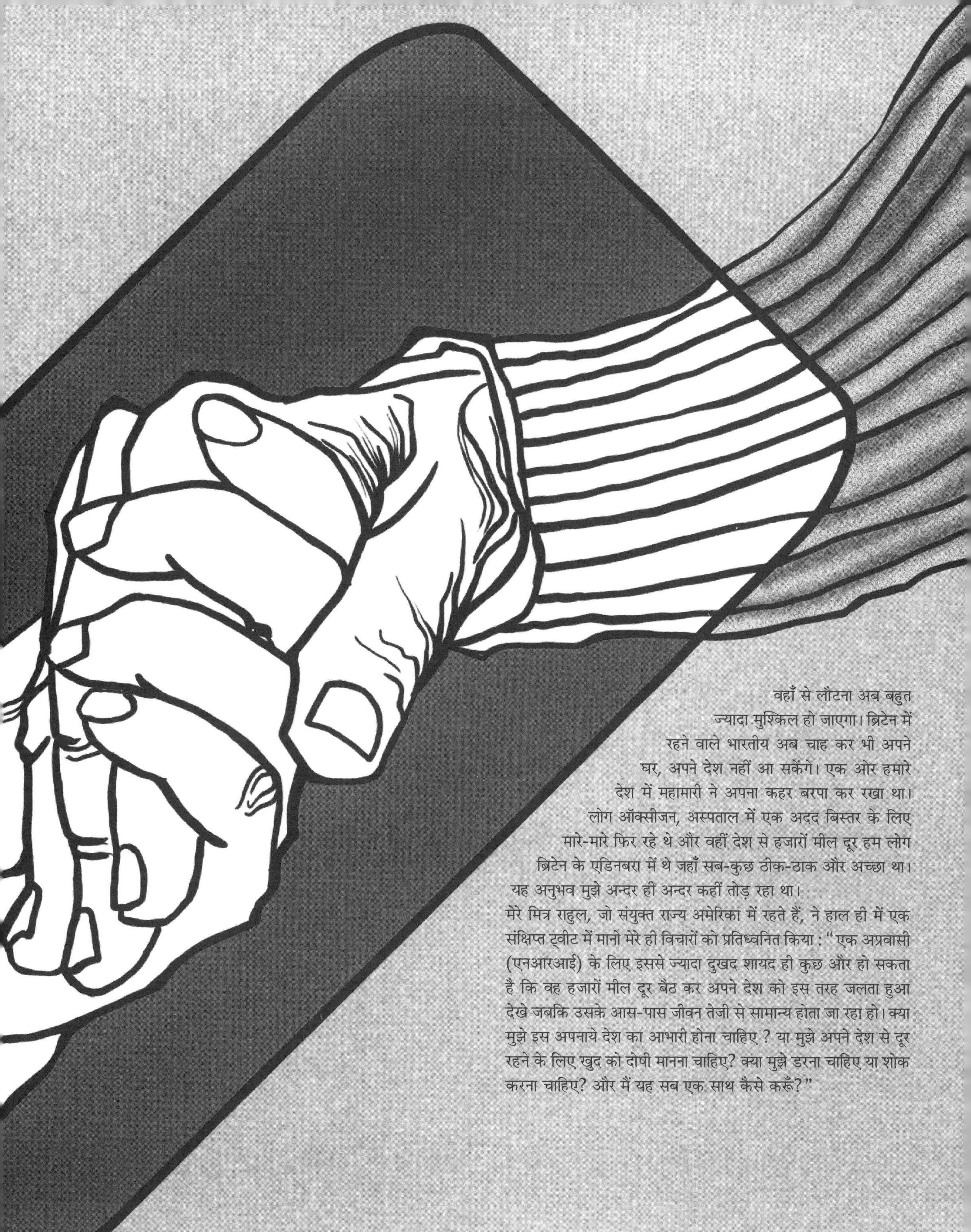

वहाँ से लौटना अब बहुत ज्यादा मुश्किल हो जाएगा। ब्रिटेन में रहने वाले भारतीय अब चाह कर भी अपने घर, अपने देश नहीं आ सकेंगे। एक ओर हमारे देश में महामारी ने अपना कहर बरपा कर रखा था। लोग ऑक्सीजन, अस्पताल में एक अदद बिस्तर के लिए मारे-मारे फिर रहे थे और वहीं देश से हजारों मील दूर हम लोग ब्रिटेन के एडिनबरा में थे जहाँ सब-कुछ ठीक-ठाक और अच्छा था। यह अनुभव मुझे अन्दर ही अन्दर कहीं तोड़ रहा था।

मेरे मित्र राहुल, जो संयुक्त राज्य अमेरिका में रहते हैं, ने हाल ही में एक संक्षिप्त ट्वीट में मानो मेरे ही विचारों को प्रतिध्वनित किया : "एक अप्रवासी (एनआरआई) के लिए इससे ज्यादा दुखद शायद ही कुछ और हो सकता है कि वह हजारों मील दूर बैठ कर अपने देश को इस तरह जलता हुआ देखे जबकि उसके आस-पास जीवन तेजी से सामान्य होता जा रहा हो। क्या मुझे इस अपनाये देश का आभारी होना चाहिए ? या मुझे अपने देश से दूर रहने के लिए खुद को दोषी मानना चाहिए? क्या मुझे डरना चाहिए या शोक करना चाहिए? और मैं यह सब एक साथ कैसे करूँ?"

महामारी और अंतिम संस्कार

गाँव-कनेक्शन की रिपोर्ट बता रही है कि उन्नाव जिले का बक्सर गाँव चंद्रिका देवी मंदिर के लिए जाना जाता है, लेकिन कुछ समय से यहाँ बहने वाली गंगा के घाटों पर विकट हालात दिखाई दे रहे हैं। आज (13 मई) सुबह 10:30 बजे का वक्त है और शवों की एक कतार देखने को मिलती है, जो अंतिम संस्कार के लिए अपनी बारी का इंतजार कर रहे हैं। इतना ही नहीं उन्हें जलाया जाएगा या दफनाया जाएगा, यह इस बात पर निर्भर करता है कि उनके परिजनों के पास कितना पैसा है। अपने पड़ोसी के परिवार के बुजुर्ग व्यक्ति का अंतिम संस्कार करने आए उन्नाव के भगवंतनगर के चंद्रमा ने बताया, "एक शव का अंतिम संस्कार करने में 12 से 15 हजार रुपए तक खर्च हो सकते हैं। इसका खर्च वह नहीं उठा सकते हैं, इसलिए शवों को दफनाया जा रहा है जो 6 से 7 सौ रुपए में हो जाता है।"

घाट के किनारे जहाँ तक नजर जाती है वहाँ दूर तक जमीन पर लाल रंग के कपड़े दिखते हैं। ये और कुछ नहीं, हाल ही में दफन किए गए लोगों की अस्थायी कब्रें हैं, जो थोड़ी-थोड़ी दूर पर बनाई गई हैं। इनमें से कुछ को कुत्तों ने खोदने की कोशिश भी की है। चंद्रमा बताते हैं, "इनमें ज्यादातर गरीब मजदूर हैं, जिनकी मौत हो गई और परिवार के पास दाह संस्कार के लिए पैसे नहीं थे।" बक्सर घाट पर आम दिनों में एक दिन में 25 अंतिम संस्कार होते हैं। कोरोना महामारी की दूसरी लहर के बाद से यह संख्या कई गुना बढ़ गई। पिछले हफ्ते तक इस घाट पर एक दिन में 300 से 400 शव लाए गए। घाट पर थोड़ी-थोड़ी दूर पर कब्र हैं, कुछ कब्रों को तो कुत्तों ने खोद भी दिया है।

इसी इलाके के एक निवासी का कहना था कि, "हमारे पास जगह खत्म हो गई है। ऐसे में नदी के दूसरी तरफ के घाटों का इस्तेमाल शवों को दफनाने और जलाने के लिए किया जा रहा है।"

बक्सर घाट के विचलित करने वाले दृश्य सोशल मीडिया पर वायरल होने के बाद उन्नाव प्रशासन हरकत में आ गया है। बक्सर घाट पर नदी के किनारे एक कब्र खोदने वाले ने बताया, "कभी-कभी इतने शवों को दफनाया जाता है कि हम गहरी खुदाई नहीं कर पाते हैं। ऐसे में हमने देखा है कि कुछ कब्रों को कुत्ते भी खोदने की कोशिश करते हैं।"

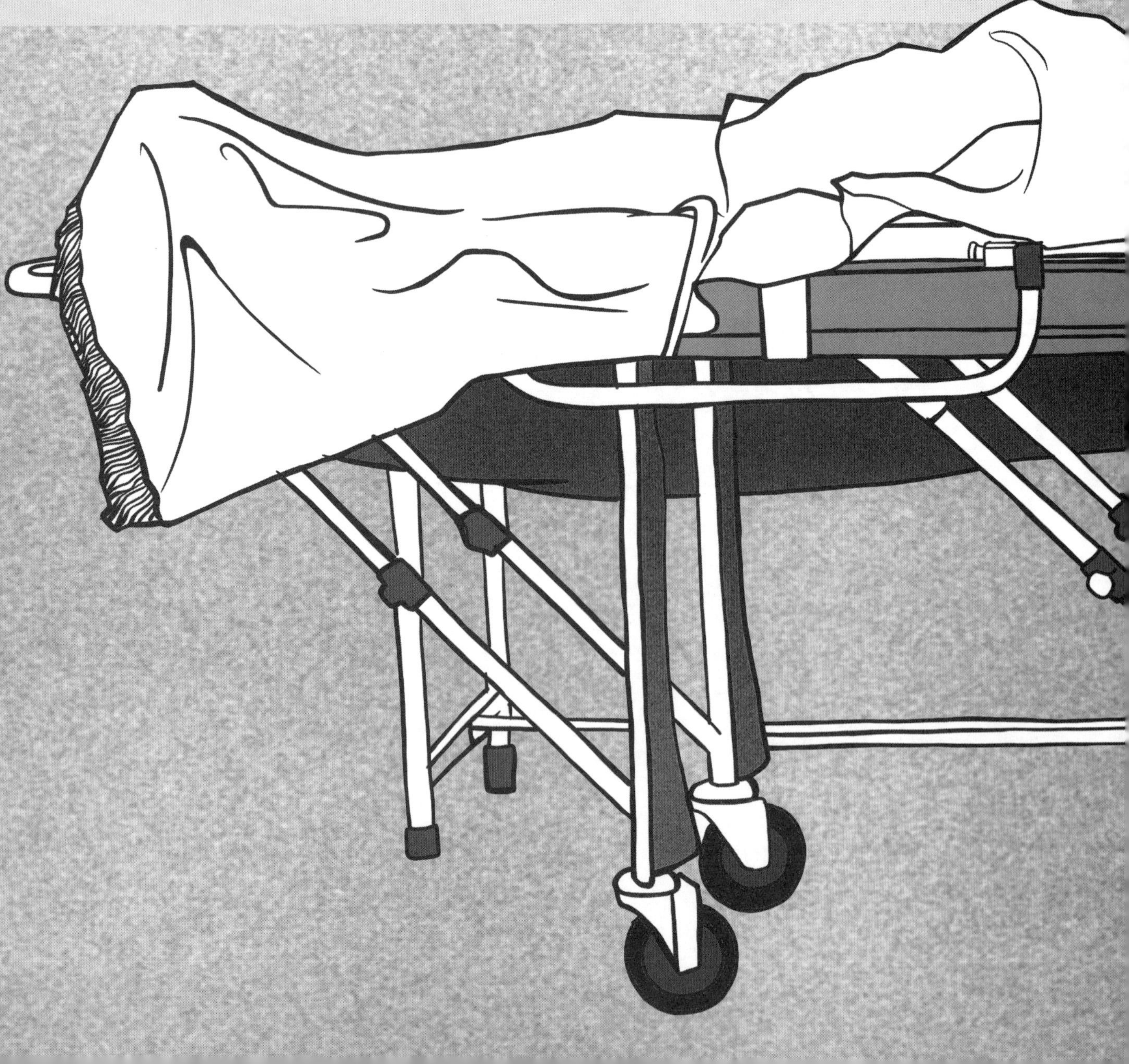

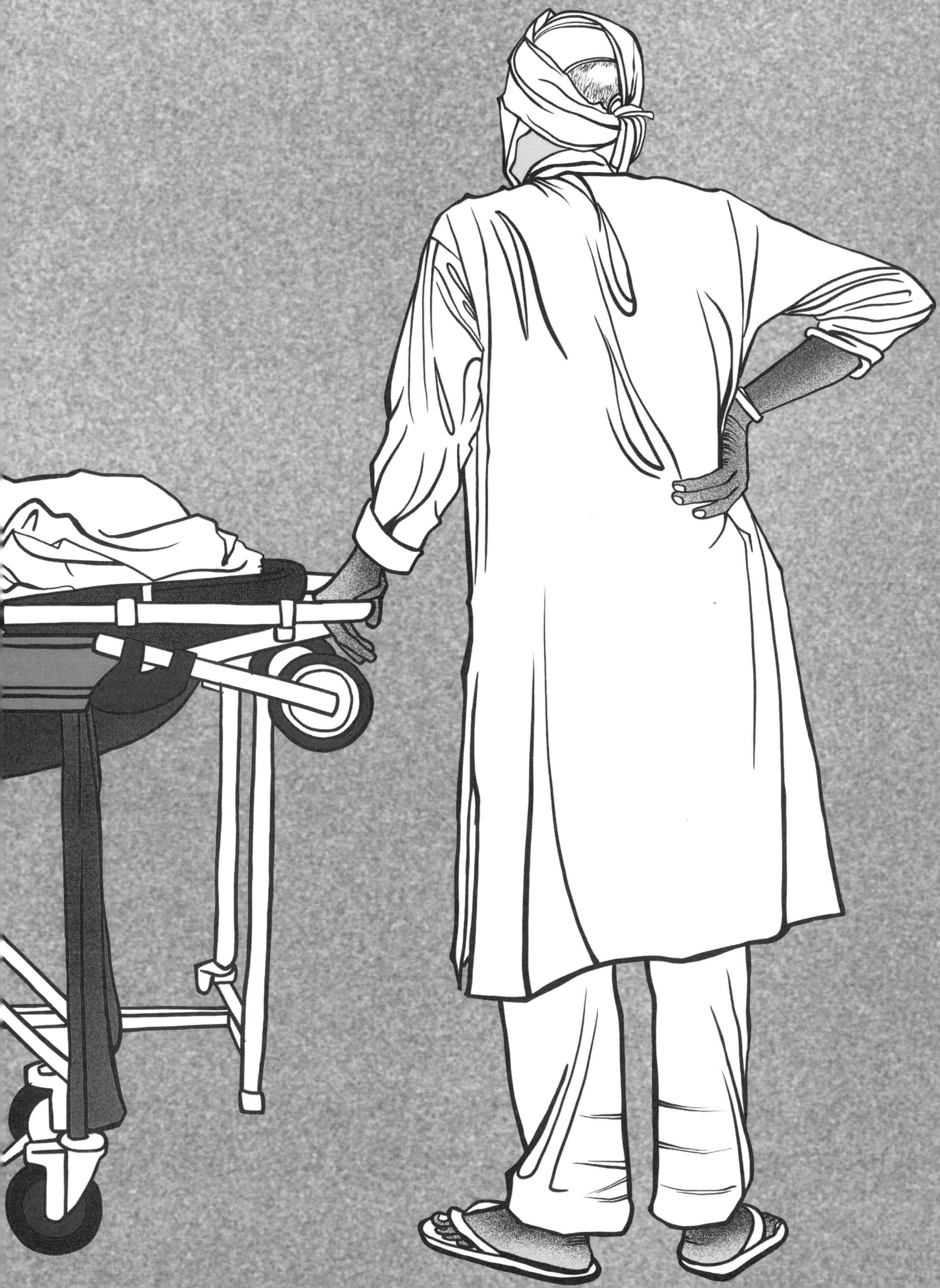

महामारी और महिला बन्दी

(बीबीसी में राघवेन्द्र राघव के 18 मई 2021 की रिपोर्ट इस पर विस्तृत चर्चा कर रही है।)

"मेरी माँ पिछले पाँच महीनों से तिहाड़ जेल में हैं। अप्रैल में वो कोविड पॉजिटिव हो गईं। बहुत कोशिश के बाद भी उन्हें बेल नहीं मिली। तीन हफ्ते तक जेल में ही आइसोलेशन में रखने के बाद वो वापस अपने बैरक में आ गई हैं। आखिरी बार जब मेरी उनसे बात हुई तो उन्हें यह नहीं पता था कि वो कोरोना नेगेटिव हो चुकी हैं या नहीं।"

ये बताते वक्त अंजलि के चेहरे पर चिंता साफ दिख रही थी। पिछले पाँच महीने में दो मुलाकातों और चंद आधे-अधूरे फोन कॉल्स के सहारे ही वो अपनी माँ का हाल जान पाई हैं।

उनकी माँ रुक्मिणी को दिसंबर 2020 में दिल्ली पुलिस की आर्थिक अपराध शाखा ने गिरफ्तार किया था और तब से ही वो दिल्ली की तिहाड़ जेल में बन्द हैं। अंजलि कहती हैं कि कोरोना महामारी की वजह से वो अपनी माँ के लिए बहुत चिंतित हैं। वे कहती हैं, "जब मुझे अप्रैल में फोन आया तो सिर्फ इतना बताया गया कि आपकी माँ को कोविड हो गया है। यह सुनकर मैं बहुत घबरा गई। जिन्होंने कॉल किया था उनके पास ज्यादा जानकारी नहीं थी। उन्होंने कहा कि बीमारी के कुछ लक्षण दिख रहे हैं पर वो गंभीर नहीं हैं। माँ हाई रिस्क कैटेगरी में आती हैं क्योंकि उन्हें दमा है।"

अंजलि की चिंता का कारण यह भी था कि रुक्मिणी के कोविड पॉजिटिव होने के दो हफ्ते पहले ही से उनके फोन आने बन्द हो गए थे। वे कहती हैं, "उस दौरान जेल में कोरोना के मामले बढ़ गए थे और उस वजह से कैदियों की फोन कर पाने की सुविधा बन्द हो गई थी।"

मार्च के महीने में रुक्मिणी ने अंजलि से कहा था कि जेल में कोविड के मामले आने शुरू हो गए हैं। वे कहती हैं, "माँ ने मुझे कहा कि इस बात का पता लगाऊँ कि कोरोना के दौरान परिवार के लोगों को कैदियों से कैसे मिलवाया जाएगा। उन्हें आगे आने वाली स्थिति का पूर्वाभास हो गया था।"

रुक्मिणी के कोरोना पॉजिटिव होने के बाद अंजलि ने वकीलों से बात करके कोशिश की कि उनकी माँ को मेडिकल आधार पर जमानत मिल जाए। यह प्रकिया तीन हफ्ते तक चली पर अदालत ने जमानत नहीं दी।

कोविड संक्रमित होने के बाद रुक्मिणी को जेल में ही बनाए गए आइसोलेशन वार्ड में तीन हफ्ते तक रखा गया। अंजलि कहती हैं, "आइसोलेशन में रहने के दौरान माँ का तीन बार फोन आया लेकिन हर बार एक मिनट से भी कम बात हो पाई। मैं उनसे ठीक से तबीयत का हाल पूछ भी नहीं पाती थी।"

कुछ ही दिन पहले रुक्मिणी को वापस उनकी बैरक में भेज दिया गया। अंजलि कहती हैं, "मैंने उनसे फोन पर पूछा कि क्या वो कोविड नेगेटिव हो गई हैं। माँ ने कहा कि उन्हें नहीं पता, किसी ने नहीं बताया।"

अदालत के जरिए अंजलि को यह आश्वासन मिला है कि जेल प्रशासन उन्हें रुक्मिणी की सेहत सम्बन्धित जानकारी देता रहेगा लेकिन कोरोना को लेकर बने हुए भयावह हालात के बीच अपनी माँ के जेल में होते हुए इस बेटी का चैन से बैठ पाना नामुमकिन-सा हो गया है। जेल प्रशासन के रवैये में पारदर्शिता की कमी अंजलि की चिंता बढ़ाती जा रही है।

महामारी और घरेलू नर्स

महामारी के बीच एक ओर जहाँ हमारे देश के नेता अपनी जिम्मेदारियों से मुँह मोड़कर बैठे थे वहीं पर दूसरी ओर स्वास्थ्य सेवाओं से जुड़े लोगों ने इंसानियत के परचम को बुलंद किए रखा। इन्हीं में से कुछ स्वास्थ्य कर्मचारी ऐसे भी थे जिनको उनके काम के लिए कभी भी किसी ने रत्ती भर की सराहना नहीं की। यह लोग हमारे देश के घरेलू-नर्स हैं।

अल जजीरा में देवयानी निघोस्कारी ऐसे ही कुछ लोगों की बातें बता रही हैं। दिलचस्प यह है कि इस पूरी कहानी के आखिर में कहा गया है कि इनका वास्तविक नाम किसी खास वजह से बताया नहीं जा सकता।

रात का वक्त है।

बिंदु ने सारी तैयारियाँ पहले से ही करके रखी हैं मसलन सुशीला जिसे वह अज्जी-बाई कहती है, को स्पंज करने के लिए बाथरूम में गर्म पानी की बाल्टी भर ली है, बेडरूम में बिस्तर तैयार कर लिया गया है, साथ ही दूध का ग्लास और रात को ली जाने वाली दवाइयाँ मेज पर रख दी गई हैं। बिंदु 93 वर्षीय सुशीला की नर्स हैं। महाराष्ट्र के नागपुर शहर में सुशीला की देखभाल का काम करने वाली नर्स बिंदु बेशक अपने दिनचर्या में कोई तब्दीली नहीं लाने देना चाहती मगर उन्हें पता है कि कोरोना ने उनके शहर को बुरी तरह से अपनी गिरफ्त में जकड़ लिया है। बिंदु को आजकल दिन भर और देर रात तक तीखे सायरन बजाती एम्बुलेंस के आने-जाने की आवाज मिलती रहती है।

सुशीला बिंदु से कहती हैं, 'मेरी तबीयत ठीक नहीं लग रही है।'

बिंदु थर्मामीटर से देखती है तो पता चलता है कि उनको हल्का बुखार है।

"कोविड !" यह शब्द बिंदु के दिमाग में यकायक कौंध जाता है और इसी के साथ उसके दिमाग में कुछ खबरों की तसवीरें चलने लगती हैं जिनमें अस्पतालों के बाहर रोगियों की लम्बी कतारों से लेकर ऑक्सीजन के लिए तड़पते लोग और परेशान रिश्तेदारों के चेहरे बिंदु के सामने घूम जाते हैं।

बिंदु एक झटके से अपने जेहन में अचानक आए इस डर को हटा देती है। वह सोचती है कि अज्जी बाई को कैसे कोविड हो सकता है? वह तो कभी अपने घर के बाहर भी कदम नहीं रखतीं।

जल्द ही अज्जी बाई को खाँसी शुरू हो जाती है और बिंदु ने जिस डर को अब तक जबरन अपने अन्दर दबाया हुआ था वही सच साबित होता है, अज्जी बाई का कोरोना टैस्ट पॉजिटिव आता है। केवल यही नहीं उनके घर से कुछ ही दूरी पर रहने वाले उनके एकलौते रिश्तेदार उनके पोते जयराम और उनकी बीवी तारा भी कोरोना पॉजिटिव पाए जाते हैं। कोरोना पॉजिटिव होते ही न केवल अज्जी बाई बल्कि जयराम और तारा को भी होम आइसोलेशन में रहना था। केवल यह नहीं अज्जी बाई के कोविड की खबर सुनकर दिन में उनकी देखभाल करने वाली नर्स ने आना बन्द कर दिया। जब जयराम ने बिंदु को अज्जी बाई की देखभाल के लिए रुकने को कहा तो बिंदु ने हाँ बोलने से पहले सोचा तक नहीं। बिंदु कहती हैं, पिछले सात वर्षों से मैं इनकी देखभाल कर रही हूँ। यही वह समय है जब उन्हें मेरी सबसे ज्यादा जरूरत है। उनकी उम्र को देखते हुए ज्यादातर अस्पताल उन्हें भर्ती करने से इनकार कर चुके हैं।

इसके कुछ ही दिनों के बाद बिंदु खुद कोविड से संक्रमित हो गई मगर यह बात उन्होंने अज्जी बाई और उनके परिवार के लोगों से छुपाए रखी। बिंदु कहती हैं कि अगर उन्हें इस बात का पता चलता तो शायद वह लोग मुझे मेरे घर भेज देते। ऐसे में अज्जी बाई की देखभाल कौन करता?

अज्जी बाई के परिवारवालों ने अपने पैसे और ऊँची पहुँच के बल पर उनके इलाज की सभी सुविधाओं को घर पर ही मुहैया करवा दिया।

बिंदु, भारत में बुजुर्गों को घरेलू देखभाल का काम करने वाली हजारों-लाखों नर्सों में एक हैं। देश में आजकल हजारों एजेंसियाँ पनप गई हैं जो बिंदु जैसे नर्सों की सेवा प्रदान करती हैं। ऐसी ही एक एजेंसी अन्वाया के हरि राघवन का कहना है कि उनकी एजेंसी अपने नर्सों की सुरक्षा का पूरा ध्यान रखती है और उन्हें पीपीई किट, सैनिटाइजर आदि नियमित रूप से दिया जाता है।

लेकिन होमकेयरिंग की जमीनी हकीकत एकदम अलग है। होमकेयरिंग का अर्थ है 24/7 अपने नियोक्ता के इशारे पर रहना। एक ओर एजेंसी बात-बात पर उनकी पगार काट लेती है वहीं पर दूसरी ओर उनके नियोक्ता उनको बहुत कम पगार देते हैं जिससे उनका दोहरा शोषण होता है। उनके काम की कोई इज्जत नहीं।

किरण सैनी, जो पिछले 15 वर्षों से बतौर घरेलू नर्स का काम कर रही हैं, वह बताती हैं कि उन्हें बेशक कुछ सुरक्षा उपकरण प्रदान किए गए हैं, लेकिन उन सभी के लिए एजेंसी ने उनके पैसे काटे हैं।

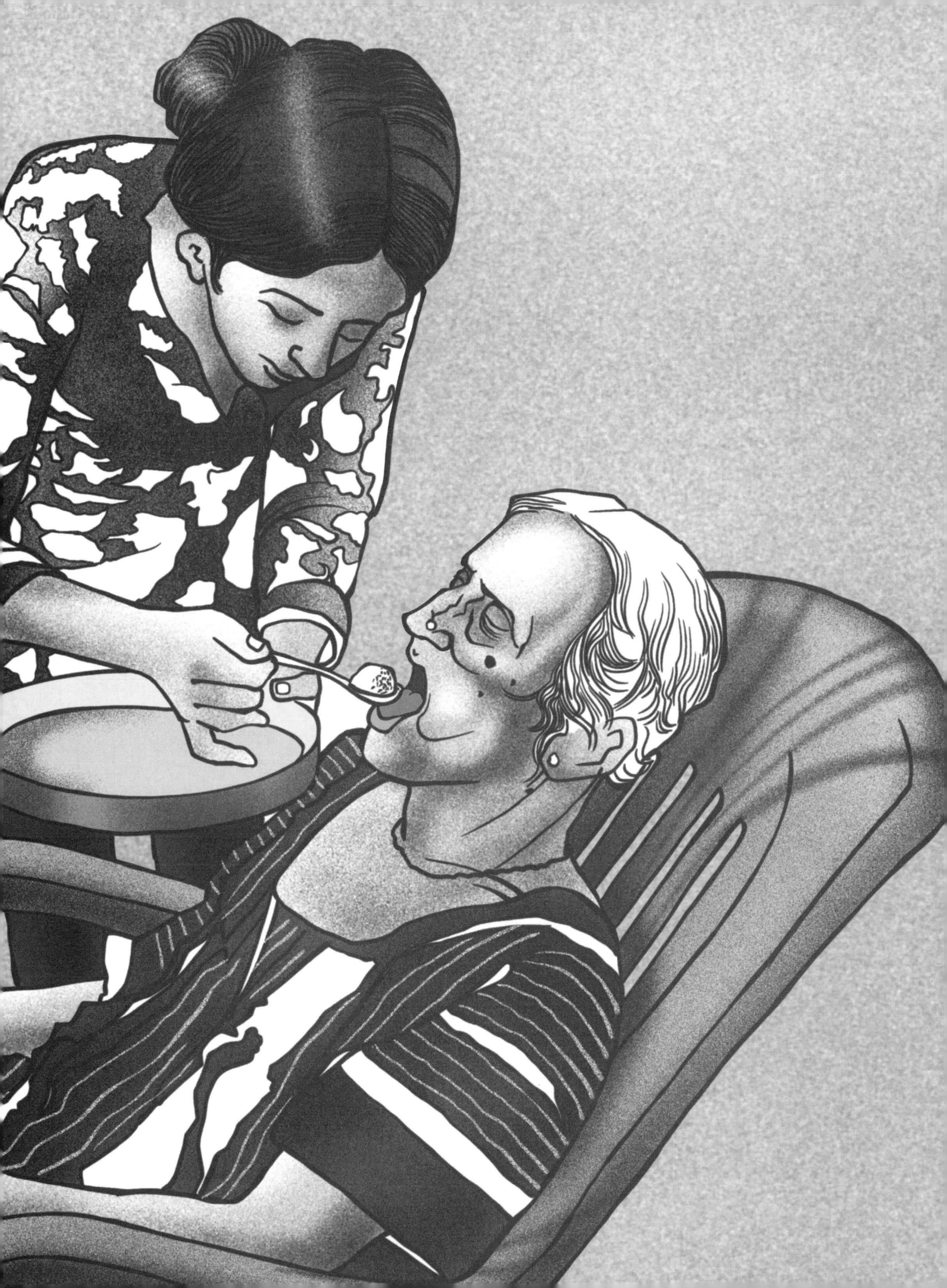

महामारी और यतीम बच्चे

तृप्ति और परी की कहानी

कोविड महामारी से हजारों-लाखों लोगों की मौत हो गई है। इसकी दोहरी मार मासूम बच्चों पर पड़ी है। महामारी ने हजारों बच्चों से उनके माता-पिता का साया छीन लिया और उनको यतीम बना दिया है। ऐसे भी हजारों बच्चे हैं जिनके माँ-बाप में से एक की मौत हो गई जिससे उनका भविष्य अंधकारमय हो गया है। कोविड महामारी ने देश में यतीम बच्चों का नया संकट उत्पन्न कर दिया है। इनमें एकदम छोटे बच्चों से लेकर नाबालिग बच्चे शामिल हैं। किसी ठोस सामाजिक सुरक्षा के अभाव में इन यतीम बच्चों के दैहिक और मानसिक शोषण की संभावनाएँ बढ़ गई हैं। समाचार संस्था अल जजीरा की रिपोर्ट मध्यप्रदेश के भोपाल की दो बच्चियों तृप्ति और परी पर है। छः साल की जुड़वाँ तृप्ति और परी के माता-पिता दोनों की मई के महीने में कोविड से मौत हो गई थी। उसके बाद से यह दोनों बच्चियाँ अपने चचेरे नाना रमेश सिंह के साथ रहती हैं।

रमेश सिंह बताते हैं कि इनके पिता की मौत के तीन दिनों बाद एक दिन उन्होंने इन दोनों बच्चों को अपनी माँ के साथ सोते देखा। दोनों इस बात से एकदम अनजान थीं कि इनकी माँ भी तब तक कोविड से बुरी तरह संक्रमित हो चुकी थीं। रमेश सिंह ने बताया कि बच्चियों के पिता की मौत के बाद उनकी माँ अन्दर से इतना टूट चुकी थीं कि उन्होंने अपने पति की मृत्यु के बाद ठीक से खाना खाना बन्द कर दिया था जिससे वह दिन ब दिन कमजोर होती गईं और उनकी रिकवरी मुश्किल हो गई। एक दिन सुबह जब जब बार-बार उनका दरवाजा खटखटाने पर भी कोई जवाब नहीं आया तो घर के दूसरे लोगों ने कमरे की खिड़की से उन पर पानी फेंका पर वह तब भी नहीं उठीं। इससे डर कर डॉक्टर को बुलाया गया। डॉक्टर ने आकर इन बच्चियों की माँ को मृत घोषित कर दिया।

रमेश कहते हैं, "मैं आज भी इन बच्चियों को कहता रहता हूँ कि उनके माता-पिता जल्द ही घर आ जाएँगे। मैं उन्हें अभी सच नहीं बताना चाहता ...वे बहुत छोटे हैं।"

पेशे से साइबर सुरक्षा विशेषज्ञ आकांक्षा श्रीवास्तव ने बच्चों के लिए कोरोना वायरस हेल्पलाइन शुरू की है। आकांक्षा का कहना है कि, "हम ठीक से नहीं जानते कि अब तक कुल कितने लोगों की कोविड से मौत हुई है। हमारे पास इसका भी कोई डेटा नहीं है कि कोविड के चलते देशभर में कितने बच्चे यतीम हुए।"

कुछ लोग अपनी पहल पर सोशल मीडिया पर माँ के दूध और माँ को खोने वाले शिशुओं के लिए भोजन की अपील कर रहे हैं। इसका दूसरा पहलू यह है कि कुछ लोग सोशल मीडिया पर इन मासूम और अनाथ बच्चों के चित्र को अवैध रूप से गोद लिए जाने के लिए रखने लगे। कोरोना वायरस अनाथों को भी सोशल मीडिया पर अवैध रूप से गोद लेने के लिए रखा जा रहा है।

आकांक्षा बताती हैं कि उनकी हेल्पलाइन को इस बारे में हर दिन कम से कम 300 कॉल और संदेश प्राप्त हो रहे हैं।

समाचार एजेंसी एएफपी ने कहा कि उसे वट्सएप पर एक संदेश मिला, जिसमें दो साल की बच्ची और दो महीने के "ब्राह्मण बच्चे" को गोद लेने की पेशकश की गई थी। समाचार एजेंसी द्वारा इस नंबर पर बाद में फोन करने पर नंबर बन्द पाया गया।

बाल अधिकार एनजीओ, प्रोत्साहन इंडिया फाउंडेशन के अनुसार, जिन कुछ ऐसे बच्चों की खबर मिली है जिन्हें उनके माता-पिता की मौत के बाद सड़कों पर सब्जियाँ बेचने को मजबूर कर दिया गया है।

बचपन बचाओ आंदोलन के धनंजय टिंगल ने एएफपी को बताया कि बाल कल्याण संगठन को एक दिन में लगभग 50 कॉल आते हैं, जो पिछले साल की तुलना में एक बड़ी वृद्धि है।

कुछ नागरिक समाज समूहों ने माता-पिता से बीमार पड़ने की स्थिति में एक बैकअप योजना तैयार करने का आग्रह किया है।

तृप्ति और परी को उनकी माँ के चाचा रमेश सिंह अब उन्हें औपचारिक रूप से अपनाने की कोशिश कर रहे हैं।

वह कहते हैं "मुझे उम्मीद है कि मैं इन दोनों बच्चियों के सपनों को पूरा कर सकूँगा।"

इंडिया टुडे में स्नेहा मोर्दानी की रिपोर्ट बता रही है कि लैंसेट द्वारा किए एक अध्ययन के अनुसार विश्व भर में कोविड महामारी से करीब 15 लाख बच्चे यतीम हो गए हैं। भारत में करीब 1.2 लाख बच्चों ने अपने माता-पिता को कोविड से खो दिया है।

अध्ययन में कहा गया है कि भारत में 25,500 बच्चों ने अपनी माँ को कोविड-19 से खो दिया, जबकि 90,751 ने अपने पिता को खो दिया।

वैश्विक स्तर पर 11,34,000 बच्चों ने कोविड-19 के कारण अपने माता-पिता या कस्टोडियल दादा-दादी को खो दिया। इनमें से 10,42,000 बच्चों ने अपने माता, पिता या दोनों को खो दिया। अध्ययन में शामिल 21 में से सबसे बुरी तरह प्रभावित देश पेरू, दक्षिण अफ्रीका, मैक्सिको, ब्राजील, कोलंबिया, ईरान, अमेरिका, अर्जेंटीना और रूस हैं।

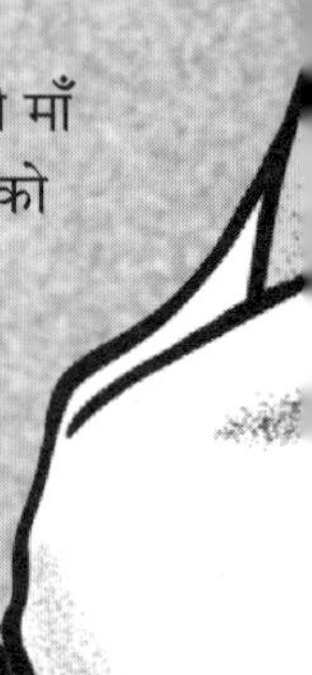

महामारी और आस्था

अमेरिका के कैलिफोर्निया स्थित इस्लामिक सेंटर ऑफ़ सदर्न कैलिफोर्निया में ओमर रिक्की ने जब अपने ख़ुत्बः में कहा कि , हमें कोविड के लिए अल्लाह का शुक्रगुजार होना चाहिए, तब वहाँ उपस्थित कई लोग उनकी तरफ अचरज भरी निगाहों से देखने लगे। ओमर रिक्की ने लोगों से कहा कि अल्लाह ने हमें यह समझाने की कोशिश की है कि हम अपने विश्वास में सही मायनों में उस समय होते हैं जब हम जिंदगी के सबसे बुरे वक्त में जी रहे होते हैं।"

उधर ईसाई धर्मगुरुओं के सामने तब एक बड़ी मुसीबत पैदा हो गई जब उनके ई-मेल के इनबॉक्स लोगों के सवालों से भर गए जिसमें लोगों ने जानना चाहा था कि क्यों ईश्वर ने कोविड वायरस की सृष्टि की है ? लोग यह यह भी पूछ रहे थे कि क्या कोविड महामरी ईश्वर की इच्छा है ? क्या इस महामारी में उनके परिजनों की मौत के लिए ईश्वर जिम्मेदार है?

मुक्तलिफ़ धर्मों के धर्मगुरुओं के लिए यह सवाल कोविड के वायरस से भी खतरनाक है। वह लोगों से यह कह कर पिंड छुड़ा रहे हैं कि कोविड महामारी दैवीय नहीं है और न ही ईश्वर हमें हमारे किसी बुरे काम की सजा देना चाह रहा है। वह बस इतना बताना चाह रहा है कि बुरे वक्त में भी हमें निरंतर ईश्वर की खोज को जारी रखना चाहिए।

अमेरिका के मोन्टाना में शाबाद लुबाविच नाम का एक यहूदी समूह है। इसके रब्बाई चाइम ब्रुक का मानना है कि सबसे बुरे समय में ही हम अपने धार्मिक विश्वास की परीक्षा ले रहे होते हैं।

चाइम ब्रुक के पिता और तीन चाचा कोविड से संक्रमित हो गए। ऐसे में एक दिन ब्रुक अपने धर्म-ग्रंथ को खोल कर पढ़ने लगे। ब्रुक का कहना है कि उन्होंने शायद जिंदगी में पहली बार तय वक्त से अलग अपने धर्मग्रंथ को पढ़ा था क्योंकि उस दिन उन्हें लगा था कि ईश्वर से बात करनी चाहिए।

मानव सभ्यता के इतिहास में महामारी, भूकंप, बाढ़ और सूखा जैसी आपदाएँ और उनके चलते हजारों-लाखों लोगों की मौत हो जाना कोई नयी परिघटना है। स्पेनिश फ्लू महामारी जिसमें एक अनुमान के मुताबिक लगभग 5 करोड़ लोगों की मौत हुई महज एक सौ साल पहले की बात है। कहते हैं कि द्वितीय विश्वयुद्ध को ख़त्म करने में इस महामारी ने एक अहम भूमिका निभाई थी। इससे पहले कभी प्लेग तो कभी अन्य महामारियों के चलते हजारों-लाखों लोग मरे। चेचक की महामारी ने पूरी की पूरी रेड इंडियन आबादी को विलुप्ति के कगार पर ला दिया। मानव इतिहास के शुरुआती दिनों में न तो आज जैसी वैज्ञानिक उपलब्धियाँ थीं और न ही वैज्ञानिक सोच थी। हजार साल पहले लोगों को न ही किसी वायरस के अस्तित्व का पता था और न ही वह किसी टीके के बारे में जानते थे। ऐसे में सोचिए कि अचानक एक दिन पहले कुछ लोगों में कुछ रोग के लक्षण पैदा होते हैं और जल्द ही वह पूरे गाँव-शहरों और देखते ही देखते पूरी मुल्क की जनता एक रोग की गिरफ्त में आ जाती है। किसी को कुछ नहीं पता कि आखिर यह हो क्या रहा है?

हम इंसान अभी तक नहीं जानते कि इंसानों के अलावा दूसरे जानवर किस तरह से किसी महामारी का सामना करते हैं पर हम इंसान बाकी जीवों से अलग हैं। हम इंसान को अपनी जिंदगी के हर पहलू के लिए एक कहानी चाहिए और महामारी इसका कोई अपवाद नहीं है।

कोई तो होगा जो इस महामारी के लिए जिम्मेदार है। कौन हो सकता है भला ? इस सवाल का सबसे आसान उत्तर था—ईश्वर!

ऐसे में महामारियों का 'इलाज' भी बहुत आसान था—

ईश्वर को खुश करो। इसके लिए पूजा-पाठ से लेकर नरबलि सब कुछ किया जाता था।

बात यहीं पर ख़त्म नहीं होती, हम इंसानो को एक कहानी इस बात पर भी चाहिए कि ईश्वर ने यह महामारी मानव को क्यों दी? इसलिए यह कहानी गढ़ी गई कि जब-जब दुनिया में (मानव द्वारा) पाप, लोभ, ईर्ष्या इत्यादि बहुत बढ़ जाता है तो ईश्वर मानव को सीख /सजा देने के लिए महामारी-अकाल-भूकंप जैसी आपदाओं को भेजते हैं। इसी के साथ एक कहानी यह भी गढ़ी गई कि धूमकेतुओं के रूप में ईश्वर आने वाली दैवीय प्रकोप की जानकारी भी देते हैं।

1660 ईस्वी में इंग्लैंड में आई ब्लैक प्लेग की महामारी को ईश्वर का कोप कहा गया। इतिहासकार कारेन जिलिंग्स 'स्कॉटलैंड में सत्रहवीं सदी के प्लेग का इतिहास' नामक अपने शोध पत्र में बताती हैं कि उस समय के चिकित्सक, धर्मगुरु से लेकर मजिस्ट्रेट तक सभी इस बात से एकमत थे कि प्लेग एक दैवीय विपत्ति है। मगर इसका यह भी मतलब नहीं था कि लोग हाथ पर हाथ धरे बैठे थे। अपने शोधपत्र में वह बताती हैं कि सन 1603 में एक पादरी को केवल इसलिए कारागार में भेज दिया क्योंकि उसका मानना था कि चूँकि यह रोग ईश्वर की इच्छा है इसलिए इसके इलाज को खोजने की कोई जरूरत नहीं है इस रोग का कोई इलाज नहीं है क्योंकि यह ईश्वर का कोप है।

मगर उन्ही दिनों मार्टिन लूथर जैसे पादरी और समाज सुधारक भी थे जो न केवल प्लेग के रोगियों के बीच बने रहे बल्कि उनकी लगातार देखभाल करते रहे। अपने एक लेख में मार्टिन लूथर लिखते हैं कि प्लेग के रोगियों के साथ रहने और उनकी देखभाल करने का मेरा उद्देश्य महामारी में शहीद होना कतई नहीं है। मैं यह भी नहीं मानता हूँ कि चूँकि मैं एक पादरी हूँ इसलिए ईश्वर मुझे इस दैवीय विपत्ति से रक्षा करेंगे।

मार्टिन लूथर ने अपने पर्चे में लोगों से सामाजिक दूरी बनाए रखने और अस्पताल वगैरह की साफ-सफाई पर विशेष ध्यान दिए जाने की वकालत की।

आज हालात बदल गए हैं। विज्ञान की उन्नति ने हमें रोगाणुओं की एक नई दुनिया का पता बताया है जिसकी मदद से हम अब किसी रोग या महामारी के वास्तविक कर्क की शिनाख्त आसानी से कर लेते हैं। कोविड का ही उदाहरण ले लीजिए। इस खास रोग की शिनाख्त होने के

थोड़े समय के अंदर ही न हमने केवल इसके वायरस को खोज निकाला बल्कि महज दो साल में हमने इसके टीके की भी ईजाद कर ली पर अपने पूर्वजों से विरासत में मिले अंधविश्वास को अब तक हम नहीं छोड़ सके हैं। उदहारण के तौर पर हमारे देश के नेताओं को ही ले लीजिए। कभी कोई रामचरितमानस के पाठ की वकालत कर रहा है तो कभी कोई गौ-मूत्र और गोबर के सेवन की सलाह दे रहा है, यहाँ तक की नरबलि की भी खबर आई है।

आज हमारे पास किसी रोग के कारक को पहचान करने की क्षमता है। हम आज रोग के टीके बना लेते हैं पर अपने पूर्वजों से विरासत में मिले अंधविश्वास को अब तक हम नहीं छोड़ सके हैं।

हम इन्सान अपनी बुरी याददाश्त के लिए बदनाम हैं। याददाश्त कमजोर रहने का फायदा यह है कि हम अपनी बुरी यादें, बुरे अनुभवों को भूल जिंदगी में आगे बढ़ जाते हैं पर बुरी यादों को बहुत जल्दी भूलना शायद हमेशा ठीक नहीं होता।

कोविड की महामारी में लोग ऑक्सीजन की कमी से तड़प कर मर गए। ऐसा नहीं था कि हवा में अचानक ऑक्सीजन घट गई थी। हुआ बस इतना था कि हम साँस लेकर उस ऑक्सीजन को इस्तेमाल नहीं कर पा रहे थे। लोग हजारों –लाखों रुपये लेकर एक अस्पताल से दूसरे अस्पताल एक ऑक्सीजन की सिलिंडर या किसी अस्पताल के एक बैड की आस में इधर से उधर भटक रहे थे। हमें शायद पहली बार साँस जैसी एक 'आसान' और 'सामान्य' चीज की अहमियत को समझने का मौका मिला था।

काश कि हम हवा की अहमियत को समझ पाते तो शायद आने वाले दिनों में उन तमाम काम-काज पर पाबन्दी लगाते जिससे हवा प्रदूषित होती है। काश कि हम समझ पाते कि हमें एक अच्छी जिंदगी जीने के लिए अच्छा खाना, अच्छी हवा, अच्छी स्वास्थ्य सेवाओं को सबसे ज्यादा प्राथमिकता देनी होगी पर ऐसा कुछ भी नहीं हुआ।

भविष्य की पीढ़ियाँ शायद ही इस बात पर यकीन करें कि जहाँ किसी मई के महीने में ऑक्सीजन की कमी से लोग तड़प रहे थे महज जुलाई में राजस्थान में एक 'बकरी चुराने' के शक में किसी युवक को पेड़ से बाँध कर बुरी तरह से पीटा। दिसम्बर में कपूरथला में निजामपुर मोड़ में युवक की कथित तौर पर गुरुद्वारा साहिब में निशान साहिब की बेअदबी

के आरोप में भीड़ ने पुलिस की मौजूदगी में पीट-पीटकर हत्या कर दी। आने वाली पीढ़ियों को शायद ही इस बात पर यकीन हो कि जिस रूस में 16 अक्तूबर 2021 के दिन कोविड से कुल 1002 मौतें रिकॉर्ड की गईं उसी रूस ने महज चार महीने बाद 24 फरवरी 2024 को युक्रेन पर हमला बोल दिया।

यह सब शायद हमारी कमजोर याददाश्त का नतीजा था कि हम महामारी के बुरे दिनों को भूल कर 'सामान्य' जिंदगी में लौटने लगे थे।

शहर भी अब सामान्य हो चला था।

शहर की नींद अब एक बार चिड़ियों की चहचहाहट से नहीं बल्कि ट्रैफिक के शोर की आवाज से खुलने लगा था।

सोरित गुप्तो

सोरित गुप्तो का जन्म 03 मई, 1970 को इलाहाबाद में हुआ। उन्होंने इलाहाबाद विश्वविद्यालय से प्राणिविज्ञान में एम.एस-सी. की उपाधि प्राप्त की। उन्होंने बच्चों के लिए तीस से अधिक पुस्तकें लिखी हैं जिनमें प्रमुख हैं—'बंटी और बबली', 'पिउ और उसके जादुई दोस्त'। भारतीय भाषाओं और विदेशी भाषाओं में इन पुस्तकों के कई अनुवाद प्रकाशित हो चुके हैं। इनके अतिरिक्त नोटबंदी और समाज पर पड़े उसके असर की छानबीन करती किताब 'नोटबंदी की ओट में' तथा व्यंग्य-संग्रह 'दिल्ली बाईस्कोप' प्रकाशित। 'डाउन टू अर्थ' पत्रिका में नियमित व्यंग्य स्तम्भ 'बैठे ठाले' का लेखन।

लम्बे समय तक 'द पायनियर', 'सहारा टाइम्स', 'नवभारत टाइम्स', 'आउटलुक' आदि पत्र-पत्रिकाओं में एडिटोरियल कार्टूनिस्ट रहे।

फिलहाल सेंटर फॉर साइंस एंड एन्वायरन्मेंट (CSE) से प्रकाशित होने वाली पत्रिका 'डाउन टू अर्थ' में चीफ कार्टूनिस्ट के रूप में कार्यरत हैं।